OEUVRES COMPLÈTES
DE SUGER

IMPRIMERIE GÉNÉRALE DE CH. LAHURE
Rue de Fleurus, 9, à Paris

OEUVRES COMPLÈTES
DE SUGER

RECUEILLIES, ANNOTÉES ET PUBLIÉES

D'APRÈS LES MANUSCRITS

POUR LA SOCIÉTÉ DE L'HISTOIRE DE FRANCE

PAR

A. LECOY DE LA MARCHE

A PARIS
CHEZ Mme Ve JULES RENOUARD
LIBRAIRE DE LA SOCIÉTÉ DE L'HISTOIRE DE FRANCE
RUE DE TOURNON, N° 6

M DCCC LXVII

EXTRAIT DU RÈGLEMENT.

Art. 14. Le Conseil désigne les ouvrages à publier, et choisit les personnes les plus capables d'en préparer et d'en suivre la publication.

Il nomme, pour chaque ouvrage à publier, un Commissaire responsable, chargé d'en surveiller l'exécution.

Le nom de l'éditeur sera placé en tête de chaque volume.

Aucun volume ne pourra paraître sous le nom de la Société sans l'autorisation du Conseil, et s'il n'est accompagné d'une déclaration du Commissaire responsable, portant que le travail lui a paru mériter d'être publié.

Le Commissaire responsable soussigné déclare que l'Édition des OEuvres complètes de Suger, *préparée par* M. A. Lecoy de la Marche, *lui a paru digne d'être publiée par la* Société de l'Histoire de France.

Fait à Paris, le 21 novembre 1867.

Signé L. DELISLE.

Certifié,

Le Secrétaire de la Société de l'Histoire de France,

J. DESNOYERS.

NOTICE

SUR LES ÉCRITS DE SUGER

ET SUR LA PRÉSENTE ÉDITION.

Depuis longtemps la Société de l'Histoire de France avait jeté les yeux sur les œuvres de Suger, pour en faire l'objet d'une publication spéciale. La position que l'auteur occupait de son vivant, la place qu'il a conquise après sa mort dans l'histoire, l'importance des sujets que sa plume a traités, tout appelait l'intérêt sur une entreprise semblable. En outre, les écrits de l'illustre abbé de Saint-Denis, quoique déjà imprimés, à une légère exception près, n'avaient jamais été réunis en un seul corps, et la lumière faite autour de Suger homme d'État semblait accuser davantage encore l'ombre dont Suger historien était environné. Des circonstances indépendantes de la volonté humaine ont considérablement retardé l'exécution du projet inspiré par ces motifs. En 1840, M. Yanoski, connu déjà par d'excellents travaux, fut chargé de l'édition des œuvres de Suger : des occupations multipliées, une longue maladie, qui finit par l'enlever, lui permirent seulement de rassembler quelques matériaux. En 1844, la tâche fut confiée à M. l'abbé Arnaud, qui, pendant plusieurs années, déploya, pour la mener à bonne fin, un zèle et une assiduité dignes d'être couronnés par le succès : une grave ophthalmie, causée en partie par le déchiffrement laborieux des manuscrits, vint l'arrêter à son tour, et le forcer à abandonner le but qu'il poursuivait avec tant d'ardeur. Après un intervalle assez long, la Société, estimant sans doute que la bonne volonté peut quelquefois remplacer l'expérience, me fit l'honneur de me léguer, en 1865, l'héritage de ces deux devanciers. Plus heureux qu'eux, je ne veux pas être ingrat, et, en arrivant au terme, j'éprouve le besoin de rendre avant tout justice aux collaborateurs qui m'ont frayé la voie. M. l'abbé Arnaud, en particulier, a laissé des notes et des copies de textes dont j'ai beaucoup profité, bien que j'aie tenu à revoir et à collationner moi-même les originaux. Ce travail, ainsi exécuté en partie double, aura l'avantage d'offrir au lecteur une nouvelle garantie de la fidélité de l'édition. Il était donc juste de rappeler ici les savantes recherches de mon prédécesseur, et la part active prise par lui à la préparation de ce livre, pour laquelle il a dépensé de si longues veilles [1].

Retracer, même sommairement, la vie de Suger, ce serait écrire de nouveau l'histoire de la France au douzième siècle; et au lieu des quelques pages dont j'ai à disposer ici, il faudrait un volume. Au surplus, on trouvera plus loin les meilleurs éléments de cette biographie, c'est-à-dire ceux que renferment les documents contemporains, comme les chroniques, les obituaires, les diplômes, les lettres, et surtout l'éloge composé par le frère Guillaume. L'article, particulièrement développé, consacré à Suger dans la table alphabétique, permettra aussi d'embrasser d'un coup d'œil la série de ses actions, et présentera leur date précise avec quelques indications nouvelles. Mais l'histoire du célèbre ministre n'est-elle pas, avant tout, dans ses propres écrits? Ne l'a-t-il pas laissée lui-même dans son récit du règne de Louis VI, dont il fut l'ami et le conseiller, dans ses mémoires

---

1. M. Arnaud avait même entrepris et presque entièrement achevé une traduction, dont la publication en regard du texte de Suger avait été projetée dans le principe : la Société a renoncé depuis à cette idée.

sur l'abbaye de Saint-Denis, qu'il appelle sa mère nourrice et qu'il personnifia si brillamment, dans ses chartes enfin, et dans la correspondance qu'il entretint comme régent du royaume? Je me bornerai donc à donner de brefs renseignements sur ses différents ouvrages, et sur les sources qui m'en ont fourni le texte. Des sommaires français en tête de chaque livre, des notes latines au bas de chaque page, des éclaircissements, rejetés à la fin du volume en raison de leur longueur, et la table détaillée qui termine le tout, suffiront, je l'espère, à rendre les recherches faciles et certains points de détail moins obscurs. Pour élucider tous les passages de notre auteur qui en ont besoin, il faudrait, à coup sûr, l'érudition et l'autorité d'un maître. J'ai du moins apporté le plus grand soin à la reproduction des variantes présentées par les manuscrits, laissant de côté, toutefois, les différences purement orthographiques, lorsqu'elles ne concernent point un nom de lieu ou de personne. Le plan de cette édition est celui que je vais suivre pour examiner ici chacune des parties qui la composent.

I. *Vie de Louis le Gros*. Ce livre est le premier et le principal ouvrage de Suger. Entreprise peu de temps après la mort du prince que l'abbé de Saint-Denis semble avoir aimé par-dessus tous les autres, de celui dont il avait partagé, enfant, les études et les jeux dans les écoles de son monastère, et dont il resta toujours l'intime confident, la *Vie de Louis le Gros* se ressent de l'émotion d'une séparation récente. Dans son prologue, l'auteur pleure la perte qu'il vient de faire; il déclare vouloir éterniser le souvenir de son roi, non-seulement dans les prières de l'Église, mais par un de ces monuments plus durables que l'airain, dont parle Horace. Et il prend la plume. Aussi écrit-il plutôt un panégyrique qu'une histoire; le simple énoncé des divisions de son sujet, dont il fait suivre sa préface, le montre suffisamment. Hâtons-nous de dire que son indulgence ne va jamais jusqu'à dénaturer les faits ; il en omet quelques-uns, il est vrai, mais ce n'est pas toujours à l'avantage de son héros. Si, dans son récit, les différends de Louis VI avec l'évêque de Paris, Étienne, sont passés sous silence, si la conduite de ce monarque dans les troubles de Laon n'est pas jugée avec assez de rigueur, d'un autre côté, il ne dit rien non plus du meurtre du sire de Montlhéry par Hugues de Crécy, à la suite duquel tous les biens de ce dernier furent réunis à la couronne [1], et il juge les princes anglais, ennemis de son maître, avec une impartialité voisine parfois de la bienveillance : il déplore même la rivalité naissante des deux nations, entre lesquelles il s'efforça souvent de rétablir la paix ; il professe bien haut cette maxime de bonne politique « que les Anglais ne doivent pas être soumis aux Français, ni ceux-ci aux Anglais [2]. » Suger, d'ailleurs, ne s'est point proposé d'écrire une histoire générale et complète. Sa lecture est plus instructive que toute autre en ce qui touche les détails de la vie du roi ; mais, pour le reste, les chroniqueurs contemporains sont généralement plus substantiels. La méthode n'est point parfaite non plus dans la *Vie de Louis le Gros;* l'ordre chronologique n'y est pas toujours scrupuleusement observé. Malgré tout, c'est un livre d'une haute autorité historique ; car il raconte peu d'événements auxquels l'auteur n'ait pris part, et à chaque pas on y rencontre cette attestation, ou une autre semblable : *Et nos ipsi interfuimus*.

L'ouvrage, commencé dès 1137, paraît avoir été terminé vers 1143 ; car à cette époque, comme on le verra, l'auteur en écrivit un autre, et dans un troisième, commencé l'an 1145, il cite lui-même ses *Gestes de Louis le Gros* [3]. Tel est, en effet, le titre général que l'on doit considérer

---

1. V. D. Bouquet, XII, 72.
2. V. plus loin, pages 12 et 265.— 3. V. page 171.

comme le plus authentique : Suger l'emploie également dans son prologue, et les autres n'ont été mis que plus tard en tête des manuscrits. Les titres particuliers et même la délimitation des chapitres ne subsistent nulle part que pour les vingt et un premiers. Il y a pourtant lieu de penser que le reste du livre avait subi une répartition analogue. J'ai cru devoir la lui restituer, dans l'intérêt de la clarté, en prenant pour guide les alinéas du meilleur manuscrit.

L'abbé de Saint-Denis a dédié son œuvre à l'évêque de Soissons, Gosselin, en le priant de la revoir et de la corriger : ce prélat fut un de ses amis les plus chers ; il fut mandé par lui avec instance au moment de sa mort, et lui survécut très peu de temps[1].

Vers 1130, Suger avait stipulé, dans une de ses chartes, qu'après la mort de Louis le Gros l'anniversaire de ce prince serait célébré solennellement à Saint-Denis. Lorsque sa fondation fut en vigueur, il introduisit, ou quelque autre fit introduire dans l'office des vigiles de cet anniversaire, en guise de légende, des extraits de la *Vie* du monarque. Ces morceaux, comprenant le commencement du premier chapitre, la moitié de l'avant-dernier et la totalité du dernier, c'est-à-dire les passages les plus édifiants (ceux qui rappellent la dévotion de Louis envers saint Denis, ou qui racontent en détail sa dernière maladie et sa mort), formèrent les septième, huitième et neuvième leçons de l'office. Le commencement de la septième présente seul quelques légères différences : je l'ai reproduit en regard de la partie correspondante de la *Vie*, comme il l'est dans l'unique manuscrit qui contient cette légende, celui de la bibliothèque Mazarine, transcrit dans l'abbaye même[2]. D. Martène a édité les trois leçons comme des compositions à part[3]. Il serait encore possible que Suger les eût rédigées d'abord, pour le

---

1. V. page 283. — 2. V. pages 140, 142, 145.
3. *Ampl. Coll.*, t. IV, préf., p. xxxvii.

premier anniversaire du roi, et les eût ensuite intercalées dans son livre, dont elles lui offraient le début et la conclusion naturels. Elles semblent du moins avoir été répandues plus tôt que celui-ci, à en juger par la citation d'un chroniqueur contemporain, qui les mentionne seules[1].

La première édition de la *Vie de Louis le Gros* fut donnée dans une collection publiée par les soins de Pierre Pithou, et comprenant diverses chroniques des onzième, douzième et treizième siècles. Elle parut en 1596, à Francfort, chez les héritiers d'André Wechel[2]. C'est cette édition qui a été désignée dans les suivantes et dans celle-ci sous le nom d'*editio germanica*. En 1641, André Duchesne la réimprima dans ses *Scriptores Historiæ Francorum*[3], en redressant une quantité d'inexactitudes à l'aide de deux manuscrits, appartenant, l'un au célèbre avocat Antoine Loisel, l'autre à l'abbaye de Saint-Denis. L'édition des Bénédictins, faisant partie du grand recueil commencé par D. Bouquet[4], est de 1781, et fut établie tant sur la précédente que sur quatre manuscrits, dont il va être parlé. Elle constituait à son tour un progrès notable, par la restitution d'un grand nombre de bonnes leçons, et par l'addition de notes éclaircissant bien des points douteux. Une traduction française parut

---

1. « *Si quis verò infirmitatis illius quâ decubuit (rex) angustiam.... pleniùs scire desiderat, quasdam lectiones, quæ, à Sugerio viro sapienti editæ, in ejus anniversario leguntur, studiosè revolvat.* » Chron. de Morigny, dans Duchesne, IV, 382.

2. V. le P. Lelong, *Bibl. hist.*, II, 75; *Hist. litt. de la France*, XII, 395. Je dois avertir ici que les Bénédictins ont, par erreur, attribué plusieurs variantes à Fréher, qui n'a jamais édité la *Vie de Louis le Gros*. Leur méprise provient de ce que le recueil du savant allemand (*Corpus francicæ historiæ*) et celui de Pithou furent publiés chez le même libraire, et se trouvent d'ordinaire réunis ensemble. On trouvera donc plus loin le nom de Fréher mis pour Pithou dans quelques notes reproduites au bas des pages d'après les Bénédictins.

3. Tome IV, p. 281. — 4. Tome XII, p. 10.

aussi, en 1825, dans les *Mémoires relatifs à l'Histoire de France*, de M. Guizot [1].

Pour offrir au public studieux un texte encore plus sûr, j'ai, sans négliger d'utiliser ces différentes publications, collationné l'un après l'autre tous les manuscrits subsistant aujourd'hui, c'est-à-dire les suivants :

1° N° 133 du fonds Notre-Dame (bibliothèque Impériale). Ce manuscrit, provenant de l'ancienne bibliothèque de l'église de Paris, ne contient que trois fragments de la *Vie de Louis le Gros*, précédés ou suivis de différentes chroniques, et intercalés en partie dans celle de Guillaume de Malmesbury : on trouvera indiqués en note les endroits du texte où chacun d'eux commence et finit. Bien qu'étant incomplet, le manuscrit 133 a une grande importance, en raison de son antiquité. L'écriture est du douzième siècle, et cette date est précisée davantage encore dans le titre d'un chapitre ajouté par la même main à la fin du volume, titre ainsi conçu : « *De nostri temporis concilio, à papa Alexandro III Romæ celebrato.* » Et un peu plus loin se trouve désignée l'année 1179, qui est, en effet, celle du concile en question. Ainsi, le rédacteur était presque contemporain de Suger. Cet exemplaire est peut-être un de ceux dont s'est servi Duchesne ; car une note, inscrite sur le premier feuillet, montre qu'il a appartenu à Loisel, lequel l'avait « achapté d'ung crocheteur, à Paris, le 15 avril 1590. »

2° N° 135 du même fonds. Le manuscrit ainsi coté est au moins aussi ancien que le précédent, à en juger par l'écriture et en particulier par les cédilles employées pour désigner les æ. Il porte également la marque de la biblio-

---

[1]. Tome VIII. Il faut encore citer, pour être complet, la réimpression faite plus récemment dans la *Patrologie* de M. l'abbé Migne, dont le tome CLXXXVI contient une partie des œuvres de Suger.

thèque de l'église de Paris et celle de Loisel. Les Bénédictins ne paraissent pas l'avoir connu, non plus que le n° 133. Comme dans celui-ci, les folios ne sont pas numérotés : c'est vers le milieu que commence la *Vie de Louis le Gros*, après un fragment de chronique. Les derniers chapitres manquent, à partir de la moitié du vingt-sixième.

3° N° 543 de la bibliothèque Mazarine. Celui-ci, comme il a été dit, provient de l'abbaye de Saint-Denis. C'est le plus ancien après ceux du fonds Notre-Dame; il présente encore des e cédillés, mais non partout. L'ouvrage de Suger, complet et transcrit très-correctement, y est intitulé : *Cronica abbatis S. Dyonisii.* Il occupe les feuillets 232-266, et vient, comme dans les autres, à la suite de fragments de divers historiens. Cet exemplaire, qu'on peut considérer comme le meilleur, paraît être le même que celui dont les Bénédictins se sont servis, et qu'ils désignent sous le nom de *codex San-Dionysianus.* Toutefois, ils n'y avaient point recueilli un certain nombre de bonnes leçons, qu'on trouvera rétablies dans la présente édition.

4° N° 12710 du fonds latin de la bibliothèque Impériale (autrefois n° 1085 du fonds Saint-Germain). C'est un de ceux qu'a utilisés D. Bouquet. Il appartenait de son temps à Saint-Germain-des-Prés, et contient le texte entier de la *Vie de Louis le Gros* (f°s 12-25). L'écriture est du treizième siècle.

5° N° 5925 du même fonds. Manuscrit copié vraisemblablement, au quatorzième siècle, par un religieux de Saint-Denis, et portant des notes ajoutées en marge par Jacques du Breuil, moine de Saint-Germain-des-Prés. La *Vie de Louis le Gros* (f°s 199-232) y est suivie de la *Vie de Louis VII*, attribuée quelquefois à Suger.

6° N° 6265 du même fonds. La date de cet exemplaire est inscrite au f° 80 : il n'a été écrit qu'en l'an 1515, et paraît avoir appartenu un peu plus tard à Claude Fauchet. Comme le précédent, il a fait partie de l'ancien fonds d la bibliothèque du Roi, et a passé par les mains des Bénédictins. Un fragment de la *Vie de Louis VII* y figure pareillement à la suite de celle de son père, qui remplit les cinquante et un premiers feuillets.

II. *Mémoire de Suger sur son administration abbatiale.* Suger était depuis vingt-trois ans à la tête de son abbaye, lorsque ses religieux le conjurèrent, en chapitre, de consigner par écrit les résultats de sa laborieuse et féconde administration. Cédant à leurs instances, comme il le raconte lui-même dans son prologue, il écrivit ce mémoire, qui occupe la seconde place dans ses œuvres, quoiqu'il dût occuper la troisième selon l'ordre chronologique. Il le commença l'an 1145. Son église étant terminée, le vaste domaine de son monastère agrandi et reconstitué, l'illustre abbé pouvait librement regarder en arrière, et consacrer à la rédaction quelques heures de loisir, en attendant que les embarras de la régence vinssent l'absorber. Il est fort probable qu'il avait terminé sa tâche avant que ce nouveau fardeau lui eût été imposé, en 1147.

C'est l'œuvre de sa vie que Suger a racontée dans son mémoire : l'abbaye de Saint-Denis fut toujours l'âme de ses travaux, le centre de ses affections, comme elle avait été, suivant son expression, sa nourrice. Dans la première partie du livre, qui traite de l'accroissement et de l'amélioration des propriétés du monastère, il se montre l'administrateur intègre, l'économe sévère et zélé qu'on retrouve, dans le gouvernement du royaume, aux prises avec toutes les ambitions et toutes les convoitises des ennemis de la couronne. C'est ainsi qu'on le voit, à force de démarches, obtenir du pape et du roi la restitution du prieuré d'Argenteuil à ses religieux, affaire épineuse, pour la solution de laquelle il avait compulsé tous les parchemins poudreux de l'abbaye[1].

---

1. V. page 160.

La seconde partie, consacrée à la reconstruction et aux embellissements de la somptueuse basilique de Saint-Denis, révèle en lui un architecte habile, un artiste délicat, sachant restaurer les vieilles œuvres d'art et ne pas tout sacrifier au goût du neuf. Ces quelques pages sont particulièrement précieuses pour l'archéologie, pour l'histoire de la sculpture, de l'orfévrerie, de la ciselure, de la peinture sur verre. On y rencontre la trace de ce grand mouvement architectural, qui, parti de Laon vers le commencement du siècle, reçut à Saint-Denis une impulsion si féconde, et que le concours empressé des populations contribuait puissamment à développer. Les merveilles décrites par Suger n'ont pas toutes disparu, heureusement : il serait intéressant d'aller, son livre à la main, étudier celles qui subsistent encore, comme le portail du milieu ou quelques-uns de ces vitraux ornés de légendes qu'il fit peindre par des maîtres de différentes nations [1].

Le mémoire de Suger fut publié pour la première fois par Duchesne, en 1641, sous le titre suivant : *Sugerii abbatis liber de rebus in administratione suâ gestis*[2]. Félibien le reproduisit, en 1706, dans les preuves de son *Histoire de l'abbaye de Saint-Denis*, et D. Bouquet, en 1763, en inséra la seconde partie dans le grand recueil des Historiens de la France[3]. Duchesne en avait pris le texte dans un manuscrit de l'abbaye de Saint-Denis, le même, selon toute apparence, qui porte aujourd'hui le n° 13835 du fonds latin la bibliothèque Impériale (autrefois n° 1072[3] du fonds Saint-Germain). L'exemplaire ainsi coté provient, en effet, de Saint-Denis : c'est le seul que l'on conserve aujourd'hui,

---

1. V. page 204.
2. Duchesne, *Hist. Franc. Script.*, IV, 281.
3. Félibien, preuves, p. CLXXII ; D. Bouquet, XII, 96. Félibien en donna de plus l'analyse dans le corps de son ouvrage; Doublet en avait fait autant dès 1625, d'après un manuscrit, dans son *Histoire de l'abbaye de S. Denys*.

et aucun des éditeurs n'en cite d'autre. Il paraît avoir été écrit au douzième siècle, et présente, comme on le voit, une double autorité : aussi toutes les variantes qu'il renferme ont-elles été introduites dans cette édition. Mais il a été intitulé à tort, à une époque postérieure, *Gesta Suggerii abbatis;* ce qui pourrait le faire confondre avec la *Vie de Suger*, par son secrétaire Guillaume. Peut-être même est-ce une méprise semblable qui a fait parfois attribuer à ce dernier le mémoire de son abbé : cette opinion n'a, du reste, aucun point d'appui, et le style comme le ton général du livre fourniraient, quoi qu'en aient pensé Duchesne et le baron d'Auteuil, des arguments suffisants pour la réfuter.

III. *De la consécration de l'église de Saint-Denis.* Avant de réunir en un même tableau tous les résultats de son administration, Suger avait déjà relaté, dans un opuscule spécial, les circonstances de la reconstruction et de la dédicace de son église. C'est immédiatement après cette dernière cérémonie qu'il en entreprit le récit; car, dans l'ouvrage précédent, écrit en 1145, celui-ci est cité comme achevé[1] : on peut, par conséquent, en rapporter la rédaction à l'année même de la consécration de la nouvelle basilique (1143). L'auteur y a intercalé un assez long fragment d'une de ses chartes, donnée vers 1140, fragment relatif à la pose des premières pierres et à la dédicace des chapelles, qui venaient d'avoir lieu[2]. Il nous a laissé, un peu plus haut, des traits remarquables de la persévérance opiniâtre avec laquelle il poursuivait l'exécution de son monument. N'est-ce pas un spectacle étonnant que celui de ce petit homme au corps débile, dévoré par la fièvre de l'activité, s'enfonçant

1. V. page 189.
2. Cf. les deux textes, pages 225-227 et 357-359.

lui-même dans les forêts les plus impénétrables pour y trouver, contre l'opinion de tous, les grosses poutres qui manquent à ses ouvriers, inspectant les palais antiques de Rome pour y chercher des colonnes de marbre, imaginant, pour en venir à ses fins, les combinaisons les plus audacieuses, comme de faire transporter ses matériaux, sur mer, par les Sarrasins[1]?

Le livre de la *Consécration de l'église de Saint-Denis* offre donc le même genre d'intérêt que le précédent. Comme lui, il a été publié en premier lieu par Duchesne, en 1641, d'après un manuscrit de la bibliothèque de Claude-Alexandre Petau[2]. Les deux dernières pages, qui manquaient dans cet exemplaire, ont été restituées en 1723 par Mabillon, dans ses *Vetera Analecta*, conformément à un manuscrit de l'abbaye de Saint-Victor[3]. Le texte a été donné ensuite, d'après Duchesne et Mabillon, intégralement par Félibien, et incomplétement par D. Brial[4]. Les originaux ayant disparu, j'ai dû me guider uniquement sur ces différentes reproductions.

IV. *Lettres.* Nous sommes loin de posséder toutes les lettres écrites par Suger. Il ne nous en reste que vingt-six. Mais ce sont, heureusement, celles qui correspondent à la période la plus importante de sa vie (1146-1151). Ces documents sont des témoins irrécusables de sa sollicitude pour

---

1. V. pages 219, 221, 222.
2. *Hist. Francor. Script.*, IV, 350. Duchesne, en cet endroit, applique à tort à la dédicace de l'église la date de 1140, qui est seulement celle de la consécration des chapelles reconstruites d'abord. La première de ces cérémonies se fit trois ans plus tard. V. pages 227, 414.
3. *Vet. Anal.*, p. 463.
4. Félib., preuves, p. CLXXXVII; *Rer. Gallic. Script.*, XIV, 312. Doublet et Félibien l'ont également analysé.

les intérêts du roi, surtout durant la croisade. Qu'il s'adresse aux barons, au clergé, au pape, il fait preuve d'un dévouement toujours égal, et ce dévouement prend, envers le fils du prince qui avait été son ami, tout le caractère de l'affection paternelle. Il n'est rien de plus touchant que ses instances pour rappeler Louis le Jeune dans son royaume, si ce n'est peut-être les derniers conseils qu'il donne à ce monarque au moment de mourir, en l'engageant à garder toujours avec lui la lettre qui les contient[1].

On ne connaîtrait qu'imparfaitement la nature et l'étendue des relations du ministre de Louis VII, si l'on se bornait à consulter les épîtres émanées de sa main. Dans l'impossibilité d'insérer *in extenso* celles qui lui furent adressées par une foule de personnages contemporains, j'en ai dressé une liste complète, indiquant la date et l'objet de chacune, ainsi que les différentes sources qui les renferment. Cette nomenclature, comprenant l'analyse de cent cinquante-six pièces, a été placée à la suite des *Lettres* de Suger.

C'est encore l'infatigable Duchesne qui mit au jour la plus grande partie d'une aussi vaste correspondance[2] : un an seulement avant lui, Baudouin avait traduit en français quarante-six lettres, tirées d'un manuscrit latin[3]. Aux cent cinquante-sept qui figurent dans le recueil du premier, Martène en ajouta vingt et une, en 1717[4]. Les continuateurs de D. Bouquet les reproduisirent presque sans exception, au commencement de ce siècle, et en donnèrent encore quelques autres, puisées dans différentes collections[5].

1. V. pages 258, 280.
2. *Hist. Francorum Script.*, IV, 491.
3. Baudouin, *Le Ministre fidèle*, etc., Paris, 1640, in-8°.
4. *Thesaur. Anecd.*, I, 414. Duchesne en donne 164; mais, sur ce nombre, il y en a huit qui ne sont ni adressées à l'abbé Suger, ni écrites par lui.
5. *Rer. Gall. Script.*, tomes XV et XVI. Les autres éditions seront citées au bas des lettres.

Mais on ne rencontrera qu'ici la totalité groupée ensemble, dans l'ordre chronologique.

Le manuscrit 14 192 du fonds latin de la bibliothèque Impériale, écrit au treizième siècle, est le seul où on retrouve aujourd'hui des lettres de Suger : il nous a fourni des variantes utiles pour cinq d'entre elles[1].

IV. *Chartes.* La partie la moins connue peut-être des œuvres de notre auteur est la série des actes qu'il rédigea comme abbé de Saint-Denis. Et cependant ces documents contiennent l'expression de ses plus intimes pensées; ils forment le complément et les preuves du mémoire sur son administration abbatiale. Les uns ont pour objet des fondations pieuses, comme son testament, pièce très-remarquable et dont le début surtout est plein d'élévation : Suger l'écrivit dès 1137, six semaines avant la mort du roi, dont les symptômes étaient bien faits pour évoquer dans son esprit l'idée de sa propre fin. Les autres, conçus dans un but d'humanité non moins noble, améliorent la condition des religieux et des hommes-liges du monastère. Tels sont, par exemple, celui qui affranchit les habitants de Saint-Denis et de Saint-Marcel des servitudes de la main-morte, et celui qui crée le village de Vaucresson sur un territoire jusque-là inculte et mal famé. Cette dernière fondation devint le type des *villes neuves* qui se multiplièrent depuis lors dans le domaine royal, particulièrement sous Louis VII, et qui furent de véritables bienfaits pour la classe agricole.

Disséminées dans Doublet, dans Duchesne, dans Félibien[2], les chartes de Suger ont été réunies ici, au nombre

---

1. Ce manuscrit, classé autrefois dans le fonds de Saint-Germain, sous le n° 1085[2], renferme en tout vingt-quatre lettres, tant émanées de Suger qu'à lui adressées.

2. Doublet, p. 488, 856-876. — Duch., IV, 546. — Félib., preu-

de treize, selon la méthode employée pour les *Lettres*. Je les ai fait suivre également d'un index analytique de tous les actes relatifs à sa personne, c'est-à-dire conclus avec sa participation, adressés à lui, ou le mentionnant simplement : ceux-ci forment un total de quarante-deux. Mais, pour les deux catégories de pièces, ce sont les originaux et les cartulaires conservés aux Archives de l'Empire qui m'ont principalement servi de guides. J'ai même puisé à cette source précieuse plusieurs documents inédits, la donation de Suger à l'abbaye de Longpont, et quelques autres figurant dans l'index.

V. *Vie de Suger*. Lorsque Suger mourut, il se produisit dans le monastère de Saint-Denis un de ces revirements, une de ces réactions qui accompagnent presque toujours les changements d'administration. Sa famille et ses amis les plus dévoués furent disgraciés par son successeur Odon de Deuil, qu'il avait cependant fait élire abbé de Compiègne deux ans auparavant. C'est sous l'impression de cette brouille, et pour répondre à certains dénigrements injustes, dont l'écho l'indignait, que le frère Guillaume, retiré ou relégué lui-même au prieuré de Saint-Denis-en-Vaux, dans le Poitou, semble avoir pris la plume, pour retracer, avec un enthousiasme sincère, les belles actions du protecteur qu'il venait de perdre. Ce religieux nous apprend lui-même que son abbé l'avait admis dans son intimité[1] : on a induit de son récit, avec assez de vraisemblance, qu'il avait rempli auprès de Suger les fonctions de secrétaire. Quoi qu'il en soit, sa com-

ves, p. xcvi. On en trouve aussi quelques-unes dans les *Monuments historiques* récemment publiés par M. Jules Tardif.

1. V. page 386. On peut consulter, sur le frère Guillaume, la collection de D. Bouquet (t. XII, p. viii et 102) et l'*Histoire littéraire*, XII, 545.

position avait sa place marquée dans ce volume, non-seulement par son objet, mais par sa valeur propre, et par l'importance des renseignements qu'elle nous fournit. Elle est divisée en trois livres et dédiée à Geoffroy, un autre moine de Saint-Denis, qui avait fait promettre à Guillaume, en se séparant de lui, d'exécuter ce travail. L'auteur y a joint, en guise d'appendice, la lettre encyclique adressée par le monastère à tous les fidèles à l'occasion de la mort de son abbé, lettre dont la rédaction lui avait été confiée[1], et où sont relatés les détails de la fin la plus édifiante.

La *Vie de Suger* est encore un panégyrique, si l'on veut ; mais elle est pleine de traits intéressants, dont la nature même démontre l'authenticité. Il n'y a point de plan : Guillaume accueille pêle-mêle, il l'avoue, tous les souvenirs qui se pressent dans son esprit. Et pourtant, le lecteur charmé le suit sans fatigue, soit dans l'humble cellule où le ministre de deux rois expiait le faste de sa jeunesse, soit dans ces réunions du soir où il déroulait à ses moines, surpris d'une science si longue, l'histoire de son pays ou les gestes des preux (*gesta virorum fortium*)[2]. L'éloge des qualités de son héros occupe le frère Guillaume beaucoup plus que la narration ou l'appréciation de ses actes les plus importants : mais on aime toujours à pénétrer dans la vie intime des hommes illustres, et le confident de Suger nous procure amplement ce plaisir.

Son ouvrage, lorsque les Bénédictins l'insérèrent dans le recueil des Historiens de la France, avait eu déjà trois éditeurs : le baron d'Auteuil (1642), François Duchesne (1648), et Félibien (1706)[3]. Une traduction française en fut donnée dès 1640 par Baudouin, et une autre dans la collection de

---

1. V. page 403. — 2. V. pages 389, 392.

3. *Rer. Gallic. Script.*, XII, 102. — F. Duchesne, *Sugerii Vita*, Paris, 1648, in-8°. — D'Auteuil, *Hist. des ministres d'État*, p. 276. — Félibien, *Hist. de l'abbaye de S. Denys*, preuves, p. cxciv.

M. Guizot, en 1825[1]. On en possède le texte complet en tête d'un manuscrit du treizième siècle, que j'ai collationné : c'est le numéro 14 192 du fonds latin de la bibliothèque Impériale, qui contient à la suite, comme je l'ai dit, plusieurs lettres de Suger.

L'abbé de Saint-Denis n'a-t-il point laissé d'autres écrits que ceux qu'on trouvera reproduits dans cette édition ? Il avait certainement commencé, dans les dernières années de sa vie, une *Histoire de Louis le Jeune* : la mort l'interrompit, comme l'atteste le frère Guillaume[2]. Mais des deux chroniques qui nous sont parvenues sous ce titre, aucune ne paraît être son œuvre, même en supposant que la partie postérieure à 1151 ait été ajoutée par un continuateur. Les auteurs de l'*Histoire littéraire* ont donné sur ce point des explications assez convaincantes pour qu'il soit inutile d'y revenir, malgré les conclusions opposées de D. Gervaise et de Sainte-Palaye[3]. Il en est de même d'une partie des chroniques de Saint-Denis, qui avait été également attribuée à notre auteur : un savant mémoire de M. Lacabane, inséré en 1841 dans la Bibliothèque de l'École des Chartes[4], a démontré la fausseté de cette opinion. La chronique *Ad cyclos paschales* prétend, il est vrai, que Suger travaillait à l'histoire de France à l'époque de son élection : « *Temporibus illis historiæ Francorum scriptor erat*[5]. » Toutefois cette phrase, si elle ne renferme pas un anachronisme, doit être prise dans un sens général, et s'appliquer, soit à une collaboration, soit à quelque travail préparatoire sur le règne de Louis le Gros. C'est encore avec moins de fondement qu'on

---

1. Baudouin, *op. cit.* — Guizot, *Mém. relat. à l'hist. de France*, VIII, 163.
2. V. page 382. — 3. *Hist. litt.*, XII, 403.
4. T. II, p. 57. *Recherches sur l'origine des chroniques de S. Denis.*
5. V. ci-dessous, p. 413.

a voulu faire remonter à la même origine l'*Institution de la paix* ou la charte communale de Laon, donnée en 1128 [1]. Il est hors de doute qu'on peut légitimement chercher dans les actes du roi la trace de l'influence et de l'esprit de son conseiller : mais vouloir que celui-ci ait tenu la plume, cela ne saurait être sans des indices probants ; et le choix qui fut fait de son neveu, le chancelier Simon, pour lire cette charte de commune en assemblée solennelle, n'est pas une raison suffisante. Il faut donc accepter pour authentiques tous les écrits qui portent le nom de Suger dans les manuscrits, et n'accepter que ceux-là. Cette règle, qui est la plus simple, est souvent la meilleure.

Je n'ai rien dit du style des différents ouvrages mentionnés ci-dessus, afin de présenter ensemble les quelques observations qui s'y rapportent. A en croire le frère Guillaume, la langue de Suger ne serait rien moins que splendide [2]. Selon certains critiques, son témoignage a autant de valeur que sa latinité en a peu [3]. Sans tomber dans l'exagération, on peut reconnaître que son texte est plein d'obscurités, de périphrases pénibles, d'antithèses heurtées, de rapprochements qui sentent le jeu de mots : ces défauts, quoique plus saillants chez lui que chez beaucoup d'autres, étaient du goût de l'époque et partagés, dans une certaine mesure, par les meilleurs esprits. Aussi le biographe contemporain a-t-il pu sincèrement admirer ce que les modernes littérateurs ne sauraient souffrir. Malheureusement, le lecteur sera parfois arrêté par des inconvénients plus graves, des fautes de grammaire, des constructions vicieuses, et même quelques barbarismes inconnus dans la basse latinité. Il suffit qu'il soit averti, et qu'il se rappelle que les scribes

---

1. Huguenin, *Suger et la monarchie française*, 199-201.
2. V. page 382.
3. « *His faits are valuable, his latin execrable.* » Sharon Turner, *History of England during the middle age*, I, 183.

du moyen âge sont fréquemment les auteurs de ces incorrections, dont le redressement n'appartient pas tout entier aux éditeurs. Du reste, il trouvera des compensations dans quelques morceaux brillants, où l'historien se révèle d'une façon inattendue. On dirait qu'à certains moments son imagination s'éveille : lorsqu'il a, par exemple, quelque bataille ou quelque drame à raconter, ses accents s'animent, et une certaine mise en scène vient colorer son récit. L'épisode le plus remarquable en ce genre est l'histoire du meurtre du seigneur de la Roche-Guyon par son beau-père Guillaume. Le tableau de l'épouse échevelée se jetant sur le cadavre de son mari, ses lamentations, son désespoir, tout cela est tracé de main de maître[1]. Le siége du Puiset fait aussi l'objet d'une description heureusement conduite, qui trahit le témoin oculaire[2]. Il faut signaler également, au début de la *Vie de Louis le Gros*, un essai de parallèle entre Guillaume le Roux et le prince Louis, son adversaire, essai sortant des banalités de la chronique, et paraissant inspiré par les souvenirs de l'antiquité[3].

C'est que Suger, plus qu'aucun de ses contemporains peut-être, était nourri de la lecture des écrivains anciens, sacrés et profanes; et on peut s'étonner à bon droit que, les ayant tellement pratiqués, leur ayant emprunté un si grand nombre de pensées, il ne se soit point approprié davantage leurs meilleures qualités, qui sont celles de la forme. Le frère Guillaume nous apprend qu'il avait toujours à la bouche quelque citation de l'Écriture ou des poëtes : il récitait parfois jusqu'à trente vers d'Horace, contenant une moralité utile[4]. Et ici, l'on ne saurait taxer son secrétaire de complaisance : car il n'est pas un de ses livres qui ne soit émaillé d'une foule de textes de Virgile, de Lucain, d'Horace, d'Ovide, de Térence même, mêlés à de nombreux passages

---

1. V. pages 61-65. — 2. V. pages 73-76.
3. V. page 10. — 4. V. page 381.

de l'Ancien et du Nouveau Testaments. Lucain surtout est sans cesse mis à contribution par lui; c'est son auteur favori, et la Pharsale est son poëme préféré. J'ai relevé avec attention ces différents emprunts, que les éditeurs précédents n'ont pas toujours distingués; mais je ne répondrais pas de n'en avoir laissé échapper aucun. On les trouvera indiqués à la table alphabétique, au nom de chaque auteur. Ce petit dépouillement ne sera peut-être pas jugé inutile, car il fournit un élément de plus pour établir le bilan littéraire du douzième siècle. Le frère Guillaume, lui aussi, est un érudit : ce sont les philosophes, comme Sénèque ou Platon, qui lui sont le plus familiers, et son style se ressent davantage de leur fréquentation. Aussi la *Vie de Suger* paraîtra-t-elle aux lecteurs d'aujourd'hui mieux écrite elle-même que les ouvrages qu'elle vante tant.

En résumé, Suger fut un homme d'action, non un homme de plume. C'est le moine pieux et savant, l'administrateur habile qui mérite surtout l'auréole dont la postérité a couronné sa mémoire : mais ce sont précisément ces titres, plus solides que brillants, qui donnent tant de poids à sa parole, tant d'autorité à ses livres. Nous ne devons pas regretter quelques vices extérieurs de rédaction, si nous songeons que, pour se perfectionner dans l'art difficile de l'écrivain, l'illustre abbé eût dû ravir un temps précieux au soin des grands intérêts de la France, qui absorbèrent sa laborieuse vie.

BIBLIOGRAPHIE.

1625. Doublet, *Histoire de l'abbaye de S. Denys*, Paris, in-4°; p. 226 et suiv.

1640. Baudouin, *Le Ministre fidèle représenté sous Louis VI*, etc., Paris, in-8°.

1642. D'Auteuil, *Histoire des ministres d'État*, Paris, in-f°; p. 199 et suiv.

1645. Baudier, *Histoire de l'administration de Suger*, Paris, in-4°.

1706. Félibien, *Histoire de l'abbaye royale de S. Denys*, Paris, in-f°; p. 151 et suiv.

1721. D. Gervaise, *Histoire de Suger*, Paris, 3 vol. in-12.

1739. Dauvigny, *Les Vies des hommes illustres de la France*, Paris, in-12; t. I, p. 6 et suiv.

1744. Bénédictins, *Gallia Christiana nova*, Paris, in-f°; t. VII, p. 368 et suiv.

1758. D. Ceillier, *Histoire générale des auteurs sacrés*, Paris, in-4°; t. XXII, p. 245 et suiv.

1763. Bénédictins, *Histoire littéraire de la France*, Paris, in-4°; t. XII, p. 361 et suiv.

1779. Garat, *Éloge de Suger* (prix de l'Académie française), Paris, in-8°.

1779. Hérault de Séchelles, *Éloge de Suger*, Paris, in-8°.

1779. Jumel, *Éloge de Suger*, Paris, in-8°.

1779. De Chasteler, *Éloge historique de Suger*, Amsterdam, in-8°.

1780. Des Mesmons, *Éloge de Suger*, Amsterdam (Paris), in-8°.

1780. De Laussat, *Discours sur l'abbé Suger et son siècle*, Genève (Paris), in-8°.

1780. Delamalle, *Éloge de Suger*, Amsterdam et Paris, in-8°.

1780. Deslyons, *Éloge historique de Suger*, Londres, in-8°.

1780. L'abbé d'Espagnac, *Réflexions sur l'abbé Suger et son siècle*, Londres, in 8°.

1780. L'abbé de Saint-Martin, *Réponse aux réflexions sur Suger et son siècle*, Paris, in-8°.

1780. *L'Année littéraire*, de Fréron, t. I, p. 217 et suiv.

1781. D. Bouquet, *Rerum Gallicarum Scriptores*, Paris, in-f°; t. XII, préf., p. IV, VII, VIII.

1798. De Langeac, *Suger, moine de Saint-Denis*, Paris, in-8°.

1825. Guizot, *Mémoires relatifs à l'histoire de France*, Paris, in-8°; t. VIII, p. VII et suiv.

1842. Nettement, *Histoire de Suger*, Paris, in-12.

1848. De Carné, *Des fondateurs de l'unité française*, Paris, in-8; tome I.

1851. De Saint-Méry, *Suger ou la France au douzième siècle*, Limoges, in-8°.

1853. Combes, *L'abbé Suger, histoire de son monastère et de sa régence*, Paris, in-8°.

1855. Huguenin, *Étude sur l'abbé Suger*, Paris, in-8°.

1855. P. Clément, *Portraits historiques*, Paris, in-8°, p. 1.

1857. Huguenin, *Suger et la monarchie française au douzième siècle*, Paris, in-8°.

Les manuscrits de Suger, désignés simplement, dans le cours de cette édition, par leur numéro de classement, appartiennent aux fonds ci-après :

N⁰ˢ 133 : fonds Notre-Dame (bibl. Imp.).
135 : id.
543 : bibliothèque Mazarine.
5925 : fonds latin (bibl. Imp.).
6265 : id.
12710 : id.
13835 : id.
14192 : id.

OEUVRES COMPLÈTES DE SUGER.

I

VIE DE LOUIS LE GROS.

SOMMAIRE.

I. Précocité du jeune prince Louis, fils aîné du roi Philippe Ier. Sa dévotion pour saint Denis et son église. Il défend vaillamment le royaume de son père contre les agressions du roi d'Angleterre, Guillaume le Roux, qui meurt après avoir vu ses ambitions déçues.

II. Différend, suivi de guerre, entre l'abbé de Saint-Denis et Bouchard, seigneur de Montmorency. Le prince Louis marche contre Bouchard, condamné au tribunal du roi, et le soumet. Il défait aussi Drogon, seigneur de Mouchy-le-Châtel, son confédéré.

III. Matthieu, comte de Beaumont, s'empare du château de Luzarches. Louis le contraint par les armes à le restituer à son légitime possesseur, Hugues de Clermont.

IV. Une tempête met en déroute l'armée du prince, qui allait assiéger le château de Chambly, appartenant au même comte de Beaumont. Louis organise une nouvelle expédition. Soumission de Matthieu.

V. Dévastations d'Ebble, comte de Roucy, sur les domaines de l'église de Reims et les terres voisines. Louis l'amène par plusieurs victoires à jurer la paix aux églises.

VI. Il venge également l'église d'Orléans des rapines de Léon, seigneur de Meung, qu'il force à se précipiter du haut d'une tour.

VII. Thomas de Marle est assiégé, dans son château de Montaigu, par son père Enguerrand de Boves et d'autres seigneurs. Le prince, trompé, vole à la défense de ce tyran, et délivre Montaigu, que Thomas perd plus tard.

VIII. L'importante place de Montlhéry tombe dans le domaine royal. Milon de Troyes, aidé par les frères Garlande, s'en empare par trahison : le prince en détruit les fortifications.

IX. Boémond, prince d'Antioche, épouse à Chartres la princesse Constance, fille du roi Philippe Ier. Le pape Pascal II vient en France demander le secours du roi contre l'empereur d'Allemagne. Conférence de Châlons-sur-Marne. L'empereur, après s'être fait couronner à Rome, fait arrêter le pape et les cardinaux. Il est excommunié au concile de Vienne. Sa mort et son châtiment.

X. Le prince Louis attaque, dans le château de Gournay, Hugues de Pompone, ligué avec Gui de Rochefort et Thibaud, comte du palais. Après une première tentative infructueuse, il remporte un succès éclatant.

XI. Il marche contre Humbaud, seigneur de Sainte-Sévère, et lui enlève sa terre en accomplissant des prodiges d'audace.

XII. Mort du roi Philippe Ier. Ses funérailles et sa épulture au monastère de Saint-Benoît-sur-Loire.

XIII. Louis est couronné roi à Orléans par l'archevêque de Sens, malgré l'opposition du clergé de Reims.

XIV. Le comte de Corbeil et le sénéchal Ansel de Garlande sont emprisonnés par Hugues de Crécy dans le château de la Ferté-Baudouin. Le roi les délivre par la force des armes.

XV. Henri, roi d'Angleterre, vient en Normandie et s'empare de Gisors. Son entrevue avec le roi de France, à Néaufle, suivie d'un commencement d'hostilités.

XVI. Gui, seigneur de la Roche-Guyon, est égorgé par son beau-père Guillaume, sous les yeux de son épouse. Les habitants du Vexin dénoncent le meurtrier au roi, et lui font subir, sur son ordre, un supplice extraordinaire.

XVII. Révolte de Philippe, frère cadet du roi. Louis l'assiége dans Mantes, et lui enlève cette place. Il reprend également Montlhéry, qui avait passé dans les mains d'Hugues de Crécy, et en donne la seigneurie à Milon de Bray.

XVIII. Les déprédations d'Hugues du Puiset excitent des plaintes générales. Son château est détruit par le roi, et lui-même retenu prisonnier. Défection du comte Thibaud de Chartres et de plusieurs seigneurs, contre lesquels Louis lutte avec énergie.

XIX. Hugues du Puiset achète sa délivrance en renonçant au château de Corbeil.

XX. Il attaque Toury, d'où il est repoussé par Suger. Le roi éprouve un échec devant le Puiset, puis reprend l'avantage après des efforts héroïques. Soumission du comte Thibaud.

XXI. Hugues du Puiset se révolte de nouveau. Sa mort.

XXII. Les seigneurs épuisés font la paix avec Louis, ainsi que le roi d'Angleterre.

XXIII. Thomas de Marle est excommunié dans le concile de Beauvais, pour sa tyrannie et ses rapines. Le roi lui prend les châteaux de Crécy et de Nogent, et délivre Amiens d'un autre oppresseur.

XXIV. Aymon de Bourbon est cité devant le roi. Il est assiégé dans le château de Germigny, et se soumet.

XXV. Le roi d'Angleterre se ligue avec plusieurs seigneurs pour attaquer le roi de France sur les frontières de la Normandie. Il essuie des revers de toute espèce : mais la fortune lui redevient ensuite plus favorable, et Louis est repoussé dans un combat (à Brenneville).

XXVI. Le pape Gélase II vient mourir en France. Son successeur Calixte II tient un concile à Reims, et retourne à Rome. Suger, en revenant d'une mission auprès de ce pontife, est élu et consacré abbé de Saint-Denis.

XXVII. Nouveaux voyages de Suger à Rome. Henri, empereur d'Allemagne, médite une expédition en France. Importants préparatifs de défense, qui lui font rebrousser chemin. Le roi d'Angleterre est tenu en échec de son côté.

XXVIII. Louis marche deux fois contre le comte d'Auvergne, et prend Clermont. Il rétablit la paix dans ce pays, après y avoir reçu l'hommage du duc d'Aquitaine.

XXIX. Meurtre de Charles le Bon, comte de Flandre, commis à Bruges par le prévôt du chapitre de cette ville et ses conjurés. Louis entre en Flandre, punit de mort les coupables, et y établit un nouveau comte.

XXX. Il porte de nouveau ses armes contre Thomas de Marle, qui est fait prisonnier et meurt. Il prend et détruit le château de Livry, où il est blessé.

XXXI. Schisme de l'antipape Anaclet. Le pape Innocent II vient en France, et reçoit de Louis le Gros, du roi d'Angleterre et de l'empereur d'Allemagne les plus grands honneurs. Sa réception solennelle à Saint-Denis. Mort du prince Philippe, héritier de la couronne, et sacre de son frère cadet, Louis. Le roi est atteint de la dyssenterie.

XXXII. Louis le Gros se prépare à mourir et fait une profession de foi publique. Son fils épouse Eléonore d'Aquitaine. Le roi retombe malade plus dangereusement. Sa mort (1er août 1137) et sa sépulture à Saint-Denis.

VITA LUDOVICI GROSSI REGIS[1].

INCIPIT PROLOGUS IN GESTIS LUDOVICI REGIS COGNOMENTO GROSSI[2].

Domino et digne reverendo Suessionensi episcopo Gosleno[3], Sugerius[4], Dei patientia beati ariopagitæ Dionysii[5] abbas vocatus, Jesu Christi qualiscumque servus, episcopo episcoporum episcopaliter uniri.

Confert eorum deliberationi et judicio et nos et nostra subici, quorum universali judicio odibilis et amabilis diversa diversis promulgabitur censura, cum *nobilis vir sedebit in portis cum senatoribus terræ*[6]. Eapropter, virorum optime, etiamsi[7] cathedra non contulisset, cujus totus sum in eo cujus totus es tu (nec si plus quæris plus habeo), serenissimi regis Franco-

---

1. Hic titulus, codici 12710 præfixus, nusquàm alibi nisi in Andreæ Chesnii editione reperitur. Recentiori autem manu exarata præferunt hæc verba, scilicet *Vita Ludovici Crassi* codex 6265, *Cronica abbatis Sancti Dyonisii* codex 543.

2. Sic in cod. 5925 et in Chesnianâ editione.

3. Goslenus seu Joslenus, Sugerio amicissimus, Suessionensis episcopus fuit ab anno 1125 ad annum 1151.

4. *Suggerius* 543. Sic sæpè scriptum esse in codd. nomen Sugerii semel hìc admonemus.

5. *Dyonisii* 543, hìc et aliàs ubique, cùm forma *Dionisius* in cod. 135 frequentiùs occurrat.

6. Proverb., XXXI, 23.

7. *Etiam* deest in cod. 135, et in edit. Germanicâ seu P. Pithœi.

rum Ludovici gesta approbatæ scientiæ vestræ arbitrio delegamus, ut quia nobis communiter promovendis et promotis benignissimus extitit dominus, ego scribendo, vos corrigendo, quem pariter amabamus pariter et decantemus et deploremus. Neque enim caritati repugnat etiam beneficiis comparata amicitia, cum qui inimicos diligere præcipit, amicos non probibeat. Duplici ergo et, licet dispari, non tamen opposito, beneficii et caritatis debito, excidamus ei *monumentum ære perennius*[1], cum et ejus circa cultum ecclesiarum Dei devotionem, et circa regni statum mirabilem stylo tradiderimus strenuitatem ; cujus nec aliqua temporum immutatione deleri valeat memoria, nec a generatione in generationem suffragantis Ecclesiæ pro impensis beneficiis orationum desistat instantia. Valeat celsitudo vestra inter cœli senatores feliciter episcopari[2].

1. Horatii Flacci lib. III, od. 30.
2. Hic solus cod. recentior 6265 adjicit : *Explicit prologus. Incipiunt gesta Ludovici regis, cognomento Grossi.*

CAPITULA [1].

I. Quam strenuus in adolescentia fuerit, et quanta strenuitate fortissimum regem Anglorum Willelmum Rufum, paternum regnum turbantem, repulerit.

II. Quod Burcardum Monmorenciacensem, virum nobilem, ab infestatione beati Dionysii cum omnibus complicibus sui compescuit.

III. Quod comitem Bellimontensem Matthæum [2] restituere castrum Lusarchias Claromontensi Hugoni coegit, cum ipse dominus Ludovicus idem castrum manu forti oppugnasset.

IV. Quod cum aliud castrum ejusdem Matthæi Canliacum obsedisset, subita aeris intemperies exercitum in fugam coegit, et nisi ipse Ludovicus fortiter restitisset, pene exercitus deperisset; et quod ipse Matthæus humiliter ei satisfecit.

V. De Ebalo, comite Ruciacensi [3].

VI. De castro Maudunensi [4].

VII. De castro qui dicitur Mons Acutus.

VIII. De Milone, quomodo intravit castrum Montis Leherii.

---

1. Hæc capitula in codd. 135 et 543 atque in edd. tantùm leguntur. V. suprà, in Introductione.
2. *Matheum* 135, sicut et infrà.
3. *Rutiacensi* 135.
4. *Madunensi* adjicit Chesnius in textûs sui margine.

IX. De Buamundo, principe Antiocheno[1].

X. De captione castri Gornaci.

XI. De captione castri Sanctæ Severæ.

XII. De morte regis Philippi[2].

XIII. De sublimatione ejus in regem.

XIV. De captione Firmitatis Balduini, et liberatione comitis Curboilensis et Anselmi[3] Garlandensis.

XV. De colloquio inter regem Ludovicum et regem Anglorum Henricum, habito apud Plancas Nimpheoli.

XVI. De proditione facta in rupe Guidonis a Guillelmo, sororio[4] ejus, et de morte Guidonis, et cita ultione in eundem Guillelmum.

XVII. De eo quod fratri Philippo repugnanti castrum Meduntense[5] et Montem Leherii abstulit.

XVIII. Quomodo castrum Puteolense, capto Hugone, subvertit.

XIX. De liberatione ejusdem.

XX. De impugnatione Tauriaci et restitutione Puteoli.

XXI. De reciproca ejus proditione[6].

---

1. *Boamundo, principe Antioceno* 543.
2. *Phylippi* 543, sicut et infrà.
3. Sic duo codd., pro *Anselli*, ut infrà et aliàs constanter scriptum invenitur.
4. Legendum *socero*.
5. *Medutemse* 135.
6. Desunt reliqua capitula.

VITA GLORIOSISSIMI LUDOVICI

FRANCORUM REGIS ILLUSTRISSIMI

INCIPIT FELICITER [1].

I. Gloriosus igitur et famosus rex Francorum Ludovicus, regis magnifici Philippi filius, primævæ flore ætatis, fere adhuc duodennis seu tredennis, elegans et formosus, tanta morum probabilium venerabili industria, tanta amœnissimi corporis proceritate proficiebat, ut et sceptris futuris reipsa amplificationem honorificam incunctanter promitteret, et ecclesiarum et pauperum tuitioni spem votivam generaret. Altus puerulus, antiqua regum Caroli Magni et aliorum excellentiorum, hoc ipsum testamentis imperialibus testificantium, consuetudine, apud Sanctum Dionysium[2] tanta et quasi nativa dulcedine ipsis sanctis martyribus suisque adhæsit, usque adeo ut innatam a puero eorum ecclesiæ amicitiam toto tempore vitæ suæ multa liberalitate et honorificentia continuaret, et in fine, summe post Deum sperans ab eis, seipsum et corpore et anima, ut si fieri posset, ibidem monachus efficeretur, devotissime deliberando contraderet. Sane, præfata ætate, animo juvenili vigere maturabat virtus

---

1. Post capitula, in solo cod. 135, legitur titulus ille, quem dant etiam edd. Chesn. ac Bened.

2. Usque ad tertium decimum annum Ludovicus in monasterio Sancti Dionysii educatus est. Cf. Sugerii librum *De rebus in administratione suâ gestis*, cap. 32, et *Scriptores Rer. Gallic.*, XII, 955.

augtiva[1], impatiens venationum et ludicrorum puerilium, quibus ætas hujusmodi lascivire et arma dediscere consuescit. Dumque multorum regni optimatum et egregie magnanimi regis Anglorum Guillelmi[2], magnanimioris Guillelmi regis filii, Anglorum domitoris, infestatione agitatur, robur probitatis vaporat, exercitio virtus[3] arridet, inertiam removet, prudentiæ oculum[4] aperit, otium dissolvit, sollicitudinem accelerat. Guillelmus[5] siquidem rex Anglorum usui militiæ aptus, laudis avarus, famæque petitor, cum, exhæredato majore natu Roberto[6] fratre suo, patri Guillelmo feliciter successisset, et post ejusdem fratris sui Hierosolymam profectionem ducatum Normanniæ obtinuisset, sicut ejusdem Normanniæ ducatus se porrigit marchiis[7] regni collimitans, quibuscumque poterat modis famosum juvenem[8] nitebatur impugnare. Similiter et dissimiliter inter eos certabatur : similiter,

1. *Activa* 6265. — *Nativa* 5925 ; quam lectionem dat ipse Chesnius in textûs sui margine.

2. *Wilelmi* 5925. — *Guilermi* 6265 et 12710. Hic est Guillelmus II, Rufus.

3. *Virtuti* 135 atque edd. Germanica et Chesniana.

4. *Oculum* deest in codd. 543, 135, 12710, atque in ed. Germ.

5. Hic primum incipit fragmentum Vitæ Ludovici Grossi in cod. 133 contentum, quod è Sugerii scripto mutuatus est Willelmus Malmesburiensis, Anglorum chronographus.

6. Robertus II, dux Normanniæ, dictus *Courte-Heuse*.

7. *Margiis* 543, 135 et 12710. — *Margiis regni allimitans*, ed. Germ. — Desunt in cod. 133 *marchiis regni collimitans*.

8. Pro vocibus *famosum juvenem*, cod. 133 habet : *Regem Francorum Ludovicum, filium Philippi*. — Ludovicum vero non tempore Guillelmi Rufi, sed duntaxat octavo anno regni Henrici I, Anglorum regis, solio sublimatum esse satis omnibus innotuit.

cum neuter cederet; dissimiliter, cum ille maturus, iste juvenculus ; ille opulentus et Anglorum thesaurorum profusor, mirabilisque militum mercator et solidator; iste peculii expers, patri, qui beneficiis regni utebatur parcendo, sola bonæ indolis industria militiam cogebat, audacter resistebat. Videres juvenem celerrimum modo Bituricensium, modo Arvernorum[1], modo Burgundionum[2] militari manu transvolare fines; nec idcirco tardius, si ei innotescat, Vilcassinum[3] regredi, et cum trecentis aut quingentis militibus præfato regi Guillelmo cum decem millibus fortissime refragari ; et ut dubius se habet belli eventus, modo cedere, modo fugare[4].

Talibus utrobique multi intercipiebantur congressionibus, quorum famosus juvenis et sui, cum plures[5] alios, tum[6] comitem Simonem, nobilem virum, Gislebertum[7] de Aquila nobilem, et Angliæ et Normanniæ æque illustrem baronem, Paganum de Gisortio[8], cui castrum idem primo munivit[9] ; rex e contrario Angliæ strenuum et nobilem comitem Matthæum[10] Bellimontensem[11], illustrem et magni nominis baronem,

---

1. *Alvernorum* codd. 543 et 133, itemque ed. Germ.
2. *Burgundiorum* 133, 543, 5925, 12710, atque edit. Germ.
3. *Vulcassinum* ed. Germ. — 4. *Fugare modo* 135 et edd.
5. *Cum plures* 543, 5925, atque edd. Chesn. et Bened. — *Complures*, alii quat. codd. et edit. Germ.
6. *Tunc*, malè, 135 et edit. Germ.
7. *Gillebertum* 543, 133, 5925 ac 12710. — *Gilbertum* 6265.
8. Vulgò *Gisors*. — *Gisortio cui* sex codd. ac edit. Germ. — *Qui* edd. Chesn. et Bened. De hoc vide infrà, inter Observationes.
9. *Minuit* 133 et 12710, sed mendosè.
10. *Matthiam* edit. Germ. — 11. Vulgò *Beaumont-sur-Oise*.

Simonem[1] de Monte Forti[2], dominum Montis Gaii[3] Paganum, captos tenuerunt. Verum Angliæ captos ad redemptionem celerem militaris stipendii acceleravit anxietas, Francorum vero longa diuturni carceris maceravit prolixitas : nec ullo modo evinculari potuerunt, donec, suscepta ejusdem regis Angliæ militia, hominio obligati, regnum et regem impugnare et turbare jurejurando firmaverunt. Dicebatur equidem vulgo regem illum superbum et impetuosum aspirare ad regnum Francorum, quia famosus juvenis unicus patri erat de nobilissima conjuge, Roberti Flandrensis comitis sorore. Qui enim duo supererant, Philippus et Florus, de superducta[4] Andegavensi comitissa Bertrada geniti erant, nec illorum apreciabatur successionem, si unicum primum decedere quocumque infortunio contingeret. Verum, quia nec fas nec naturale est Francos Anglis, imo Anglos Francis subjici, spem repulsivam rei delusit eventus. Nam cum per triennium aut eo amplius hac[5] insania se et suos exagitasset, nec per Anglos nec per Francos hominio obligatos proficiendo voluntati suæ satisfacere valeret, subsedit. Cumque in Angliam transfretasset, lasciviæ et animi desideriis deditus, cum quadam die in Nova Silva[6] venationibus insisteret, subito inopinata sagitta percussus, interiit. Divinatum est virum[7] divina ultione percussum, assumpto veritatis argumento, eo quod

---

1. *Symonem* 543. — 2. Vulgò *Montfort-l'Amaury.*
3. Vulgò *Montgé (Seine-et-Marne).*
4. *Supradicta* 133 ac ed. Germ. — *Superdicta* 12710.
5. *Hac* 543. — *Hæc* aliàs.
6. Nunc, anglicè, *Southampton-Park.*
7. *Hunc virum* 133.

pauperum extiterat intolerabilis oppressor, ecclesiarum crudelis exactor[1], et, si quando episcopi vel prælati decederent, irreverentissimus retentor et dissipator. Imponebatur a quibusdam cuidam nobilissimo viro Galterio[2] Tirello quod eum sagitta perfoderat. Quem, cum nec timeret nec speraret, jurejurando sæpius audivimus et quasi sacrosanctum asserere quod ea die nec in eam partem silvæ, in qua rex venabatur, venerit, nec eum in silva omnino viderit[3]. Unde constat tantam tam subito tanti [viri][4] divina potentia in favillam evanuisse insaniam : ut qui alios supervacanee inquietabat, gravius infinite inquietetur; et qui omnia appetebat, inglorius omnibus exuatur. Deo enim, qui baltheum regum discingit[5], regna et regnorum jura subjiciuntur. Successit eidem Guillelmo[6] quam celeriter in regno frater minor natu[7] (quoniam Robertus major in illa magna expeditione Sancti Sepulchri agebat), vir prudentissimus Henricus[8], cujus tam admiranda quam prædicanda animi et corporis strenuitas et scientia gratam offerrent[9] materiam. Sed nil nostra refert, nisi si aliquid incidenter nostris convertibile aliquando nos oportet, sicut et de regno Lotharingorum[10], sum-

1. *Exauctor* 133 et 12710.
2. *Gualterio* 135 et 12710. — *Galtero* edit. Germ. Is erat Piceii et Pontisaræ dominus.
3. *In silva invenerit* 133.
4. *Viri* inter uncinos adjiciunt Benedictini.
5. Meminit Sugerius libri Job, XII, 18.
6. *Guilelmo* 543.
7. *Natu* deest in codd. 5925 et 6265, atque in edd.
8. Henricus I, dictus *Beau-Clerc*.
9. *Afferrent* 543 et 133, cujus hic desinit primum fragmentum.
10. *Lotharinguorum* 135.

matim prælibare. Francorum enim, non Anglorum gesta, quædam¹ scripto memoriæ mandare proposuimus.

II. Ludovicus itaque famosus juvenis, jocundus, gratus et benivolus (quo etiam a quibusdam simplex reputabatur), jam adultus, illuster et animosus regni paterni² defensor, ecclesiarum utilitatibus providebat, oratorum³, laboratorum et pauperum, quod diu insolitum fuerat, quieti studebat. Quo siquidem tempore inter venerabilem beati Dionysii Adam abbatem⁴ et Burchardum⁵, nobilem virum, dominum Monmorenciacensem accidit quasdam contentiones pro quibusdam consuetudinibus emersisse, quæ in tantam ebullierunt irritationis molestiam, ut, rupto hominio inter defœderatos, armis, bello, incendiis concertaretur. Quod cum auribus domini Ludovici insonuisset, indignatus ægre tulit. Nec mora, quin præfatum Burchardum ante patrem castro Pinciaco⁶ ad causas submonitum coegerit. Qui cum cadens a causa justitiam

---

1. *Quodam* edd. Chesn. et Germ. — 2. *Regni patris* 12710.

3. *Oratorum*, id est clericorum monachorumque orationi addictorum. Hujusce vocis significationem enucleatè aperit Ordericus Vitalis, in *Historiâ ecclesiasticâ*, lib. III : « *Talis homo non « debet abbas esse, qui exteriores curas nescit negligitque. Unde « vivent oratores, si defecerint aratores? Insipiens est qui plus ap- « petit in claustro legere vel scribere, quam unde fratrum victus « exhibeatur procurare.* » Ed. Le Prévost, II, 51. Rejiciendam igitur putamus novam quam proponunt Benedictini lectionem, scilicet *aratorum*.

4. Tricesimum tertium Sancti Dionysii abbatem, qui Yvoni successit anno 1094.

5. *Buchardum* 6265, ut et infrà. — *Burcardum* 135 et 12710. Is est Burchardus IV.

6. Vulgò *Poissy*.

judicio exequi noluerit, non tentus (neque enim Francorum mos est), sed recedens, quid incommodi, quid calamitatis a regia majestate subditorum mereatur contumacia[1] festinanter animadvertit. Movit namque famosus[2] juvenis illico arma in eum et in complices ejus confœderatos (quippe Matthæum Bellimontensem comitem et Drogonem Monciacensem[3], viros strenuos et bellicosos asciverat), terram ejusdem Burchardi[4] depopulans, municipia et incurtes præter castrum subvertens pessumdedit, incendio, fame, gladio contrivit. Cumque de castro resistere pariter inniterentur, obsidione Francorum et Flandrensium Roberti[5] avunculi et suorum castrum cinxit. His et aliis contritionum verberibus humiliatum, voluntati et beneplacito suo curvavit, et querelam, commotionis causam, cum satisfactione pacavit[6]. Drogonem vero Monciacensem, pro his et aliis, et maxime ecclesiæ Belvacensi irrogatis injuriis, aggressus, cum ei extra castrum haud procul, ut breviori, si confert, regrederetur fuga, cum magna militari sagittaria manu et balistaria obviasset, irruens in eum, retrocedere, castrumque ingredi armorum oppressione absque se non permisit : sed irruens inter eos et cum eis per portam, ut erat fortissimus palæstrita et spectabilis gladiator, in medio castri et crebro percussus etcre-

1. *Contumeliam*, mendosè, 135 et ed. Germ.
2. *Fomosus*, pro *famosus*, cod. 543. — *Formosus* 135 et edd.
3. *Muntiacensem* 543.— *Munciacensem* 12710.— Vulgò *Mouchy-le-Châtel* (Oise).
4. *Burcardi* 135 ac 5925. — *Buchardi* 6265.
5. Roberti II, Flandriæ comitis, qui dictus est Hierosolymitanus.
6. *Placavit* 135 atque ed. Germ.

bro percutiens, nullam pati dignatus est repulsam nec recedere, donec cum supellectile totum castrum usque ad turris procinctum incendio¹ concremavit. Tanta viri erat animositas, ut nec incendium declinare curaret, cum et ei et exercitui periculosum esset, et multo tempore maximam ei raucitatem generaret. Sic humiliatum in brachio virtutis Dei, qui in causa erat, subjectum tanquam clinicum, voluntatis suæ ditioni subjugavit.

III. Interea Bellimontensis² comes Matthæus contra Hugonem Claromontensem, virum nobilem, sed mobilem et simplicem, cujus filiam duxerat sponsam, longo animi rancore contendens, castrum nomine Lusarchium³, cujus medietatem causa conjugii susceperat, totum occupare⁴, turrim sibi armis et armatis satagit munire. Quid faceret Hugo, quam quod ad regni defensorem festinans, pedibus ejus prostratus, obortis lacrymis, supplicat ut seni condescendat, gravissime gravato opem ferat? « Malo, inquit, carissime domine, te terram meam totam habere, quia a te eam habeo, quam gener meus degener hanc habeat. Emori cupio, si eam auferat. » Cujus lachrymabili calamitate animo compunctus, amicabiliter manum porrigit, suffragari promittit, spe exhilaratum⁵ remittit : *spes autem non confundit*⁶. Velociter siquidem de curia

---

1. *In medio*, perperàm, 135, itemque edd. Germ. et Chesn.
2. *Bellimontis* 543.
3. *Lusarchum* ed. Germ. Vulgò *Luzarches (Seine-et-Oise).*
4. *Occupat* 6265 et 12710.
5. *Exhilaratum* quatuor codd. et ed. Bened. — *Exhilatum*, mendosè, 135. — *Excitatum* edd. Germ. et Chesnii, qui velut aliam lectionem addit in margine *exhilaratum*.
6. Pauli apost. ad Romanos, v, 5.

exeunt qui comitem conveniant, extraordinarie expoliatum ordinarie vestiri ore defensoris præcipiant, de jure in curia ejus ratiocinando certa die decertent. Quod cum refutasset, ulcisci festinans defensor, collecto exercitu multo, in eum exiliit : præfatumque castrum aggrediens, modo armis, modo igne impugnans, multo congressu expugnavit, turrimque ipsam militari custodia munivit, et munitam Hugoni, sicut spoponderat, restituit[1].

IV. Movet itidem exercitum ad aliud ejusdem comitis castrum nomine Canliacum[2], tentoria figit, machinas impugnatorias instrui præcepit. Verum multo aliter quam sperabat evenire contigit. Mutata quippe grata aeris temperie, ingrata et turbulenta intemperies emersit, tantoque et tam horribili impluvio, tonitruorum coruscatione totam terram in nocte turbavit, exercitum affecit, equos cecidit, ut vix vivere quidam eorum sperarent. Quo intolerabili horrore, cum quidam de exercitu in aurora fugam matutinam pararent, dormitante adhuc defensore in papilione, dolose tentoriis ignis est applicitus[3] : ex quo, quia signum est recedendi, subito exercitus tam incaute quam confuse exire festinant, inopinatam recessionem formidantes[4], nec quid alii aliis conferant attendentes. Quorum incursu præcipiti multoque clamore dominus stupefactus, quærens quid esset, equo insiliit : post exercitum festinans, quia jam circumquaque dispersi erant, reducere nullo modo valuit. Quid aliud faceret famosus

1. Anno 1102. — 2. Vulgò *Chambly (Oise)*.
3. *Applicatus* 135, atque edit. Germ.
4. *Sperantes* 135, itemque edd. Germ. et Chesnii, qui in margine dat etiam *formidantes*.

,juvenis, quam ad arma currere, cum paucis quos potuit retrocedere, murum se pro præcedentibus opponere, sæpe percuti et sæpe percutere ? Verum etsi illi, quibus pereuntibus [1] ipse murus erat, quiete et secure potuerunt fugere, tamen, quia multi gregatim et disperse procul ab eo fugiebant, multi ab hostibus capti sunt. Inter quos excellentior captus fuit ipse Hugo Claromontensis, et Guido Silvanectensis, Herluinus Parisiensis, et obscuri nominis quamplures gregarii et pedestris exercitus multi. Hac igitur lacessitus injuria, quanto rudis et ignarus infortunii hujusmodi hactenus fuerat, tanto cum Parisius [2] redisset moti animi insolentia intumescebat, et, ut ejus ætatis mos est, si tamen sit imitativa [3] probitatis, movet et movetur : et ut cito injuriam ulciscatur exæstuans, undecumque triplicato [4] exercitu sagaciter æque ut prudenter, crebro ingeminat suspirio, decentius mortem quam verecundiam sustinere. Quod cum amicorum relatione comperisset comes Matthæus, ut erat elegans vir et facetus, impatiens verecundiæ accidentalis domini sui, multiplicato intercessore, viam pacis affectare summopere investigat. Multa dulcedine, multis blandimentis animum juvenilem demulcere elaborat satis convenienter : nulla hoc factum deliberatione, sed ex contingenti accidisse, injuriam excusat, seque pronum ad ejus nutum satisfactioni præsentat. In

---

1. *Præeuntibus* legi volunt Benedictini, licet abnuant omnes codices.

2. *Parisios* ed. Germ.

3. *Innutativa*, malè, 12710. — *Mutativa* edd. Germ. et Chesnii, qui in textûs margine adjicit *imitativa.*

4. *Extriplicato* 12710.

quo quidem, prece multorum, consilio familiarium, multo etiam patris rogatu, licet sero, viri animus mollescit, resipiscenti parcit, injuriam condonat, recuperabilia perdita comite reddente restaurat, captos liberat, Hugoni Claromontensi pacem et quod castri præoccupati suum erat firma pace reformat.

V. Infestabatur nobilis ecclesia Remensis suorum et ecclesiarum ad se pertinentium dilapidatione bonorum, tyrannide fortissimi et tumultuosi baronis Ebali Ruciacensis [1] et filii ejus Guischardi [2]. Qui quanto militiæ agebatur exercitio (erat enim tantæ magnanimitatis, ut aliquando cum exercitu magno, quod solos reges deceret, in Hispaniam proficisceretur), tanto insanior et rapacior his explendis deprædationibus, rapinis et omni malitiæ insistebat. Tanti ergo et tam facinorosi viri apud dominum regem Philippum centies, et modo apud filium bis aut ter lugubri querela deposita, filius invective exercitum mediocrem fere septingentorum militum de nobilioribus [3] Franciæ optimatibus delectum cogit [4], Remis festinat, pene per duos menses multo conflictu præteritas punit ecclesiarum molestias, ejusdem præfati tyranni et fautorum [5] ejus depopulatur terras, incendio solvit, rapinis exponit. Egregie factum, ut qui rapiebant [6] rapiantur et qui torquebant æque aut durius torqueantur. Tanta siquidem erat domini et exercitus animositas, ut quamdiu ibi

---

1. Vulgò *Roucy* (*Aisne*). Is est Ebbalus II comes.
2. *Guichardi* ed. Germ.
3. Ità cod. 135 et edd. In reliquis codd. additur *et validioribus*.
4. Anno 1103.
5. *Factorum* mendosè 543, 5925, 12710.
6. *Rapiebant* 543. — *Rapiant* alii.

fuerit, aut vix aut nunquam, præter feria sexta et die dominica, quieverint quin aut cum manuali congressione lancearum ac gladiorum committerent, aut terrarum destructione illatas injurias vindicarent. Certabatur ibi non contra Ebalum tantum, sed contra omnes illarum partium barones, quibus etiam maximorum[1] Lotharingorum affinitas multo agmine celebrem affectabat exercitum. Agitur interea multis quæstionibus de pace, et quoniam diversæ curæ periculosaque negotia ad alias partes novi domini[2] præsentiam votive devocabant, habito cum suis consilio, pacem a præfato tyranno ecclesiis et impetravit et imperavit[3]; et acceptis obsidibus, eam jurejurando firmari fecit. Taliter salutatum et flagellatum dimisit. Hoc etiam quod de Castro Novo repetebat in diem distulit.

VI. Et nec minus celebrem Aurelianensi ecclesiæ suffragando tulit opem militarem, cum et Leonium[4] virum nobilem Mauduni[5] castri, episcopi Aurelianensis hominem, majorem ejusdem castri partem et alterius dominium præfatæ ecclesiæ auferentem, manu forti compescuit, in eodem castro eum cum multis inclusit; castroque recepto, cum in proxima domui suæ ecclesia, erectis propugnaculis, defensioni inniteretur, ut fortis fortiori subjicitur, armorum et flammarum ingestione intolerabiliter opprimitur. Nec solus diuturni anathematis mulctam solvit, cum ipse et multi alii ferme sexaginta, flamma prævalente, de turre

1. *Maximum* forsàn, subjiciunt Benedictini.
2. Jam rex designatus erat Ludovicus.
3. Desunt in edd. Chesn. et Benedict. voces *et imperavit*. Legendum conjicimus : *et imperavit et impetravit*.
4. *Leonum* 5925. — 5. Vulgò *Meung-sur-Loire*.

corruentes, lancearum erectarum et occurrentium sagittarum cuspide perfossi, extremum spiritum exhalantes, miseras[1] animas cum dolore ad inferos transtulerunt[2].

VII. Castrum quod dicitur Mons Acutus[3] validissimum, in pago Laudunensi, occasione cujusdam matrimonii contigit Thomam de Marna[4] obtinuisse, hominem perditissimum, Deo et hominibus infestum; cujus intolerabilem velut immanissimi lupi rabiem inexpugnabilis castri audacia concrescentem cum omnes circumquaque compatriotæ et formidarent et obhorrerent, ipse qui dicebatur pater ejus Engerrannus[5] de Bova, vir venerabilis et honorificus, egregie et præter alios illum de castro ejicere ob ejus fautiosam[6] tyrannidem moliebatur[7]. Communicatum est inter eos, ipsum videlicet Engerrannum et Ebalum Ruciacensem, cum omnibus quos allicere sibi potuerunt, castrum et in castro eum obsidere, circumquaque eum et palo et vimine circumcingere, eumque multa mora fame periclitantem ad deditionem cogere, castrumque, si posset fieri, subvertere, eumque perenni carcere condemnare. Quod videns vir nequam, jam firmatis castellis, cum necdum vallo ab alio ad aliud

---

1. *Miseri* ed. Germ. — 2. *Transmiserunt* 6265.
3. Vulgò *Montaigu* (*Aisne*). — 4. Vulgò *Marle* (*Aisne*).
5. *Engerannus* 135 atque edit. Germ. — *Engenrannus* 5925. — *Engeirrannus* edd. Chesn. et Benedict. Idem quique infrà. Is erat comes Ambianensis. V. *Art. de vérif. les dates*, II, 715.
6. *Fautiosus*, id est defector, ut notat Cangius, hæc ipsa Sugerii verba interpretans (v° *Factio*, 2).
7. Ità edd. Chesn. et Benedict. — *Demoliebatur* quinque codd. ac ed. Germ.

clausum esset, nocte furtim exiliit, et festinans ad famosum juvenem, collaterales ejus muneribus et promissis corrupit, et ut ei militari suffragaretur subsidio citissime obtinuit. Flexibilis[1] quippe et ætate et moribus, collecto septingentorum militum exercitu, ad partes illas festinat accedere. Qui cum castello[2] Acuti Montis appropinquaret, viri qui castrum circumcluserant[3] nuntios ad eum delegant tanquam designato domino, ne[4] removendo eos ab obsidione vituperium inferat supplicant : opponentes ne pro perditissimo homine servitium tantorum amittat, infaustum perniciosius sibi quam eis, si nequam tuto remaneat, veraciter profitentes. At vero, cum nec blanditiis nec minis a proposito eum devocare valerent, veriti sunt in designatum dominum committere, et proponentes, cum ipse rediret ab obsidione[5], recidivo bello redire, cesserunt, et quicquid facere vellet inviti sustinuerunt. Ipse vero in manu potenti, disruptis et defossis circumquaque omnibus municipiis, Acutum Montem emancipavit, et tam armis quam victualibus, eorum sophismata denodans, copiosum reddidit. Eapropter optimates qui amore et timore ejus cesserant, quia in nullo pepercerat, succensentes dolent, nec ulterius se ei deferre jurejurando minantur. Cumque eum egredi[6] conspiciunt, castra movent, acies bellatorum componunt, ipsumque, tanquam

1. *Flebilis*, perperàm, 135 et edit. Germ. — *Flexilis* edd. Chesn. et Bened.
2. *Castro* 12710. — 3. *Circumclauserant* 135 et ed. Germ.
4. *Nec*, malè, 135 et ed. Germ.
5. *Ad obsidionem* 543, 5925, 6265.
6. *Regredi* 543, 135, 12710, atque ed. Germ.

inituri cum eo, prosequuntur. Hoc unum mutuæ congressioni oberat, quod inter acies utriusque partis torrens tarde transitum porrigens convenire prohibebat[1]. Sic utraque classica et *pila minantia pilis*[2] prima et altera die se conspicantur, cum subito venit ad Francos quidam joculator probus miles ab opposita parte, nuntians irrefragabiliter primo quo inveniretur accessu eos committere, et illatam pro libertate injuriam hastis et gladiis vindicare, seque ad naturalem dominum, ut pro eo et cum eo dimicet, eos dimisisse. Insonuit rumor per tentoria castrorum, et militum audacia tripudiat. Loricarum et galearum splendida pulchritudine se exornant, animositatem exagitant, et, si forte transitus eis occurrat, torrentem transilire accelerant, dignum ducentes magis ut hostes aggrediantur quam quod se defendant. Quod videntes nobilissimi viri Engerrannus de Bova, Ebalus de Ruciaco, comes Andreas de Rameru[3], Hugo Albus de Firmitate, Robertus de Capiaco[4], et alii sapientes et discreti, audaciam designati domini admirantes, consulte ei deferre elegerunt; et pacifice ad eum venientes, pubertatem ejus amplexati sunt, dextrasque amicitiæ contendentes[5], se et suos ejus servitio spoponderunt. Nec multo post, ut divinæ ascribatur voluntati impiorum subversio, et

1. *Prohibeat* 135, atque edd. Chesn. et Germ.
2. Lucani *Phars.*, lib. I, v. 7.
3. *Ramerru* 6265. — *Rameriu* 135. — *Ramerii* 5925 et 12710. Nunc, vulgò, *Ramerupt* (*Aube*).
4. Nunc *Cappy* (*Somme*). In margine Chesnianæ editionis leguntur : *Robertus de Peronâ, dominus Capiaci*; quæ nescimus undè editor ille hauserit.
5. *Contradentes* edd. Chesn. ac Benedict.

castrum et matrimonium, incestu consanguinitatis fœdatum, divortio amisit.

VIII. His et aliis virtutum provectibus designatus dominus conscendens, regni administrationi et reipublicæ, sicut se rei opportunitas offerebat, sagaciter providere, recalcitrantes perdomare, castella infestantia quibuscumque modis aut occupare aut incurvare strenue satagebat. Unde cum Guido Trussellus[1], filius Milonis de Monte Leherii[2], viri tumultuosi et regni turbatoris, a via Sancti Sepulchri domum repedasset, fractus longi itineris anxietate, et diversarum pœnarum molestia, et quia extraordinarie Antiochiam timore Corboranni[3] per murum descendens, Deique exercitum intus obsessum relinquens, toto corpore destitutus defecit, timensque exhæredari unicam quam habebat filiam, domini regis Philippi et filii Ludovici voluntate et persuasione (valde enim appetebant castrum), filio regis Philippo, de superducta[4] Andegavensi comitissa, nuptui tradidit, et, ut in amorem suum frater major dominus Ludovicus firmissime confœderaret, castrum Meduntense[5], prece patris, matrimonio confirmavit. Qua occasione castro custodiæ suæ recepto, tanquam si oculo suo festucam eruissent, aut circumsepti repa-

---

1. *Trusellus* 543, 135, et ed. Bened. — *Trucellus* 5925, itemque edit. Chesn. — *Trussellus* alii. Quod cognomen Guidoni propter vexationes ab eo exercitas fortè applicatum est.

2. Vulgò *Montlhéry*.

3. Sic 135 et edd. Chesn. ac Benedict. — *Corborani* 12710. — *Corbarani* 5925, 6265. — *Corbaram* 543. — *Corboranti* ed. Germ. Is est Kerbogha, Durbetæ princeps.

4. Ut suprà. — 5. *Metuntense* 135. Vulgò *Mantes*,

gula dirupissent, exhilarescunt. Testabatur quippe pater filio Ludovico, nobis audientibus, ejus defatigatione acerbissime gravatum : « Age, inquiens, fili Ludovice, serva excubans turrim, cujus devexatione pene consenui, cujus dolo et fraudulenta nequitia nunquam pacem bonam et quietam[1] habere potui. » Hujus infidelitas fideles infideles, infideles infidelissimos procreabat, perfidos cominus eminusque concopulabat, nec in toto regno quicquam mali absque consensu eorum aut opere fiebat. Cumque a fluvio Sequanæ Curbolio[2], medio viæ Monte Leherii, a dextera Castello Forti[3] pagus Parisiacus circumcingeretur, inter Parisienses et Aurelianenses tantum confusionis chaos firmatum erat, ut neque hi ad illos neque illi ad istos, absque perfidorum arbitrio, nisi in manu forti valerent transmeare. Verum præfati causa matrimonii sepem rupit, accessum jocundum utrisque reparavit.

Huc accessit quod Guido comes de Rupe Forti[4], vir peritus et miles emeritus, præfati Guidonis Trusselli patruus, cum ab itinere Hierosolymitano famose copioseque redisset, regi Philippo gratanter adhæsit. Et quia antiqua familiaritate jam et alia vice ejus dapifer extiterat, tam ipse quam filius ejus dominus Ludovicus agendis reipublicæ dapiferum præfecerunt, ut et castrum prænominatum Montis Leherii deinceps quiete

1. *Quietem* 135.
2. *Curboilo* 543. — *Curboliolo* 135 et ed. Germ. — *Corbolio* 6265. Vulgò *Corbeil*.
3. Vulgò *Châteaufort* (*Seine-et-Oise*).
4. Vulgò *Rochefort* (*Seine-et-Oise*). — *Comes* deest in cod. 135, itemque in edd. Chesn. et Germ.

possiderent, et de comitatu eorum collimitante, videlicet Rupe Forti et Castello Forti et aliis proximis castellis, et pacem et servitium, quod insolitum fuerat[1], vendicarent. Quorum mutua eo usque processit familiaritas, ut, patris persuasione, filius dominus Ludovicus filiam ejusdem Guidonis necdum nubilem matrimonio solemni reciperet. Sed quam sponsam recepit, uxorem non habuit, cum ante thorum[2] titulus consanguinitatis oppositus matrimonium post aliquot annos dissolverit[3]. Sic eorum per triennium continuata est amicitia, ut [4] pater et filius se ei supreme crederent, et ipse comes Guido, filiusque ejus Hugo Creciacensis, regni defensioni et honori totis viribus inniterentur. Verum quia

*Quo semel est imbuta recens servabit odorem
Testa diu* [5],

viri de Monte Leherii, consuetæ perfidiæ æmuli dolose machinati sunt per Garlandenses fratres[6], qui tunc regis et filii incurrerant inimicitias, quo modo vicecomes Trecensis Milo, minor frater Guidonis Trusselli[7],

---

1. *Fuerant*, mendosè, 135 ac edit. Germ.
2. *Thronum* 135 et ed. Germ.
3. In concilio Trecensi, an. 1107, sponsalia Ludovici cum Luciana, filia Guidonis de Rupe Forti, dissoluta sunt à Paschali papâ.
4. *Ut et pater et filius* 543.
5. Horatii lib. I, epist. ɪɪ, ad Lollium.
6. De hâc celebri familiâ ejusque feodo, propè Parisios sito, v. Lebeuf, *Hist. du diocèse de Paris*, IX, 411; d'Auteuil, *Hist. des ministres d'État*, 194; etc.
7. *Trusselli* nunc et ipse cod. 543.

cum matre vicecomitissa et magna manu militum venit[1] : castroque ab omnibus votivo receptus perjurio, beneficia patris sæpius lachrymando replicat, generosam et naturalem eorum industriam repræsentat, fidem mirabilem prædicat, revocationis suæ gratiarum actiones reportat, et ut bene cœpta bene perficiant, genibus eorum provolutus, suppliciter exorat. Tali et tam lugubri genuflexione flexi, currunt ad arma, festinant ad turrim, committunt contra defensores turris gladiis, lanceis, igne, sudibus et saxis acerrime, ut et antemurale turris pluribus in locis perfoderent, et multos turrim defendentium ad mortem vulnerarent. Erat siquidem in eadem turri uxor præfati Guidonis, et filia domino Ludovico desponsata. Quod cum auribus dapiferi Guidonis insonuisset, ut erat vir magnanimus[2], expedite exiliit, et cum quanta manu militum potuit castello audacter appropinquavit; sed et, ut se undecumque sequantur velociter, velocissimos nuntios misit. Qui autem turrim impugnabant, a monte eum videntes, quia nondum turrim vincere potuerant, adventum subitum domini Ludovici tanquam jugulum formidantes, retrocesserunt, et an starent, an fugam facerent, hærere cœperunt. Guido vero, ut erat strenuus et in arto[3] providus, Garlandenses consulte a castro ascivit, pacem regis et domini Ludovici et gratiam jurejurando firmavit, et eos et eorum complices[4] taliter ab incœpto removit : eorum-

---

1. Anno 1104 vel 1105.
2. *Unanimis* 134, atque edd. Germ. et Chesn.
3. *Arte* edd. — *Arto*, pro *arcto*, codd. omnes.
4. *Complices* 6265 ac edit. Benedict. Deest in reliq. codd. et edd.

que defectu et ipse Milo defecit, et celerem fugam, infecta fauctione, flens et ejulans arripuit. Quo audito, dominus Ludovicus ad castrum celerrime acceleravit, compertaque veritate, quia nihil perdiderat gaudebat, et quia factiosos non invenerat, ut eos patibulo affigeret, dolebat. Remanentibus vero, quia Guido jurejurando firmaverat, pacem dominus Ludovicus servavit. Sed ne quid simile deinceps molirentur, totam castri munitionem præter turrim dejecit.

IX. Id circa temporis[1], illustrem Antiochenum principem Boamundum, cui specialiter illa potenti obsidione ipsa ejusdem urbis, ob sui strenuitatem, reddita est munitio, contigit ad partes Gallorum descendisse, virum inter Orientales egregium et famosum, cujus quoddam generosum, et quod nunquam sine diva manu fieri posset, factum etiam inter ipsos prædicabatur Sarracenos. Cum enim cum patre suo Roberto Guischardo[2] forte[3] transmarinum obsedisset castrum Durachium[4], nec Thessalonicences gazæ, nec thesauri Constantinopolitani, nec ipsa Græcia tota eos arcere valeret, subito post eos transfretantes domini papæ Alexandri legati, qui eos et charitate Dei et obligatione hominii adjurando submoneant, assistunt; ut ecclesiæ Romanæ et domino papæ in turre Crescentiani[5] incluso ab imperatore eripiant, devotissime sup-

---

1. *Per idem tempus contigit* cod. 133, cujus hìc secundum incipit fragmentum. Id est, secundùm Orderici Vitalis historiam, mense martio anni 1106.

2. *Guiscardo* 543, ut et infrà.

3. Sic 135 et edit. — *Fere* in reliq. quinque codd.

4. *Durazzo*, in Albanià.

5. Ità quinque codd. et edd. — *Crescentia* 133. — At in utrisque

plicant; naufragari urbem et ecclesiam, imo ipsum dominum papam, si non cito subvenerint, jurejurando pronuntiant. Hærent principes, et quid eligant, an expeditionem tantam et tam sumptuosam irrecuperabiliter omittant, an dominum papam, urbem et ecclesiam ancillari, imo naufragari sustineant. Cumque hac anxiarentur deliberatione, hoc excellentissimum eligunt[1] : istud facere et illud non omittere[2] deliberant. Relicto siquidem obsidioni Boamundo, pater in Apuliam transfretando regressus, undecumque potuit, de Sicilia, Apulia et Calabria atque Campania viros et arma collegit, et tam promptissime quam audacissime Romam acceleravit. Unde divina voluntate et quasi portentum mirabile contigit, ut cum iste Romam, et imperator Constantinopolitanus, audita Roberti absentia, adunato Græcorum exercitu, ad expugnandum Boamundum, Durachium tam terra quam mari applicuisset, una et eadem die pater Guischardus Romæ cum imperatore congrediens, ille cum Græcorum imperatore strenue confligens, uterque princeps de utroque imperatore (mirabile dictu) triumphavit[3].

Præfati igitur Boamundi ad partes istas adventus

---

codicibus forsitan legendum *Crescentiana*, à Crescentio tyranno, hujus turris domino, qui sub papâ Gregorio V, ab imperatore Othone III interfici jussus est, anno 998. Quæ turris nunc vulgò vocatur *Saint-Ange*.

1. *Eligunt* deest in cod. 135, itemque in edd. Germ. et Chesn.
2. Meminisse videtur Sugerius Matthæi Evang., cap. XXIII, v. 23, in quo leguntur : *Hæc oportuit facere, et illa non omittere.*
3. Non Alexandrum II, sed ejus successorem Gregorium VII, ab imperatore Henrico IV obsessum, Guiscardus liberavit, idque anno 1084 (Benedict.).

causa fuit[1] ut nobilissimam domini Ludovici designati sororem Constantiam, moribus facetam, persona elegantem, facie pulcherrimam, matrimonio sibi copulari quibuscumque modis quæritaret. Tanta enim et regni Francorum et domini Ludovici præconabatur strenuitas, ut ipsi etiam Sarraceni hujus terrore copulæ terrerentur. Vacabat domina[2], comitem Trecensem Hugonem[3] procum aspernata, nec dedecentem[4] sponsum iterata copula appetebat. Callebat princeps Antiochenus ; et tam donis quam promissis copiosus, dominam illam celeberrime sibi copulari Carnoti, præsente rege et domino Ludovico, multis astantibus archiepiscopis, episcopis et regni proceribus devote promeruit. Astitit etiam ibidem Romanæ sedis apostolicæ legatus, dominus Bruno, Signinus episcopus, a domino Paschali papa[5], ad invitandam et confortandam sancti sepulchri viam, dominum Boamundum comitatus. Unde plenum et celebre Pictavis tenuit concilium, cui et nos interfuimus[6], quia recenter a studio redieramus : ubi de diversis synodalibus et præcipue de Hierosolymitano itinere, ne tepescat agens, tam ipse quam Boamundus multos ire animavit. Quorum freti comitatu multo multaque militia, tam ipse Boamundus quam domina Constantia, necnon et ipse legatus ad propria prospere et gloriose remearunt. Quæ domina Constantia domino Boamundo duos genuit

---

1. *Fuerit* 133 et 12710.

2. Hæc decem ultima verba desunt in codd. 133 et 12710.

3. Hugo I, Theobaldi I (seu III) filius, octavus Campaniæ comes.— 4. *Decentem* 135, itemque edd. Germ. et Chesn.

5. Paschali II, anno 1099 electo. De hoc matrimonio V. infrà, in Observat. — 6. Anno 1106.

filios, Johannem et Boamundum : sed Johannes ante annos militiæ in Apulia obiit. Boamundus vero decorus juvenis, militiæ aptus, princeps factus Antiochenus, cum Sarracenos instanter armis urgeret, nec eorum zelantes impetus aliquid duceret, minus caute eos insecutus, insidiis eorum interceptus, cum centum militibus æquo animosior infauste decapitatus, Antiochiam et cum Apulia vitam amisit [1].

Sequenti itaque præfati Boamundi repatriationis anno [2], venerandæ memoriæ universalis et summus pontifex Paschalis ad partes occidentales accessit [3] cum multis et sapientissimis viris, episcopis et cardinalibus, et Romanorum nobilium comitatu, ut regem Francorum et filium regem designatum Ludovicum et ecclesiam Gallicanam consuleret super quibusdam molestiis et novis investituræ ecclesiasticæ querelis, quibus eum et infestabat et magis infestare minabatur Henricus imperator [4], vir affectus paterni et totius humanitatis expers, qui et genitorem Henricum crudelissime persecutus exhæredavit, et, ut ferebatur, nequissima captione tenens, inimicorum verberibus et injuriis, ut insignia regalia, videlicet coronam, sceptrum et lanceam sancti Mauritii redderet, nec aliquid in toto regno proprium retineret [5], impiissime coegit.

1. Hic desinit secundum fragmentum cod. 133 insertum.
2. Id est anno 1107. — Hic incipit fragmentum tertium eodem cod. insertum, manu exaratum recentiori, cum his verbis præfixis : *Anno Dominicæ incarnationis MCV, venerandæ memoriæ*, etc.
3. *Accessit* dat in margine solus 6265, quam lectionem admiserunt Benedictini.
4. Henricus V, qui patri anno 1106 successit.
5. *Teneret* 133, 6265.

Equidem deliberatum est Romæ, propter Romanorum conductitiam perfidiam, de præfatis, imo de omnibus quæstionibus, tutius [1] regis et regis filii et ecclesiæ Gallicanæ in Francia quam in urbe disceptare suffragio [2]. Venit itaque Cluniacum, a Cluniaco ad Charitatem [3], ubi celeberrimo archiepiscoporum et episcoporum et monastici ordinis conventu eidem nobili monasterio sacram [4] dedicationis imposuit. Affuerunt et nobiliores regni proceres, inter quos et dapifer regis Franciæ, nobilis comes de Rupe Forti, domino papæ missus occurrit, ut ei tanquam patri spirituali per totum regnum ejus beneplacito deserviret. Cui consecrationi et nos ipsi interfuimus, et contra dominum episcopum Parisiensem Galonem [5], multis querimoniis ecclesiam beati Dionysii agitantem, in conspectu domini papæ viriliter stando, aperta ratione et canonico judicio satisfecimus. Cumque Turonis apud sanctum Martinum, ut mos est romanus [6], frigium ferens, *Lætare Hierusalem* celebrasset, ad venerabilem beati Dionysii locum, tanquam ad propriam beati Petri sedem, benevolus et devotus devenit. Qui gloriose et satis episcopaliter receptus, hoc unum memorabile et Romanis insolitum et posteris reliquit exemplum, quod nec aurum, nec argentum, nec preciosas monasterii margaritas, quod multum timebatur, non tantum non affec-

1. *Totius*, malè, 133.
2. *Naufragio* 135 et edd. Germ. ac Chesn.
3. Nunc, vulgò, *La Charité-sur-Loire* (*Nièvre*).
4. *Sacramentum* 133.
5. Galo, primò Belvacensis, posteà Parisiensis fuit episcopus, ab an. 1104 ad an. 1117. V infrà, in Observ.
6. *Romanis* 133, 5925, et edit. Germ.

tabat, sed nec respicere dignabatur. Sanctorum pignoribus humillime prostratus, lachrymas compunctionis offerebat, holocaustum seipsum Domino et sanctis ejus toto animo inferebat, et ut de vestimentis episcopalibus beati Dionysii sanguine madefactis ad patrocinandum aliqua ei daretur portiuncula suppliciter exoravit : « Ne displiceat, inquiens, si de vesti-
« mentis ejus nobis vel parum reddideritis [1], qui eum
« vobis apostolatu Galliæ insignitum absque murmure [2]
« destinavimus. » Occurrit itaque ei ibidem rex Philippus et dominus Ludovicus filius ejus gratanter et votive, amore Dei majestatem regiam pedibus ejus incurvantes, quemadmodum consueverunt ad sepulchrum piscatoris Petri reges submisso diademate inclinari. Quos dominus papa manu erigens, tanquam devotissimos apostolorum filios, ante se residere [3] fecit. Cum quibus de statu ecclesiæ, ut sapiens sapienter agens, familiariter contulit : eosque blande demulcens, beato Petro sibique ejus vicario supplicat opem ferre, ecclesiam manutenere, et, sicut antecessorum regum Francorum Caroli Magni et aliorum mos inolevit, tyrannis et ecclesiæ hostibus, et potissimum Henrico imperatori audacter resistere. Qui amicitiæ, auxilii et consilii dextras dederunt, regnum exposuerunt [4], et qui cum eo Catalaunum imperatoris legatis occurrere festinent, archiepiscopos et episcopos, et abbatem Sancti Dyonisii Adam, cum quo et nos fuimus, conjunxerunt. Ubi cum dominus papa aliquantisper

1. *Reddideretis* 135. — 2. *Munere* sola edit. Chesn.
3. Ità codd. omnes atque edit Germ. Aliàs, *redire*.
4. *Sibi* 133.

demoraretur ex condicto, ipsi[1] imperatoris Henrici legati, non humiles, sed rigidi et contumaces, cum apud Sanctum Memmium[2] hospitia suscepissent, relicto inibi cancellario Alberto, cujus oris et cordis unanimitate ipse imperator agebat, cæteri ad curiam multo agmine, multo fastu, summe phalerati devenerunt. Hi siquidem erant archiepiscopus Treverensis[3], episcopus Alvertatensis, episcopus Monasteriensis, comites quamplures, et cui gladius ubique præferebatur dux Welfo, vir corpulentus[4] et tota superficie longi et lati[5] admirabilis et clamosus : qui tumultuantes magis ad terrendum quam ad ratiocinandum missi viderentur. Singulariter et solus Treverensis archiepiscopus, vir elegans et jocundus, eloquentiæ et sapientiæ copiosus, gallicano cothurno exercitatus, facete[6] peroravit, domino papæ et curiæ salutem et servitium ex parte domini imperatoris deferens, salvo jure regni. Et prosequens de mandatis : « Talis est, « inquit, domini nostri imperatoris pro qua mittimur « causa. Temporibus antecessorum nostrorum, sanc- « torum et apostolicorum virorum[7] magni Gregorii et « aliorum, hoc ad jus imperii pertinere dignoscitur, ut « in omni electione hic ordo servetur : antequam

1. *Disposuerunt* 133.

2. *Meminium* codd. — *Memmium* edd. — Monasterium sancti Memmii in Catalaunensi suburbio situm erat.

3. In cod. 135 omittuntur verba *archiepiscopus Treverensis.*

4. *Opulentus* 133. Hic est Welpho II, Bavariæ comes.

5. *Longus et latus* 133. — 6. *Facile* 133.

7. *Temporibus antecessorum vestrorum, apostolicorum virorum magni Gregorii* 133. — *Temporibus antecessorum meorum, apostolicorum virorum* 12710.

« electio in palam proferatur, ad aures domini impe-
« ratoris perferre, et, si personam deceat, assensum
« ab eo ante factam electionem assumere ; deinde in
« conventu secundum canones, petitione populi, elec-
« tione cleri, assensu[1] honoratoris proferre, consecra-
« tům libere nec simoniace ad dominum imperato-
« rem pro regalibus, ut annulo et virga investiatur,
« redire, fidelitatem et hominium facere. Nec mirum ;
« civitates enim et castella, marchias, thelonea, et
« quæque imperatoriæ dignitatis nullo modo aliter de-
« bere occupare[2]. Si hæc dominus papa sustineat,
« prospere et bona pace regnum et ecclesiam ad ho-
« norem Dei inhærere. » Super his igitur dominus
papa consulte, oratoris episcopi Placentini voce, respondit : « Ecclesiam, precioso Jesu Christi sanguine
« redemptam et liberam constitutam, nullo modo ite-
« rato ancillari oportere[3] ; si ecclesia, eo inconsulto,
« prælatum[4] eligere non possit, cassata Christi morte,
« ei serviliter subjacere ; si virga et annulo investia-
« tur, cum ad altaria ejusmodi pertineant, contra
« Deum ipsum usurpare ; si sacratas Dominico corpori
« et sanguini[5] manus laici manibus gladio sanguino-
« lentis obligando supponant, ordini suo et sacræ unc-
« tioni derogare. » Cumque hæc et his similia cervi-
cosi audissent legati, teutonico impetu frendentes tu-
multuabant, et, si tuto auderent, convicia eructarent[6],
injurias inferrent. « Non hic, inquiunt, sed Romæ gla-

---

1. *Assensum* 133. — 2. *Occupari* cod. 133, emendatus.
3. *Ancillari potest* 133. — 4. *Præsulatum* 135 et edit. Germ.
5. *Dominico corpore et sanguine* 133 et edit. Germ.
6. Sic sola edit. Benedictinorum. — *Eructuarent* codd. et aliæ edd.

« diis hæc¹ terminabitur querela. » Verum papa quamplures viros approbatos et peritos ad cancellarium misit, qui eum super his composite et placide convenirent, et audirentur et audirent, et ad pacem regni eum operam dare obnixe exorarent. Quibus recedentibus, dominus papa Trecas venit, diu submonitum universale concilium honorifice celebravit², et cum amore Francorum, quia multum³ servierant, et timore et odio Teutonicorum ad sancti Petri sedem prospere remeavit.

Imperator vero, secundo fere recessionis ejus anno, collecto mirabili triginta millium⁴ hoste⁵,

> . . . . . . Nullas nisi sanguine fuso
> Gaudet habere vias⁶.

Romam tendit, inire⁷ callens pacem simulat, querelam investiturarum deponit, multa et hæc et alia bona pollicetur, et ut urbem ingrediatur, quia aliter non poterat, blanditur⁸, nec fallere summum pontificem et totam ecclesiam, imo ipsum regem regum veretur. Unde, quia audiebant tantam et tam perniciosam Ecclesiæ Dei sopitam quæstionem, æquo aut plus æquo romani quirites⁹ tripudiant, clerus supreme¹⁰ exultat, et quomodo eum honorificentius et elegantissime reci-

---

1. *Hæc* deest in cod. 135 atque in edd.
2. Mense maio ejusdem anni 1107. — 3. *Multi* 133 et 12710.
4. *Milium militum* 543. — *Triginta millia* 135 et edd. Germ. ac Chesn.
5. *Hoste* pro *exercitu*, in vulgari veteri *ost*.
6. Lucani Phars., II, 439. — 7. *Mire* 543 et 135.
8. *Blanditer* 133. De hâc simulatione, V. infrà, in Observ.
9. *Equites* 6265. — 10. *Summe* 133.

piant exhilarati decertant. Cumque dominus papa episcoporum et cardinalium togata, cum opertis[1] albis operturis equis, constipatus turma, subsequente populo Romano, occurrere acceleraret, præmissis qui tactis sacrosanctis Evangeliis ab eodem imperatore juramentum pacis, investiturarum depositionem susciperent, in eo qui dicitur Mons Gaudii loco, ubi primum adventantibus limina apostolorum beatorum visa occurrunt, idipsum iteratur. In porticu vero, mirabili et universali Romanorum spectaculo, manu propria imperatoris et optimatum triplicatur juramentum, exinde infinite [2] nobilius quam si Africana victoria potito [3] arcus triumphalis arrideret, cum hymnis et laudum multiplici triumpho, domini papæ manu sacratissima diademate coronatur more Augustorum[4], ad sacratissimum apostolorum altare, præcinentium clericorum odis, et Alemannorum cantantium terribili clamore cœlos penetrante, celeberrima et solemni devotione deducitur. Cum igitur dominus papa, missas gratiarum agens, corpus et sanguinem Jesu Christi confecisset, partitam Eucharistiam, in amoris impartibilis confœderatione et pacti conservatione, obsidem[5] mirabilem ecclesiæ devovens, suscipiendo imperator communicavit. Necdum dominus papa post

1. *Apertis* 135 atque edd. Germ. et Chesn.
2. *Infinito*, 133, 12710.
3. *Potita* 133.
4. Non eodem die, ut Sugerius credidit, sed tredecimo die mensis aprilis sequentis, coronatus est Henricus. V. *Art. de vérif. les dates*, II, 19. Dissimiliter hæc narrantur in Casinensi chronico, lib. IV, cap. 37, 38.
5. Sic codd. omnes. — *Ob fidem* edd. Germ. et Chesn.

missam episcopalia deposuerat indumenta[1], cum inopinata nequitia, ficta litis occasione, furor Teutonicus frendens debacchatur : exertis gladiis, velut pleni mania[2] discurrentes, Romanos tali in loco jure inermes aggrediuntur, clamant jurejurando ut clerus romanus, omnes tam episcopi quam cardinales capiantur aut trucidentur : et quod ulla[3] non potest attingere insania, in dominum papam manus impias injicere non verentur. Luctu inexplicabili et dolore præcordiali, tam nobilitas romana quam ipse populus luget : fauctionem[4] licet sero animadvertunt, alii ad arma currunt, alii sicut stupidi fugiunt; nec inopinato hostium bello, nisi cum trabes de porticu deponentes, eorum ruinam suam fecerunt[5] defensionem, evadere potuerunt. Præfatus autem imperator pessimæ conscientiæ et facinorosi[6] facti perterritus cruciatu, urbem quantocius exivit, prædam a christiano christianis inauditam, dominum videlicet papam et cunctos quos potuit cardinales et episcopos adducens, civitate Castellana[7], loco natura et arte munitissimo, se recepit; cardinales ipsos turpiter exuens inhoneste tractavit;

1. *Indumenta* quinque codd. ac edit. Benedict. — *Vestimenta* 135 et reliq. edd.

2. *Mania* præfati quinque codd. et edit. Benedict. — *Insania* 135 et reliq. edd.

3. *Et quod ultra nulla potest* 543 et 133.

4. *Factionem* 133. — *Fautionem* 543. — *Luget fauctionem. Licet sero....* 135. De hoc eventu, vide infrà in Observat.

5. *Fecerint* 543. — *Fecere* 135 et ed. Bened. — *Facere* edd. Germ. et Chesn.

6. *Facinori* 135 et edit. Germ. — *Facinoris* edit. Chesn. — *Facinoriosi*, mendosè, edit. Bened.

7. Nunc *Citta di Castello*, in Umbrià.

et, quod dictu nefas est, ipsum etiam dominum papam, tam pluviali quam mytra, cum quæcumque deferret[1] insignia[2] apostolatus, non veritus in Christum Domini mittere manum, superbe spoliavit : multasque inferens[3] injurias, nec cum nec suos, multo dedecore affligens, dimisit, donec ad præfati pacti solutionem et exinde facti privilegii redditionem coegit. Aliud etiam de manu domini papæ, ut deinceps investiret, surreptitium privilegium extorsit, quod idem dominus papa[4] in magno concilio trecentorum et eo amplius episcoporum, judicio ecclesiæ, nobis audientibus, conquassavit et perenni anathemate in irritum reduxit. Verum si quærit quis, quare dominus [papa][5] ita tepide fecerit, noverit quia ecclesia, percusso pastore et collateralibus, languebat ; et pene eam tyrannus ancillans, quia non erat qui resisteret, tanquam propriam occupabat. Cui[6] certum facto dedit experimentum, quod[7] cum fratres ecclesiæ columnas, ad tuitionem et ecclesiæ reparationem, quomodocumque solvi fecisset, pacemque ecclesiæ qualemcumque reformasset, ad heremum solitudinis confugit; moramque ibidem perpetuam fecisset, si universalis ecclesiæ et Romanorum violentia coactum non reduxisset. Verum Domi-

---

1. *Cumque deferret* 133. — *Defert* 543, 135, itemque edd. Germ. et Chesn.

2. *Insignibus* legendum esse existimant Benedictini. At non eget textus istà correctione.

3. Deest *inferens* in cod. 135 ac in edd. Germ. et Chesn.

4. *Papa* omittit 133. Illud concilium est secundum Lateranense, anno 1112 habitum, mense martio.

5. *Papa* inter uncinos adjiciunt Bened.

6. *Cui etenim* solus 5925. — 7. *Quoniam* legi volunt Bened.

nus Jesus Christus, redemptor et defensor ecclesiæ suæ, nec eam diutius conculcari, nec imperatorem impune ferre¹ sustinuit. Qui etenim nec tenti nec fide obligati fuerant, causam ecclesiæ fluctuantis suscipientes, domini designati Ludovici suffragio et consilio in gallicana celebri concilio² collecta ecclesia, imperatorem tyrannum anathemate innodantes, mucrone beati Petri perfoderunt. Deinde regno teutonico applicantes optimates, et partem regni maximam adversus eum commoverunt, fautores ejus et Bucardum³ Rufum Monasteriensem episcopum⁴ deposuerunt, nec ab infestatione aut hæredatione⁵ usque in condignam pessimæ vitæ et tyrannici principatus defavillationem, supersederunt⁶. Cujus malo merito transplantatum est, Deo ulciscente, imperium; cum, eo exterminato, dux Saxoniæ⁷ Lotharius successit, vir bellicosus, reipublicæ defensor invictus. Qui, cum recalcitrantem Italiam, Campaniam, Apuliam, usque ad mare Adriaticum, præsente Siculo rege⁸ Rogerio, eo quod se regem creasset, depopulando, domino Innocentio papæ⁹ comitatus perdomuisset, cum nobilissimo triumpho repatrians, victor sepulturæ succubuit. Hæc

1. *Pugne fere* 12710. — *Pugne* 133. — *Impium* edit. Germ.; et hi omnes mendosè.

2. Viennensi concilio, mense septembri ejusdem anni 1112 congregato.

3. *Burcardum* 133. — 4. *Episcopum* deest in 133.

5. *Prædatione* edit. Germ.

6. *Desuper sederunt* 135, atque edd. Germ. et Chesn.

7. *Sauxoniæ* 543, 135 et 5925.

8. Ità cod. 135 ac edd. — *Comite* quinque alii codd.

9. *Papæ* quinque codd. atque edd. Germ. et Bened. — *Papa* 133 et edit. Chesn.

et alia hujusmodi eorum scriptores depingant : nos, quia proposuimus, gestis Francorum stilum replicemus[1].

X. Præfatus itaque comes Wido de Rupe Forti, quoniam æmulorum machinatione matrimonium quod contrahebatur inter dominum designatum et filiam suam, consanguinitate impetitum, divortio solutum in præsentia domini papæ fuerat, rancore animi concepto,

> Scintillam tenuem commotos pavit in ignes[2].

Nec minus dominus designatus in eum zelabatur, cum subito Garlandenses se intermiscentes amicitiam solvunt, fœdus defœderant, inimicitias exaggerant. Nactus itaque occasionem bellandi designatus dominus, eo quod Hugo de Pompona, miles strenuus, castellanus de Gornaco, castro super fluvium Matronæ[3] sito, mercatorum in regia strata equos ex insperato rapuit et Gornacum adduxit : ejus contumelia præsumptionis pene extra se positus Ludovicus, exercitum colligit, castrum subita obsidione, ut victuali carerent opulentia, velocissime cingit. Hæret castello insula grata amœnitate pabulorum, equis et pecoribus opima : quæ se aliquantisper latam, sed plus longam producens, maximam oppidanis confert utilitatem, cum et spatiantibus[4] decurrentium aquarum clarificam exhilara-

---

1. Explicit tertium fragmentum cod. 133 insertum.
2. Lucani *Phars.*, V, 525.
3. *Maternæ* 6265. — Qui locus nunc etiam dicitur *Gournay-sur-Marne*.
4. *Et cum spatiantibus* 12710. — *Cum se spatiantibus* 5925 atque edit. Chesn.

tionem, et modo florentium, modo virentium graminum obtutibus et formis exhilaratam offerat clarificationem, amnis[1] etiam circumclusione existentibus securitatem. Hanc igitur dominus Ludovicus, classem præparans, aggredi maturat[2], quosdam militum et multos peditum, ut expeditius ineant, et, si cadere contingat, citius resiliant, denudat; alios vero natando, alios licet periculose aquarum profundo utcumque equitando, ipsemet flumen ingrediens audaciter insulam occupare imperat. Oppidani fortiter resistunt, et ripa ardua altiores, fluctibus et classe inferiores, saxis, lanceis, sed et sudibus dure repellunt. Verum repulsi, animi motu animositate resumpta, repellentes repellere insistunt, balistarios et sagittarios jacere compellunt, manualiter, prout attingere possunt, confligunt; loricati et galeati de classe, piratarum more, audacissime committunt, repellentes repellunt, et, ut consuevit virtus dedecoris impatiens, occupatam armis insulam recipiunt, eosque se in castro coercitos recipere compellunt. Quos cum aliquantisper arcto[3] obsessos ad deditionem cogere non valeret, impatiens morarum, quadam die animositate rapitur, exercitum cogit, castrum munitissimum vallo arcto et rigido, superius glande, inferius torrentis profunditate pene inexpugnabili, aggreditur : per torrentem usque ad balteum fossatum conscendens, ad glandem contendit, pugnare pugnando imperat, gra-

---

1. *Annis*, sed mendosè, 543, 12710, 5925, 6265.

2. Anno 1107, post mensem maium ; 1114, secundum Guillelm. Nang. Cf. etiam Ord. Vital., tom. IV novæ edit., p. 289.

3. *Arto*, pro *arcte*, omnes codd. et edd.

vissime sed amarissime cum hoste decertat. Viri econtra defensores, audaciam vitæ præferentes, ocius defensioni insistunt, nec etiam domino parcunt, arma movent, hostem rejiciunt, superiorem imo torrentis inferiorem præcipitando restituunt. Sic ea vice[1] illi gloriam, isti repulsam, licet inviti, sustinuerunt. Parantur deinceps castri eversioni bellica instrumenta; erigitur, tristegas tres pugnantibus porrigens, supereminens machina, quæ castro superlativa propugnatorii primi sagittariis et balistariis ire aut per castellum apparere prohiberet. Unde, quia incessanter die ac nocte his coarctati, defensionibus suis assistere non valebant, terratis caveis defendentes seipsos provide defensabant, suorumque ictibus sagittariorum insidiantes, primi propugnaculi superiores mortis periculo anticipabant. Hærebat machinæ eminenti pons ligneus, qui se excelsius porrigens, cum paulisper demitteretur super glandem, facilem descendentibus pararet ingressum. Quod contra viri super his callentes lignea podia ex opposito separatim præferebant, ut et pons et qui per pontem ingrederentur utrique[2] corruentes in subterraneas foveas acutis sudibus armatas, ne animadverterentur ficte paleis opertas, vitæ periculum et mortis mulctam sustinerent.

Interea præfatus Guido, ut callens vir et strenuus, parentes et amicos exagitat, dominos supplicando sollicitat, obsessis suffragia accelerat. Agens igitur cum comite palatino Theobaldo[3], elegantissimæ juventutis

1. *Ea vice* codd. omnes et edit. Bened. — *Ea via* reliq. edd.
2. *Utrimque* 12710. — *Utique* ed. Germ.
3. Is est Theobaldus IV, Magnus, Blesensis et Campaniensis comes.

et militaris disciplinæ industria exercitato viro, quatinus die certa (deficiebant enim obsessis victualia) præsidia ferret, castrum exobsessum manu forti deliberaret, ipse interim rapinis, incendio, ut obsidionem removeret, insudabat. Designata igitur die qua prædictus comes Theobaldus et præsidia ferret et obsidionem manu militari removeret, dominus designatus, non eminus sed cominus, quem potuit collegit exercitum: et regiæ memor excellentiæ, mactæ virtutis, relictis tentoriis et eorum defensoribus, lætabundus occurrit; et præmisso qui eos venire aut eos velle dimicare renunciet, ipse barones asciscit, acies ordinat militarem et pedestrem, sagittarios et lancearios suo loco sequestrat. Ut ergo se conspicantur, classica intonant, equitum et equorum animositas incitatur, citissime committitur. Verum Franci, marte continuo exercitati, Brienses longa pace solutos aggressi, cædunt, lanceis et gladiis præcipitant, victoriæ insistunt; nec eos impugnare viriliter tam militari quam pedestri manu desistunt, donec terga vertentes fugæ præsidium arripuerunt[1]. Ipse vero comes malens primus quam extremus in fuga, ne caperetur, reperiri, relicto exercitu, repatriare contendit. Qua congressione quidam interfecti, multi vulnerati, plures[2] capti famosam ubique terrarum celeberrimam fecere victoriam. Potitus itaque tanta et tam opportuna dominus Ludovicus victoria, tentoria repetit, oppidanos vana spe frustratos ejicit, castellum sibi retinens Garlandensibus committit.

1. *Arripuerint* 12710.
2. Sic codd. omnes. — *Plurimi* edd.

XI. Sicut ergo nobiles ignobiles, gloriosos inglorios[1] reddens, pigritia desidiam comitata imo deprimit; sic nobiles nobiliores, gloriosos gloriosiores virtus animi, corporis exercitio agitata, superis attollit, et quibus oblectata strenuitas perfruatur, præclara facinora undecumque terrarum viris offerendo reponit. Assistunt equidem qui magnificis exorent[2] suppliciis[3], multo etiam et sumptuoso servitio, ad partes Bituricensium dominum Ludovicum transmeare, ea in parte qua confinia Lemovicensium[4] conterminant, ad castrum videlicet Sanctæ Severæ nobilissimum, et hæreditaria militiæ possessione famosum, pedite multo populosum, dominumque illius virum nobilem Hunbaldum[5], aut ad exequendum justitiam cogere, aut jure pro injuria castrum lege Salica amittere. Rogatus vero, non cum hoste, sed domesticorum militari manu fines illos ingressus[6], cum ad castrum festinaret, præfatus castellanus multa militia comitatus (erat enim generosi sanguinis, bene liberalis et providus) ei occurrit; rivumque quemdam repagulis et palis præponens (nulla enim alia succedebat via), exercitui Francorum resistit. Cumque ibi mediante rivo utrique

1. *Ingloriosos* 12710, 6265, itemque edit. Germ.
2. *Exorrent* 543, 5925. — *Exhorrent* 135, 6265, atque edd. Germ. et Chesn.
3. Id est *supplicationibus*, quo sensu vocem *supplicium* usurpant Varro, Sallustius, Tacitus aliique optimi latinitatis auctores (Bened.).
4. Sic 6265, atque edd. Chesn. et Bened. — *Limovicensium*, quatuor reliqui codd. ac ed. Germ.
5. *Hunbaudum* 6265. — *Heinbaldum* edit. Germ.
6. Anno 1107 vel 1108.

hærerent, dominus Ludovicus, unum eorum audacius cæteris indignatus repagula exisse, equum calcaribus urget : et ut erat vir præ cæteris cordatus, insiliens in eum, lancea percussum, nec eum solum, sed per eum[1] alium uno ictu prosternit, et, quod regem dedeceret, in eodem rivo copiosum usque ad galeam balneum componit; successusque suos urgere non differens, quo ille arcto exierat iste intravit, et pugili congressione hostes abigere non desistit. Quod Franci videntes, mirabiliter animati, repagula rumpunt, rivum transiliunt : hostesque multa cæde persequentes, ad castrum usque coactos repellunt. Fama volat, oppidanos totamque viciniam percellit, quod dominus Ludovicus et sui, ut fortissimi milites, donec funditus subverterit castrum, et nobiliores castri aut patibulo affigat aut oculos eruat, recedere dedignetur. Eapropter consulte agitur ut et dominus castri se dedere regiæ majestati non differat, castrumque et terram ejus ditioni subjiciat. Rediens itaque dominus Ludovicus prædam dominum castri fecit, et subito triumpho, eo Stampis relicto, Parisius felici successu remeavit.

XII. Deinceps in diem proficiente filio, pater ejus rex Philippus in diem deficiebat. Neque enim post superductam Andegavensem comitissam quidquam regia majestate dignum agebat ; sed, raptæ conjugis raptus concupiscentia, voluptati suæ satisfacere operam dabat. Unde nec reipublicæ providebat, nec proceri et elegantis corporis sanitati plus æquo remissus parcebat. Hoc unum supererat quod, timore et amore successoris filii, regni status vigebat. Cumque fere

---

1. *Præter eum* edd. Germ. et Chesn.

sexagenarius esset, regem exuens apud Milidunum castrum super fluvium Sequanæ, præsente domino Ludovico, extremum clausit diem[1]. Cujus nobilibus exequiis interfuerunt viri venerabiles Walo Parisiensis episcopus, Silvanectensis, Aurelianensis, et bonæ memoriæ Adam beati Dionysii abbas, et viri religiosi quamplures. Qui, nobile regiæ majestatis cadaver ad ecclesiam beatæ Mariæ perferentes, celebres ei exequias pernoctaverunt. Sequente vero mane, lecticam, palliis seu quocumque funebri ornatu decenter ornatam, cervicibus majorum suorum servorum[2] imposuit filius; et filiali affectu, quemadmodum decebat, modo pedes modo eques, cum quos habebat baronibus lecticam flendo adjutare studebat. Hic etiam mirabilem ostendens animi generositatem, cum toto tempore vitæ suæ nec pro matris repudio, nec etiam pro superducta Andegavensi[3], ipsum in aliquo offendere, aut regni ejus dominationem defraudando in aliquo, sicut alii consueverunt juvenes, curaverit perturbare. Cum autem ad nobile monasterium beati Benedicti super Ligerim fluvium multo comitatu deportassent, quoniam ibidem se devoverat (dicebant siquidem qui ab eo audierant quod a sepultura patrum suorum regum, quæ in ecclesia beati Dionysii quasi jure naturali habetur, se absentari desideraverat[4], eo quod

---

1. Anno 1108, die julii vicesimo nono. Philippus, si tunc ferè sexagenarius erat, ut scribit hìc Sugerius, circà annum 1048, at non 1052, nec 1059, ut alii dixerunt, nasci debuit. V. *Rerum Gallicarum scriptores*, tom. XII, p. 796 et in Indice rerum; *Art de vérif. les dates*, I, 571; etc.

2. *Servorum* deest in 135, ac in edd. Germ. et Chesn.

3. *Comitissa* addit solus cod. recentior 6265.

4. *Deliberaverat* 543.

minus bene erga ecclesiam se habuerat, et quia inter tot nobiles reges non magni duceretur ejus sepultura), in eodem monasterio ante altare positum, prout decentius potuerunt, hymnis et prece animam Domino commendantes, corpus solemnibus saxis exceperunt.

XIII. Præfatus autem Ludovicus, quoniam in adolescentia ecclesiæ amicitiam liberali defensione promeruerat, pauperum et orphanorum causam sustentaverat, tyrannos potenti virtute perdomuerat, Deo annuente, ad regni fastigia sicut bonorum voto asciscitur, sic malorum et impiorum votiva machinatione, si fieri posset, excluderetur. Consulte ergo agitur, et potissimum dictante venerabili et sapientissimo viro Ivone Carnotensi episcopo, ut ad refellendam impiorum machinationem citissime Aurelianis conveniant, ejusque exaltationi operam dare mature festinent. Senonensis igitur archiepiscopus Daimbertus[1] invitatus cum comprovincialibus[2], videlicet Galone Parisiensi episcopo, Manasse Meldensi, Johanne Aurelianensi, Ivone Carnotensi, Hugone Nivernensi, Humbaldo Autissiodorensi, accessit[3]. Qui in die Inventionis sancti proomartyris Stephani[4], sacratissimo[5] unctionis liquore delibutum, missas gratiarum agens, abjectoque secularis militiæ gladio, ecclesiastico ad vindictam malefactorum accingens, diademate regni gratanter coro-

---

1. *Dembertus* 135, 543.
2. *Provincialibus* 5925, 6265, 12710.
3. Sic cod. reg. 6265, atque edd. Chesn. et Bened. — *Ivone Carnotensi, Hugone Autissiodorensi, accessit* 135 et ed. Germ. — *Ivone Carnotensi, Hugone Nivernensi, Autissiodorensi, accessit* 543, 5925, 12710.
4 Die augusti secundâ, an. 1108. — 5. *Sacratissime* 135.

navit, necnon et sceptrum et virgam, et per hæc ecclesiarum et pauperum defensionem, et quæcumque regni insignia, approbante clero et populo, devotissime contradidit. Necdum post celebrationem divinorum festivas deposuerat exuvias, cum subito mali nuncii bajulatores a Remensi ecclesia assistunt, litteras contradictorias deferentes, et auctoritate apostolica, si tempestive venissent, ne regia fieret unctio interminantes. Dicebant siquidem primæ regis coronæ primitias ad jus ecclesiæ Remensis spectare, et a primo Francorum rege, quem baptizavit beatus Remigius, Clodoveo, hanc prærogativam illibatam et inconvulsam obtinere : si quis eam temerario ausu violare temptaverit, anathemati perpetuo subjacere. Ea siquidem occasione, archiepiscopo suo, venerabili et emerito [1] viro Viridi Rodulfo, qui domini regis, eo quod absque ejus assensu electus et inthronizatus fuerat sede Remensi, gravissimas et periculosas incurrerat inimicitias, pacem impetrare, aut regem non coronari sperabant. Qui[2], quia intempestive venerunt, ibi muti, ad propria loquaces redierunt : quicquid tamen dixerunt, nihil utile retulerunt[3].

XIV. Ludovicus igitur Dei gratia rex Francorum, quoniam in adolescentia idipsum consueverat, dissuescere non potuit, videlicet ecclesias [4] tueri, pauperes et egenos protegere, paci et regni defensioni insistere.

1. *Merito* 135 et ed. Germ.
2. *Quod* quinque codd. et ed. Germ. At *qui*, melius, edd. Chesn. et Bened.
3. Desunt in cod. 543 illa sex ultima verba. — *Aut si quid dixerunt, nihil tamen utile retulerunt* dant edd. Chesn. et Bened.
4. *Ecclesias* deest in cod. 12710.

Præfatus itaque Guido Rubeus, filiusque ejus Hugo Creciacensis[1], juvenis idoneus, armis strenuus, tam rapinis quam incendiis aptus, totiusque regni turbator celerrimus, rancore animi cumulato pro amissi castri Gornaci erubescentia, a regiæ excellentiæ derogatione non cessabant. Eapropter nec etiam fratri Corboilensi[2] Odoni, quia ei nullam contra regem tulerat opem, parcere elegit; sed ejus insidians simplicitati, cum quadam die venatum iri penes se secure decrevisset, quid rei, quid spei corrupta invidia consanguinitas pariat, insipiens animadvertit. Raptus equidem ab eodem fratre Hugone, in castro qui dicitur Firmitas Balduini[3] compedibus et catenis impeditur : nec si facultas suppeteret, nisi cum regem impeteret bello, expediretur. Qua inusitata insania, oppidani Curboilenses[4] multi (oppugnabat[5] enim castellum veterana militum multorum nobilitas) ad regiæ majestatis publicum confugiunt asylum : genibus ejus provoluti, lachrymabili singultu captum comitem et captionis causam denunciant, et ut eum potenter eripiat multiplici prece sollicitant. Spe autem ereptionis eo spondente suscepta, iram mitigant, dolorem alleviant, et qua arte, quibus valeant viribus, dominum recuperare decertant. Unde actum est ut quidam de Firmitate Bal-

1. *Craciensis* 5925.
2. *Fratri, comiti Corboilensi* 543. Uterinus sanè frater Hugonis erat Odo], utpotè filius Burcardi II, cujus vidua ad nuptias Guidonis Rubei convolaverat. De hâc tamen genealogiâ Benedictini discrepant.
3. *La Ferté-Aleps*, ut putat Valesius ; cujus loci nomen rectiùs scriberetur *la Ferté-Alais*, ab Alice vel Adelaïde.
4. Sic 543, 135, et edd. — *Corboilenses* reliqui codd.
5. *Opimabat* 135 et 543.

duini, quæ nec hæreditario, sed occasione cujusdam matrimonii de comitissa Adelaide, quam retento castro spretam repudiavit, ad eum spectabat, cum quibusdam Curboilensium conferentes, jurejurando in castro, caute tamen, eos recipere firmaverunt. Quorum persuasione cum rex pauca curialium manu, ne publicaretur, accelerasset, sero cum adhuc circa ignes confabularentur, qui præmissi fuerant, videlicet Ansellus de Garlanda [1] dapifer, tanquam miles strenuus, porta qua determinatum erat pene cum quadraginta armatis receptus, viribus eam occupare contendit. Verum oppidani fremitum equorum, equitum murmur inopinatum admirantes, econtra prosiliunt; et quia via ostiis oppositis arctabatur, et ingressis [2] ad nutum aut ire aut redire prohibebat, indigenæ pro foribus audaciores expeditius eos cædebant. Qui et noctis tenebrarum [3] opacitate et loci coarctati infortunio, cum sustinere diutius non valentes portam repetissent, Ansellus, ut erat animosus, retrocedens et cæsus, quia portam hoste anticipatus non potuit, interceptus, turrim castri ejusdem, non ut dominus, sed captivus [4], cum comite Corboilensi occupavit. Et pari dolore, dispari timore, cum alius mortem, alius exhæredationem tantum timeret [5], versus ille eis aptari poterat :

. . . . , *Solatia fati*
Chartago Mariusque tulit [6].

1. *Gallanda* 12710.
2. *Ingressis* 543. — *Ingressus* reliq. codd. ac edd.
3. *Tenebrati* 135 et ed. Chesn.—4. *Sed ut captivus* corrigunt edd.
5. Sic 135 et edd. — *Formidaret* reliqui quatuor codd.
6. Lucan. *Phars.*, lib. II, v. 91.

Quod cum clamore refugorum accelerantis regis auribus insonuisset, deviando densæ noctis molestia se demoratum dedignans, celerrimo insiliit equo; et innitens irrumpendo portam præsidia suis audacter deferre, porta serata, telorum et lancearum et saxorum grandine cessit repulsus. Quo consternati dolore, fratres et consanguinei capti dapiferi, pedibus regis provoluti : « Miserere, inquiunt, gloriose rex, strenue « agens; quoniam si nefandus ille Hugo Creciacensis, « homo perditissimus, humani sanguinis sitibundus, « vel huc veniens, vel illuc[1] abducens fratrem nostrum « tangere quoquo modo potuerit, jugulo ejus citissime « insistet[2], nec quæ eum pœna maneat, si ferocior fe-« rocissimo subita morte eum interficiat, curabit. » Hoc igitur timore rex citissime castrum cingit, portarum vias obtrudit, municipiis quatuor aut quinque castrum concludit, et ad captorum et castelli receptionem et regni et personæ operam impendit. Præfatus autem Hugo, quorum captione primo exhilaratus, horum ereptione[3] et castri omissione valde perterritus, anxiatur, laborat; et quomodo castrum ingredi posset, modo eques, modo pedes multiformi joculatoris et meretricis mentito simulacro, machinatur. Unde cum quadam die id circa tota ejus intentio[4] versaretur, de castris animadversus; insilientium peremptorios impetus sustinere non valens, fugam apposuit saluti: cum subito inter alios et ante alios, animi et equi

1. *Vel huc* 12710.
2. *Insistat* 135, et edd. Germ. ac Chesn.
3. *Erectione*, male, 12710. — *Receptione* edit. Germ. et Chesn.
4. *Inventio* edd. Germ. et Chesn.

velocitate, Guillelmus[1], frater capti dapiferi, miles facetus et armis strenuus, eum gravissime insectans, impedire conatur. Quem cum ipse Hugo ipsa sui velocitate singularem conspiceret, vibrato fraxino sæpe in eum intendebat : sed quia, timore consequentium, moram facere non audebat, reciprocam fugam capiebat. Hoc mire et egregie callens quod, si cum eo[2] solo solus mora aliqua inire posset, animi audaciam aut duelli trophæo[3] aut mortis periculo mirabili fama declararet. Crebro etiam contigit ut villas[4] in via sitas et occurrentium hostium indeclinabiles impetus nullo modo evadere valeret, nisi cum simulata fraude seipsum Garlandensem Guillelmum fallendo, Guillelmum autem Hugonem se sequentem conclamaret, et ex parte regis, ut eum tanquam hostem impedirent, invitaret. His et aliis hujusmodi, tam linguæ cautela quam animi strenuitate, fuga lapsus, multos unus derisit. Rex autem, nec hac nec alia occasione ab incœpto obsidionis desistens, castellum coarctat, oppidanos terebrat, nec eos impugnare desistit, donec expugnatis[5] clam militibus, quorumdam tamen oppidanorum machinatione, potenti virtute ad deditionem coegit. Quo tumultu milites, ad arcem fugientes, vitæ, non captioni consuluerunt. Nam ibidem inclusi, nec se plene protegere, nec arcem exire quoquo modo valuerunt; donec quidam cæsi, plures sauciati, regiæ

---

1. *Guilermus* 12710. — *Guillermus* 6265.
2. *Eo* deest in cod. 135, atque in edd. Germ. et Chesn.
3. *Triumpho* 6265.—4. *Vias* 5925, 6265.
5. Sic edd. Chesn. et Bened. — *Expugnatos* codd. et ed. Germ.

majestatis arbitrio succumbentes, tam se quam arcem, non inconsulto domino suo, exposuerunt. Sic uno *facto pius et sceleratus eodem*[1], dapiferum sibi, fratribus fratrem, Corboilensibus[2] comitem, tam prudenter quam clementer restituit. De castello militum quosdam, eorum bona depopulans, exhæredavit, quosdam diuturni carceris maceratione, ut terreret consimiles, affligens, durissime puniri instituit. Talique victoria coronæ primitias contra æmulorum opinionem egregie, Deo donante, nobilitavit.

XV. Ea tempestate[3], ad partes Normannorum contigit devenisse regem Anglorum Henricum, virum fortissimum, pace et bello clarum. Cujus admirabilem et pene per universum orbem declaratam excellentiam ille etiam agrestis vates, Anglorum sempiterni eventus mirabilis spectator et relator, Merlinus, tam eleganter quam veraciter summo præconio commendat, ac in ejus laude[4] voce prophetica erumpens ex abrupto, ut vatum mos inolevit: «Succedet, inquit, leo justitiæ, « ad cujus rugitum gallicanæ turres et insulani dra- « cones tremebunt. In diebus ejus, aurum ex lilio et « urtica extorquebitur, et argentum ex ungulis mu- « gientium manabit. Calamistrati varia vellera vesti- « bunt, quia exterior habitus interiora signabit; pedes « latrantium truncabuntur, pacem habebunt feræ, hu-

1. Ovidii *Metam.*, lib. III, v. 5.
2. *Curboilensibus* 343.
3. Anno 1109. Hic incipit quartum fragmentum cod. 133 insertum, cujus sic initium: *Contigit autem eundem Henricum ad partes venisse Normannorum, virum fortissimum et valde clarum.*
4. *Commendat. Hic in ejus laude* 133. De his laudibus et Merlini prophetiâ, cf. Order. Vital., lib. XI et XII.

« manitas supplicium dolebit, findetur[1] forma com-
« mercii, dimidium rotundum erit, peribit milvorum[2]
« rapacitas, et dentes luporum hebetabuntur. Catuli
« leonis in æquoreos pisces transformabuntur, et
« aquila ejus super montes[3] Aravium nidificabit. »
Quæ rota[4] tanti et tam decrepiti vaticinii usque adeo
et personæ ejus [5] strenuitati et regni administrationi
adaptatur, ut nec unum iota, nec unum verbum ab
ejus convenientia dissentire valeat : cum ex hoc etiam
quod in fine de catulis ejus dicitur, manifeste appareat
filios ejus et filiam naufragatos, et a maritimis piscibus
devoratos, et convertibiliter [6] physice transformatos,
illius vaticinium pro certo verificasse. Præfatus itaque
rex Henricus, Guillelmo [7] fratri feliciter succedens,
cum consilio peritorum et proborum [8] virorum regno
Angliæ, lege[9] antiquorum regum, gratanter dispo-
suisset, ipsasque regni antiquas consuetudines ad cap-
tandam eorum benivolentiam jurejurando firmasset [10],
applicuit ad portum ducatus Normannici; fretusque
domini regis Francorum auxilio, terram componit,
leges recolit, pacem coactis imponit, nihil minus quam
eruitionem oculorum et celsitudinem furcarum, si

1. *Fundetur* 133, 12710.
2. *Milvorum multorum* 133. — 3. *Montem* 133 et 543.
4. *Rota* edd. — *Tota* sex codd.
5. *Ejus* deest in cod. 135 ac in edd.
6. *Conversabiliter* 133. De hoc naufragio, V. Order. Vital., lib. XII, et infrà in Observ.
7. *Willelmo* 133. — *Wilermo* 12710. — *Guillermo* 6265.
8. *Bonorum* 6265. — 9. Pro *lege*, habent *regno* cod. 135 et ed. Germ.; *regnum* ed. Chesn.
10. *Firmasset* 133, 12710, et ed. Bened. — *Firmaret* alii.

rapiant, promittens. His igitur et hujusmodi promissionibus, et crebris promissionum redditionibus percussis, quia pollicitis dives quilibet esse potest, silet terra in conspectu ejus[1]; pacem servant inviti, feroci Danorum propagatione pacis expertes Normanni, et in hoc ipso vatis agrestis oracula verificantes. Perit enim milvorum rapacitas, et dentes luporum hebetantur[2], cum nec nobiles nec ignobiles deprædari aut rapere quacumque audacia præsumunt. Quod autem dicit, « ad rugitum leonis justitiæ gallicanæ turres et insulani dracones tremebunt, » huc accedit quod fere omnes turres et quæcumque[3] fortissima castra Normanniæ, quæ pars est Galliæ, aut eversum iri fecit, aut suos intrudens et de proprio ærario procurans, aut si dirutæ[4] essent, propriæ voluntati subjugavit. Insulani dracones tremuerunt, cum quicumque Angliæ proceres, nec etiam[5] mutire tota ejus administratione præsumpserunt. In diebus ejus, aurum ex lilio, quod est ex religiosis boni odoris, et ex urtica, quod est ex sæcularibus pungentibus, ab eo extorquebatur : hoc intendens ut, sicut omnibus proficiebat, ab omnibus ei serviretur. Tutius est enim unum, ut omnes defendat, ab omnibus habere, quam non habendo per unum omnes deperire. Argentum ex ungulis mugientium manabat, cum ruris[6] securitas horreorum plenitudinem, horreorum plenitudo argenti copiam plenis scriniis ministrabat. Qua occasione et castrum Gisor-

1. « *Siluit terra in conspectu ejus.* » (Lib. Macchab., i, 3; xi, 52.)
2. *Hebetabuntur* 135, atque edd. Germ. et Chesn.
3. *Quæque* 133, 543, 12710. — 4. *Diruptæ* 133, 543, 12710.
5. *Nec in eum* 133. — 6. *Turris* edd. Germ. et Chesn.

tium, tam blanditiis quam minis, a Pagano de Gisortio eum extorquere contigit ; castrum munitissimum, situ loci compendiosum, quod ad utrumque terminum Francorum et Normannorum, fluvio gratæ piscium fœcunditatis, qui dicitur Etta [1], interfluente, antiquo fune geometricali Francorum et Danorum concorditer metito, collimitat, ad irruendum in Franciam gratum Normannis præbens accessum, Francis prohibens. Quod si facultas habendi suppeteret, nec minus rex Francorum rege Anglorum, ipsa loci et immunitatis opportunitate, jure regni appetere debuisset. Hujus itaque repetitio castri inter utrumque regem subitum odii fomitem ministravit. Unde rex Francorum, cum ad eum pro redditione aut pro castri subversione misisset, nec profecisset, notam rupti fœderis opponens, diem agendi statuit, locum assignat.

Accumulantur interim, ut in talibus fieri solet, æmulorum maledictis excitata odia regum, nec dum licet pacantur : quomodo ad colloquium superbe et exose sibi occurrant, vires [2] militares exaggerant. Collectis igitur magna ex parte Francorum regni proceribus, videlicet Roberto Flandrensi comite, cum quatuor ferme millibus militum, comite Theobaldo palatino, comite Nivernense, duce Burgundionum [3], cum aliis quamplurimis, multis etiam archiepiscopis et episcopis, per terram Melluntensis comitis [4], quia ad-

1. *Etha* 6265. — 2. *Viros* 133, 12710.
3. Sic 6265 et edd. — *Burgundiorum* quinque reliqui codd. — Hi sunt : Robertus II, Hierosolymitanus, comes Flandriæ ; Theobaldus IV, Magnus, Campaniæ comes ; Guillelmus II, Autissiodorensis et Nivernensis comes ; Hugo II, Pacificus, dux Burgundiæ.
4. Roberti III. — *Meulan (Seine-et-Oise)*.

hærebat regi Angliæ, transeundo, depopulans et incendijs exponens, talibus beneficiis futuro adulabatur colloquio. At ubi, utrobique maximo collecto exercitu, ventum est ad locum vulgo nominatum Plancas Ninfeoli[1], ad castellum loco infortunatum, cui perhibet accolarum antiquitas aut vix aut nunquam convenientes pacificari[2], super ripam intercurrentis et communem transitum prohibentis amnis consedit exercitus. Consulte vero nobiliores et sapientiores electi Franci per pontem tremulum, et singulis et pluribus subitum minantem præcipitium ipsa sui vetustate, transeuntes, Anglico regi diriguntur. Quorum qui referendam susceperat actionis causam, peritus orator, insalutato[3] rege, ore comitum sic peroravit : « Cum, generosa[4] « domini regis Francorum liberalitate, ducatum Normanniæ tanquam proprium feodum ab ejusdem « munifica dextra vestra recepisset industria, inter alia « et præter alia hoc specialiter jurejurando firmatum « constat de Gisortio et Braio[5], ut quocumque contractu uter vestrum obtinere posset, neuter haberet, « cum infra quadraginta receptionis dies possessor, « pacti obnoxius, ipsa castella funditus subverteret.

1. *Nimpheoli* 133, 12710. Hodiè *Néaufles* (*Eure*), propè Gisortium.

2. Sic 135 et edd. — *Pascisci* reliqui codd.

3. *Insalutato* codd. omnes et edd. Fortè *salutato*, subjungunt Benedictini : « Vix enim, inquiunt, credibile est adeò incomptos « fuisse mores illorum temporum, ut regem orator, nullâ præviâ « salutatione, ausus fuerit alloqui. » At si hujus colloquii causam perpenderis, et ipsas oratoris voces audaciam et convicia exhalantes, tunc verbum *insalutato* factis non discrepari judicabis.

4. Sic codd omnes. — *Gloriosa* edd.

5. Vulgò *Bray* (*Seine-et-Oise*), propè Magniacum.

« Quod quia non fecistis, præcipit[1] rex et ut adhuc
« faciatis, et non factum lege competenti emendetis.
« Dedecet enim regem transgredi legem, cum rex et
« lex eandem imperandi excipiant majestatem. Quod
« si quid[2] horum vestrates aut dedixerint[3] aut dicere
« dissimulando noluerint, pleno duorum aut trium
« testimonio baronum, lege duelli, parati sumus ap-
« probare. » Necdum his expletis ad regem Franci[4]
redierant, cum Normanni eos consequentes[5] regi assistunt, quicquid causam lædere poterat inverecunde
diffitentes[6], judiciario ordine querelam agitare postulantes ; cum nihil aliud præcipue attenderent, quam
quod infecto paratæ[7] actionis negotio, quacumque dilatione, tantorum regni optimatum discretioni rei veri-
tas non pateret. Remittuntur cum eis primis potiores,
qui etiam per comitem Flandrensem Robertum Hiero-
solymitanum, palæstritam[8] egregium, rem verificare
audacter offerant, et lege duelli verborum exaggera-
tionem refutando, cui justitia cedere debeat confli-
gendo, aperiant. Quod cum nec approbassent nec
convenienter reprobassent, rex Ludovicus, ut erat
magnanimus et animo et corpore procerus, citissime
dirigit qui regi hoc disjungant[9], aut castrum subver-

1. Sic quinque codd. — *Præcepit* 135 atque edd.
2. *Si quis* 133.
3. *Dedicerint* 12710. — *Didicerint* 133. — *Dedidicerint* 543, 5925, 6265.
4. Sic omnes codd. — *Franciæ* edd.
5. *Insequentes* 135 et edd.
6. *Diffidentes* 133 ac edit. Germ. — *Differentes* 6265.
7. Sic 135, itemque edd. — *Imparatæ* quinque codd.
8. *Palæstricum* 133, 12710.
9. Ità quinque codd. et edd. — *Injungant* solus 133.

tere, aut de fractæ fidei perfidia contra se personaliter defendere : « Age, inquiens, ejus debet congressionis « esse pœna, cujus veri et victoriæ debet esse et glo- « ria. » Arbitratus etiam de loco quicquid decentius[1] potuit : « Succedat[2], inquit, eorum exercitus a ripa « fluminis, dum transvadari possimus, ut tutior ei[3] lo- « cus majorem offerat securitatem ; vel, si magis pla- « cet, nobiliores totius exercitus habeat singulariter « concertandi[4] obsides, dummodo ad nos, remoto « agmine nostro, transire concedat. Neque enim ali- « ter transvadari poterit. » Quidam vero, ridiculosa jactantia, super præfatum tremulum pontem, cum statim corrueret, reges dimicare acclamabant. Quod rex Ludovicus tam levitate quam audacia appetebat. Rex vero Anglorum inquit : « Non est mihi tibia « tanti[5], ut pro his et hujusmodi famosum et perutile « mihi castrum supervacanee amittam. » Et hæc et alia invectiva refutans : « Cum videro, inquit, dominum « regem ubi me defendere debeam, non vitabo; » cum quod[6] offerebat loci impotentia abnegaret. Quo ridi- culoso responso moti Franci, tanquam fortuna loco- rum bella gerat, currunt ad arma : similiter et Nor- manni. Et dum utrique ad flumen accelerant, maximæ stragis et calamitatis detrimentum, sola accessus re- movit impossibilitas. Quia vero sermone diem detinue- rant, nocte instante, illi Gisortium, nostri Calvum

1. *Conscius* 133. — 2. *Seccedat* 12710. — *Secedat* 133.

3. *Eis* 135 et edd. — 4. *Concertando* sola edit. Chesn.

5. Ità quatuor codd., et edd. — *Non est, inquit, mihi tabia tanti*, mendosè, 12710. — *Non est, inquit, mihi.... tanti*, omissô *tibia* in vacuâ membranâ, 133.

6. *Quod cum* 133, 12710. — *Cum quid* ed. Germ.

Montem[1] remearunt. At ubi prima[2] polo stellas aurora fugavit, Franci hesternæ memores injuriæ, militiæ insuper fervore matutini, velocissimis equis viam præripiendo, prope Gisortium congredi irruentes, miro fastu, mira concertant audacia; et quantum præstent multo marte exercitati longa pace solutis, cum Normannos per portam fatigatos intrudunt, edocere laborant. His et hujusmodi primordiis initiata guerra, per biennium pene continuata, gravius regem Angliæ lædebat, cum universam pene Normanniæ marchiam, sicut se ducatus extendit, multa militia et sumptuosis stipendiis ad terræ defensionem circumcingebat. Rex vero Francorum antiquis et naturalibus castris et municipiis, gratuita Flandrensium, Pontivorum, Vilcassinorum, et aliorum collimitantium strenua impugnatione, terram incendiis, depopulatione agitare non desinebat. Cum autem Guillelmus[3] regis Anglici filius regi Ludovico hominium suum fecisset, gratia peculiari et peculii præfato castro feodum ejus augmentavit[4], et hac eum occasione in pristinam gratiam reduxit. Quod antequam fieret, mirabilis ejusdem contentionis occasione, et execrabilis hominum perditio mirabili punita est ultione[5].

XVI. Supersistitur promontorio ardui littoris magni

---

1. Nunc *Chaumont-en-Vexin (Oise)*. — 2. *Primo* 135 et edd.
3. De hoc nomine, ut supra.
4. Sic 133, 543, 6265, 5926, 12710; itemque 135, omisso *feodum*. At edd. Chesn. et Bened. : *Gratia peculiari et peculium ejus præfato castro augmentavit.* — Anno 1111 pax illa inita est, et, si Orderico Vitali (lib. XI) credatur, ultimâ mensis martii hebdomade.
5. Explicit quartum fragmentum cod. 133 insertum.

fluminis Sequanæ horridum et ignobile castrum, quod dicitur Rupes Guidonis[1], in superficie sui invisibile, rupe sublimi incaveatum, cui manus æmula artificis, in devexo montis raro et misero ostio, maximæ domus amplitudinem rupe cæsa extendit; antrum, ut putatur, fatidicum, in quo Apollinis oracula sumantur, aut de quo dicit Lucanus:

> . . . . Nam, quamvis Thessala vates
> Vim faciat fatis, dubium est quid traxerit illuc,
> Aspiciat Stygias, an quod descenderit umbras[2].

Hinc forsitan itur ad manes. Cujus fautiosi, Diis et hominibus exosi oppidi possessor Guido[3], bonæ indolis adolescens, antecessorum nequitiæ, rupta propagine, alienus, cum honeste et absque miseræ rapacitatis ingluvie vitam degere instituisset, infausti loci interceptus calamitate, soceri sui nequitioris nequissimi proditione detruncatus, et locum et personam morte inopinata amisit[4]. Guillelmus siquidem gener[5] ejus, genere Normannus, proditor incomparabilis, ut putabatur, familiaris et amicissimus ejus, cum concepisset dolorem et peperisset iniquitatem[6], crepusculo cujusdam dominici diei, nactus proditionis opportunitatem, cum his qui devotiores primi ad ecclesiam, domui[7] Guidonis partita rupe contiguam, conveniebant, et ipse sed dissimiliter, loricatus sed cappatus, cum proditorum manipulo convenit : et dum alii orationi, ipse aliquando

1. Nunc etiam *La Roche-Guyon* (*Seine-et-Oise*).
2. Lucani *Phars.*, lib. VI. — 3. *Wido* 12710.
4. Anno 1100. — 5. Legendum *socer*.
6. « *Concepit dolorem et peperit iniquitatem.* » Psalm. vii, 15.
7. Sic. codd. omnes atque edit. Bened. — *Domini* reliq. edd.

orare fingens, quo intraret ad Guidonem ingressu speculatus, eo quo Guido ostio intrare ecclesiam maturabat, irrupit; exertoque gladio, cum nequissimis, sociis, propria iniquitate debacchatus furit, imprudentem, et, si non sentiret gladium, arridentem percutit, mactat et perdit. Quod nobilis ipsius conjunx videns, stupida genas et capillos muliebri ultione dilacerans, ad maritum currit, mortem non curans, seipsa super eum corruens operit : « Me, inquiens, « me miseram, et sic mori meritam potius, vilissimi « carnifices, detruncate. » Ictusque et vulnera gladiatorum, marito superposita, excipiens: « Quid in istos¹, « carissime, deliquisti, sponse? Nonne et gener et « socer amici indissolubiles eratis? Quænam est in- « sania? Pleni estis mania. » Quam cum per capillos retorquentes digladiatam, punctam², et pene toto corpore cæsam avulsissent, virum morte turpissima peremerunt, infantes quos invenerunt, Herodiana nequitia, rupe allisos extinxerunt. Cumque hac et illac frendentes debaccharentur, supina mulier, levans miserum caput, truncum maritum recognoscit; amore rapta, qua potuit impotentia, serpens more serpentis, se totam sanguineam contrectans³, ad cadaver exanime devenit, et quæcumque poterat, ac si vivo⁴, oscula gratissima porrigebat; et lugubri erumpens cantilena,

1. *Quid in isto, ait* 6265. — *Quando in istos* ed. Germ.

2. *Punctam* 12710, 6265 ac edit. Benedict. — *Punnitam* 543 et 135. — *Punitam* edd. Germ. et Chesn. — Hanc vocem omittit 5925.

3. Sic quat. codd. atque Benedict. — *Contorquens* 135 et reliq. edd.

4. *Viro* ed. Chesn. — *Summe*, pro *ac si vivo*, ed. Germ.

qua poterat lugubres persolvens inferias, clamat : « Quid reliqui mihi facis, carissime sponse? Nunquid « hoc meruit juxta me tua prædicabilis continentia? « Nunquid hoc comparavit patris, avi et atavi deposita « nequitia? Nunquid vicinorum et pauperum, domi « penuriam reponens, neglecta rapacitas? »

Hæc ait, et lasso jacuit deserta furore [1].

Nec erat qui totum mortuum et semivivam, uno [2] sanguine involutos [3], sequestraret. Tandem vero, cum sceleratus Guillelmus [4] eos sicut porcos exposuisset, saturatus humano sanguine, more belluino, subsedit; rupis fortitudinem plus solito admiratus approbat; quomodo potenter circumquaque rapiat, quomodo Francis et Normannis pro velle [5] timorem incutiat, sero tamen deliberat. Deinde caput insanum per fenestram exponens, vocat nativos terræ accolas, expers boni bona [6] promittit si ei adhæreant; quorum nec unus intravit. Mane vero, tanti et tam scelerati facti fama volans [7], non solum viciniam, sed et remotos sollicitat. Quo Vilcassinenses, viri strenui et armis fortissimi [8], gravissime exciti, circumquaque

---

1. Lucani *Phars.*, lib. I, ultimo versu.
2. *Uno* 135, 543, ac edd. — *Imo* reliq. tres codd.
3. *Involutans* 135 atque edit. Chesn.
4. Mendōsè *Wido* 12710. — *Guido* 543 et 5925.
5. *Pro velle* quat. codd. et edit. Benedict. — *Procellæ* 135 et reliq. edd.
6. *Mala* 543 et 5925.
7. *Volans* deest in cod. 135, et in edd. Chesn. ac Germ.
8. Cf. Order. Vit., lib. X : « In illâ quippe provinciâ (Vilcassinâ) egregiorum copia militum est, quibus ingenuitas et ingens probitas inest. »

et militum et peditum singuli pro toto posse vires colligentes, quoniam timebant potentissimum regem Anglorum Henricum præsidia proditoribus ferre, ad rupem festinant; declivo rupis multos militum et peditum, ne quis intret aut exeat, opponunt; viam ex parte Normannorum locando exercitum, ne præsidia ferant, obtrudunt.

Interim ad regem mittunt Ludovicum, fauctionem[1] significant, et quid super his præcipiat consulunt. Qui regiæ majestatis imperio morte exquisita et turpissima præcipit puniri[2]; mandat, si oporteat, suffragari. Cumque per aliquot dies exercitus consedisset, nefandus ille, augmentato de die in diem exercitu, timere cœpit. Cumque quid suadente diabolo fecisset, eo docente, animadverteret, accitis quibusdam Vilcassini nobilioribus, quomodo pace in rupe remaneat, eis confœderetur, regi Francorum optime serviat, promissionibus multis elaborat. Qui rejicientes, et proditionis ultionem improperantes, in hoc jam ipsum[3] remissum impulerunt, ut sit erram quandam sibi adjurari facerent, et securitatem eundi darent, occupatam dimitteret eis munitionem. Quo jurejurando firmato, Francorum plures[4] recepti sunt. Procrastinato autem eorum exitu, occasione præfata[5], cum in mane præter juratos aliqui intrarent, et alii alios sequerentur, invaluit clamor exteriorum, et ut proditores exponant

---

1. *Factionem* 6265.
2. *Muniri* 135, et edd. Chesn. ac Germ.
3. *Ipsum* solus 135, et edd.
4. *Francorum pauci plures* 543. — *Franci pauci plures* alii codd.
5. *Præfata* 135 et edit. — *Præfatæ terræ* quatuor alii codd.

horribiliter vociferantur : aut faciant, aut similem proditorum pœnam, tanquam consentientes, sortiantur. Qua audacia et timore renitentibus juratoribus, qui non juraverant in eos prævalendo, insilientes gladiis eos aggrediuntur, impios pie trucidant, membris emutilant, alios dulcissime[1] eviscerant, et quicquid crudelius mitius reputantes in eos exaggerant. Nec discredendum est divinam manum tam celerem maturasse ultionem, cum et per fenestras vivi aut mortui projiciuntur, et innumeris sagittis hericiorum[2] more hispidi, cuspidibus lancearum in aere vacantes[3], ac si eos terra rejiciat, vibrantur. Hanc autem inusitato facto inusitatam reperiunt ultionem, quod quia vecors vivus fuerat, mortuus est excordatus. Cor siquidem extis ereptum, fraude et iniquitate turgidum palo imponunt, ad repræsentandam iniquitatis vindictam, multis diebus certo in loco infigunt. Cadavera vero tam illius quam quorumdam sociorum, compositis cleiis, rastris et funibus superligata, per fluvium Sequanæ demittunt[4], ut si forte usque Rotomagum[5] fluctuare non impediantur, proditionis ultionem ostentent, et qui Franciam momentaneo fœtore fœdaverant, mortui Normanniam deinceps, tanquam natale solum, fœdare non desistant.

XVII. Raritas fidei facit ut sæpius mala pro bonis quam bona reddantur pro malis. Alterum divinum ; alterum nec divinum nec humanum : fit tamen. Qua

---

1. *Dulcissime* codd. omnes. — *Durissime* edd.
2. Sic duo codd. et edit. Benedict. — *Hiritiorum* 135, 543, 12710. — *Hyritiorum* reliquæ edd.
3. *Vagantes* legi volunt Benedictini.
4. *Dimittunt* 12710. — 5. *Rothomagum* 135.

nequitiæ nota, cum regis Ludovici Philippus frater de superducta ¹ Andegavense, tam patris persuasione, cui nunquam restitit, quam blandis nobilissimæ et bene morigeratæ novercæ illecebris, honorem Montis Leherii² et Meduntensis castri in ipsis regni visceribus ab eodem obtinuisset, Philippus, tantis ingratus beneficiis, recalcitrare nobilissimi generis fiducia præsumpsit. Erat enim Amalricus de Monte Forti³ egregius miles, baro potentissimus, avunculus ejus; Fulco comes Andegavensis, postea rex Hierosolymitanus, frater ejus. Mater etiam his omnibus potentior, viragoque faceta et eruditissima illius admirandi muliebris artificii, quo consueverunt audaces suis etiam lacessitos injuriis maritos suppeditare⁴, Andegavensem priorem maritum, licet thoro omnino repudiatum, ita mollificaverat, ut eam tanquam dominam veneraretur, et scabello pedum ejus sæpius residens, ac si præstigio fieret, voluntati ejus omnino obsequeretur⁵. Hoc etiam unum et matrem et filios et totam efferebat progeniem, ut si de regis ruina quacumque occasione contingeret, alter fratrum succederet, et sic⁶ tota consanguinitatis linea ad solium regni, honoris et dominii participatione, cervicem gratantissime erigeret. Cum igitur præfatus Philippus, crebro submonitus, auditionem et judicium curiæ superbe refutasset, deprædationibus pauperum, contritione ecclesiarum, totius etiam pagi

---

1. De hâc voce, ut suprà. — 2. *Montis Leheri* 135 et 543.

3. Amalricus IV. — *Montfort-l'Amaury (Seine-et-Oise)*.

4. *Suppeditare*, id est *sub pedes ponere, opprimere, superare*, juxta Cangii glossarium.

5. *Subsequeretur* 12710.

6. *Sic* deest in cod. 135 et in edd. Germ. ac Chesn.

dissolutione rex lacessitus, illuc licet invitus properavit : et cum sæpius tam frater quam sui fortissima militum manu, multa jactantia, repulsam promisissent, seipsos etiam a castro timidi absentaverunt. Quo rex expedite irruens, loricatus per medium castri ad turrim festinans, obsidione cinxit ; dumque machinas impugnatorias, mangunnella, et fundibularia[1] inchoat instrumenta, non statim, sed post multos dies, cum de vita desperarent, eos ad deditionem coegit[2].

Interim vero mater et avunculus Amalricus[3] de Monte Forti, alterius honoris, videlicet Montis Leherii[4], formidantes amissionem, eundem honorem Hugoni Creciacensi, filiam Amalrici matrimonio copulantes, contulerunt. Hoc regi[5] unum peremptorium impedimentum opponere sperantes, ut [ei][6], tam ipsius honoris castris quam Guidonis de Rupe Forti fratris sui, ipsius quoque Amalrici usque in Normanniam potestate sine interpolatione extensa, via impediretur[7] ; et præter[8] alias quas possent omni die inferre usque Parisium injurias, etiam Drocas ire ei nullo modo permitteretur. Cum enim Hugo, inito matrimonio, illuc velociter curreret, velocius eum rex subsecutus est ; cum eadem hora, eodem momento, ut comperit[9], Cas-

---

1. Ità 6265 et ed. Benedict. — *Fundibalaria* alii codd. ac edd.
2. Anno 1108 vel 1109. — 3. *Almaricus* 135, ut et infrà.
4 *Montis-Leheri* 543.
5. *Regi* 543, 5925, 6265, ac ed. Benedict. — *Ei* reliqui codd. et edd.
6. *Ei* inter uncinos adjicit ed. Benedict.
7. *Viam impedirent* solus 12710.
8. *Per* 135, et edd. Germ. ac Chesn.
9. *Competit* sola ed. Chesniana.

tras[1], præfati honoris oppidum, audacissime acceleravit. Unde meliores terræ spe liberalitatis suæ et approbatæ mansuetudinis sibi alliciens, nota[2] tyrannidis et crudelitatis formidine eripit. Cumque ibi per aliquot dies alternatim Hugo ut haberet, rex ut non haberet, concertantes demorarentur, quoniam alia fallacia aliam trudit[3], hac Hugo deluditur cautela, quoniam consulte assistit Milo de Braio, filius magni Milonis : qui jure hæreditario honorem repetens, provolutus regis pedibus[4], flens et ejulans, multis precibus pulsat regem, pulsat consiliarios, rogat suppliciter ut regia munificentia honorem reddat, paternam hæreditatem restituat, tanquam servum aut inquilinum deinceps habeat, pro voluntate utatur. Cujus lugubri postulationi rex condescendens, accitis oppidanis, jam etiam Milonem dominum offerens, ita eos ab omni illata retro molestia pacatos exhilaravit[5], ac si lunam et stellas eis cœlitus demisisset. Nec mora, cum subito Hugonem exire præcipiunt; si non citissime exeat, citissimum exitium promittunt ; contra naturalem dominum nec fidem nec sacramentum, sed potentiam aut impotentiam valere minantur. Quo stupefactus[6] Hugo fugam rapit ; et se evasisse, non sua amisisse reputans, pro momen-

---

1. Vulgo *Châtres*, seu *Arpagon* (*Seine-et-Oise*).
2. *Nota* omnes codd., ac edd. Germ. et Benedict. — *Vota*, malè, ed. Chesn. — *Notæ* fortè legendum.
3. « . . . . *Fallaciam*
    Alia aliam trudit . . . . »
                Terentii *Andria*, act. IV, sc. 4.
4. *Provolutus genibus* ed. Chesn.
5. Ità quinque codd. — *Exhilarat* edd.
6. *Stupatus* 135, et edd. Chesn. ac Germ.

taneo gaudio conjugii longum repudii dedecus, nec sine magno incommodo equorum et supellectilis amissione, absportavit ; et quid cum hostibus contra dominum inire conferat, turpiter expulsus, animadvertit.

XVIII. Sicut bene fructificantis arboris gratissimus fructus, aut stipitis transplantatione aut ramorum insertione odoriferum saporem restaurat; sic et iniquitatis et nequitiæ extirpanda propagatio de traduce multorum nequam in uno conglutinata, tanquam anguis angui[1] inter anguillas stimulans, nativa amaritudine tanquam absynthio potat. Cujus instar Hugo Puteolensis[2], vir nequam, et propria et antecessorum tyrannide sola opulentus, cum successisset in honore Puteoli avunculo Guidoni (pater enim ejus miræ superbiæ in primordio Hierosolymitanæ viæ arma assumpserat), omni malitia patrissare semen nequam non desistebat ; sed quos pater flagellis, patre nequior scorpionibus cædebat[3]. Intumescens quippe quod impune pauperes ecclesias, monasteria crudelissime oppresserat, eo usque pedem movit, unde *ceciderunt qui operantur iniquitatem ; expulsi sunt, nec potuerunt stare*[4]. Cum igitur nec regem omnium, nec regem Francorum magni duceret, nobilissimam Carnotensem comitissam, cum filio Theobaldo, pulcherrimo juvene et armis strenuo, aggressus, terram eorum usque

---

1. Ità corrigendum ex cod. 135 et editionibus. — *Angit* quat. reliqui codd.

2. Vulgò *Le Puiset* (*Eure-et-Loir*). — Hugo junior, vicecomes Carnotensis, Puteoli dominium adeptus an. 1108.

3. Alludit Sugerius verbis libri Regum tertii, xii, 11.

4. Psalm. xxv, 13.

Carnotum depopulans, rapinis et incendiis exponebat. Nobilis vero comitissa cum filio aliquando, licet tarde et insufficienter, prout poterat, ulcisci nitebatur : nunquam tamen aut vix Puteolo a milliaribus octo seu decem appropinquabant. Tanta erat Hugonis audacia, tanta potestativæ superbiæ suppetebat facultas, ut cum[1] pauci diligerent, multi servirent; cum multi ad defensionem, quamplures ipsi etiam ad destructionem anhelarent. Magis enim timebatur quam amabatur. Cum autem comes præfatus Theobaldus per se parum, per regem multum proficere in Hugonem perpenderet, cum nobilissima matre, quæ semper nobiliter regi servire consueverat, ad eum accelerat, ut opituletur multis precibus pulsat, multo servitio ejus opem meruisse repræsentat. Hugonis quædam, patris, avi, et atavorum opprobria reportat[2] : « Memorare, inquiens, domine rex, sicut decet regiam « majestatem, opprobrii et dedecoris, quod avus Hu« gonis patri tuo Philippo fœdus perjurio intulit, cum « eum, multas illatas injurias ulcisci innitentem, a « Puteolo turpiter repulit[3], fastu nequissimæ consan« guinitatis, factiosæ[4] conspirationis, exercitum ejus « usque Aurelianum fugavit, captum comitem Niver« nensem, Lancelinum Baugenciacensem[5], milites pene « centum, et quod hactenus inauditum erat, episcopos « quosdam carcere suo dehonestavit. » Addebat etiam improperando qua causa, qua origine, in medio

1. *Eum* 12710 ac edd. — 2. V. Infrà, in Observat.
3. Anno 1078. — 4. *Factione* 12710.
5. *Baugienciacensem* 543. — Hi sunt Guillelmus I, comes Nivernensis, et Lancelinus II, dominus Baugenciaci, in pago Aurelianensi.

terræ Sanctorum[1] constructum ad tuitionem ejus a venerabili regina Constantia castrum non ab antiquo fuerat; quomodo etiam post, totum sibi, nihil regi reliquum præter injurias fecerat; modo, si placeret, quia Carnotensis, Blesensis, et Dunensis exercitus copia, qua fretus resistere consueverat, non solum deficeret, sed et ei officeret, castri subversione et Hugonis exhæredatione et paternas et suas ulcisci facile posset[2] injurias. Quod si nec suas nec bene meritorum punire vellet injurias, ecclesiarum oppressiones, pauperum deprædationes, viduarum et pupillorum impiissimas vexationes, quibus et terram Sanctorum et terræ accolas dilapidabat, aut suas faceret aut removeret. Cum igitur talibus et pluribus pulsatus rex his consulendis diem dedisset, Milidunum convenimus. Ubi multi archiepiscopi, episcopi, clerici et monachi confluentes, quia eorum terras lupo rapacior devorabat, clamabant[3]; pedibus ejus, etiam nolentis, accubabant, ut rapacissimum prædonem Hugonem compesceret; præbendas suas, munificentia regum in Belsa, quæ ferax est frumenti, servitoribus Dei constitutas, de fauce draconis eripiat; terras sacerdotum, non minus sub sævitia Pharaonis solas emancipatas, emancipare satagat; partem Dei, cujus ad vivificandum portat rex imaginem, vicarius ejus liberam restituat, suppliciter implorant. Quorum prece bono animo

---

1. Id est, inter dominia abbatiæ Sancti Dionysii in Belsiâ sita, quæ Sugerius in libro *De rebus in administratione suâ gestis* enumerat.

2. *Ulcisci poterat facile posset*, mendosè, 135. — *Ulcisci poterat facile* ed. Germ. — *Ulcisci posset facile* edd. Chesn. et Bened.

3. Cf. lib. Sugerii de administratione suâ, cap. xii.

suscepta, nihil inconvenienter suscipiens, recedentibus prælatis ecclesiæ, archiepiscopo Senonensi, episcopo Aurelianensi, Carnotensi venerabili Ivone, qui tentus fuerat carcere, quem coactus fecerat pingi[1] in eodem castello multis diebus, consensu bonæ memoriæ abbatis Adæ antecessoris nostri, remisit me Tauriacum[2], cui præeram in Belsa, villam beati Dionysii utilem et annonæ fertilem, sed nullo modo munitam; præcipiens ut, dum ipse eum adhuc ad causam super his vocaret, villæ providerem, hominum suorum et nostrorum manu militari pro posse fulcitam, ne eam incendio dissolveret, operam darem : eam enim muniret, et, sicut pater fecerat, castrum inde impugnaret. Quod cum nos, Deo auxiliante, militum et peditum copia bene aliquantisper temporis compleremus, consummato Hugonis per absentationem suî judicio, rex ad nos Tauriacum magno cum exercitu devenit, castrum abjudicatum ab illo Hugone repetiit. Nec mora, cum exire recusaret, rex maturat aggredi castrum, tam militarem quam pedestrem ei applicat exercitum, balistam multiplicem, arcum, scutum, et gladium, et bellum[3] : ut videres et valeres mirari vicissim sagittarum[4] imbrem, galearum fulgorantium superius scintillare multis ictibus ignem, scutorum subitam et mirabilem confractionem et perforationem, et, ut impulsi sunt per portam in castrum, ab intus super nostros[5] de propugnaculis et glande mira-

1. Id est *compingi*.
2. *Me in Tauriacum* edd. Chesn. et Benedict. — Nunc *Toury* (*Eure-et-Loir*).
3. Hæc prima Puteoli obsidio anno 1111 suscepta est.
4. *Sagittarem* 12710. — 5. *Nos* ed. Germ. — *Nostras* ed. Chesn.

bilem et pene intolerabilem etiam audacissimis dejici grandinem, trabium depositione et sudium immissione, incipere et[1] non perficere repulsionem. Regales econtra, fortissimo animi et corporis robore acerrime dimicantes, scutis confractis, ascellas, ostia, et quæque lignea sibi præponentes, portæ insistunt; carros etiam, quos multa congerie siccorum lignorum adipis et sagiminis[2] cito fomento flammis accendendis onerari feceramus (erant enim excommunicati et omnino diabolici), porta in manu forti opponunt, ut et ipsis carris incendium inextinguibile propinent, et seipsos opposito lignorum aggere tueantur. Cumque alii accendere, alii extinguere periculose concertant, comes Theobaldus aliunde, ea scilicet parte qua respicit Carnotum, magno et militari et pedestri exercitu castrum assiliens, invadere memor injuriarum festinat : et dum suos[3] arduo valli[4] declivo ascendere concitat, citius descendere, immo corruere dolet; quos caute quasi pronos serpere sursum cogit, deorsum supinos incaute præcipitari respicit, et utrum, insequentibus molis, spiritum exhalent, cognoscere satagit. Qui enim milites velocissimis equis castri defensionem circuibant, manualiter glandi innitentes, inopinate dum supervenirent cædebant, detruncabant, et ab alto fossati imo graviter[5] dejiciebant. Jamque manus dissolutæ et debilitata genua assultum sopitum pene fecerant; cum valida, immo omnipotens omnipotentis Dei manus,

1. *Et* dat solus cod. 6265, quod verbum admisêre Benedictini.
2. Sic unanimiter laudati codd. — *Sanguinis* edd.
3. *Dum sub arduo* solus cod. 6265.
4. Sic codd. 543, 135, et edit. Germ. — Aliàs, *vallis*.
5. *Graviter ledos*, pro *læsos*, solus cod. 12710.

tantæ et tam justæ ultionis causam sibi omnino adscribi volens, cum communitates patriæ parrochiarum adessent, cujusdam calvi[1] presbyteri suscitavit fortitudinis robustum spiritum, cui contra opinionem humanam datum est possibile quod armato comiti et suis contingebat impossibile. Velociter siquidem vilissimam ascellam[2] sibi præferens, fronte nudo ascendens, ad sepem usque pervenit; et latendo sub his quæ sepi erant aptatæ operturis, eas paulatim deponebat. Quod cum libere se facere gauderet, innuit hæsitantibus et vacantibus[3] in campo, ut opem ferrent. Qui, videntes presbyterum inermem fortiter clausuram dejicere, armati insiliunt; secures et quæque instrumenta ferrea clausuris apponentes, secant, disrumpunt, et quod mirabile cœlestis arbitrii signum fuit, ac si alterius muri Jericho cecidissent, eadem hora et regis et comitis exercitus, ruptis claustris, intraverunt. Unde quamplures eorum, cum in neutram partem incursus hostium, hinc et inde convolantium, vitare non possent, interceptos citissime graviter affligi contigit. Reliqui vero, nec non et ipse Hugo, cum intus castellum muro cinctum tuto non sufficeret præsidio, in mota[4], scilicet turre lignea superiori, se recipit. Nec mora, cum se insequentis exercitus pila minantia abhorreret, percussus deditioni cessit, et captivatus in propria

1. *Calvi* quat. codd. ac edit. Benedict. — *Calv*, pro *calvi*, 135. — *Casu* aliæ edd.

2. *Asellam*, malè, 12710. — *Ascella*, *Asserculus*, nostris *aiscelle*, ut notant Benedictini.

3. *Bacchantibus* ed. Germ.

4. Sic tres codd. ac edit. Bened. — *Immota*, perperàm, 135, 12710, et reliquæ edd.

domo cum suis, quantam[1] superbia pariat ruinam, miserrime compeditus animadvertit. Cum vero rex potitus victoria nobiles captos, prædam regiæ majestati idoneam, eduxisset, cunctam castri supellectilem et omnes divitias publicari, castrumque incendio conflari[2] imperavit. Turrim tantum incendere paucis diebus distulit[3], ea de causa, quod comes Theobaldus, immemor beneficii tanti facti, quod nunquam per se adipisci valeret, machinabatur marchiam suam amplificare, castrum erigendo in potestate Puteoli quod de feodo[4] regis fuerat, apud villam quæ dicitur Alona[5]. Quod cum rex omnino recusaret, comes pactum hoc offerebat per Andræam de Baldamento[6], terræ suæ procuratorem, ratiocinare : rex vero et ratione et lege duelli nunquam se pepigisse, per Ansellum dapiferum suum, ubicumque secure vellent, defendere. Qui viri strenui multas huic prælio postulantes curias, nullam invenerunt.

Subverso igitur omnino præfato castro, nec non et Hugone in turre Castri Landulfi[7] incluso, Theobaldus comes, fretus avunculi sui regis Anglici inclyti Henrici auxilio, regi Ludovico cum complicibus suis guerram movet, terram turbat, barones suos pollicitis et donis subtrahit, et quicquid deterius reipublicæ invisus

---

1. *Quantam* solus cod. 6265, cujus probatiorem admisére Benedictini lectionem. — *Quanta* in reliquis codd. ac edd.
2. *Conflagrari* 5925, 6265. — *Conflammari* edit. Germ.
3. *Incendio paucis diebus distulit* 543, 5925, 6265, 12710. — *Incendere paucis debuit* edd. Germ. et Chesn.
4. Sic codd. omnes. — *Feudo* edd.
5. Hodiè *Allonnes* (*Eure-et-Loir*).
6. Nunc *Baudement* (*Marne*).
7. Vernaculè *Château-Landon* (*Seine-et-Marne*).

machinatur[1]. Rex autem, ut erat vir militiæ aptus, ulcisci in eum frequentabat : et cum multis aliis baronibus, tum avunculo suo comite Flandrense Roberto accito, viro mirabili, christianis et Sarracenis a primordio Hierosolymitanæ viæ armis famosissimo, terram ejus exponebat. Unde, cum quadam die Meldensi civitati exercitum induxisset contra comitem, viso eo, frendens in eum et suos insiliit : nec fugitivos veritus per pontem insequi, prosternit, et cum comite Roberto et cæteris regni optimatibus gladiis, ponte decidente[2], fluctibus involvit. Virum expeditum Hectoreos videres movere lacertos, super pontem tremulum giganteos impetus actitare, ingressu periculoso[3] niti, permultis renitentibus villam occupare, quod nec interpositus magnus Maternæ fluvius prohiberet, si trans flumen porta clausa non restitisset. Nec minus præclaro facinore strenuitatis famam nobilitavit, cum Latiniaco[4] exercitum movens, obvianti militiæ, in grata[5] pratorum planitie juxta Pomponam, arma convertit, fugam celerem crebis affectare cogit colaphis. Qui cum pontis proximi artum[6] formidarent introitum, alii se influctuare gravissimo mortis periculo timide[7] consulentes

1. *Machinabatur* 12710.
2. *Sponte decidentes* 543. — *Sponte decidente* 135 et edit. Chesn. V. infrà, in Observat.
3. *Periculo* 12710 ac edit. Chesn. — *Perverso* edit. Germ.
4. Vulgò *Lagny* (Seine-et-Marne). — Hæc mense decembri anni 1111 ineunte, secundùm Benedictinorum sententiam, evenerunt.
5. *Ingrata* 135 et 543.
6. *Artum* pro *arctum* quatuor codd. atque edit. Benedict.—*Arcum*, mendosè, 135 et edit. Germ. — *Arcuum*, pravè, edit. Chesn.
7. *Tumide* 135.

vitæ non timuerunt : alii, seipsos pontem præripiendo calcantes, arma rejiciunt, et hostibus sibi hostiliores, dum insimul omnes volunt, vix unus pontem ingreditur. Dumque tumultuosus [1] eos confundit impetus, quanto festinant, tanto plures demorantur, et fit exinde ut et primi novissimi et novissimi fiant primi [2]. Quia tamen pontis ingressus fossato cingebatur, præsidio eis erat; quia regii quirites, nisi unus post alium, eos insequi non valebant, nec sic etiam sine magno sui dispendio, cum multi niterentur, pauci pontem prendere poterant. Qui autem quocumque modo intrabant, sæpius aut suorum aut nostrorum turba turbata, inviti [3] genu flectebant, et resilientes alios idem facere cogebant. Insecutus autem eos rex cum suis, multa strage urgebat, quos offendebat conterebat, quos conterebat, tam gladii impressione quam fortissimi equi impulsione, Maternæ fluvio ingurgitabat. Verum sicut inermes levitate fluctuabant sui, sic et loricati pondere suo graves semel mersi, ante trinam demersionem comitum suffragio retrahuntur, rebaptizatorum opprobrium, si talis esset occasio, referentes.

His autem et hujusmodi rex comitem angarians molestiis, terras ejus ubi ubi [4] tam in Briensi quam in

1. *Tumultuosos* 135, et edd. Germ. ac Chesn.
2. Sic codd. 543, 5925, 6265, 12710, atque edit. Benedict. Hanc sequentibus lectionem, utpotè majori codicum numero comprobatam, et rectiùs ordini verborum Evangelii secundùm Matthæum (cap. xxix, 30) consentaneam, censuimus anteponendam. — *Ut novissimi et primi, et novissimi fiant primi* 135. — *Ut novissimi primi, et primi fiant novissimi* reliq. edd.
3. *Invicti*, perperàm, 12710.
4. Ità codd. 543, 6265, atque ed. Benedict. — *Ubi* reliqui codd. et edd.

Carnotensi pago demolitur, nec ejus præsentiam plus absentia, nec absentiam plus præsentia appretiatur. Cumque comes insufficientiam et inertiam suorum formidaret, regi barones suos surripere callet, donis et promissis eos alliciens, et diversarum querimoniarum spem restitutionis, antequam cum rege faciat pacem repromittens. Inter quos Lancelinum Bulensem [1] Domni Martini [2] dominum, Paganum de Monte Gaio [3], quorum terra quasi in bivio posita, securum agitandi Parisium porrigeret accessum, obligavit [4]. Hac eadem causa Radulfum de Balgentiaco [5], cum conjugem germanam cognatam regis, Hugonis magni filiam, haberet, illexit; et utile præponens [6] honesto (ut proverbialiter dici solet, stimulus anum accelerat), multa stimulatus anxietate, nobilem sororem [suam] [7] incestuoso matrimonio Miloni de Monte Leherii, cui supra memoravimus regem castrum reddidisse, irreverenter copulavit. Quo facto et commeantium interrupit opportunitatem, et tanquam in ipso medio Franciæ conclavi, procellarum et guerrarum locavit antiquam importunitatem. Et dum cum eo cognatos, Hugonem de Castello Forti Creciacensem, et Guidonem de Rupe Forti surripit, pagum Parisiensem et Stampensen, si militia non prohibeatur, guerris exponit. Et dum comiti

1. Nunc *Bules* (*Oise*). — 2. *Dammartin* (*Seine-et-Marne*).

3. *Montgé* (*Seine-et-Marne*).

4. *Alligavit* edd. Germ. et Chesn.

5. *Rodulfum de Baugentiaco* 12710. — Hic est Rodulphus I, Lancelini II filius.

6. *Præponens* solus 12710, itemque edd. Chesn. ac Benedict. — *Proponens* quatuor reliqui codices et edit. Germ.

7. *Suam* addunt Benedictini. De hoc matrimonio, ab autoritate apostolicâ dissoluto, vide *Art de vérif. les dates*, II, 697.

Theobaldo et Briensibus, et Trecensi patruo Hugoni et Trecensibus, contra Parisienses et Silvanectenses citra Sequanam, Miloni ultra patulus aperitur accessus, subripitur patriæ ab alio aliis suffragari : similiter et Aurelianensibus, cum Carnotenses, Dunenses et Brienses, suffragio Radulfi Balgenciacensis nullo opposito, arcebantur [1]. Rex vero sæpius supra dorsum eorum fabricabat : cui nec Angliæ nec Normaniæ opum profusio parcebat, cum inclytus rex Henricus toto nisu, tota opera, terram ejus impugnabat; qui tantum his percellebatur, quantum

    Si flumina cuncta minentur
   .... pelago subducere fontes [2].

XIX. Interea contigit decedere Curboilensem [3] comitem Odonem, hominem non hominem, quia non rationalem, sed pecoralem, filium Buchardi [4] superbissimi comitis. Qui tumultuosus miræ magnanimitatis, caput sceleratorum, cum ad regnum aspirans quadam die arma contra regem assumeret, gladium de manu porrigentis recipere refutavit, astanti conjugi comitissæ invective [5] sic dicens : « Præbe, nobilis co- « mitissa, nobili comiti splendidum ensem lætabunda, « quia qui comes a te recipit, rex hodie tibi reddet. » Verum e contrario, Deo disponente, contigit ut nec quod erat, nec quod esse volebat, diem excederet;

---

1. *Arcebantur* pro *arcebant*.
2. Lucani *Phars.*, V, 336-337.
3. Sic 543, 135 et edd. — *Corboilensem* reliqui codd.
4. *Burcardi* 12710. — Is est Burcardus II, cognomine Superbus, qui inter annos 1089 et 1101 decessit.
5. *Jactative* forsan legendum autumant Benedictini.

cum eadem die lancea percussus comitis Stephani, ex parte regis dimicantis, regno pacem firmaverit, et se et suam guerram ad inferni novissima infinite debellando transtulerit. Mortuo itaque filio Odone comite, comes Theobaldus cum matre, et per Milonem et per Hugonem, quibuscumque poterant donis et datis et pollicitis, omnimodam dabant operam ut, si hoc cum collateralibus castrum obtinere possent, regem omnino eviscerarent. Econtra rex et sui eos refellendo, cum multo et sumptuoso labore ad obtinendum insudasset, absque præfati Hugonis deliberatione, quia comitis nepos erat, minime potuit. Data igitur his explendis die et loco, patenter malorum præsago, scilicet apud villam episcopi Parisiensis Moussiacum [1] cum convenissemus, et in parte nociva et in parte juvativa foret ejus deliberatio, quoniam non potuimus quod voluimus, voluimus [2] quod potuimus. Abjurato siquidem ab eo Curboilo castro, cujus se hæredem jactabat, abjuravit nobis omnibus omnes angarias, omnes tallias, omnes vexationes omnium ecclesiarum et monasteriorum possessionum ; et datis obsidibus pro his omnibus, et quod Puteolum nunquam absque domini regis firmaret voluntate, perfidia, non arte delusi, redivimus.

1. Sic quat. codd. ac edit. Benedict. — *Mosaicum*, seu *Mosaycum*, 135 et aliæ edd. — *Mosiacum* in quibusdam mss. codicibus legi asserit Hadrianus de Valesio, *Notitiâ Galliæ*, p. 423 ; et *Moissiacum* scribitur in *Galliâ Christianâ*, tom. VII, col. 114. Eumdem locum nostri vocârunt olim *Moissy-l'Évêque*, hodiè *Moissy-Cramayel* (*Seine-et-Marne*).

2. Sic codices omnes et edit. Benedict. — *Noluimus* in reliquis edd.

XX. Nec mora, cum necdum congelatum, sed liquidum et recens adhuc sacramentum floccifieret, Hugo, longa exasperatus captione, instar canis diu catenati, qui, concepta et retenta [1] longo tempore in vinculis insania, solutus intolerabiliter desævit, excatenatus mordet et discerpit, haud secus Hugo congelatam liquefaciens nequitiam, stimulat, movet, ad fraudem accelerat. Confœderatus igitur regni defœderatis, videlicet Palatino comiti Theobaldo et egregio regi Anglorum Henrico, cum dominum regem Ludovicum in Flandriam pro regni negotiis profecturum accepisset, collecto quantocumque equitum et peditum potuit exercitu, Puteolum castrum restituere deliberat, adjacentem pagum aut eversum iri aut sibi subjicere maturat. Transiens igitur quodam sabbato per eversum castrum, ubi tamen publicum regis permissione patebat forum, mirabili fraude hic securitatem, præcone vociferante, jurejurando spondebat, ibidem quos ditiores addiscere [2] poterat inopinato carceri detrudebat; et ut bellua frendens, et quicquid occurrebat discerpens, Tauriacum villam beati Dionysii munitam cum comite Theobaldo subvertere [3] funditus festinat. Qui pridie nos conveniens, doli et nequitiæ gnarus, multa prece ut pro eo ad dominum regem intercedere eadem die transiremus obtinuerat, absentia nostri villam absque difficultate arbitratus ingredi, aut, si ei resistitur, omnino delere. Verum qui in parte

1. *Retenta* quat. codices, itemque edd. Germ. et Benedict. — *Recepta* 6265. — *Tenta* edit. Chesn.

2. *Addicere* 12710.

3. Sic codices omnes ac edit. Benedict. — *Evertere* in reliquis edd.

Dei et beati Dionysii munitionem intrabant, et Dei auxilio [1] et loci præsidio munitis propugnaculis, tam viriliter quam audacissime resistebant. Nos autem citra Curboilum venientes, cum domino regi, qui jam rei veritatem a Normannia acceperat, occurreremus, citissime inquisita adventus nostri causa, simplicitatem nostram derisit, et cum multa indignatione Hugonis fraudem aperiens, ad suffragandum villæ velocissime remisit. Et dum ipse Stampensi via exercitum colligens, nos rectiori et breviori Tauriacum dirigimur [2]; hoc unum, multo et frequenti intuitu, a longe assumentes necdum occupatæ munitionis argumentum, quod tristega turris in eadem munitione longa planitie supereminens apparebat, quæ capta munitione illico igne [ab] [3] hoste solveretur. Et quia hostes totam viciniam rapiendo, devastando occupabant, neminem occurrentium, donis etiam aut promissis, nobiscum ducere poteramus. Unde quanto pauciores, tanto securiores, jam sole in vesperum declinante, cum, quia hostes nostros tota die impugnantes expugnare non valerent [4], fatigati parum substitissent, nos ac si de eorum essemus consortio, speculata opportunitate, non sine magno periculo per medium villæ irruentes, quia quibus innueramus [5] in propugnaculis nostrates

1. *Cum Dei auxilio* 6265.

2. *Dirigimur* quat. codd. et edit. Benedict. — *Diligimur*, mendosè, 12710. — *Dirigimus* edd. Germ. et Chesn.

3. *Ab* addunt Benedict.

4. Ità quat. codd. atque edit. Benedict. — *Valentes* 135 et reliquæ edd.

5. *Innueramus* codd. omnes, itemque edit. Benedict. — *Munieramus*, mendosè, reliquæ edd.

portam paraverant [1], citissime Deo [2] annuente intravimus. Qui, nostra exhilarati præsentia, sabbata hostium deridebant, multisque conviciis et opprobriis lacessientes, ad reciprocum assultum, me invito et prohibente, revocabant. Verum ut me absente, sic et præsente, et defensores et defensionem divina manus protexit. Cumque nostrorum pauci de paucis, eorum multi de multis vulnerati deficerent, alii multiplici suorum lectica deportantur, alii, raro vilissimo terræ aggere retrusi, cras aut post cras morsibus luporum exponendi reponuntur.

Necdum Puteolum repulsi redierant, cum Guillelmus Garlandensis [3], et de familia regis quamplures promptiores et validiores armati villæ suffragari accelerant, eos circa invenire ad ostendendam [4] regiæ militiæ audaciam toto animo præoptant. Quos ipse dominus rex statim in aurora subsecutus, cum eos per burgum hospitatos audisset, votivam in hostes parabat ultionem ; tanto hilaris, tanto lætabundus, quanto eos subita strage, inopinata ultione inopinatam injuriam strenue ulcisci contingeret. Verum hostes, cognito ejus adventu, mirabantur fauctionem [5] adeo celatam [6] ei innotuisse, iter Flandrense subito postposuisse, ad suffragandum non tam celeriter venisse quam evolasse. Cumque nihil aliud audentes [7]

---

1. *Aperuerant* 6265. — 2. *Deo* codd. omnes. — *Domino* edd.
3. *Warlandensis* in solo cod. 12710.
4. Sic tres codd. atque edd. Germ. et Chesn. — *Ostentandam* 12710 ac edit Benedict. — *Ostentendam* 543.
5. *Factionem* 12710.
6. *Cælatam*, malè, edd. Chesn. ac Benedict.
7. *Audientes* 135 et edit. Chesn. — *Audientis* edit. Germ.

castri restitutioni insistunt, rex propinquum pro facultate colligit exercitum. Multis enim eum in locis guerra urgebat. Cumque instante die Martis exercitum eduxisset, acies componit, duces præponit, sagittarios et balistarios loco suo opponit, et pedetentim castro adhuc imperfecto appropinquans[1], quoniam audierat[2] comitem Theobaldum se jactitasse contra eum in campo dimicare, consueta magnanimitate pedes armatus inter armatos descendit, equos removeri jubet, quos descendere secum fecerat ad audaciam invitat, ne flectantur sollicitat, ut fortissime dimicent clamat. Quem cum adeo strenue venientem hostes et viderent et formidarent, veriti castri procinctum exire, timide sed caute elegerunt infra quendam fossatum antiquum diruti castri acies componere, ibique expectare : in hoc callentes, ut cum regis exercitus fossatum inniteretur conscendere, illic resistere, acies ordinatæ[3] exordinarentur, exordinate vacillarent. Quod magna de parte contingere contigit. Primo enim congressionis impetu, cum regii[4] quirites multa cæde, mira audacia, a fossato[5] eos sicut victos propulissent, exordinatis aciebus, eos indifferenter insequentes agitabant.

Interea Radulfus Baugenciacensis[6], vir magnæ[7] sagacitatis et strenuitatis, idipsum quod contigit prius

1. Anno 1112 vel 1113 obsessum est secundò Puteolum.
2. *Audiebat* 12710. — *Audiebant* edd. Germ. et Chesn.
3. Sic quat. codd. — *Conscendere, illic acies ordinatæ....* edd. Chesn. et Bened. — *Conscendere, illic conscendere, acies....*, malè, 135 atque edit. Germ.
4. *Regni* 12710. — 5. *Fossata* 135.
6. *Rodulfus Baujacensis* 12710. — 7. *Miræ* idem cod.

formidans, exercitum celaverat in parte castri, altitudine cujusdam ecclesiæ et opacitate vicinarum domorum incognitum : qui cum fugitivos suos jam per portam exire videret, pausatum exercitum lassatis regiis militibus apponit [1], gravissime impetit. Qui autem gregatim fugabant, loricarum et armorum gravitate pedes gravati, ordinatam equitum [2] aciem vix sustinere valentes, per occupatum fossatum cum pedite rege, post innumeros ictus, post longam alternatim dimicationem, retrocesserunt : quantum sapientia præstet audaciæ, licet sero, animadvertentes, cum si eos ordinati in campo expectarent, voluntati suæ eos omnino subjugarent. Verum cum acierum confusione soluti nec equos suos reperirent [3], nec quid facerent deliberarent, rex non suo, sed alieno insidens equo, animosus resistebat, clamosus revocabat, nominatim audaciores ne fugerent sollicitabat. Ipse autem inter hostiles cuneos, exerto gladio, quibus poterat præsidio erat, fugaces refugabat, et ultra quam regiam [4] deceret majestatem, miles emeritus, militis officio, non regis, singulariter decertabat. Cum autem corruere exercitum, equo lassato, solus prohibere non valeret, adest armiger qui proprium [5] reducit [6] dextrarium ;

1. *Opponit* substituendum cum Benedictinis censemus.
2. Sic quat. codd. atque edit. Benedict. — *Peditum* 135 et reliq. edd.
3. Ità editiones Chesnii ac Benedict. — *Reperire* omnes codd., itemque edit. Germ.
4. *Regiam* deest in cod. 135, atque in edd. Germ. et Chesn.
5. Sic codices omnes ac edit. Benedict. — *Primum* in reliquis edd.
6. *Reducit* 155 atque edd. — *Reducat* quat. reliqui codd.

cui citissime insiliens, vexillum præferens, cum paucis in hostes regreditur, plures suorum captos mira strenuitate eripit, quosdam hostium validissimo impetu intercipit, et ne ulterius lædant exercitum, ac si Gades Herculis offendant, aut magno Oceano arceantur, refugos repellit, quibus, priusquam Puteolum regrediantur, quingentorum militum Normannorum aut amplior occurrit exercitus : qui si maturius venissent, exercitu corruente, majus damnum inferre fortassis potuissent. Cumque regis exercitus, circumquaque dispersus, alii Aurelianum, alii Stampas, alii Piverim[1] tetendissent, rex Tauriacum[2] fatigatus deveniens,

> Pulsus ut[3] armentis primo certamine taurus,
> . . . . explorat cornua truncis[4],

et fortissimo pectore robur recolligens, in hostem per ferrum magni securus vulneris exit[5]; haud secus rex, exercitum rovocans, strenuitati reformat, audaciam reparat ; exercitus ruinam stultitiæ, non imprudentiæ reputat ; inevitabiliter his aliquando militiam subjacere reportat ; tanto ferocius et audacius, si opportunitas condonet, dimicare, illatam injuriam punire, tam blanditiis quam minis excitare laborat. Et dum tam Franci quam Normanni castri restitutioni insistunt (aderat enim cum Theo-

---

1. Nunc *Pithiviers*. — 2. *Tauricum* 135.

3. *Ut* codices omnes et edit. Germ. — *Velut* edd. Chesn. et Benedict., hìc versus mutuatos non distinguentes.

4. Lucani *Phars.*, II, 601-603.

5. Illa etiam verba à Lucano (ibid., I, 212) mutuatus est Sugerius, voce tamen *tanti* in *magni* conversâ.

baldo comite et exercitu Normannorum et Milo de Monte Leherii, et tam Hugo Creciacensis quam frater ejus Guido[1] comes de Rupe Forti, qui mille trecenti milites obsidionem Tauriaco minabantur), rex nullo timore flectebatur, quibus poterat nocte et die lacessere[2] injuriis nitebatur, ne[3] victualia longe quæritarent refragabatur.

Restituto itaque castro continua septimana, cum, recedentibus quibusdam Normannorum, comes Theobaldus cum exercitu multo remansisset, recollecto robore, rex bellicum movet apparatum, in manu forti Puteolum regreditur, hostem obviantem conterit, per portam dimicando et illatam injuriam ulciscendo, castro recludit, militum præsidia ne exeant reponit, antiquam antecessorum suorum destitutam motam[4], castro jactu lapidis propinquam, occupat, castrum supererigit miro labore, mira anxietate, si trabes juncti[5] clausuris non erigerentur contra, fundibulariorum[6], balistariorum, sagittariorum emissa pericula sustinentes: gravissime quidem, cum qui eos angebant, infra[7] septa castri securi, extra jaculantes, nullam meriti mali hostium horrerent vicissitudinem. Flagrat æmula victoriæ interiorum et exteriorum periculosa concertatio, et

---

1. Guido II, Guidonis Rubei filius. — 2. *Lacessire* codd.

3. Sic 6265, atque edd. Chesn. et Benedict. — *Nec* omnes codd. et edit. Germ., sed malè.

4. *Mota* nuncupatur collis seu tumulus, cui inædificatum castellum (Cangii Gloss.).

5. *Juncti* codd. omnes et edit. Benedict. — *Vincti* reliquæ edd.

6. Sic edit. Germ. — *Fundibaliorum* codd. — *Fundibalariorum* reliq. edd.

7. *Intra* 6265 et edit. Germ.

qui læsi fuerant regii quirites, acerrime lædere, injuriarum memores, contendunt, nec ab incœpto desistunt, donec subitam ac si fatatam[1] munitionem, multo milite, multa armatura munierunt : certi, mox ut recesserit rex, aut loci proximi importunitate se audacissime defendere, aut hostium sævissimo gladio miserrime interire.

Rediens itaque Tauriacum, viresque recolligens, alendo exercitui in præfata mota, modo clam cum paucis, modo palam cum multis, per medias hostium acies victualia tam periculose quam audacter deferebat : donec, quia Puteolenses propinquitatis importunitate eos intolerabiliter urgentes obsidionem[2] minabantur, rex cominus castra movit, Yonis Villam[3] fere uno milliario Puteolo propinquam occupat, inopinate palo et vimine curiam interiorem cingit. Dumque exercitus extra tentoria figit, palatinus comes Theobaldus, collecto quantocumque potuit et suorum et Normannorum exercitus robore, impetu validissimo in eos irruit imparatos, necdum munitos tam repellere quam prosternere animatur. Cui cum rex armatus extra obviasset, vicissim in campo gravissime dimicatur, indifferenter tam lanceis quam gladiis; potius de victoria quam de vita agitur, de trophæo quam de morte consulitur. Ubi[4] mirabilis audaciæ videres experimentum : quoniam cum exercitus comitis, ter tantum exercitu regis numerosior, milites regis in villam retrusissent, rex ipse cum paucis, videli-

---

1. *Fatalem* edd. Chesn. ac Germ.
2. *Ob seditionem* edd. Chesn. et Germ.
3. Nostris *Janville (Eure-et-Loir)*.
4. *Viri* edd. Germ et Chesn.

cet nobilissimo comite Viromandensi Radulfo[1] consanguineo suo, Drogone Montiacensi[2], duobus aut tribus aliis, dedignatus villam timore regredi, memor pristinæ virtutis, elegit hostium impetus armatorum gravissimos et pene innumerabiles sustinere[3] ictus, quam si coactus villam intrare cogatur, propriæ strenuitati et regis excellentiæ derogare. Cumque comes Theobaldus, jam se victorem arbitratus, tentoria præfati Viromandensis comitis detruncare multa audacia inniteretur, assistit ei comes mira velocitate qui ei improperans nunquam hactenus Brienses contra Viromandenses talia præsumpsisse, irruit in eum, multoque conatu illatæ injuriæ vicem[4] rependens, fortissime repellit. Cujus tam virtute quam clamore regii exhilarati quirites, in eos insiliunt, toto animo eorum sanguinem sitientes aggrediuntur, cædunt, dehonestant, et usque Puteolum, etiam si porta sorderet, multis eorum retentis, pluribus interemptis, coactos retruserunt : et ut se habet belli dubius eventus, qui prius se victores arbitrabantur, erubescunt victos, dolent captos, deplorant interemptos. Cumque rex deinceps in eos prævaleret, comes autem, tanquam de summo rotæ exorbitans, declinando deficeret, post[5] longam sui et suorum defatigationem, post intolerabilem et consumptivam sui suorumque depressionem, quoniam quotidie regis et suorum invalescebat fortitudo

---

1. Ut suprà. Hic est Radulphus I vel IV, filius Hugonis Magni, fratris regis Philippi I.
2. Nunc *Mouchy-le-Châtel* (*Oise*).
3. *Sustinere* omittitur in cod. 135 et in edd. Germ. ac Chesn.
4. *Vice* 12710.
5. Sic codd. omnes et edit. Benedict. — *Per* aliæ edd.

et regni optimatum in comitem indignantium frequentatio, præfatus comes, nactus recedendi occasionem hesterni vulneris susceptione, regi nuntios delegat, intercessores mittit, ut eum dominus rex secure Carnotum redire concedat suppliciter efflagitat. Cujus petitioni rex, ut erat dulcis et ultra humanam opinionem mansuetus, condescendens [1], cum multi dissuaderent ne nostem illaqueatum victualibus deficientibus dimitteret, ne deinceps repetitas injurias sustineret; relicto tam castro Puteolo quam Hugone arbitrio regis, comes Carnotum spe vana frustratus recessit, et quod felici principio incœpit, infausto fine terminavit. Rex vero non tantum Hugonem Puteolensem exhæredavit; quin etiam castrum Puteoli, dirutis mœniis et effossis puteis, tanquam locum divinæ maledictioni patulum, subvertens deplanavit.

XXI. Sed et alia vice, longo post tempore, cum in gratiam regis multis obsidibus, multis sacramentis reductus esset, iterata fraude recalcitrans,

> Et docilis Scillam scelerum vicisse magistrum [2],

iterato a rege obsessus [3], iterato exhæredatus, cum dapiferum ejus Ansellum Garlandensem [4], baronem strenuum, propria lancea perforasset, nativam et assuetam dediscere proditionem non valuit : donec via Hierosolymitana, sicut et multorum nequam aliorum, ejus omni veneno inflammatam nequitiam vitæ ereptione extinxit.

1. *Conscendens* edd. Germ. et Chesn.
2. Lucani *Phars.*, I, 326. *Scillam* pro *Syllam*.
3. Anno 1118.—4. *Warlandensem* 12710. V. infrà, in Observ.

XXII[1]. Cum igitur ad pacis confœderationem inter regem Angliæ et regem Galliæ et comitem Theobaldum tam regni optimates quam religiosi viri operam commodarent, justo eorum arbitrio[2], qui contra regnum conspirantes ad propriarum[3] recuperationem querelarum tam regem Angliæ quam comitem Theobaldum obligaverant, guerra consumpti, pace nihil lucrantes, quid fecerint digna tandem sententia animadvertunt : cum Lancelinus comes Domni Martini querelam Belvacensis conductus sine spe recuperandi amiserit; Paganus de Monte Gaio, querela castri Livriaci[4] deceptus, cum uno mense idem castrum clausura dirutum, sequente vero multo fortius pecunia regis Anglici restitutum præcordialiter doluerit; Milo vero de Monte Leherii gratissimum de sorore comitis conjugium occasione parentelæ dolens et gemebundus amis[er]it, nec tam honoris et gaudii in receptione quantum in divortio dehonestationis et tristitiæ suscep[er]it. Quod quidem egregie factum virorum judicio ex ea canonum auctoritate assumptum est, ubi hæc habetur sententia : *Obligationes contra pacem in irritum omnino reducantur*[5].

XXIII. Quia fortissima regum dextera, officii jure

1. Reliquam hujus operis partem, capitulis mancam, juxta manuscriptorum codicum et præsertim codicis 543 indicationes dividendam curavimus.

2. *Justo judicio* 543, 5925, 6265.

3. *Propriam* 135, 5925 et edd. Germ. ac Chesn.

4. *Livrici* 12710. — *Livraci* 135 et ed. Chesn. — Nunc *Livry* (*Seine-et-Oise*).

5. *Deducantur* 135, et edd. Germ. ac Chesn. — Anno 1113 pax illa inter regem Franciæ, regem Angliæ et comitem Blesensem inita est.

votivo, reprimitur tyrannorum audacia, quotiens eos guerris lacessiri vident infinite, gratulantur[1] rapere, pauperes confundere, ecclesias destruere, interpolata licentia qua, si liceret[2], semper insanius inflammantur; malignorum instar spirituum, qui quos timent perdere magis trucidant, quos sperant retinere omnino fovent, fomenta flammis apponunt, ut infinite crudelius devorent.

Thomas siquidem de Marna, homo perditissimus, Ludovico rege supradictis et multis aliis guerris attendente[3], pagum Laudunensen, Remensem, Ambianensem, diabolo ei prosperante, quia stultorum prosperitas eos perdere consuevit, usque adeo dilapidaverat, furore lupino devoraverat, ut nec clero, ecclesiasticæ ultionis timore, nec populo aliqua humanitate pepercerit; omnia trucidans, omnia perdens, etiam sancti Joannis Laudunensis monasterio sanctimonialium duas villas peroptimas eripuerit; fortissima castella Creciacum et Novigentum[4], vallo mirabili, altis etiam turribus, tanquam propria[5] munierit; et sicut draconum cubile et speluncam latronum adaptans, totam fere terram tam rapinis quam incendiis immisericorditer exposuerit. Cujus intolerabili fatigata molestia, cum sederet Belvaci generali conventu gallicana ec-

---

1. *Gratulantur* 543, 12710, et edd. Germ. ac Chesn. — Aliàs, *gratulanter.*

2. Sic editiones Chesn. et Benedict. — *Quam si liceret semper* 135 et edit. Germ. — *Quam si semper liceret* 543, 12710, 5925. — *Qua si semper liceret* 6265.

3. *Intendente* 543.

4. Nunc *Crécy-au-Mont* et *Nouvion-l'Abbesse (Aisne).*

5. Etsi *proprias* habeant codd. omnes atque edd., *propria* tamen egendum esse cum Benedictinis conjicimus.

clesia[1], ut in hostes veri sponsi Jesu Christi hic etiam judicii primordia et damnativam promulgare incipiat sententiam, venerabilis sanctæ romanæ ecclesiæ legatus Cono[2] Prænestinus episcopus, innumerarum pulsatus molestia querelarum, ecclesiarum, pauperum et orphanorum, devexationum ejus tyrannidem mucrone beati Petri, anathemate scilicet generali, detruncans, cingulum militarem ei licet absenti decingit, ab omni honore tanquam sceleratum, infamatum, christiani nominis inimicum, omnium judicio deponit. Tanti itaque concilii rex exoratus deploratione, citissime in eum movet exercitum; et clero, cui semper humillime hærebat, comitatus, Creciacum munitissimum castrum divertit, armatorum potentissima manu, quin potius divina, inopinate castrum occupat[3], turrim fortissimam ac si rusticanum tugurium expugnat, sceleratos confundit, impios pie trucidat, et quos, quia immisericordes offendit, immisericorditer detruncat. Videres castrum ac si igne conflari[4] infernali, ut fateri non differres: *Pugnabit pro eo orbis terrarum contra insensatos*[5].

Hac igitur potitus victoria, successus urgere suos promptus, cum ad aliud castrum nomine Novigentum tetendisset, adest qui ei referat : « Noverit Serenitas

---

1. Concilium Bellovacense, contra Henricum V imperatorem congregatum, die sextâ decembris, anno 1114, inauguratum est.

2. *Ceno* 135. — *Nono* 12710; uterque mendosè.

3. Anno 1115, currente quadragesimâ, juxta Benedictinorum sententiam.

4. *Conflagrari* solus recentior cod. 6265, cujus Benedictini lectionem admisére.

5. Lib. Sapient., v, 21 : *Pugnabit cum eo orbis*, etc.

« tua, domine mi rex, in hoc scelerato castro scele-
« ratissimos illos demorari, qui solo inferorum loco
« digni erant; illi, inquam, qui occasione jussu vestro
« amissæ communiæ, non solum civitatem Laudunen-
« sem, sed et nobilem matris Domini cum multis aliis
« ecclesiam igne succenderunt, nobiles civitatis[1] fere
« omnes, eo quod vera fide suffragari domino suo inni-
« tebantur episcopo, tam causa quam pœna marty-
« risaverunt, ipsum episcopum Galdricum venerabilem
« ecclesiæ defensorem, non veriti manum mittere in
« Christum Domini, crudelissime interfecerunt, bes-
« tiis nudum et avibus in platea exposuerunt, digitum
« cum annulo pontificali truncaverunt, et cum ipso
« suo nequissimo persuasore Thoma turrim vestram
« ad vestrî exhæredationem occupare concertave-
« runt. » Dupliciter ergo rex animatus, sceleratum
aggreditur castrum, disrumpit instar inferorum pœ-
nalia et sacrilega loca, innocentes dimittens et noxios
gravissime puniens. Unus multorum injurias ulciscitur,
quoscumque homicidarum nequissimorum offendit,
justitiæ sitibundus, milvorum, corvorum et vul-
turum rapacitati pastum generalem exhibens, et patibulo affigi præcipiens, quid mereantur qui in Christum
Domini manum mittere non verentur edocuit. Sub-
versis igitur adulterinis castellis, easdem villas sancto
Johanni restituens, civitatem Ambianensem regressus,
turrim ejusdem civitatis Adæ cujusdam tyranni, ecclesias et totam viciniam dilapidantem[2], obsedit :

1. *Civitates* 135, 5925, et edd. Germ. et Chesn.
2. Sic codd. omnes et edd. — *Turrim.... dilapidantem* scribit per metonymiam Sugerius. *Dilapidantis* legendum existimant Benedictini.

quam fere biennali coarctans obsidione, ad deditionem defensores cogens, expugnavit, expugnatam funditus subvertit, ejusque subversione pacem patriæ, regis fungens officio qui *non sine causa gladium portat*[1], gratantissime reformavit, et tam ipsum præfatum Thomam nequissimum quam suos dominio ejusdem civitatis perpetualiter exhæredavit.

XXIV. Ne igitur quacumque terrarum parte locorum angustiis virtus regia coarctari videatur (scitur enim longas regibus esse manus), accelerat ad eum de finibus Bituricensium vir peritus linguæque venalis, Alardus Guillebaldi[2] : qui satis rhetorice privigni sui querelam deponens, domino regi humillime supplicat, rogans quatinus nobilem baronem Haimonem nomine, Variam Vaccam cognomine, Burbonensem dominum, justitiam recusantem, imperialiter in jus traheret; nepotem majoris fratris, Erchembaldi scilicet filium, exhæredantem tam præsumptuosa audacia compesceret; et Francorum judicio, eorum quis quid habere debeat, determinaret Rex itaque tam amore justitiæ quam ecclesiarum et pauperum miseratione, ne hac occasione guerrarum malitia pullulante pauperes devexati alienæ superbiæ luerent pœnam, cum præfatum Haimonem frustra in causam vocari fecisset (recusabat enim, de justitia diffidens), nulla remissus voluptate aut pigritia, ad partes Bituricensium cum exercitu multo tetendit, Germiniacum[3] ejusdem Haimo-

---

1. Pauli apost. ad Rom., xiii, 4.

2. *Willebaldi* 12710. — *Guilebaldi* edd. Alardus uxorem duxerat viduam Erchembaldi IV, cujus filius Haimo II, à colore capillorum *Varia Vacca* dictus, infrà commemoratur.

3. Ità 12710, 5925 ac edit. Benedict. — *Germaniacum* 543 et

nis munitissimum castrum divertens, multo conflictu impugnare contendit. Videns autem præfatus Haimo nullo modo se posse resistere, jam et personæ et castri spe sublata, hanc solam salutis suæ reperiens viam, pedibus domini regis prostratus et multorum admiratione sæpius revolutus, ut in eum misericorditer ageret efflagitans, castrum reddit, seipsum regiæ majestatis arbitrio totum exponit, et quanto superbius se subduxerat tanto humilius, his edoctus, justitiæ se reduxit. Rex vero retento castro, et eodem Haimone in Francia[1] causæ[2] reducto, Francorum judicio aut concordia, avunculi et nepotis litem tam justisssime quam piissime diremit, multorumque oppressiones et labores sumptuoso sudore consumpsit. Hæc et his similia in partibus illis crebro clementissime pro quiete ecclesiarum et pauperum patrare consuevit : quæ, quia si stylo traderentur tædium generarent, supersedere dignum duximus.

XXV. Habet effrenis elatio hoc amplius superbia, ut cum hæc superioritatem, illa nihilominus dedignetur paritatem. Cui illud convenit poeticum :

> *Nec quemquam sufferre potest Cæsarve priorem,*
> *Pompeiusve parem*[3]. . . . .

Et quoniam *omnis potestas impatiens consortis erit,*

6265. — *Germanicum* 135 et reliq. edd. — Nunc *Germigny* (*Cher*). Hanc expeditionem ad an. 1115 referunt Guill. Nang., ad an. 1117 Benedict., sed hi errantes.

1. *In Franciam* solus 6265.
2. *Litis causâ* apud Freher. *Cautè* forsan legendum.
3. Lucani *Phars.*, lib. I, cujus initio priùs leguntur :
   Nulla fides regni sociis; omnisque potestas
   Impatiens consortis erit.

rex Francorum Ludovicus, ea qua supereminebat regi Anglorum ducique Normannorum Henrico sublimitate, in eum semper tanquam in feodatum suum efferebatur. Rex vero Anglorum, et regni nobilitate et divitiarum opulentia mirabili inferioritatis impatiens, suffragio nepotis Theobaldi palatini comitis et multorum regni æmulorum, ut ejus dominio derogaret, regnum commovere, regem turbare nitebatur. Reciprocatur igitur inter eos antiquarum guerrarum recidiva malitia, dum rex Angliæ cum comite Theobaldo, quoniam eos Normannici et Carnotensis pagi concopulabat affinitas, proximam regis marchiam impugnare concertant; comitem Moritoilensem Stephanum[1], alterius fratrem, alterius nepotem, ad alias partes, videlicet Briensium, cum exercitu transmittunt, formidantes ne absentia comitis terram illam subito rex occuparet. Qui nec Normannis, nec Carnotensibus, nec etiam Briensibus parcere sustinebat, cum in utrorumque medio tanquam in circino positus, modo in istos, modo in illos terrarum dissipatione, crebro etiam conflictu, regiæ majestatis animositatem declaraverit[2]. Verum quia Normannorum marchia, tam regum Anglorum quam Normannorum ducum nobili providentia, et novorum positione castrorum, et invadabilium[3] fluminum decursu, extra alias cingebatur, rex, quia his callebat, transitum in Normanniam sibi affectans, cum pauca militum manu,

1. Stephanum, tertium filium Stephani, sexti comitis Blesensis, comitem Moretoniensem (*Mortain*) et posteà Boloniensem.

2. *Declaraverat* 135, atque edd. Germ. et Chesn.

3. *Invadabilium* cod. recentior 6265, atque edd. Chesn. et Benedict. — *Invadalium* quæ. codd. accedit. Germ.

ut secretius agendis provideat, ad eandem marchiam contendens, viros caute præmittit : qui tanquam viatores, loricati sub cappis et gladiis cincti, publica via descendentes, ad villam quæ dicitur Vadum Nigasii[1], villam antiquam, patulum et gratum Francis præbere paratam ad Normannos accessum (quæ, Ettæ fluvio circumfluente, cum in medio suî tutum præbeat, extra inferius et superius longe prohibet transitum), subito cappas deponunt, gladios exponunt, accolas animadvertentes et armis gravissime insistentes fortissime resistendo repellunt; cum subito rex jam penè lassatis, per declivum montis periculose accelerans, opem opportunam ferre præcipitat, tam villæ atrium quam munitam turre ecclesiam, non sine suorum damno, occupat[2]. Cumque regem Angliæ prope cum exercitu multo, ut semper consuevit, comperisset, barones suos asciscit, adjurando ut se sequantur invitat. Adventare festinant comes Flandriæ Balduinus[3], apprime militaris, elegans juvenis et facetus, comes Andegavensis Fulco[4], multique regni optimates, qui, rupta Normanniæ clausura, dum alii villam muniunt, alii terram, longa pace opimam, tam rapinis quam incendiis exponunt, et, quod insolitum fuerat, præsente rege Anglorum, circumquaque devastantes intolerabiliter confundunt.

Interea idem rex Angliæ castelli apparatum multa instantia præparat, operosos sollicitat, et dum rex

1. Vulgò *Gany* seu *Gasny* (*Eure*). Cf. Order. Vital., lib. V et XII.
2. *Occupabat* 12710.
3. Balduinus VII, cognomine *A la hache* seu *Hapkin*.
4. Fulco V, posteà rex Hierosolymitanus.

suum præsidio militum munitum¹ relinquit, ipse suum proximo monte erigit castrum, ut exinde militari copia, balistariorum et sagittariorum repulsione, et cibaria terræ eis excuteret, et pro his terram suam jugi necessitate confundere coarctaret. Cui rex Francorum jaculata retorquens, absque mora vicem reddit; cum subito collecto exercitu, sicut qui tesseris ludit, in aurora remeans, novum illud castrum, quod vulgo nominabatur Malesessum², virtuose aggreditur, multo conatu, multa gravissimorum ictuum donatione et receptione (tali enim foro tale vulgo solvitur theloneum) viriliter suppeditat, diripit et pessundat, et ad regni excellentiam et oppositi contumeliam quicquid machinatum inde fuerat vera virtute dissolvit. Et quoniam nulli fortuna aliquando parcit potestativa, cum dicatur:

> Si fortuna volet, fies de rhetore consul;
> Si volet hæc eadem, fies de consule rhetor³;

rex Angliæ, post longos et mirabiles placidissimæ prosperitatis successus, quasi de summo rotæ descendens, mutabili⁴ et infausto rerum angariatur eventu, cum ex hac parte rex Franciæ, ex parte Pontivorum Flandriæ affinitate comes Flandrensis, ex parte Cinomannorum⁵ comes Fulco Andegavensis, omnino eum

---

1. *Nuntium*, perperàm, edd. Germ. et Chesn.
2. Vulgò *Malassis*. Cf. Order. Vit., lib. XII.
3. Juvenalis, Sat. VII.
4. *Mirabili* edd., contra quinque codd.
5. Sic quat. codices et edit. Benedict. — *Normannorum* edd. Germ. et Chesn. — *Ex parte Cinomannorum comes Fulco Andegavensis* desunt in 12710.

turbare, omnino eum aggredi, tota virtute contenderint[1]. Qui nec exteriorum tantum, sed interiorum hominum suorum, Hugonis videlicet Gornacensis, comitis Oensis, comitis Albemarlensis[2] et multorum aliorum lacessiebatur guerrarum injuriis. Qui etiam ad cumulum mali intestino malitiæ devexabatur dispendio, cum et camerariorum et cubiculariorum[3], privata factione perterritus, sæpe lectum mutaret, sæpe nocturno timori vigiles armatos multiplicaret, ante se dormientem scutum et gladium omni nocte constitui imperaret. Horum vero unus Henricus[4] nomine familiarium intimus, regis liberalitate ditatus, potens et famosus, famosior proditor, tam horribili factione deprehensus, oculorum et genitalium amissione, cum laqueum suffocantem meruisset, misericorditer est damnatus. His et talibus rex nusquam securus, nativæ magnanimitatis strenuitate conspicuus, in arto providus, etiam in ostio[5] gladio cingebatur, nec quos fidiores habebat extra domos gladiis se cingi[6], quacumque mulcta tanquam ludo, impunitos sustinebat.

Qua tempestate quidam etiam Engerrannus de Calvo

---

1. Ità codd. omnes. — *Contenderunt* edd.

2. Henrici I, filii Guillelmi II, comitis Oensis (*Eu*); Stephani, Odonis Campaniensis filii, comitis Albemarlensis (*Aumale*).

3. *Et cubiculariorum* desunt in cod. 135, ac in edd. Germ. et Chesn.

4. *Henricus* 6265 ac edit. Benedict. In aliis codd. et edd., duntaxat littera H.

5. *Ostio*, pro *hospitio, domo, palatio*.

6. Ità tres codd. et edit. Benedict. — *Excingi* 135, 12710, ac reliquæ edd. De his regis Anglorum timoribus, cf. Order. Vit., lib. XII.

Monte [1], vir strenuus et cordatus, audacter militari manu progrediens, castellum cui nomen Andeliacum [2], quorumdam factione clam munitis propugnaculis, strenue occupavit, fretusque regis præsidio, occupatum audacissime munivit, quo terram usque ad fluvium qui dicitur Andella [3], a fluvio Ettæ usque etiam ad Pontem-Sancti Petri [4] omnino subjacere cogebat. Qui multorum se etiam superiorum fretus comitatu, ipsi etiam regi in plano [5] occurrebat, redeuntem inreverenter [6] insequebatur, ejusque terra a termino supradicto pro sua utebatur [7]. Ex parte etiam Cinomannorum, cum idem rex obsessis in turre Alenciaci castri [8] præsidia ferre cum comite Theobaldo multa mora decrevisset, a comite Fulcone repulsam referens, et multos suorum et cum castello, eo inglorius facto, turrim amisit.

Cumque his et talibus multo tempore anxiatus pene in imum [9] declinasset, cum jam divina propitiatio dure flagellato et aliquantisper castigato (erat enim ecclesiarum liberalis ditator et eleemosynarum dapsilis dispensator, sed lascivus) parcere et a tanta eum depressione misericorditer sublevare decrevisset, ex insperato inferioritatis ejus adversitas in

---

1. Forte *Chaumont-en-Vexin.*
2. Hodie *Les Andelys.* — 3. *Andela* 6265.
4. Nunc etiam *Pont-Saint-Pierre,* prope eamdem urbem.
5. *In palatio* 6265.
6. *Irreverenter* 135. — *Reverenter* edd. Germ. ac Chesn.
7. Sic 135 et edd. — *Terram termino supradicto pro sua utebatur* 543, 12710 et 5925. — *Terra in termino supradicto sicut sua utebatur* 6265.
8. Anno 1118, mense decembri, obsessum erat Alenciacum. Cf. Orderici Vitalis historiam, lib. XII.
9. *In unum* edd. Germ. et Chesn.

summam rotæ prosperitatem subito reducitur; cum et altiores turbatores, potius manu divina quam sua, aut supreme declinant aut omnino deficiunt, sicut ipsa Divinitas consuevit jam pene desperatis et humano auxilio destitutis misericordiæ dexteram misericorditer extendere. Comes siquidem Flandrensis Balduinus, cujus gravissima infestatione graviter idem rex infestabatur, sæpius in Normanniam irruens, cum ad debellandum Oense castellum et maritimam viciniam animo effrenis militiæ vacaret, subito, sed raro ictu, in facie lancea percussus, dedignatus tantilla sibi providere plaga, mori non dedignatus, non tantum regi Angliæ, sed omnibus deinceps, finem faciens, parcere elegit. Præfatus itaque[1] Engerrannus de Calvo Monte, vir audacissimus et ejusdem regis infestator præsumptuosus, cum beatæ Mariæ matris Domini Rothomagensis archiepiscopatus terram destructum iri non obhorreret[2], gravissimo tactus morbo, post longam sui exagitationem, post longam et intolerabilem proprii corporis meritam molestiam, quid reginæ cœlorum debeatur licet sero addiscens, vita decessit. Comes etiam Andegavensis Fulco, cum et proprio hominio et multis sacramentis, obsidum etiam multiplicitate regi Ludovico confœderatus esset, avaritiam fidelitati præponens, inconsulto rege, perfidia infamatus[3], filiam suam regis Anglici filio Guillelmo[4] nuptui tradidit, et

1. *Etiam* 12710.
2. *Abhorreret* 12710, 6265, atque ed. Germ.
3. Sic 543, 12710, 5925, et edit. Benedict. — *Inflammatus* reliqui codd. et edd.
4. *Guilelmo* 543. — *Willermo* 12710. — *Guillermo* 6265. — Aliàs *Guillelmo*.

compactas sacramento inimicitias, tali cum eo amicitiæ conjunctus copula, fraudulentus dissolvit.

Rex itaque Ludovicus, cum terram Normanniæ ea de parte in conspectu suo silere[1] coegisset, modo multa, modo pauca manu, indifferenter rapinis eam exponebat, tam regem quam suos longa devexationis consuetudine omnino floccifaciens vilipendebat: cum subito quadam die rex Angliæ, collectis multorum viribus, speculatus regis Francorum improvidam audaciam, ordinatas militum acies occulte in eum dirigit; incendia[2], ut in eum extraordinarie[3] insiliant, ponit; milites armatos, ut fortius committant, pedites deponit; quacumque belli cautela sibi providere potest, sagaciter satagit. Rex autem cum suis, nullum prælii constituere dignatus apparatum, in eos indiscrete sed audacissime[4] evolat; cum priores qui dextras applicuerunt Vilcassinenses, cum Buchardo[5] Monmorenciacensi et Guidone[6] Claromontensi, primam Normannorum aciem fortissima[7] manu cædentes, a campo marte mirabili fugaverunt, et priores equitum acies super armatos pedites validissima manu repulerunt. Verum qui eos sequi proposuerant Franci

---

1. « *Siluit terra in conspectu ejus.* » Lib. I Macch., I, 3, et passim in Bibliâ.

2. Id est *incentiva*, aiunt Benedictini.

3. Sic 6265 et edit. Benedict. — *Exordinarie* alii codd. et edd. — *Exordinate* forsan, subjiciunt Benedict.

4. *Indiscretus audacissime* 12710. — Hic narrat Sugerius prælium satis celebre, actum in planitie tunc *Brenmula* dictâ, nostris verò errantibus *Brenneville*, die vicesimâ augusti, anno 1119. Cf. Order. Vit., ed. *Le Prévost*, IV, 356, in notis.

5. *Burcardi*, malè, 12710. — *Buccardo* 135.

6. *Wuidone* 12710. — 7. *Fortissimam* id. cod.

incompositi, extraordinarie ordinatis et compositis aciebus insistentes, sicut se res in talibus habet, eorum compositam instantiam ferre non valentes, cesserunt¹. Rex autem lapsum admiratus exercitum, ut consueverat in adversis, constantiam sui suorumque præsidio armis consulens, quam decentius potest, non tamen sine magno erratici exercitus detrimento, Andeliacum remeavit ². Quo subiti adventus infortunio aliquantisper levitate propria læsus, ne diutius hostes insultent, tanquam si ulterius Normanniam intrare non audeat, solito multo animosior in adversis, et, quod tantum virorum est, constantior, exercitum revocat, absentes asciscit, optimates regni invitat, die certa et terram intrare et certamen celeberrimum inire regi Anglorum significat; et quod ei promittit tanquam jurejurando pactum persolvere festinat. Irruens siquidem in Normanniam, mirabili exercitu eam depopulando, cum castrum munitissimum quod dicitur Ivriacum ³, multo congressu expugnatum, incendio conflari ⁴ effecisset, Britoilum ⁵ usque pervenit. Qui aliquantisper in terra demoratus, nec regem Anglorum videre, nec in quem sufficiat illatam vindicare reperiens injuriam, ut etiam in comitem Theobaldum ⁶ redundaret Carnotum regressus, impetu validissimo urbem aggrediens, igne conflagrare⁷ concertabat; cum subito tam cleri quam cives, beatæ Dei genitricis ca-

1. V. infrà, in Observation.
2. *Properavit* 135, et edd. Germ. ac Chesn.
3. *Ivry (Eure)*.
4. Sic quat. codd. et edit. Chesn.—*Conflagrari* 6265 et áliæ edd.
5. Hodiè *Breteuil*. — 6 *Teobaudum* 543.
7. Sic codd. omnes et edd.

misiam præferentes, ut pro ejus amore tanquam Ecclesiæ tutor principalis misericorditer parcat devotissime supplicant, in suos alienam ne ulciscatur injuriam implorant. Quorum rex supplicationibus regiæ majestatis inclinans celsitudinem, ne nobilis beatæ Mariæ cum civitate igne solveretur ecclesia, comiti Flandrensi Carolo mandat ut exercitum revocet, Ecclesiæ[1] amore et timore civitati parcat. Qui cum repatriassent, momentaneum infortunium longa, continua et gravissima ultione punire non desistebant.

XXVI. Ea tempestate, venerandæ memoriæ summum pontificem romanum Paschalem ab hac ad lucem perpetuam contigit demigrare[2]. Cui cum de Johanne Gaitano cancellario, electione canonica constitutus, papa Gelasius successisset, et cujusdam Burdini depositi Bracarensis archiepiscopi, imperatoris Henrici violentia in sedem apostolicam intrusi, et populi romani conductitia infestatione intolerabiliter fatigaretur, et a sancta sede eorum tyrannide arceretur; ad tutelam et protectionem serenissimi regis Ludovici et gallicanæ ecclesiæ compassionem, sicut antiquitus consueverunt, confugit. Qui cum navali subsidio (pauperie quippe multa angebatur) applicuisset Magalonam[3], arctam in pelago insulam, cui super est solo episcopo, clericis, et rara familia contempta, singularis et privata, muro[4] tamen propter mare commean-

---

1. *Et Ecclesiæ* edd.

2. Anno 1118, die januarii 21. Eodem mense electus est Gelasius papa II.

3. *Magolonam* 12710. *Maguelone*, antiqua Septimaniæ civitas, jamdudùm diruta.

4. Sic codices omnes et ed. Benedict.— *Imo* reliquæ edd.

tium Sarracenorum impetus munitissima civitas ; a domino rege, quia jam adventum ejus audierat, destinati mandata deposuimus, diem certam locumque Viziliaci[1] mutui colloquii, cum ejus benedictione, quia regni primitias obtuleramus, gratanter reportavimus. Cui cum dominus rex occurrere maturaret, nuntiatum est eundem summum pontificem, podagrico morbo diu laborantem, tam Romanis quam Francis vitæ depositione pepercisse[2]. Cujus apostolicis exequiis cum multi religiosorum virorum et Ecclesiæ prælatorum interesse festinassent, astitit virorum venerabilis Guido[3] Viennensis archiepiscopus, imperialis et regiæ celsitudinis dirivativa consanguinitate generosus, multo generosior moribus ; qui cum in somnis proxima nocte, apto satis licet[4] ignoto præsagio, vidisset sibi a persona præpotente lunam sub chlamyde repositam committi, ne causa Ecclesiæ Apostolici transitu periclitaretur, ab ea quæ aderat romana ecclesia in summum pontificem electus[5], visionis veritatem enucleatius animadvertit. Sublimatus itaque tantæ celsitudinis dignitate, gloriose, humiliter, sed strenue Ecclesiæ jura disponens, amore et servitio domini Ludovici regis et nobilis Adelaidis reginæ neptis [suæ][6] aptius ecclesiasticis providebat negotiis.

Remis itaque celeberrimum celebrans concilium[7], cum legatis imperatoris Henrici, pro pace Ecclesiæ

1. Nunc *Vézelay* (*Yonne*). — 2. Anno 1119, die jan. 29.
3. *Wuido* 12710. — 4. *Licet satis* 12710.
5. Die secundâ mensis februarii, an. 1119, electus est Guido, Calixtus II vocatus.
6. *Suæ* inter uncinos addunt Benedictini.
7. Die vicesimâ octobris ejusdem anni.

sedere differens, in marchiam versus Mosomum[1] occurrisset, nec profecisset, quemadmodum et antecessores fecerant, anathematis vinculo, pleno Francorum et Lotharingorum concilio, innodavit[2]. Cum autem, ecclesiarum votivis ditatus beneficiis, gloriose Romam pervenisset, gloriosa tam cleri quam populi romani susceptus receptione, multis antecessorum superior[3], ecclesiæ curam feliciter administrabat. Nec multam adhuc in sede sancta fecerat moram, cum Romani, ejus tam nobilitati quam liberalitati faventes, intrusum ab imperatore schismaticum Burdinum[4], apud Sutram sedentem, et ad limina Apostolorum transeuntes clericos genu flectere compellentem, expugnatum tenuerunt; tortuoso animali camelo tortuosum antipapam, immo Antichristum, crudis et sanguinolentis pellibus caprinis amictum, transversum superposuerunt, et ignominiam Ecclesiæ Dei ulciscentes, per medium civitatis via regia, ut magis publicaretur, educentes, imperante domino papa Calixto, perpetuo carcere in montanis Campaniæ prope Sanctum Benedictum captivatum damnaverunt, et ad tantæ ultionis memoriæ conservationem, in camera palatii sub pedibus domini papæ conculcatum depinxerunt. Domino itaque Calixto gloriose præsidente, et raptores Italiæ et Apuliæ perdomante, pontificalis cathedræ lucerna

---

1. Ità edd. Chesn. et Benedict. — *Mosonum* quinque codd. ac edit. Germ. — Nunc *Mouzon* (*Ardennes*).

2. *Innotavit* 12710.

3. Sic 12710. — *Superiorum* alii quat. codd., itemque edd., sed malè.

4. In cod. 135, post verba *schismaticum Burdinum*, avulsis dudùm cæteris foliis, scripsit manus recentior: *Desunt multa*.

non sub modio ¹, sed superposita monti, clare elucebat beati Petri ecclesia, et reliqua² urbis et extra amissa recuperantes, tanti domini gratissimo fruebantur patrocinio. Cui cum in Apulia, apud civitatem Botontum ³, missus a domino rege Ludovico pro quibusdam regni negotiis, occurrissem, vir apostolicus, tam pro domini regis quam pro monasterii nostri reverentia, honorifice nos recepit, et diutius retinere vellet, si ecclesiæ nostræ amore et sociorum, abbatis Sancti Germani, socii et connutriti, et aliorum persuasione non devocaremur ⁴.

Peractis itaque regni quæ susceperamus negotiis, cum prospere redire maturaremus, ut peregrinorum mos est, hospitio suscepti quadam villa, cum finitis matutinis, auroram expectando, vestitum in lecto me reddidissem, semivigilans videor videre me alto maris spatio, exiguo lembo solum omni remigio destitutum vagari, frequenti fluctuum motu, modo ascendendo, modo descendendo, periculose fluctuare, percussum horrido naufragii timore, Divinitatis aures multo clamore sollicitare : cum subito, divina propitiatione, lenis et placida aura, tanquam sudo aere suscitata, tremulam et jam ⁵ periclitantem miseræ naviculæ proram in directum retorquens, opinione citius

1. *Medio*, perperàm, edd. Germ. ac Chesn. Meminit hìc Sugerius Matthæi Evang., v, 14, 15.

2. Sic editiones Germ. et Benedict. — *Reliquæ* in omnibus codd. nostris ac in edit. Chesn.

3. *Bitontum* legendum censent Benedict.

4. Anno 1121 missus est Sugerius ad papam Calixtum cum Hugone, abbate Sancti Germani à Pratis.

5. Sic codd. omnes ac edit. Benedict. — *Et tam* edit. Germ. — *Irritam* edit. Chesn.

applicans, portum placidum apprehendit. Excitatus autem crepusculo, iter cœptum aggrediens, cum visionem et visionis interpretationem et memorare et assignare eundo multa meditatione laborarem (timebam enim fluctuum infestatione aliquod grave infortunium mihi significari), occurrit subito puer familiaris, qui meos meque recognoscens lætus et tristis singularem[1] educit, domini nostri bonæ memoriæ abbatis Adæ antecessoris decessum denuntiat, communem de persona nostra pleno conventu factam electionem[2]. Sed quia inconsulto rege factum fuerat, meliores et religiosiores fratrum, milites etiam nobiliores, cum obtulissent domino regi electionem ut assensum præberet, multis affectos conviciis, Aurelianis castello inclusos reportat. Obortis itaque lachrymis, patri spiritali et nutritori meo humanitatis et pietatis affectu compatiens, de morte temporali graviter dolens, a perpetua eum erui devotissime divinam implorabam propitiationem. Cum autem et multorum consolatione comitum et ipsa meî discretione ad meipsum rediissem, triplici angebar dispendio : utrum contra domini regis voluntatem electionem suscipiens, ecclesiæ romanæ rigore et domini papæ Calixti qui me diligebat auctoritate, matrem ecclesiam quæ a mamilla gratissimo liberalitatis suæ gremio dulcissime fovere non destiterat, dilapidare et emungere utroque dissipatore, occasione meî, cum numquam tale quid affectassent, sustinerem ; utrum fratres et amicos pro

---

1. *Singultum* legendum conjiciunt Benedictini.
2. Anno 1122, die februarii 19, mortuus est Adam, Sancti Dionysii abbas.

amore nostro deturpari et dehonestari regio carcere permitterem ; utrum etiam pro his et hujusmodi eam postponens, tantæ improperium repulsæ incurrerem. Cumque de meis aliquem domino papæ, ut super his consuleret, remittere deliberarem, subito occurrit nobis clericus romanus, nobilis et familiaris, qui quod sumptuoso labore per nostros volebamus per seipsum facere votive suscepit. Præmisimus etiam de nostris, cum [1] eo qui venerat, ad regem unum, ut quem finem turbati [2] negotii confusio reperisset nobis referrent : neque enim incaute regiis [3] molestiis nos exponeremus.

Subsequentes itaque, sicut si mari magno absque remige fluctuaremus, turbati, incerti rei eventus, cum gravissime anxiaremur, Dei omnipotentis larga propitiatione, placida aura naufragantem navem applicante, inopinate redeunt qui domini regis pacem, captorum solutionem, electionis confirmationem reportant. Nos autem ex hoc ipso voluntatis Dei argumentum assumentes (voluntas enim Dei fuit ut cito occurreret quod volebamus), cum ad matrem ecclesiam, Deo opitulante, pervenissemus, tam dulciter, tam filialiter, tam nobiliter filium prodigum suscepit, ut et dominum regem prius severo, modo sereno vultu occurrentem, archiepiscopum Bituricensem, episcopum Silvanectensem, et ecclesiasticas plures personas ibidem nos expectantes gratulanter [4] invenerimus. Qui cum multa veneratione celeberrime [5] cum læta-

1. *Eum*, mendosè, edit. Benedict.
2. *Turbari* 5925. — 3. *Regis* 543. — 4. *Gratanter* solus 12710.
5. Ità 543. — *Celebrime* 12710. — Alii codd. et edd. *celerrime*.

bundo fratrum conventu nos suscepissent, sequente die, sabbato scilicet Medianæ, me indignum ordinavit presbyterum. Sequente autem dominica *Isti sunt dies*[1], ibidem ante sacratissimum corpus beatissimi[2] Dionysii abbatem, licet immeritum, consecravit. Quo consueto Dei omnipotentiæ facto, quanto ab imo ad summum, *de stercore erigens pauperem*[3], ut sedere cum principibus faceret, sublimavit, tanto humiliorem, et si fragilitas humana non impediat, in omnibus devotiorem[4] manus tam dulcissima quam potentissima comparavit. Quæ cum in omnibus clementer parvitati nostræ prosperata fuerit (novit enim insufficientia[5] nostri tam generis quam scientiæ), inter antiquorum prædiorum ecclesiæ recuperationem et novorum acquisitionem, et ecclesiæ circumquaque augmentationem, et ædificiorum restitutionem sive institutionem, hoc potissimum[6] et gratissimum, immo summam præstitit miseratus prærogativam, quod sanctæ ecclesiæ suæ, ad sanctorum, immo sui honorem, ordinem sanctum ibidem plene reformavit, sanctæ religionis propositum, quo[7] ad Deo fruendum

1. Id est dominicâ Passionis Christi, à responso quod in processione ejusdem diei cantabant sic designatâ; die autem martii duodecimâ eo anno incurrebat hoc festum. A Vulgrino, Bituricensi archiepiscopo, coram rege et magnatibus, abbas consecratus est Sugerius, tunc annos 41 natus.

2. *Beati* edd. — 3. Psalm. cxii, 7.

4. Sic 12710, 6265 ac edit. Benedict. — *Devotionem* alii codd. et edd.

5. Ità codd. omnes, itemque edd. Germ. ac Benedict. — In ed. Chesn. *insufficientiam*, non verò *sufficientiam*, ut errantes asserunt Benedict. — 6. *Potentissimum* 12710.

7. Ità 543, 6265, atque edit. Benedict. — *Quod*, perperàm, reliqui codd. et edd.

pervenitur, absque scandalo et perturbatione fratrum, licet non consueverint, pacifice constituit[1]. Cujus voluntatis divinæ efficaciam, tantæ libertatis, bonæ famæ et terrenæ opulentiæ subsecuta est affluentia; ut etiam in præsentiarum, quo magis nostra excitetur pusillanimitas, quodam modo cognoscatur nos ipsos remuneratione etiam temporali remunerare, cum et apostolici, reges et principes felicitatibus Ecclesiæ congratulari delectet, gemmarum pretiosarum, auri et argenti, palliorum et aliorum ecclesiasticorum ornamentorum affluentia exinde exuberet, ut recte dicere valeamus : *Venerunt mihi omnia bona pariter cum illa*[2]. Quo experimento gloriæ futuræ Dei, fratres successores nostros obtestando per Dei misericordiam et terribile ejus judicium sollicitamus ne sanctam religionem, quæ et homines et Deum conciliat, confracta consolidat, perdita restaurat, paupertatem opimat, tepescere permittant : quia sicut timentibus Deum nihil deest[3], non timentibus, etiam regibus, omnia ipsi quoque sibi deficiunt.

XXVII. Sequente itaque ordinationis nostræ anno, ne ingratitudine argueremur (sancta quippe romana ecclesia ante nostram promotionem, tam Romæ quam alibi multis et diversis conciliis, tam pro ecclesia nostra quam pro aliis agentem benigne susceperat, gratanter disserentem audierat, negotia nostra me al-

1. Anno 1123, juxta Guillel. Nang. chronica; 1127, juxta Felibianum, cujus probabilior sententia, monasterium Sancti Dionysii reformavit Sugerius. De hoc cf. S. Bernardi epistolam 78.
2. Lib. Sapient., vii, 11.
3. Alludit Sugerius verbis Pauli apost., Epist. ad Rom., viii, 28.

tius[1] erexerat), ad eam visitandam properantes, a domino papa Calixto et tota curia honorifice valde recepti per sex menses, cum apud eum demorando, magno concilio trecentorum aut amplius episcoporum, Lateranis compositioni pacis de querela investiturarum astitissemus[2]; orationis causa frequentatis diversis sanctorum locis, videlicet S. Benedicti Cassini, S. Bartholomæi Beneventi, S. Matthæi Salerni, S. Nicolai Bari, Sanctorum Angelorum Gargani, Deo opitulante, cum gratia et domini papæ amore et formatis epistolis[3] prospere remeavimus. Cum autem et alia vice, post aliquot annos, nos dulcissime, ut magis honoraret et, sicut in litteris suis continebatur, libenter exaltaret, ad curiam revocasset, apud Lucam Tusciæ civitatem decessus ejus veritatem cognoscentes, Romanorum novam et veterem avaritiam devitando retrocessimus. Cui successit de Hostiensi episcopo approbata persona assumptus papa Honorius, vir gravis et severus. Qui cum justitiam nostram de monasterio Argentoilensi[4], puellarum miserrima con-

---

1. Sic codd. omnes ac edit. Benedict. — *Alternis*, malè, edd. Germ. et Chesn. Sensus itaque est : Romana ecclesia altius quam ego ipse negotia nostra, id est ecclesiæ S. Dionysii, erexerat (Notula Benedict.)

2. Hoc concilium generale nonum Laterano congregatum est anno 1123, die martii vicesimâ tertiâ.

3. Id est cum litteris commendatitiis, quas olim summi pontifices et episcopi fidelibus et præsertim clericis peregrinantibus, ut quacumque transirent benigne et honorifice exciperentur, condonabant. Quarum papa Sextus I auctor habetur, ut videre est in Libro Pontificali papæ Damasi.

4. Vulgò *Argenteuil* (*Seine-et-Oise*). Cf. Sugerii librum de administratione suâ, cap. III.

versatione infamato, tum legati sui Matthæi Albanensis episcopi, tum domini Carnotensis, Parisiensis, Suessionis, domini etiam archiepiscopi Remensis Rainaldi, et multorum virorum testimonio cognovisset, præcepta regum antiquorum Pipini, Caroli Magni, Ludovici Pii et aliorum de jure loci præfati a nuntiis nostris oblata perlegisset, curiæ totius persuasione, tam pro nostra justitia quam pro earum fœtida enormitate, beato Dionysio et restituit et confirmavit[1].

Ut autem ad propositum recolendæ regis historiæ revertamur, ante domini papæ Calixti decessum, imperator Henricus, collecto longo animi rancore contra dominum regem Ludovicum, eo quod in regno ejus Remis in concilio domini Calixti anathemate innodatus fuerat, exercitum quantumcumque potest Lotharingorum, Alemannorum, Bajoariorum, Suevorum et Saxonum, licet eis infestaretur, colligit[2]; alioque tendere simulans, consilio regis Anglici Henrici, cujus filiam reginam duxerat, qui etiam regi guerram inferebat, Remis civitatem inopinate aggredi machinatur, proponens aut eam subito destruere, aut tanta dehonestatione et oppressione civitatem obsidere, quanta dominus papa ibidem [3] in eum agens sedit sessione. Quod cum domino regi Ludovico intimorum relatione innotuisset, tam strenue quam audacter delectum quem non expectat cogit, nobiles asciscit, causam exponit. Et quoniam beatum Dionysium specialem patronum et singularem post Deum regni protectorem,

---

1. V. infrà, in Observat.— 2. *Collegit* 12710.
3. *Ibidem* 12710 et edit. Benedict. Deest in aliis codd. ac edd.

et multorum relatione et crebro cognoverat experimento, ad eum festinans, tam precibus quam beneficiis præcordialiter pulsat ut regnum defendat, personam conservet, hostibus more solito resistat : et quoniam hanc ab eo habent prærogativam ut, si regnum aliud regnum Francorum invadere audeat, ipse beatus et admirabilis defensor cum sociis suis tanquam ad defendendum altari suo superponatur, eo præsente fit tam gloriose quam devote. Rex autem vexillum [1] ab altari suscipiens quod de comitatu Vilcassini, quo ad ecclesiam feodatus est, spectat, votive tanquam a domino suo suscipiens, pauca manu contra hostes, ut sibi provideat, evolat ; ut eum tota Francia sequatur potenter invitat. Indignata igitur hostium inusitatam audaciam usitata Franciæ animositas, circumquaque movens militarem delectum, vires et viros pristinæ virtutis et antiquarum memores victoriarum [2] delegat. Qui cum Remis undecumque potenter convenissemus, tantæ militaris et pedestris exercitus copiæ apparebant, ut viderentur superficiem terræ, more locustarum, non tantum secus decursus aquarum, sed etiam [in][3] montanis et planitie devorare. Ubi cum rex continuata septimana Theutonicorum præstolaretur incursum, tali inter regni proceres deliberatione res disponebatur : « Transeamus, inquiunt, audacter ad eos, ne re-
« deuntes impune ferant, quod in terrarum dominam
« Franciam superbe præsumpserunt. Sentiant contu-

---

1. Hoc est famosum Sancti-Dionysii vexillum, vulgò *Oriflamme* nuncupatum. Cf. Guillelm. Briton. poema, lib. II ; Cangium, Felibianum, etc. Vide etiam infrà, in Observationibus.

2. *Victoriam*, malè, 12710.

3. *In* adjiciunt Benedict.

« maciæ suæ meritum, non in nostra sed in terra sua,
« quæ jure regio Francorum Francis sæpe perdomita
« subjacet[1] : ut quod ipsi furtim in nos machinaban-
« tur attemptare, nos in eos coram retorqueamus[2]. »
Aliorum autem perita severitas persuadebat eos diutius expectare, ingressos marchiæ fines, cum jam fugere
intercepti nequirent, expugnatos prosternere, tanquam Sarracenos immisericorditer trucidare, inhu-
mata barbarorum corpora lupis et corvis ad eorum
perennem ignominiam exponere, tantorum homi-
cidiorum et crudelitatis causam terræ suæ defensione
justificare.

Ordinantes autem regni proceres in palatio bellatorum acies coram rege, quæ quibus suffragio[3] junge-
rentur Remensium et Catalaunensium ultra sexaginta millia, tam equitum quam peditum, unam
componunt; Laudunensium et Suessionensium[4], nec
minori numero, secundam; Aurelianensium, Stam-
pensium et Parisiensium, et beati Dionysii copioso
exercitu et coronæ devoto, tertiam; cui etiam seipsum interesse, spe suffragii protectoris sui, disponens:
« Hac, inquit, acie tam secure quam strenue dimicabo,
« cum præter sanctorum dominorum nostrorum[5]
« protectionem, etiam qui me compatriotæ familia-
« rius educaverunt, aut vivum juvabunt, aut mor-
« tuum conservantes reportabunt. » Comes etiam
palatinus Theobaldus, cum avunculo nobili Trecensi

1. *Subjaceret* 12710. — 2. *Intorqueamus* edit. Germ.
3. *Quibus suffragio* quat. laudati codices. — *Quibus regni suffragio* edd., quæ voce *regni* manifestò redundant.
4. *Suessionum* 12710.
5. *Nostrorum* 543 et 6265. — *Suorum* reliqui codd. ac edd.

comite Hugone, cum ex abjuratione [1] Franciæ (guerram enim regi cum avunculo rege Anglico inferebat) adventasset [2], quartam efficiens ; quintam Burgundiorum [3] ducis et Nivernensis comitis, præviam fecit [4]. Comes vero egregius Viromandensis Radulfus, germana regis consanguinitate conspicuus, optima fretus militia, multoque Sancti-Quintini et totius terræ, armato tam loricis quam galeis exercitu, cornu dextrum conservare destinatus [5], Pontivos et Ambianenses et Belvacenses in sinistro constitui approbavit [6]. Nobilissimus etiam comes Flandrensis [7], cum decem millibus militum pugnatissimorum (triplicasset [8] exercitum, si tempestive scisset) extrema acie ad peragendum ordinabatur. His autem locorum affinitate propinquus dux Aquitaniæ Guillelmus, comes egregius Britanniæ, comes bellicosus Fulco Andegavensis

1. Sic edd. Chesn. et Benedict. — *Ajuratione* tres codd. — *Adjuratione* 6265.

2. In hoc San-Dionysiano codice (543), qui nobis idem videtur ac ille quem contulère Benedictini, recentior quidam glossator prævio monitu suas annotationes, uti ex alio chronico mutuatas, sic commendat : *Nota, cecy est d'augmentation tiré des chroniques de Sugger.* Deindè, juxta verbum *adventasset*, addit : *Cum octo milibus.*

3. Ut suprà.

4. *Quæ decem milia hominum strenuorum continebat*, addit glossator ; cui præfixa in suâ editione verba *mox quintam* falsò Benedictini adscripserunt.

5. *Cum septem milibus* addit glossator.

6. *In tanto numero* addit glossator. Id est cum septem millibus, aiunt Benedict.

7. Post verbum *Flandrensis*, in membranâ vacuâ *Karolus* addidit manus recentior, in cod. 543.

8. *Triplicasset enim exercitum* 543.

summe æmulabantur ¹ ; eo quod vires exaggerare², et Francorum injuriam gravissime punire, et viæ prolixitas et temporis brevitas prohiberet. Provisum est etiam ut ubicumque exercitus, apto tamen loco, certamen inirent ³, et carri et ⁴ carretæ, aquam et vinum fessis et sauciatis deferentes, instar castellorum in corona locarentur, ut a labore bellico, a vulneribus deficientes, inibi potando ac ligaturas restringendo fortiores, indurati ad palmam obtinendam concertarent. Publicata igitur tanti et tam tremendi facti deliberatione, tantique delectus fortissimi apparitione⁵, cum hoc ipsum auribus imperatoris intonuisset⁶, simulans et dissimulans, palliata occasione subterfugiens ⁷, alias tendit, magis eligens ignominiam defectus sustinere quam et imperium et personam ruina periclitantem Francorum gravissimæ ultioni suppeditare. Quo Franci⁸ comperto, sola archiepiscoporum

---

1. Hi sunt barones superiùs indicati : Theobaldus Magnus, Blesensis comes; Hugo I, octavus Campaniæ comes; Hugo II Pacificus, dux Burgundiæ; Guillelmus II, comes Nivernensis ; Radulphus IV, dictus *le Vaillant*, Viromandensis comes ; Carolus I Bonus, comes Flandriæ; Guillelmus VIII, dux Aquitaniæ, Pictaviensis comes; Cono II Grossus, Britanniæ dux vel comes ; Fulco V Junior, comes Andegavensis.

2. Sic 6265 et edd. — *Exagerare* alii codd.

3. *Invenirent* 5925, et edd. Chesn. ac Germ.

4. *Et* in cod. 543 adjecit manus recentior.

5. *Apparitione*, forsan pro *apparatu*, aiunt Benedict. Glossator addit : *Qua jam cum rege ultra regnum pedem fixerant, et turmatim, incompositosque Alemanos accedentes, jam usque ad duo milia occiderant.* — Contigerunt hæc anno 1124.

6. Sic codd. omnes. — *Innotuisset* glossator et edd.

7. *Et retrocedens ilico* addit glossator.

8. Inter voces *quo* et *Franci*, glossator addit *rex et*.

et episcoporum et religiosorum prece virorum, ab illius [1] regni devastatione et pauperum depressione vix se continere valebant.

Tanta igitur et tam celebri potitus [2] victoria [3] (idem enim aut superius fuit quam si campo triumphassent), Francis repatriantibus, rex exhilaratus nec ingratus ad protectores suos sanctissimos martyres humillime devenit, eisque post Deum gratias magnas referens coronam patris sui, quam injuste retinuerat [4] (jure enim ad eos [5] omnes pertinent), devotissime restituit, Indictum exterius in platea (interius enim Sanctorum erat) libentissime reddidit, viaturam omnimodam quibus spatiis cruces et columnæ statuuntur marmoreæ, quasi Gades Herculis omnibus obsistentes hostibus, præcepti regii confirmatione sanccivit [6]. Sacras etiam venerabiles sacratissimorum corporum lecticas argenteas, quæ altari principali superpositæ toto spatio bellici conventus extiterant, ubi continuo celeberrimo diei et noctis officio fratrum colebantur, multa devotissimi populi et religiosarum mulierum, ad suffragandum exercitui, frequentabantur multiplici oratione, rex ipse proprio collo dominos et patronos suos cum lachrymarum affluentia filialiter loco suo reportavit, multisque tam terræ quam aliarum commoditatum donariis, pro his et aliis impensis beneficiis,

---

1. *A theutonici* notat glossator. — 2. *Potitis* 543.

3. *Nec multum cruenta* addit glossator.

4. *Tenuerat* edd. Germ. ac Chesn. — *Huc usque* addit glossator. V. infrà, in Observat.

5. *Regum decedentium* addit glossator.

6. *Et pro satisfactione injustæ retentionis, Cergiacum villam, cum omnibus pertinentiis, eorum ecclesiæ liberaliter concessit perpe-*

remuneravit. Imperator ergo¹ theutonicus, eo vilescens facto, et de die in diem declinans, infra anni circulum extremum agens diem, antiquorum verificavit sententiam, neminem nobilem aut ignobilem regni aut ecclesiæ turbatorem, cujus causa aut controversia Sanctorum corpora subleventur, anno² fore superstitem, sed ita vel intra³ deperire. Rex autem Angliæ, conscius theutonici doli, quia regi Ludovico cum comite Theobaldo guerram inferens conspiraverat⁴ marchiam collimitantem, regis absentia, omnino aut depopulari aut occupare, solo uno barone, scilicet Amalrico de Monte Forti, viro marte jugi acerrimo, et strenuitate Vilcassinensis exercitus repulsus, aut parum aut nihil proficiens, vana spe frustratus retrocessit. Quo facto nostrorum modernitate, nec multorum temporum antiquitate, nihil clarius Francia fecit, aut potentiæ suæ gloriam, viribus membrorum suorum adunatis⁵, gloriosius propalavit, quam cum uno eodemque termino de imperatore romano et rege anglico, licet absens, triumphavit. Ex quo quidem, suffocata hostium superbia, *siluit terra in conspectu ejus*⁶, et pene ad quos pertingere poterat, inimici in gratiam ultro redeuntes, amicitiæ dextras dederunt. Sic arma tenenti omnia dat, qui justa negat.

XXVIII. Ea etiam tempestatis temperie, Alvernorum

---

tuo possidendam, addit glossator. De his vide infrà, inter testimonia ad Sugerium spectantia et in Observationibus.

1. *Vero* 5925.
2. Sic edd. Chesn. ac Benedict. — *Anni* codd. et ed. Germ.
3. *Infra* 6265. — 4. *Conferens inspiraverat* 12710.
5. *Adjuvans*, malè, edd. Germ. ac Chesn.
6. Lib. I Macchab., ɪ, 3.

pontifex Claromontensis[1], vir honestæ vitæ et defensor ecclesiæ illustris, et pulsatus et pulsus Alvernorum superbia nova et antiqua, quæ eis titulatur :

Alvernique ausi Latios se fingere fratres [2];

ad dominum regem confugiens, querelam ecclesiæ lachrymabilem deponit, comitem Alvernensem[3] civitatem occupasse, ecclesiam beatæ Mariæ episcopalem, decani sui fraude, multa tyrannide munivisse. Renitentis etiam pedibus provolutus, ancillatam ecclesiam exancillari, tyrannum effrenatum compescere regiæ majestatis gladio, suppliciter efflagitat. Rex autem, ut consueverat ecclesiis promptissime opitulari, causam Dei gratanter, sed sumptuose assumens, quia verbis et majestatis suæ sigillo tyrannum corrigere non valet, facto maturans, militares colligit vires, movet in Alverniam recalcitrantem copiosum Francorum exercitum. Cui Bituricas[4] adventanti regni optimates, comes bellicosus Andegavensis Fulco, comes potentissimus Britanniæ Conanus, comes egregius Nivernensis, multique alii regni proceres, manu magna militari, regni debitores occurrunt, in Alvernos injuriam Ecclesiæ et regni ulcisci festinantes. Terram itaque hostium depopulantes, cum civitati Claromontensi propinquarent, Alverni præsidio civitatis, quia peroptime erat munita, relictis montanis acutissimis

---

1. Aimericus, anteà monasterii Casæ Dei abbas
2. *Phars.*, I, 427. *Latio* in Lucani textu.
3. Guillelmum VI, comitem Alverniæ ab an. 1096 ad an. 1136.
4. *Bituricas* codd. omnes et edit. Benedict. — *Bituricis* reliquæ edd.

castellis, se commiserunt. Unde Franci consulte eorum deridentes simplicitatem, et ad urbem tendere differentes, ut aut civitatem dimitterent, ne castella amitterent, aut si remanerent, interim victualia consumerent, ad castrum peroptimum, Pontum nomine [1], super fluvium Hilerim diverterunt. Ubi circumquaque tentoria figentes, æque plana et ardua diripiunt, gigantea audacia cœlum tendere videntur, dum munitissima montium cacumina præripiunt, prædas non tantum pecorum, sed et pecoralium hominum superfluo etiam educunt [2]; instrumenta impugnatoria turri ejusdem castelli applicantes, saxorum molarium impetu, sagittarum impluvio, multa eos strage ad deditionem compellunt. Quo audito, qui civitatem tenebant, timore perculsi, simile aut gravius quid expectantes, fugam parant, civitatem exeunt, eamque regis arbitrio derelinquunt. Rex autem et Deo ecclesiam, et clero turres, et episcopo civitatem, pace inter eos et comitem et sacramentis et obsidum multiplicitate firmata, victor in omnibus restituit.

Verum temporum lustro peracto, cum Alvernorum comitum perfida [3] levitate solveretur, recidiva episcopi et ecclesiæ calamitas recidivam reportat regi querimoniam. Qui se casso labore adeo defatigatum dedignans, collecto primo multo majore exercitu, terram repetit Alvernorum. Jamque gravis corpore [4] et carneæ spissitudinis mole ponderosus, cum alius quislibet, pauper etiam, tanta corporis periculosi in-

---

1. Nunc *Pont-du-Château* (*Puy-de-Dôme*).
2. *Adducunt* edit. Germ. — 3. Apud Freher, *perfidia*.
4. *Corporeæ* 12710.

commoditate equitare nec vellet nec posset, ipse contra multorum [1] amicorum dissuasionem, mira animositate rapiebatur, et quod ipsi etiam juvenes horrebant, æstivos junii et augusti tolerans calores, impatientes calorum deridet, cum sæpius eum angustiis [2] paludum, locis fortissimis, suorum lacertis sustentari oporteret. Erant in ejus expeditione comes præpotens Flandrensis Carolus, comes Andegavensis Fulco, comes Britanniæ, tributarius regis Anglici Henrici de Normannia exercitus, barones et regni optimates quamplures, qui etiam Hispaniam perdomare sufficerent. Transiens itaque Alvernorum difficiles ingressus et obviantia castella, Claromontem pervenit. Cum autem abortivo [3] et opposito civitati castro Montis Feranni exercitum applicaret, milites qui castrum defendere habebant, Francorum mirabilem exercitum suis dissimilem formidantes, loricarum et galearum repercusso sole splendorem admirantes, solo visu hærent, et exteriorem refutantes immunitatem, in turre et turris procinctu vix etiam inibi [4] se contulerunt. Applicitus autem immunitatis relictæ domibus flammivomus ignis, quicquid erat, præter turrim et procinctum ejus, in cineres dissolvit. Et prima quidem die, propter æstuantem incendio subito villam, extra

---

1. *Multorum* omittitur in edd.

2. *Angustiis* tres codd. et edit. Germ. — *Angustis* 6265 et aliæ edd.

3. *Abortivo* codd. omnes atque edd. Fortè legendum *ab ortivo* quasi *ab ortu*, id est *ab Oriente*, ut notat Freher.

4. *Inibi* edd. Chesn. et Bened., itemque cod. 5925, in quo hanc vocem restituit manus recentior. — *Sibi se* tres alii codd. et edit. Germ.

tentoria figentes, sequente intus, sopitis flammis, reportavimus. Rex vero summo mane hoc uno facto et eos contristavit, et nos exhilaravit : quoniam cum tentoria nostra, una de parte turri propinquiora, multo bello, multis sagittarum et jaculorum emissionibus, ita etiam ut, præmissis inter nos et ipsos armatorum præsidiis, nos clypeis operiri oporteret, lacessire tota nocte non desisterent, significavit militari viro et egregio baroni Amalrico de Monte Forti [1] ut, eis ex obliquo insidias ponens, ne procinctum impune regrederentur provideat. Qui talibus callens intentoriis [2], sumit arma, eosque equorum velocitate, ex obliquo nostris eos impedientibus, inopinate quosdam intercipit, regi celeriter remittit. Qui cum redimi se multo rogarent, imperat eos emancari, mancos autem, pugnos in pugnis referentes, intus sociis remitti. Quibus cæteri territi deinceps nos quietos sinebant. Cumque machinarum et instrumentorum structura demorante, tota Alvernia voluntati et arbitrio exercitus pateret, dux Aquitaniæ Guillelmus, exercitu Aquitanorum fretus, advenit. Qui cum in montanis castra metatus, in plano Francorum intueretur rutilare phalanges, admiratus exercitus tanti magnitudinem, pœnituit eum pro impotentia ad refragandum venisse ; mittensque pacificos regi [3] nuncios, ut ei tanquam domino suo loquatur assistit, perorans hoc modo : « Dux tuus Aquitaniæ, domine rex, multa te

1. *A Monteforti* edd. Germ. ac Chesn.
2. *Intemptoriis* 543 et 5925. — *Intemtoriis* 12710. — *In tentoriis* 6265 ac edd. Germ. et Chesn. — *Intentoriis* ed. Benedict. Forte pro *intentamentis*, ut habet Freher.
3. *Regi* omittitur in cod. 12710.

« salute, omni te potiri honore. Non dedignetur regiæ
« majestatis celsitudo, ducis Aquitaniæ servitium sus-
« cipere, jus suum ei conservare : quia sicut justitia
« exigit servitium, sic et justum exigit dominium.
« Alvernensis[1] comes, quia[2] Alverniam a me, quam
« ego a vobis habeo, habet, si quid commisit, curiæ
« vestræ vestro habeo imperio repræsentare. Hoc
« nunquam prohibuimus, hoc etiam modo offerimus,
« et ut suscipiatis suppliciter efflagitamus. Et ne super
« his celsitudo vestra dubitare dignetur, multos et
« sufficientes obsides dare paratos[3] habemus. Si sic
« judicaverint regni optimates, fiat ; sin aliter, sicut. »
Super his[4] igitur rex cum optimatibus regni consulens,
dictante justitia, fidem, juramentum, obsidum sufficientiam suscipit, pacem patriæ et ecclesiæ restituit,
diem inter eos præsente duce Aquitaniæ agendis,
Aurelianis, quod huc usque renuerant, statuit, exer-
citumque gloriose reducens, in Franciam victor remeavit[5].

XXIX. Egregie factum, quo nobilius ab adolescentia[6] usque ad vitæ limitem nullum perpetravit, vitando
fastidium, cum multa egeat, brevi narratione memorare, non quomodo sed quid fecerit significantes,
proposuimus. Famosus comes vir potentissimus Carolus[7], de amita domini regis Ludovici, Danorum re-

1. *Avernensis* 543. — 2. *Qui* 12710.

3. *Dare parati sumus et paratos habemus*, apud Freher.

4. Talis est interpunctio codicum. Fortè legendum *sicut super his judicabunt*, ut habet Freher.

5. Secunda regis Ludovici Grossi expeditio in Alverniam anno 1126 directa est. — 6. *Sua* addunt edd.

7. Carolus I Bonus, regis Canuti sancti filius, Flandrensis

gis filius, cum successisset jure consanguinitatis fortissimo comiti Balduino, Hierosolymitani Roberti filio, Flandriæ terram valde populosam tam strenue quam diligenter administrabat, ecclesiæ Dei illustris defensor, eleemosynarum liberalitate conspicuus, justitiæ tutor insignis. Qui cum debitor [1] honoris adepti, potenter quosdam genere humiles, opibus elatos, dominio ejus lineam consanguinitatis absentare superbe innitentes (erant enim de fæce conditionis servilis), judicio curiæ convenienter satis repeteret, ipsi, videlicet Brugensis ecclesiæ præpositus et sui, viri superbissimi et famosi proditores, crudelissime ei insidiabantur. Cum igitur quadam die Brugas venisset, summo mane ecclesiæ Dei assistens, pavimento prostratus, librum orationum manu tenens orabat: cum subito Buchardus [2] quidam, nepos præpositi præfati, satelles truculentus, cum aliis de eadem sceleratissima radice et aliis traditionis pessimæ complicibus, oranti, immo Deo loquenti, tacite retrocedit, et caute gladio evaginato, collum terræ prostratum comitis suavissime tangens, ut paululum erectum ferientis gladio se inopinate dirigeret, ensem ei applicans, uno ictu impius pium, servus dominum sceleratissime detruncat [3]. Qui autem astabant necis impiæ cooperatores, sanguinem ejus sitientes, tan-

---

comes, Balduino successit anno 1119; cujus vitam, cum Sugerii narratione conferendam, scripsit Galbertus, Brugensis notarius seu syndicus (In *Actis Sanctorum*, mensis martii tom. I, p. 179. Transl. in collectione *Guizot*, t. VIII).

1. *Debito*, apud Freher.
2. *Burcardus* 12710.
3. Die mercurii, martii secundà, an. 1127.

quam canes in relicta cadavera debacchantes[1], innocentem laniare gaudebant, summopere gloriantes quod opere complere potuerant quem conceperant dolorem et quam pepererant iniquitatem[2]. Et apponentes iniquitatem super iniquitatem, utpote malitia sua excæcati, quoscumque castellanos, quoscumque nobiliores comitis barones, sive in eadem ecclesia sive extra in castro offendere poterant, infelicissimo miseræ mortis genere, imparatos nec confessos trucidabant. Quibus tamen prodesse valde arbitramur, quod pro fidelitate domini sui taliter mactati, in ecclesia orantes sunt reperti, cum scriptum sit : *Ubi te invenero, ibi te judicabo*[3]. Comitem vero truces in ipsa ecclesia tumulantes, ne honorifice extra deplangeretur et sepeliretur, et pro gloriosa vita et gloriosiore morte devotus populus in ejus ultionem incitaretur, ecclesiam ipsam speluncam latronum statuentes, tam ipsam quam comitis domum ecclesiæ inhærentem muniverunt, et quibuscumque paratis victualium alimentis, et seipsos exinde protegere, et terram sibi allicere summa superbia deliberant.

Tanti igitur et tam scelerati horrore facti attoniti, qui his non consenserant[4] Flandriæ barones, lachry-

---

1. Omittuntur in cod. 12710 verba hæc : *Tanquam canes in relicta cadavera debacchantes.*

2. Meminit Sugerius Psalmi vii, 15 : *Concepit dolorem et peperit iniquitatem.*

3. Hæc verba in sacris Scripturis nusquàm occurrunt. Alludit forsan Sugerius ad ista Ezechielis, cap. vii, 3 : *Judicabo te juxta vias tuas.*

4. Sic tres codd. et edit. Benedict. — *Conserant*, malè, 543. — *Assenserant* reliquæ editiones.

mabiles exequias persolventes, notam proditionis evitant, dum hoc domino regi Ludovico, nec ei tantum, sed fama volante per universum orbem denuntiant. Rex autem et amore justitiæ et consanguinitatis affectu in ultionem tantæ proditionis excitatus, nec regis Anglici, nec comitis Theobaldi guerra detentus, Flandriam animosus intrat, ut nequissimos atrocissime perdat, toto animi et operis nisu exæstuat. Comitem Flandriæ Guillelmum Normannum, filium Roberti Hierosolymitani Normanniæ comitis (ad eum enim jure consanguinitatis spectabat), constituit[1]. Ut autem Brugas descendit, non veritus terræ barbariem, nec fœdam proditoriæ consanguinitatis lineam, ipsos proditores in ecclesia et turre obsessos coarctat, victualia præter sua[2], quæ divino nutu eorum etiam usui importuna repugnabant, prohibet. Ut autem fame, peste et gladio aliquantisper eos contrivit, ecclesiam relinquentes, turrim tantum, ut eos turris retineret, retinuerunt. Jam ergo de vita eis desperantibus, cum jam in luctum verteretur cythara eorum, et organum eorum in vocem flentium[3], nequissimus Buchardus sociorum consensu fuga lapsus, terram exire volens nec valens, sola iniquitate propria prohibente, in firmitate cujusdam amici et familiaris reversus, interceptus regis imperio, exquisito miseræ mortis ge-

---

1. Guillelmus Clito, die vicesimâ tertiâ martii an. 1127, comitatûs investituram à rege et juramentum fidei à baronibus Flandriæ accepit.

2. *Præter sua* codd. omnes; id est, quæ penes se reposita habebant, aiunt Benedictini. Vel legendum :| *victualia præter ea.... prohibet*, ut apud Freher.

3. Vide Job, xxx, 31, cujus voces paululùm hic mutantur.

nere, alta rota superligatus, corvorum et alitum rapacitati expositus, desuper oculis defossus et tota facie dilaceratus, inferiorum sagittis et lanceis et jaculis millies perforatus, miserrime interfectus, in cloacam projectus est. Bertoldus vero caput iniquitatis, cum similiter effugere decrevisset, cum huc illucque satis licenter deambulasset, sola superbia reversus (dicebat enim : Quis ego, aut quid ego?), suis[1] etiam capitur, et regis arbitrio expositus, merita et miserrima morte est damnatus. Furcis enim cum cane suspensus, quotiens canis percutiebatur, in eum iram retorquens, totam faciem ejus masticando devorabat; aliquando etiam[2], quod horribile dictu est, stercorabat : sicque miseram vitam miserior miserrimo morte perpetua terminavit. Quos autem in turre incluserat, multis angustiis ad deditionem cogens, sigillatim unum post alium, coram suis, fractis cervicibus dejecit. Quemdam etiam eorum, Isaac nomine, timore mortis in monasterio quodam tonsoratum, demonachatum, patibulo affixit.

Potitus itaque Brugensi victoria, rex cum suis Ipram, peroptimum castrum, contra Guillelmum Bastardum, proditionis fautorem[3], ut et in eum ulciscatur, accelerat. Brugenses tam minis quam blanditiis, directis ad eos nunciis, allicit[4]. Dumque Guillelmus cum trecentis militibus ei obviat, altera pars regalis exercitus in

1. Ità codd. omnes ; id est, *à suis*. — *Sum* sola edit. Chesnii, cujus lectionem secuti sunt Benedictini. — *Feci* apud Freher.

2. *Etiam in eam* apud Freher.

3. *Fauctorem* 543. — Guillelmum, Iprensem comitem, Philippi comitis nothum .

4. *In societatem allicit* apud Freher.

eum irruit, altera ex obliquo alia porta castellum audacter occupat, eoque retento, Guillelmum a tota Flandria exhæredatum exterminat : et quia proditione ad possidendam Flandriam aspiraverat, merito in tota Flandria nihil obtinuit. His ergo et diversis ultionum modis, et sanguinis multi effusione lota et quasi rebaptizata Flandria, Guillelmo Normanno comite constituto, rex in Franciam, Deo auxiliante, victor remeavit[1].

XXX. Sed et aliam consimilem et Deo gratam et alia vice famosam fecit ultionem, cum hominem perditissimum Thomam de Marna, ecclesiam Dei terebrantem, nec Deum nec hominem reverentem, in manu forti celeriter tanquam titionem fumigantem extinxit[2]. Querulo siquidem ecclesiarum planctu compulsus, cum Laudunum ad ulciscendum adventasset, episcoporum et regni optimatum persuasione, et maxime egregii comitis Viromandensis Radulfi, qui potentior aliis post regem in partibus illis erat, consilio, in eum ducere exercitum Cociacum[3] deliberatum est. Festinante autem rege ad castrum, cum qui missi fuerant opportunum explorare accessum importunum omnino et inaccessibile renunciassent, et a multis angariaretur, juxta audita consilium mutare debere, rex ipsa indignatus animositate : « Lauduni, inquit, « hoc remansit consilium. Quod enim ibi[4] deliberatum « est, nec pro morte nec pro vita mutabimus. Vilesce- « ret merito regiæ majestatis magnificentia, si scelerat

---

1. Anno 1128. — 2. Anno 1130.
3. *Cotiacum* 543. Nunc *Coucy-le-Château (Aisne)*.
4. *Ibi* omittitur in cod. 12710.

« hominis formidine refugi derideremur. » Hæc ait, et mira animositate, licet corpore gravis, per abrupta et nemoribus obstrusas[1] vias, licet periculose, cum exercitu penetrans, cum prope castrum pervenisset, nunciatum est strenuissimo comiti Radulfo, ex[2] alia parte castri vaganti, exercitui insidias parari et ruinæ eorum instantissime demoliri. Qui illico armatus, cum paucis sociorum illuc via opaca tendens, conspicatus, præmissis quibusdam militibus suis, jam percussum illum cecidisse, equum calcaribus urgens, irruit in eum, et audacter gladio percutiens, lethale vulnus infligit, nec nisi prohiberetur repetendum foret. Captus itaque et ad mortem sauciatus, regique Ludovico præsentatus, ejus imperio Laudunum, laude omnium fere et suorum et nostrorum, est deportatus. Sequente autem die, publicata terra plana ejus[3] ruptisque stagnis, quia dominum terræ habebat terræ[4] parcens, Laudunum regressus dominus rex Ludovicus[5], hominem perditissimum nec vulneribus, nec carcere, nec minis, nec prece ad redditionem mercatorum, quos mira proditione in conductu spoliatos omnibus suis carcere detinebat, cogere valebat. Qui cum conjugem ex regia permissione sibi ascivisset, magis videbatur de mercatorum, qui ab eo exigebantur, quam de vitæ amissione dolere. Cumque jam plagarum dolore gravissimo pene ad mortem constrictus, a multis etiam confiteri et viaticum suscipere rogaretur, vix concessit. Cum autem corpus Domini manu sacerdotis in

---

1. Ità 12710. — *Obtrusas* alii codd. ac edd.
2. *Rex* 12710, sed malè. — 3. *Ei* id. cod.
4. *Terræ* deest in eod. cod. — 5. *Ludovicus* omitt. in eod. cod.

eam quam miser inhabitabat cameram deportatum esset, sicut¹ si ipse Dominus Jesus miserrimum vas hominis minime pœnitentis² nullo modo ingredi sustineret, mox ut ille nequam collum erexit, illico confractum retorsit, et spiritum teterrimum divinæ expers Eucharistiæ exhalavit. Rex autem ulterius aut mortuum aut mortui terram prosequi dedignatus, mercatorum emancipationem et thesaurorum ejus maximam partem a conjuge et filiis extorsit, et pace ecclesiis morte tyranni restituta, victor Parisius³ remeavit.

Sed et alio tempore, cum occasione dapiferatus emersisset inter dominum regem et Amalricum de Monte Forti virum illustrem, stimulante Stephano Garlandensi⁴, grandis altercatio, et tam regis anglici quam comitis Theobaldi fulciretur suffragio, festinato exercitu Livriacum obsedit castrum, et erectis impugnatoriis machinis, frequenti invasione crebro aggrediens impetu, fortissime expugnavit. Et quoniam ejus comes et cognatus germanus Radulfus⁵ Viromandensis, balistarii quadro, in assultu promptissimus, oculo est privatus, fortissimum castrum funditus subvertit. Sed et tanto guerrarum bello eos affecit, quod et⁶ dapiferatum et dapiferatus hæreditatem bona pace relinquentes abdicaverunt. Qua guerra ipse etiam rex, quia militaris vir erat, semper promptus in hostes, balistarii immissione quadri crure perforatus, læsus

1. *Sic* 12710. — 2. *Patentis*, mendosè, id. cod.
3. *Parisius* codd. omnes et edit. Benedict. — *Parisiis* reliquæ edd.
4. *Warlandensi* 12710. — 5. Ut suprà.
6. *Et* codd. omnes ac edit. Benedict. — *Ei* reliquæ edd.

valde, multa animositate vilipendebat, et tanquam si regiæ majestatis thronus vulneris dolorem dedignaretur[1], rigide angustiam quasi non sustinens sustinebat.

XXXI. Eo autem tempore, ecclesiam romanam schismate periculoso gravissime et pene præcordialiter contigit sauciari. Venerandæ memoriæ summo pontifice et universali papa Honorio viam universæ carnis ingresso, cum ecclesiæ romanæ majores et sapientiores, ad removendum ecclesiæ tumultum, consensissent apud Sanctum Marcum et non alibi, et non nisi communiter, romano more celebrem fieri electionem, qui assiduitate et familiaritate propinquiores apostolici fuerant, timore tumultuantium Romanorum illuc convenire non audentes, antequam publicaretur[2] domini papæ decessus, personam venerabilem cardinalem de Sancto Angelo diaconum Gregorium summum eligunt pontificem. Qui autem Petri Leonis parti favebant, apud Sanctum Marcum pro pacto alios invitantes convenerunt, dominique papæ morte comperta, ipsum eumdem Petrum Leonis cardinalem presbyterum, multorum et episcoporum et cardinalium et clericorum et Romanorum nobilium consensu, votive elegerunt, sicque schisma perniciosum statuendo, Christi Domini tunicam inconsutilem discindendo, partiti sunt ecclesiam Dei, et dum

<blockquote>Magno se judice quisque tuetur[3],</blockquote>

alii alios alliciunt, alii alios anathemate innodant,

---

1. *Dedignatur* 12710. — 2. *Publicaretur* deest in eod. cod.
3. Lucani *Phars.*, I, 127.

judicium præter suum non attendunt. Cum autem Petri Leonis pars, tum parentum suffragio, tum romanæ[1] nobilitatis præsidio prævaleret, dominus papa Innocentius cum suis urbem relinquere deliberat, ut orbem terrarum obtinere prævaleat. Descendens itaque navali subsidio[2] ad partes Galliarum, tutum et approbatum eligit personæ et Ecclesiæ post Deum defensionis asylum regnum nobilissimum Francorum, nunciisque suis ad regem Ludovicum destinatis, et personæ et Ecclesiæ opitulari efflagitat. Quo rex, ut erat piissimus Ecclesiæ defensor, cito conpunctus, concilium archiepiscoporum, episcoporum, abbatum et religiosorum virorum Stampis convocat, et eorum consilio magis de persona quam de electione investigans (fit enim sæpe ut Romanorum tumultuantium quibuscumque molestiis Ecclesiæ electio minus ordinarie fieri valeat), ei[3] assensum electioni consilio virorum[4] præbet, et deinceps manu tenere promittit. Cum autem et susceptionis et servitii primitias Cluniaci per nos ei delegasset, tanto exhilarati suffragio, cum gratia et benedictione domino regi per nos gratias referentes, ad propria remiserunt. Ut autem usque Sanctum Benedictum super Ligerim descendit, dominus rex cum

1. Sic 6265, et edd. Chesn. ac Benedict. — *Romæ* tres alii codd., itemque edit. Germ.

2. *Subsidio* codices omnes et edit. Benedict. — *Præsidio* aliæ editiones.

3. Sic codices omnes, etiam 543, quem addito signo *ejus* manus recentior correxit. — *Ejus* edit. Chesnii, quam secuti fuêre Benedictini. — *Ei* edit. Germanica.

4. *Virorum* codd. omnes, absque, ut notant Benedictini, ullâ additione.

regina et filiis ei occurrens, nobilem et diademate sæpius coronatum verticem tanquam ad sepulchrum Petri inclinans, pedibus ejus procumbit, catholicum affectum et devoti servitii effectum ei et Ecclesiæ promittit. Cujus exemplo et rex Angliæ Henricus ei Carnotum occurrens, devotissime pedibus ejus prostratus, votivam suî suorumque in terra sua susceptionem, et obedientiæ filialis promittit plenitudinem. Visitando itaque gallicanam, sicut res exigebat, Ecclesiam, ad partes se transfert Lotharingorum. Cui cum imperator Lotharius[1] civitate Leodii, cum magno archiepiscoporum et episcoporum et theutonici regni optimatum collegio, celeberrime occurrisset, in platea ante episcopalem ecclesiam humillime seipsum stratorem offerens, pedes per medium sanctæ processionis ad eum festinat, alia manu virgam ad defendendum, alia frenum albi equi accipiens, tanquam dominum deducebat. Descendente vero tota statione, eum suppodiando deportans, celsitudinem paternitatis ejus notis et ignotis clarificavit.

Pace itaque imperii et Ecclesiæ confœderata, instantem sancti Paschæ diem apud nos in ecclesia beati Dionysii tanquam speciali filia affectat celebrare. Nos autem ob timorem Dei et Ecclesiæ, matris et filiæ, gratanter pridie Cœnæ Domini suscipientes, celeberrimam Deo et hominibus proferentes processionem, adventum ejus odis exultationis collætantes[2] amplexati sumus. Cœna ergo Domini apud nos more romano et sum-

---

1. Ità edd. Chesn. et Benedict. — *Loherius* codd. omnes ac edit. Germ.

2. Sic 12710 ac 6265. — *Collectantes* alii codd. et edd.

ptuoso donativo, quod presbyterium nominatur, celebrata, venerandam Domini crucifixionem venerando [1] prosequtus, sanctissimæ Resurrectionis vigilias honore debito pernoctavit. Summo mane vero extrinseca via ad ecclesiam Martyrum in strata, cum multo collateralium collegio, quasi secreto commeavit, ibique more romano seipsos præparantes, multo et mirabili ornatu circumdantes, capiti ejus frigium, ornamentum imperiale, instar galeæ circulo aureo circinatum, imponunt, albo et palliato equo insidentem educunt; ipsi etiam palliati equos albis operturis variatos equitantes, odas personando festive geminati procedunt[2]. Barones vero ecclesiæ nostræ feodati et castellani nobiles, stratores humillimi, pedites[3] eum equitantem freno deducebant. Quidam etiam prævii[4] copiosam monetam, ut turbam impedientem removerent, jactitabant. Via autem regia et salicibus et fixis stipitibus preciosis palliis rutilabat. Cum autem[5] et militiæ cunei et populi multi concursus ei honoratissime occurreret, nec etiam ipsa Judæorum Parisiensium excæcata defuit synagoga, quæ legis litteram, rotulam scilicet velatam offerens, ab ore ejus hanc misericordiæ et pietatis obtinet supplicationem : « Auferat Deus omnipotens ve- « lamen a cordibus vestris. » Perveniens vero ad Sanctorum basilicam, coronis aureis rutilantem, argenti et plus centies auri preciosarum gemmarum et margaritarum splendore fulgurantem, divina divine celebrans, agni veri paschalis victimas sacratissimas nobis

---

1. *Venerande* 6265. — 2. *Præcedunt* 12710.
3. *Pedes* 543, 5925, 12710. — Aliàs *pedites*.
4. *Privii*, mendosè, 12710. — 5. *Autem* deest in cod. 6265.

cooperando immolavit. Finita vero missa, erectis in claustro palliis strato mensis, materialem agnum tanquam thoris accubitati sumunt, cætera nobilis mensæ fercula consueto more suscipiunt. Sed et sequente die eandem ab ecclesia sancti Remigii ad principalem reciprocant processionem. Transactis itaque tribus post Pascha diebus, cum gratiarum actione et auxilii et consilii promissione Parisium transmeavit. Exinde Galliarum ecclesias visitando, et de earum copia inopiæ suæ defectum supplendo, cum per terram aliquantisper deambulasset, Compendii demorari elegit.

Interea contigit singulare et ulterius inauditum Franciæ regni infortunium. Regis enim Ludovici filius, floridus et amœnus puer, Philippus, bonorum spes, timorque malorum, cum quadam die per civitatis Parisiensis suburbium equitaret, obvio porco diabolico offensus equus gravissime cecidit, sessoremque suum nobilissimum puerum silice consternatum, mole ponderis sui conculcatum, contrivit. Quo dolore civitas et quicumque audierunt consternati (ea siquidem die exercitum ad expeditionem asciverat), vociferabantur, flebant et ejulabant, tenerrimum recolligentes puerum pene extinctum, in proximam[1] domum reportant. Nocte vero instante, proh dolor! spiritum exhalavit. Quantus autem et quam mirabilis dolor et luctus patrem et matrem et regni optimates affecerit, nec ipse Homerus elicere[2] sufficeret. Eo autem in ec-

---

1. *In proximam* edd. Chesn. et Benedict. — *Proximam* codd. ac edit. Germ.

2. *Dicere* edd. — *Elicere* laudati codd.

clesia beati Dionysii, in sepultura regum et sinistra altaris sanctæ Trinitatis parte, multorum conventu episcoporum et regni optimatum, more regio humato, pater sapiens post lugubres querimonias, post miserabiles vitæ superstitis imprecationes, religiosorum et sapientium consilio, consolari admisit. Qui ergo intimi ejus et familiares eramus, formidantes ob jugem debilitati corporis molestiam ejus subitum defectum, consuluimus ei quatinus filium Ludovicum, pulcherrimum puerum, regio diademate coronatum, sacri liquoris unctione regem secum ad refellendum æmulorum tumultum constitueret. Qui consiliis nostris adquiescens, Remis cum conjuge et filio et regni proceribus devenit, ubi, in pleno et celeberrimo quod dominus papa Innocentius convocaverat concilio, sacri olei unctione et coronæ regni deportatione in regem sublimatum, felicem providit regno successorem. Unde multis quasi quodam præsagio videbatur ejus debere amplificari potentia, qui tot et tantorum et tam diversorum archiepiscoporum, episcoporum, Francorum, Theutonicorum, Aquitanorum, Anglorum, Hispanorum suscepit benedictionem copiosam. Cumque pater, vivi gaudio defuncti dolorem allevians, Parisium rediret, dominus papa, soluto[3] concilio, Autissiodoro elegit demorari. Opportunitatem vero repatriandi nanciscens de imperatoris Ludovici[4] comitatu (quia eum in manu forti Romam perducere et Petrum Leonis deponere spoponderat), illuc cum eo devenit.

---

1. *Intimi et familiares* 6265. — *Intimi familiares* 12710.
2. *Defuncti dolorem allevians* desunt in cod. 12710.
3. *Solito*, perperàm, id. cod. — 4. *Lotharii* legendum.

Sed cum eum Augustum imperatorem constituisset, Romanis resistentibus, pacem obtinere, Petro Leonis vivente, non potuit. Sed cum Petrus Leonis de medio abiisset, pace Ecclesiæ, post longam fluctuationem, post diutinos et pene consumptivos languores, Dei auxilio restituta, dominus papa felici successu sanctissimam cathedram vitæ et officii merito nobilitavit.

Jamjamque dominus rex Ludovicus, et corporeæ gravitatis mole et laborum continuato sudore aliquantisper fractus, ut humanæ complexionis mos est, corpore non animo deficiebat[1], cum tamen si quid regiæ majestati[2] importunum per universum regnum emergeret, inultum nullo modo præterire sustineret. Tantæ

---

1. Reliquam hujus operis partem lectiones septima, octava et nona, in anniversario regis Ludovici Grossi dicendæ, complectuntur. At septima his verbis incipit, folio intercalari codicis 543 inscriptis : « Gloriosus igitur et famosus rex Francorum Ludovi-
« cus, regis magnifici Philippi filius, altus puerulus, antiqua re-
« gum Karoli magni et aliorum excellentiorum hoc ipsum testa-
« mentis imperialibus testificantium consuetudine, apud sanctum
« Dyonisium tanta et quasi nativa dulcedine ipsis sanctis marty-
« ribus suisque adhæsit, usque adeo ut innatam a puero eorum
« ecclesiæ amicitiam toto tempore vitæ suæ multa liberalitate et
« honorificentia continuaret, et in fine, summe post Deum spe-
« rans, ab eis seipsum et corpore et anima, ut si fieri posset ibi-
« dem monachus efficeretur, devotissime deliberando contraderet.
« Qui post tricenariam gloriosi regni Francorum administratio-
« nem, illustrem ecclesiarum defensionem, continuam pauperum
« et orphanorum tuitionem, ut humanæ complexionis mos est,
« corporeæ gravitatis mole et laborum continuato sudore aliquan-
« tisper fractus, corpore non animo deficiebat.... » Deindè, ut ipse Vitæ textus. De hisce lectionibus quære supra, in Introductione, et apud Marten. *Ampl. Coll.*, t. IV, præf., p. xxxvii.

2. *Majestatis*, mendosè, ed. Benedict.

enim scientiæ et industriæ sexagenarius[1] erat, ut, si impinguati corporis molestia jugis non resisteret, omnem universaliter hostem superando contereret. Unde sæpe intimis ingemiscendo querebatur : « Heu, in-
« quit, miseræ conditioni, quæ scire et posse insimul
« aut vix aut nunquam admittit! Si enim juvenis scis-
« sem, aut modo senex possem[2], efficacissime regna
« multa perdomassem. » Ea tamen corporis debilitatus[3] gravitate, etiam lecto rigidissimus, usque adeo et regi Angliæ comitique Theobaldo et omnibus resistebat, ut quicumque eum viderent et præclara opera audirent, animi nobilitatem prædicarent, corporis debilitatem deplangerent. Ea etiam molestatus angaria, cum contra Theobaldum comitem, læso crure et vix deportato, Bonam Vallem[4], præter claustra monachorum quæ defendebat, igne concremare fecisset, sed et alia vice cum Castellum Renardi, de feodo comitis Theobaldi, per homines etiam absens destruxisset, ea quam extremam fecit expeditionem, nobilissimo exercitu castrum Sancti Brictionis super fluvium Ligerim, ob sui rapacitatem et mercatorum deprædationem, et incendio dissolvit, et turrim et dominum ad deditionem coegit. Qua regressus expeditione, apud castellum novum Montis Treherii [5] gravi diarria

1. *Quinquagenarius*, errore amanuensis, cod. 12710.
2. Hìc veteris gallici proverbii antiquissimum fortè agnoscendum est vestigium.
3. *Debilitati* 12710.
4. *Bonam-Vallem* edd. Chesn. et Benedict. — *Benevallis* 543, 12710. — *Bonæ-Vallis* 5925. — *Bonæ-Vallis monasterium* 6265. — *Bonevallis* edit. Germ. Nunc vulgò *Bonneval*.
5. Ità codices omnes et editiones — *Montis-Heherii*, gallicè

ventris profluvio, sicut aliquando consueverat, graviter cœpit anxiari. Qui, ut erat in consiliis providus, sibi ipsi consulens et miseratus animæ suæ, Deo placens, frequentatæ confessionis et orationum sibi devotione providebat; hoc unum toto animi affectu præoptans, apud sanctos martyres protectores suos Dionysium sociosque ejus se quomodocumque deferri, et ante sacratissima eorum corpora regni et coronæ depositione, coronam pro corona, pro regalibus insignibus et imperialibus ornamentis humilem beati Benedicti habitum commutando, monasticum ordinem profiteri. Videant qui monasticæ paupertati derogant, quomodo non solum archiepiscopi, sed et ipsi reges, transitoriæ vitam æternam præferentes, ad singularem monastici ordinis tutelam securissime confugiunt.

XXXII. Cum autem de die in diem gravi diarriæ turbaretur motu[1], tantis et tam molestis medicorum potionibus, diversorum et amarissimorum pulverum susceptionibus ad restringendum infestabatur, ut nec etiam ipsi incolumes et virtuosi sustinere prævalerent. Qui inter has et hujusmodi molestias, innata dulcedine, benevolus omnibus ita blandiebatur, omnes admittebat, omnes demulcebat, ac si nihil molestiæ pateretur[2]. Asperrimo itaque profluvii motu et longo macerati corporis defectu, dedignatus viliter aut inopinate mori, convocat religiosos viros, episcopos et

---

Monte-Hereau, vel *Montereau*, legendum autumant, in suo Indice geographico, Benedictini.

1. Sic codd. omnes et edit. Benedict. — *Darria turbaretur, motus tantis*.... edd. Germ. et Chesn.

2. Hic incipit octava lectio in anniversario regis dicenda, ut patet ex notâ cod. 543 margine inscriptâ.

abbates, et multos Ecclesiæ sacerdotes ; quærit, rejecto pudore omni, ob reverentiam Divinitatis et sanctorum Angelorum, coram devotissime confiteri et securissimo Dominici corporis et sanguinis viatico exitum suum muniri. Cumque idipsum præparare festinant, rex ipse inopinate se levans et præparans, vestitus cameram, cunctis admirantibus, obviam corpori Jesu Christi exit, devotissimus assistit. Ubi, videntibus cunctis tam clericis quam laicis, regem exuens regnum deponit, peccando regnum administrasse confitetur, filium suum Ludovicum annulo investit, ecclesiam Dei, pauperes et orphanos tueri, jus suum unicuique custodire, neminem in curia sua capere, si non præsentialiter ibidem delinquat, fide obligat. Ubi etiam aurum et argentum et vasa concupiscibilia et pallia et palliatas culcitras, et omne mobile quod possidebat et quo ei serviebatur, ecclesiis et pauperibus et egenis pro amore Dei distribuens, nec chlamidibus nec regiis indumentis usque ad camisiam pepercit. Capellam autem suam pretiosam, textum pretiosissimum auro et gemmis, thuribulum aureum quadraginta unciarum, candelabra centum sexaginta auri unciarum, calicem auro et pretiosissimis gemmis carissimum, cappas de pallio pretiosas decem, pretiosissimum jacynthum atavæ[1] regis Ruthenorum filiæ, quod[2] de sua in manu nostra reddens, ut coronæ spineæ Domini infigeretur præcepit, sanctis Martyribus per nos destinavit, et si quocumque modo subsequi posset, devo-

---

1. Ità codd. omnes ac edit. Benedict. — *Atanæ* edit. Germ. — *Annæ* edit. Chesn.

2. *Quod*, pro *quem*, omnes codices et editiones.

tissime spopondit. His igitur exoneratus et Dei misericordia perfusus, humillime flexis genibus ante sacratissimum corpus et sanguinem Domini nostri Jesu Christi (qui enim mox missam celebraverant, illuc ei cum processione devote attulerant), in hanc oris et cordis veræ et catholicæ confessionis vocem, non tanquam illiteratus, sed tanquam litteratissimus theologus erumpit : « Ego peccator Ludovicus confiteor unum
« et verum Deum Patrem et Filium et Spiritum san-
« ctum, unam ex hac sancta Trinitate personam, vi-
« delicet unigenitum et consubstantialem et coæter-
« num Dei Patris Filium, de sacratissima Virgine
« Maria incarnatum, passum, mortuum et sepultum,
« tertia die resurrexisse, cœlos ascendisse, ad dexte-
« ram Dei Patris consedere, vivos et mortuos extremo
« et magno judicio judicare. Hanc autem sacratis-
« simi corporis ejus[1] Eucharistiam illud idem cre-
« dimus corpus quod assumptum est de Virgine, quod
« discipulis suis ad confœderandum et uniendum et
« in se commanendum contradidit. Hunc sacratissi-
« mum sanguinem, illum eundem qui de latere ejus
« in cruce pendentis defluxit, et firmissime credimus
« et ore et corde confitemur, hocque securissimo
« viatico decessum nostrum muniri, et contra om-
« nem aeriam potestatem certissima protectione
« defendi præoptamus. » Cum autem cunctis admirantibus, facta primum peccatorum confessione, devotissime corpori et sanguini Jesu Christi communicasset, tanquam illico convalescere incipiens, ad cameram rediit, omnique sæcularis superbiæ rejecta pompa,

---

1. *Ejus* omittitur in cod. 6265.

sola linea culcitra decubuit. Cumque eum de tanto tantillum, et[1] de tam alto tam humilem, humano more me deflere conspicaretur : « Noli, inquit, ca-« rissime amice, super me deflere, quin potius exul-« tando gaudere, quod Dei misericordia præstitit me « in ejus occursum, sicut vides, præparasse. »

Cum[2] autem paulatim ad incolumitatem respiraret[3], quo potuit vehiculo, prope Milidunum ad fluvium Sequanæ, occurrentibus et concurrentibus per viam ei obviam et Deo personam ejus commendantibus, a castellis et vicis, et relictis aratris, devotissimis populis quibus pacem conservaverat, descendit : sicque ob amorem sanctorum Martyrum quos visitare et grates reddere desiderabat, deveniens citissime, Deo donante, eques ad eos pervenit. Qui a fratribus et pene tota patria tanquam piissimus ecclesiæ pater et et nobilis defensor solemniter et devotissime susceptus, sanctissimis Martyribus humillime prostratus, votivas pro impensis beneficiis et devotas gratiarum actiones lachrymando persolvit, et ut deinceps ei provideant humillime interpellavit. Cumque castrum Bestisiacum[4] pervenisset, celeriter subsecuti sunt eum nuncii Guillelmi ducis Aquitaniæ, denunciantes eundem ducem ad sanctum Jacobum peregre profectum in via demigrasse, sed antequam iter aggrederetur, et etiam in itinere moriens, filiam nobilissimam puellam nomine Alienor[5] desponsandam, totamque terram suam eidem retinendam et deliberasse et dimisisse.

1. *Et* deest in codd. 543 ac 12710.
2. *VIIII*^a *lectio* in cod. 543 margine. Quæ lectio indè ad finem libri protenditur. — 3. *Respirasset* 12710.
4. Nunc *Béthisy (Oise)*. — 5. *Aanor* 543 et 12710.

Qui, communicato cum familiaribus consilio, solita magnanimitate gratanter oblata suscipiens, carissimo filio Ludovico eam copulari [1] promittit, necnon et deinceps nobilem apparatum ad destinandum [2] illuc componit, nobilissimorum [3] virorum exercitum quingentorum et eo amplius militum de melioribus regni colligit, cui etiam palatinum comitem Theobaldum et egregium Viromandensem comitem consanguineum Radulfum præesse constituit. Nos autem familiares ejus, et quoscumque sanioris consilii reperire potuit, ei concopulavit, sic in ejus exitu filio valedicens : « Protegat te, inquit, et tuos, fili carissime, omnipo-
« tentis Dei, per quem reges regnant, validissima
« dextera ; quia si te et quos tecum transmitto quo-
« cumque infortunio amitterem, nec me præsentiali-
« ter nec regnum curarem. » Copiosas etiam gazas et thesaurorum sufficientiam deliberans, ne quid in toto ducatu Aquitaniæ rapiant, ne terram aut terræ pauperes lædant, ne amicos inimicos faciant regia majestate interminat ; ut gratam [4] exercitui de proprio ærario quotidianam exhibeant deliberationem imperare non dubitat. Qui, cum per Limovicensium [5] partes ad Burdegalensium fines pervenissemus, ante civitatem interposito magno fluvio Garona [6] tentoria defiximus,

---

1. *Concopulari* 12710. — 2. *Festinandum* id. cod.

3. Ità omnes editiones. —*Nobilissimum* quat. laudati codices.

4. *Gratam* codices omnes et edit. Benedict. — *Gratum* aliæ edd.

5. *Limovicensium* 543 atque edd. — *Lemovicensium* tres reliqui codd.

6. *Garona* 543, 5925, et edd. — *Warona* 12710. — *Garonna* 6265.

ibidem præstolantes, et navali subsidio ad urbem transeuntes; donec die dominica, collectis Gasconiæ [1], Sanctoniæ, Pictaviæ optimatibus, præfatam puellam cum eo diademate regni coronatam sibi conjugio copulavit. Redeuntes igitur per pagum Sanctonicum, et, si qui erant, hostes prosternentes, Pictavorum civitatem cum exultatione totius terræ pervenimus.

Æstuabant eo tempore æstivi calores solito nociviores, quorum [2] consumptione aliquantisper soluti et valde contriti defatigabamur. Quorum intolerabili solutione cum dominus rex Ludovicus Parisius [3] recidiva profluvii dissenteria gravissime fatigaretur, omnino deficiebat. Qui nunquam super his improvidus, accito venerabili Parisiensi episcopo Stephano, et religioso Sancti Victoris abbate Gilduino [4], cui familiarius confitebatur, eo quod monasterium ejus a fundamine construxerat, et confessionem repetit, et exitum suum viatico Dominici corporis muniri devotissime satagit. Cumque se deferri ad ecclesiam sanctorum Martyrum faceret, ut quod [5] votum sæpius spoponderat humillime persolveret, ægritudinis anticipatus angustiis, quod opere non potuit, corde et animo et voluntate complevit. Præcipiens ergo tapetum terræ et cineres tapeto in modum crucis deponi, ibidem manibus suorum depositus, signo sanctæ crucis præsentiam suam muniens, tricesimo regni administrationis, ætatis vero ferme [6] sexagesimo anno, kalendis

1. *Wasconiæ* 12710. — 2. *Equorum*, mendosè, id. cod.

3. *Parisius* codices omnes et edit. Benedict. — *Parisiis* aliæ edd.

4. *Gelduino* 12710. — 5. *Eo quod*, malè, id. cod.

6. *Fere* editiones.

augusti[1], spiritum emisit. Cum autem eadem hora corpus ejus pretioso pallio involutum ad ecclesiam sanctorum Martyrum sepulturæ deportaretur, et præcessissent qui sepulturæ locum adaptarent, unum contigit quod silentio præterire dignum non videtur.

Cum enim præfatus rex nobiscum conferendo de sepulturis regum aliquando aut sæpius ageret, felicem fore asserebat qui inter sacratissima sanctæ Trinitatis et sanctorum Martyrum altaria sepeliri mereretur, quoniam et sanctorum suffragio et adventantium orationibus peccatorum veniam obtineret, ex hoc ipso tacite voluntatem suam significans. Cum autem, antequam cum filio exissemus, cum venerabili ecclesiæ priore Herveo, sepulturam ejus ante altare sanctæ Trinitatis, ex opposito[2] tumuli Caroli imperatoris, mediante altari providissemus, occupato loco Carlomanni[3] Francorum regis sepultura[4], quia nec fas nec consuetudo permittit reges exhospitari, quod proposueramus fieri non potuit. Ubi autem ipse quasi quadam pronostica præoptaverat, attentantes contra omnium opinionem (omnes enim impeditum locum æstimabant), quantum nec plus nec minus longitudini et latitudini corporis ejus conveniebat, locum reservatum invenerunt[5]. Ubi cum orationum et hym-

1. Nempè anno Christi 1137, cui mortem ipsius alligant omnes historici (Bened.).

2. *Exposito*, pravè, 12710.

3. *Carlomanni* 5925, 6265, itemque edd. Chesn. et Benedict. — *Karlomagni* 543 ac 12710. — *Caroli magni* edit. Germ., sed mendosè.

4. Ità 12710 et edit. Benedict. — *Sepultura* deest in aliis codd. ac edd.

5. *Repererunt* 12710.

norum frequentia, et celeberrimo devotoque exequiarum officio, more regio depositus, resurrectionis futuræ consortium expectat, tanto sanctorum spirituum collegio spiritu propinquior, quanto corpore sanctis Martyribus ad suffragandum proxime sepultus assistit.

> Felix qui potuit, mundi nutante ruina,
> Quo jaceat præscisse loco [1].

Cujus devotissimam sanctis Martyribus animam, ipsis intercedentibus, ipse Redemptor resuscitet, et in parte sanctorum collocare dignetur, qui posuit animam suam pro salute mundi Jesus Christus Dominus noster, qui vivit et regnat Rex regum et Dominus dominantium, per omnia sæcula sæculorum. Amen [2].

1. Hi versus, à Lucano mutuati, sic leguntur in *Phars.*, lib. IV, v. 393 :

> Felix qui potuit, mundi nutante ruinâ,
> Quo jaceat *jam scire* loco.

2. *Expliciunt gesta Ludovici regis Francorum, cognomento Grossi* solus recentior cod. 6265.

II

MÉMOIRE DE SUGER

SUR SON

ADMINISTRATION ABBATIALE

SOMMAIRE.

I. Les instances des religieux de Saint-Denis déterminent Suger à perpétuer par l'écriture le souvenir des nombreuses améliorations réalisées par lui dans les domaines et les édifices de l'abbaye. Accroissement des revenus de la terre de Saint-Denis et des propriétés circonvoisines.

II. Moyennant une rente servie au comte de Dammartin, l'abbaye reste maîtresse du domaine du Tremblay, dont le produit augmente considérablement.

III. Suger sollicite et obtient de la cour de Rome, et fait confirmer par le roi la restitution à Saint-Denis du couvent d'Argenteuil, distrait de ses dépendances depuis Charlemagne.

IV. La répression des abus dans le comté de Vexin donne à ce fief une richesse et une prospérité nouvelles.

V. Augmentation du cens de Cormeilles, de Sannois, de Franconville.

VI. Augmentation du cens de Montigny.

VII. Cens de Cergy.

VIII. Cens de Louveciennes.

IX. Rachat du fief de Vernouillet; son produit.

X. Fondation d'un village à Vaucresson. Le domaine de Saint-Denis situé dans la seigneurie de Chevreuse est affranchi de ses charges. Recouvrement du droit de chasse dans la forêt d'Iveline. Amélioration de la terre de Guillerval en Beauce; constructions dans cette localité.

XI. Le domaine de Monnerville est arraché à l'oppression du seigneur de Méréville. Le fief de Rouvray, ruiné par Hugues du Puiset, est remis en bon état, ainsi que celui de Villaine.

XII. Toury, dévasté aussi par les seigneurs du Puiset, est délivré par Louis le Gros. Suger y élève un château fortifié, et en fait donner l'avouerie à un de ses familiers.

XIII. Acquisition de Poinville.

XIV. Recouvrement du domaine de Fains et *Vendrovillare*, dont le revenu est affecté aux pauvres.

XV. Le roi renonce à des impositions ruineuses qu'il prélevait sur le fief de Beaune en Gâtinais : Suger repeuple cette terre et la remet en culture.

XVI. Rachat de la dîme de Barville; bâtiments relevés et étangs creusés dans ce lieu.

XVII. Le bourg d'Essone est injustement ravi à Saint-Denis par le seigneur de Corbeil.

XVIII. La chapelle des Champs, sur le territoire de Corbeil, restaurée par les religieux de Saint-Denis, devient un pèlerinage très-fréquenté et voit s'opérer différentes guérisons.

XIX. Une jeune fille muette recouvre la parole dans ce sanctuaire, après une apparition de la Vierge Marie.

XX. Une femme hydropique y est guérie de la même manière. Suger établit en cet endroit une communauté de frères, leur construit les bâtiments nécessaires et leur procure des moyens de subsistance.

XXI. Suger rachète la voirie de Mareuil. Il obtient du pape entière propriété du domaine de La Celle, en échange de plusieurs autres biens enlevés précédemment à l'abbaye.

XXII. Il fait concéder également à Saint-Denis l'église et le monastère de Chaumont en Vexin, et enrichit cet établissement.

XXIII. Le fief de Berneval, que Suger avait administré dans sa jeunesse en qualité de prévôt, s'agrandit par l'adjonction de la terre de Carrières : accroissement de ses revenus et de ceux de plusieurs petits domaines.

XXIV. Le mauvais état de l'ancienne église de Saint-Denis, joint à des motifs de piété, engage Suger à entreprendre la restauration de cet édifice.

XXV. Pour remédier à l'exiguïté du vaisseau, il fait dégager d'abord l'entrée principale et construire un triple portail avec des tours.

XXVI. Dédicace des chapelles de saint Romain, de saint Hippolyte et de saint Nicolas.

XXVII. Fabrication et décoration des portes en fonte. Inscriptions placées sur la façade et les portiques.

XXVIII. Le haut de la nef est refait et agrandi. Élégante architecture du sanctuaire ; inscriptions commémoratives.

XXIX. Pendant que le travail des tours s'exécute, Suger commence la reconstruction entière de la nef, sans toucher toutefois aux murs qui avaient reçu l'ancienne consécration.

XXX. Suger annonce qu'il va décrire l'ornementation de son église.

XXXI. Le retable d'or placé devant le corps de saint Denis est orné de pierreries venues de tous les pays du monde. Le tombeau des saints Martyrs est couvert d'or et entouré de balustrades. Inscriptions gravées sur ces deux monuments.

XXXII. Suger fait exécuter un magnifique crucifix d'or, enrichi de pierres précieuses qui provenaient principalement des libéralités du comte Thibaud de Champagne.

Description de cet ouvrage; sa bénédiction par le pape Eugène III.

XXXIII. Le maître-autel est revêtu d'or, rehaussé d'une quantité de pierreries. Magnificence de la table élevée derrière lui, et du casque (*crista*) qui le surmonte. Comparaison de ces richesses avec celles de Sainte-Sophie de Constantinople. L'ancien autel, dit *autel saint*, est refait à son tour; ouverture et vérification solennelles des reliquaires qu'il contenait. Croix précieuse et table d'argent placées près du tombeau de Charles le Chauve.

XXXIV. Restauration du chœur des religieux, de l'ambon, de la chaise de Dagobert, de l'aigle du chœur. Les vitraux sont renouvelés avec un grand luxe; leurs inscriptions explicatives; mesures prises pour leur entretien. Vases de prix offerts à Saint-Denis ou acquis pour le service de l'autel.

SUGERII ABBATIS SANCTI DIONYSII LIBER

DE REBUS

IN ADMINISTRATIONE SUA GESTIS[1].

I. Anno administrationis nostræ vicesimo tertio, cum in capitulo generali, quadam die, conferendo cum fratribus nostris tam de hominibus quam de privatis negotiis consederemus, iidem charissimi fratres et filii obnixe in charitate supplicare cœperunt, ne fructum tanti laboris nostri præteriri silentio sustinerem : quin[2] potius ea quæ larga Dei omnipotentis munificentia contulerat huic ecclesiæ prælationis nostræ tempore incrementa, tam in novarum acquisitione quam in amissarum recuperatione, emendatarum etiam possessionum multiplicatione, ædificiorum constitutione, auri, argenti, et pretiosissimarum gemmarum, necnon et optimorum palliorum repositione, calamo et atramento posteritati memoriæ reservare. Ex hoc uno nobis duo repromittentes, tali notitia fratrum succedentium omnium jugem orationum pro salute animæ nostræ mereri instantiam, et circa ecclesiæ Dei cultum hoc exemplo eorum excitare bene zelantem sollicitudinem. Nos igitur tam devote quam devotis et rationabilibus eorum petitionibus assensum

---

1. Quo titulo apud editorem Chesnium inscribitur hoc opus. — *Gesta Suggerii abbatis* addidit in codice 13835 manus recentior.
2. *Quin* id. cod. ms. — *Quia* edit. Chesn., sed malè.

exhibentes, nullo inanis gloriæ appetitu, nullam laudis humanæ aut retributionis transitoriæ exigendo retributionem ; ne post decessum [1] nostrum quacumque aut cujuscumque defraudatione redditibus ecclesia minuatur, ne copiosa, quæ tempore amministrationis nostræ larga Dei munificentia contulit, silentio malis successoribus depereant incrementa; sicut a corpore ecclesiæ beatissimorum martyrum Dionysii, Rustici et Eleutherii, quæ nos quam dulcissime a mamilla [2] usque in senectam fovit, de ædificiorum institutione et thesaurorum augmentatione loco suo incipere dignum duximus, ita etiam a castello suo, videlicet prima ejus sede, et in vicinia circumquaque, de reddituum augmentatione tam præsentium quam futurorum notitiæ significare honestum et utile proposuimus.

Erat itaque ministerium illud ejusdem castri, quod vulgo dicitur theloneum, et cambiatio, constans sexaginta solidorum unaquaque hebdomada. Sed Ursellus Judæus de Monte Maurenciaco in vadimonio de his decem habebat, cum villa illa quæ dicitur Molignum [3], pro quatuor viginti marcis argenti, et alia magna, sicut dicebat, denariorum pecunia. Nos autem et villam viginti libras aut plus valentem, et ipsos decem solidos magno sumptu, videlicet tria milia solidorum reddendo Mathæo de Monte Maurentiaco,

---

1. *Dicessum* cod. ms.

2. Hinc patet à puero Sugerium Deo in monasterio S. Dionysii à parentibus oblatum fuisse. Haud tamen omninò infantem, sed jam decennem tum fuisse inferiùs videbimus (Benedict.). Cf. testamentum ejus, infrà editum.

3. Fortè *Montlignon*, propè Montem Maurentiacum.

qui eam occupare libenter pro Judæo suo vellet, ipsius vero Judæi uxori decem libras et decem modios frumenti reddentes, retraximus eos : et de decem aliis in emendatione villæ ministerium illud sine exactione fecimus augmentari. Cum igitur constet factum de decem Judæi et decem noviter augmentatis uniuscujusque anni hebdomadæ, viginti solidorum augmentum quinquaginta duas libras efficiunt, de villa vero viginti. Census autem ejusdem villæ in octabis[1] sancti Dionysii[2] duodecim libras, qui modo constat viginti et plus : unde hujus rei incrementi libræ octo, et octo de quadam domo quam constituens in macello, emptione cujusdam alterius domus, usibus carnificum, fratrum infirmantium sustentationi contulimus. Sunt igitur quater viginti et decem. De pedagio[3] vero viginti libras, cum prius essent quadraginta librarum. Nos autem inde sæpe habuimus sexaginta et decem, cum multo plus, nisi rapinam et rapinæ [actores] anathematizaremus, facile unoquoque anno habere possemus.

De Indicto vero, quod dominus Ludovicus pater beato Dionysio dedit, trecentos solidos quiete et pacifice, triginta quinque de censu stallorum pistorum in pantera, quos in festo beatorum apostolorum Petri et Pauli refectioni fratrum apposuimus : decem solidos de Girardo nepote meo, quinque de domo sua, et quinque de theloneo garantiæ. De plateis domus Guillelmi Cormeilensis[4], quam ego emi quater viginti li-

1. *Octabis*, pro *octavis*, ms. cod. et edit. Chesn.'
2. Quod nomen in hoc codice plerumque scribitur *Dionisius* aut *Dyonisius*.
3. *Pedagico* ms. cod. — 4. *Corneilensis* ms. cod.

bras, censum quindecim solidorum de tribus mansionibus, reliquis duabus adhuc[1] vacantibus. In curticula fratrum in vacuo, de novis hospitibus sexaginta et decem solidos de annuo censu. De curia vero quæ extra villam est, cum nec unus hospes umquam ibi mansisset, sed a servientibus expensis propriis servaretur, tam in ea quam in alia nova eidem adjacente, quater viginti et eo amplius novis hospitibus positis, viginti libris[2] constat singulis annis augmentatum. Ubi etiam, scilicet apud Sanctum Lucianum[3], magno sumptu, quia ecclesia his valde indigebat, clausum vinearum fere quater viginti arpennorum, ut aiunt, plantando excoli fecimus. Cui ad maximum ecclesiæ commodum ipsas viginti libras, ut inde bene excolatur, instituimus : consulte quidem omnia pro defectu vini, quia sæpius cruces et calices et pallia multis in locis, et etiam Latiniaci, in vadimonio ponebantur.

Molendinorum vero ejusdem castri talis est augmentatio, quod cum olim singulis diebus quinque minas frumenti fratrum refectorio reddere consuevissent, modo singulis diebus octo reddere non desistunt. Quorum incrementum de singulis hebdomadibus certa computatione deductum, quadraginta modios dimidio minus recipit. Denariorum vero incrementum septies viginti et sex libras et decem solidos constat. Domum quæ superest portæ Parisiensi versus Sanctum Medericum emimus mille solidis, quoniam, cum frequenter interessemus negociis regni, nos et equos nostros, sed et successores nostros ibidem ho-

---

1. *Adhuc* deest in ed. Chesn. — 2. *Librarum*, mendosè, cod. ms.
3. *Saint-Lucien*, villa ad orientem Sancti Dionysii olim sita.

nestius hospitari dignum duximus. De porta vero Parisiensi, quæ solebat reddere duodecim libras, quinquaginta nobis reddit, ubi incrementum est triginta et octo librarum.

II. *De Trembliaco*[1].

Cum eadem villa multis angariis a comite Domni Martini, videlicet exactione talliæ, frumenti scilicet quinque modiorum, quos ei pro pace concesseram, cum ipse talliam pro voluntate sua facere consuevisset, exactione arietum et hospitandi in villa multis vicibus in anno de rusticorum sumptibus [premeretur]; hanc pacem pro his omnibus cum comite fecimus, ut tota villa in pace nobis remaneret absque exactione et consuetudine aliqua, et nos pro ejus hominio decem libras singulis annis de marsupio nostro in octabis sancti Dionysii ei daremus. Nos autem eandem villam ob hoc libentius ædificavimus, et in introitu villæ novam curiam cum granchia nova erigi fecimus; et ut in ea campipars universalis, et quatuor carrucarum; in altera vero, quæ in municipio est, decimæ terrarum reponerentur, et in utraque usibus nostris stramina reservarentur. Et cum de [2] eadem villa aut vix aut nunquam quater viginti et decem modios annonarum olim habere possemus, ad hoc ipsum rem deduximus quod ducentos modios decem minus inde a majore nostro habemus, extra hoc quod seminant, et quod bubulcis et bubus quicquid necesse fuerit

1. Nunc *Le Tremblay* (*Seine-et-Oise*), propè Gonessiam.
2. *De* omitt. in ms. cod.

amministrant, et carrucis boves et necessaria omnia suppeditant ; propter quod furni redditum habent.

Nos vero censum nostrum, et tensamentum, et mortuas manus, et forisfacta, et talliam pro voluntate nostra habemus. Ubi incrementum annonæ quater viginti et decem modiorum consistit. Curiam autem antiquam muro cinximus, domum ecclesiæ inhærentem pene defensabilem ibidem ereximus; qua munitione successores nostri et suos et sua, si placet, contra omnem hostem defendere poterunt.

III. *De recuperatione Argentoilensis abbatiæ.*

Cum ætate docibili adolescentiæ meæ antiquas armarii possessionum revolverem cartas, et immunitatum biblos propter multorum calumniatorum improbitates frequentarem, crebro manibus occurrebat de cœnobio Argentoilensi fundationis carta ab Hermenrico et conjuge ejus Numma, in qua continebatur quod a tempore Pipini regis beati Dionysii abbatia extiterat. Sed quadam occasione contractus incommodi, in tempore Karoli Magni filii ejus, alienata fuerat. Præfatus enim imperator ut quandam filiam suam, matrimonium humanum recusantem, ibidem abbatissam sanctimonialium constitueret, eo pacto ut post mortem ejus in usum ecclesiæ reverteretur, ab abbate et fratribus obtinuerat. Sed turbatione regni filiorum filii ejus, videlicet Ludovici Pii, altercatione, quoadusque supervixerat, perfici non potuit.

Unde cum antecessores nostri sæpius super hoc laborantes parum profecissent, communicato cum fratribus nostris consilio, nuncios nostros et cartas antiquas fundationis et donationis et confirmationum privilegia bonæ memoriæ papæ Honorio Romam delegavimus ; postulantes ut justitiam nostram canonico investigaret et restitueret scrutinio. Qui, ut erat vir consilii et justitiæ tutor, tam pro nostra justitia quam pro enormitate monacharum ibidem male viventium, eundem nobis locum cum appendiciis suis, ut reformaretur ibi religionis ordo, restituit. Rex vero Ludovicus Philippi, charissimus dominus et amicus noster, eandem restitutionem confirmavit ; et quæcumque regalia ibidem habebat, auctoritate regiæ majestatis, ecclesiæ præcepto firmavit. Cujus quidem recuperationis tenorem si quis plenius nosse voluerit, in cartis regum et privilegiis Apostolicorum enucleatius poterit reperire[1]. Cujus scilicet abbatiæ et appendiciorum, quæ sunt Trappæ, Herencurtis, Chaveniacus, Burdeniacus, Cerisiacus, et terra de Monte Meliano et Bunziaco, sive de Mosteriolo quod est prope Milidunum, et aliorum incrementum quanti constet, qui sapienter illa tractabunt pro magno prælati cognoscere poterunt.

De antiquo censu Argentoili, qui ad abbatiam non pertinet, incrementum est viginti librarum ; quia, cum olim non haberemus nisi viginti libras, modo XL. redduntur. De annona prius sex modios, modo XV recipimus.

IV. *De Vilcassino.*

Vilcassini siquidem, quod est inter Isaram et Ettam, nobilem comitatum, quem perhibent immunitates

---

1. Cf. præsertim epistolas ad hoc negotium spectantes, quæ infrà eduntur vel indicantur.

ecclesiæ proprium beati Dionysii feodum, quem etiam rex Francorum Ludovicus Philippi, accelerans contra imperatorem romanum insurgentem in regnum Francorum, in pleno capitulo beati Dionysii professus est se ab eo habere, et jure signiferi, si rex non esset, hominium ei debere, hoc insequente incremento dominicaturam, Deo auxiliante, augmentari elaboravimus. Ecclesiam de Cergiaco et curiæ libertatem ab eodem rege Ludovico obtinuimus. A filio vero ejus Ludovico viaturam ejusdem villæ et omnes redditus ejus, præter vinum et avenam, in dedicatione ecclesiæ regia liberalitate pro remedio animæ ejus, personæ et regni protectione, obtinuimus. Nec[1] minus etiam quod in Cormeliis habebat, et apud OEnitum, et quicquid Trappis habebat, præter hospitium, sanctis Martyribus devotissime contulit. Nos autem et de his et multis aliis incrementis, præsertim continua sollicitudine et jugi providentia, terræ cultus et vinearum, majorum et servientium reprimendo rapacitatem, advocatorum etiam pravorum importunam refellendo infestationem, pro quo multa in novitate nostra[2] militiæ usibus expendimus, illuc usque Deo annuente perduximus, ut, cum temporibus antecessorum nostrorum fratres nostri ad opus coquinæ cotidie quinque solidos habere contenti fuissent, de superabundante incremento omni die alios quinque, et feria quinta atque sabbato quatuordecim pro toto, irrefragabiliter refectioni fratrum recipiant. Et quod adhuc his superest,

---

1. *Et* ms. cod.
2. *Nostra* cod. ms. et edit. Chesn. — *Nostræ*, juxta Felibieni emendationem.

de incremento centum modios annonæ large consuevit excedere. Quod nos post Pascha usibus nostris, ecclesiis et pauperibus, vel quibuscumque opportunitatibus erogandum censuimus. Extremis enim mensibus anni, aliquando carior annona congregationum improvidentiam punire solet. Incrementum denariorum centum et quatuordecim librarum et duodecim solidorum singulis annis consistit.

V. *De Cormeliis Parisiensibus*[1].

De Cormeliis in pago Parisiensi, incrementum census octo librarum; cum prius haberemus duodecim libras, modo viginti. De annona decem aut duodecim modios habebamus, nunc decem et octo. Apud Centinodium[2] quatuor libras de incremento novi census, et de veteri centum solidos. Apud Francorum Villam[3] quadraginta solidos de novo incremento, et quadraginta de veteri præter feodum. Decimam de feodo nostro, quam emimus a Pagano de Gisortio[4], et dedimus clericis matriculariis pro amore Dei, excepta decima clausi nostri, quam nobis retinuimus.

VI. *De Montiniaco*[5].

Apud Montiniacum, quinquaginta solidos de novo, et sexaginta et decem de veteri.

---

1. Vulgò *Cormeille en Parisis* (*Seine-et-Oise*).
2. *Sannois* (*Seine-et-Oise*).
3. *Franconville*, haud procul ab eisdem locis.
4. *Gisorcio* edd.
5. Nunc *Montigny-lès-Cormeil*.

VII. *De Cergiaco*[1].

Apud Cergiacum, de bosco quadraginta solidos de censu, et hominium militis Theobaldi de Puteolis, et quadraginta saumas asinorum.

VIII. *De Lovecenis*[2].

Apud Lovecenas, cum quicquid ibidem habebamus, tam censum quam annonam et vinum, pro quindecim libris tam nos quam antecessores nostri per annum dare consuevimus, post quædam placita de mansis antiquis, quibus rusticos vinearum cultores de retentione reddituum intercepimus, salvo annuo censu denariorum et annona, centum fere modios vini adquisivimus.

IX. *De Vernullello*[3].

De Vernullello, quod quadraginta annis sub vadimonio fuerat, decem libras data redemptione recipimus; cum non nisi sexaginta solidos ante haberemus. Cujus loci redditus ad nos pertinentes fratribus infirmis ex integro contulimus.

X. *De Valle Crisonis*[4].

Apud Vallem Crisonis villam ædificavimus[5], ecclesiam et domum constituimus, et carruca terram in-

---

1. *Cergy*, prope Pontisaram. — 2. Vulgò *Louveciennes* (*Seine-et-Oise*). — 3. *Vernouillet*, juxta Pissiacum.
4. *Vaucresson*, haud procul à Sancto Clodoaldo.
5. V. infrà, inter Sugerii chartas, hujus villæ fundationem.

cultam dirumpi fecimus. Quæ quanti debeat constare, potius cognoscent qui eam ædificare innitentur; cum jam ibidem sint fere sexaginta hospites, et adhuc multi venire eligant, si sit qui provideat. Erat enim locus ille quasi spelunca latronum, habens ultra duo miliaria deserti, omnino ecclesiæ nostræ infructuosus, raptoribus et satellitibus propter affinitatem[1] nemorum aptus. Eapropter ibidem fratres nostros Deo deservire disposuimus, ut in cubilibus, in quibus prius dracones habitabant, oriatur viror calami et junci.

Possessionem beati Dionysii in qua continetur Mesnile Sancti Dionysii, et Domna Petra[2], et cæteræ villæ in valle castri[3] quod dicitur Cabrosa, a multis retro temporibus tribus talliis expositam, videlicet domino castri Cabrosæ, et domino castri Nielphæ[4], et Simoni de Villa Aten[5], eorum rapacitate omnino fere destitutam[6], non sine magnis expensis ab hujusmodi oppressionibus emancipavimus; ea sola, quæ ad eorum advocationem jure pertinent, remittentes. Nec minus etiam venationem Ivelinæ[7], infra metas terræ quam beato Dionysio multis temporibus abstulerunt, recuperavimus. Et ne in posterum oblivioni traderetur, illuc exeuntes per continuam septimanam, ascitis nobis approbatis amicis et hominibus nostris, vide-

1. *Vicinitatem* ed. Chesn.
2. Nunc *Le Mesnil-Saint-Denis* et *Dampierre*, prope Caprosiam (*Chevreuse*).
3. *Ceteræ villæ castri* ed. Chesn.
4. *Néauphle-le-Château*, circa eadem loca.
5. *Viltain*, in Versaliensi suburbio.
6. *Destructam* ed. Chesn.
7. Ivelina silva, olim spatiosior, in Belsâ sita Rambolitana vocatur à modernis.

licet comite Ebroicensi Amalrico de Monte Forti, Symone de Nielpha, Ebrardo de Villa Perosa[1], et aliis quam plurimis, in tentoriis demorantes, singulis diebus totius hebdomadæ cervorum copiam ad Sanctum Dionysium, non levitate, sed pro jure ecclesiæ reparando, transferri, et fratribus infirmis et hospitibus in domo hospitali, necnon et militibus per villam, ne deinceps oblivioni traderetur, distribui fecimus. Domino vero Cabrosæ præter antiquum feodum, videlicet advocationem terræ nostræ, et medietatem silvæ, de proprio singulis annis centum solidos damus, tanquam feodato nostro, ne reducat manum ad talliam vel terræ oppressionem. Quos quidem centum solidos in eadem terra pro voluntate nostra absque contradictione recolligere valemus.

Ne igitur laboris nostri fructus ex oblivione in irritum deducatur, illa etiam quæ in Belsa, auxiliante Deo, augmentari elaboravimus, scripto commendare curavimus.

Prima villa beati Dionysii, quæ vocatur Guillelvalis[2], prope Sarclidas[3], in catalogo Dagoberti regis beato Dionysio ab eodem rege traditas, usque adeo a multis retro temporibus aut semper ita incomposita extiterat, ut nec domus ubi etiam abbas caput reclinaret, nec granchia aliqua, nec quicquam dominicum in tota villa existeret. Viginti quinque modiolos tantum, qui non excedunt quatuor nostros modios, pro censu terrarum quas colebant, cum modico domorum suarum censu singulis annis persolvebant. Ad hanc igitur

1. Nostris *Villepreux* (*Seine-et-Oise*).
2. Hodiè *Guillerval*, prope Stampas.
3. *Saclas*, in ejusdem civitatis suburbio.

adaptandam ob amorem dominorum nostrorum sanctorum Martyrum accedentes, quandam terram videlicet trium carrucarum in eadem villa sitam, pro qua a[1] quadraginta annis et ultra guerra maxima agitabatur inter Johannem Stampensem filium Pagani, virum nobilem et strenuum, et quendam alium militem Pigverensem, multo sumptu apud utrumque apposito, ecclesiæ comparavimus, et quod uterque quærebat ut neuter haberet, nobis eam retinendo et guerræ eorum finem imponendo, favore parentum et amicorum, videlicet Balduini de Corboilo, et multorum aliorum, carta nobis firmari fecimus. In hac itaque nova terra, videlicet in medio villæ, loci oblectantes amœnitatem, vividorum fontium et rivorum decurrentium amplectentes affinitatem, curiam honestam muro cingi fecimus, domum fortem et defensabilem in curia, granchias, et quæque necessaria ibidem construi multis expensis effecimus. Et ad superioris Belsæ relevandam ariditatem, vivario multitudine piscium copioso fere in circuitu perlustravimus. Duas carrucas in eadem terra, unam in nova, alteram in antiqua statuimus. Et quæ tam parvi constabat, ut ad quinquaginta vel eo amplius annonarum modios singulis annis reddere valeat, augmentavimus. Nam et illum priorem censum, quem parvissimum reddebant, remittentes, totius terræ campipartem, præter carrucam de feodo majoris, nobis retinuimus. Qui ex hoc ipso garrulitatem rusticorum et mutatæ consuetudinis molestias omnino se sedare spopondit.

1. *A* deest in ms. cod.

XI. *De Monarvilla*[1].

Succedit et alia prope illam beati Dionysii villa, quæ dicitur Monarvilla, villa omnium facta miserrima, quæ sub jugo castri Merevillæ[2] conculcata non minus quam Sarracenorum depressione mendicabat; cum ejusdem castri dominus, quotienscumque vellet, in eadem hospicium cum quibuscumque vellet raperet, rusticorum bona pleno ore devoraret, talliam et annonam tempore messis pro consuetudine asportaret, lignaria sua bis aut ter in anno carrucarum villæ dispendio aggregaret, porcorum, agnorum, anserum, gallinarum, importabiles quasque molestias pro consuetudine tolleret. Quæ cum tanta oppressione per multa tempora in solitudinem fere jam redigeretur, audacter resistere, et molestias hujusmodi ab hæreditate sancta constanter exterminare elegimus. Cumque eum in causam traheremus, et ipse sibi jure hæreditario patris et avi atque atavi consuetudines illas excusaret, ad hoc, auxilio Dei, et hominum atque amicorum nostrorum consilio, res processit, quod Hugo castri dominus, favore conjugis et filiorum, assensu domini regis Ludovici, a quo se habere dicebat, beato Dionysio in perpetuum omnes omnino consuetudines, injustitiam suam recognoscendo, relaxavit, remisit, manu propria jurejurando abjuravit, sicut plenius in carta domini regis Ludovici invenitur. Nos autem, ad ejus hominium ecclesiæ nostræ retinendum, duos Stampenses modios

---

1. Vulgò *Monnerville (Seine-et-Oise)*.
2. *Méréville*, juxta eumdem locum.

annonæ, unum frumenti et alterum avenæ, in curia nostra per manum monachi aut servientis nostri concessimus. Quo quidem prædicta villa eruta tormento, cum prius vix nobis valeret decem aut quindecim libras, centum Stampenses modios annonæ per singulos annos, qui sæpius centum libras valent secundum precium annonæ, per manus ministrorum reddere nobis consuevit.

Possessionem nihilominus quæ dicitur Rubridum[1], depressione angariarum castri Puteoli omnino destitutam, emendare elaborantes, cum quadam die Hugo dominus Puteoli post ruinam castri etiam nos super hoc convenisset, ut incultam terram, depressione castri in solitudinem redactam, sub medietate lucri ego et ipse excoleremus, licet hoc quidam compendiosum approbarent, recusavimus; et quod cum eo noluimus, per nos efficere ad commodum ecclesiæ elaboravimus. Nec eum admittere socium in restitutione terræ sustinuimus, quem destructorem more antecessorum suorum gravissime persenseramus. Easdem enim consuetudines quas de Monarvilla enumeravimus, videlicet talliam et annonam porcorum, ovium, agnorum, anserum, gallinarum, pullorum, lignorum, ab eadem terra more antecessorum suorum abripuerat, et ex hoc ipso tam nobis quam sibi infructuose jacentem omnino inutilem reddiderat. Nos igitur, miseriæ terræ et damno ecclesiæ nostræ condescendentes, in eadem sterili terra curtem ædificavimus, turrimque super portam ad repellendos raptores ereximus; tres carrucas ibidem posuimus; villam quæ Villana dicitur res-

---

1. Nunc *Rouvray-Saint-Denis* (*Eure-et-Loir*).

tituimus ; incomposita terræ composuimus, usque adeo eam meliorando, ut cum vix consueverit viginti libras singulis annis, postea nobis[1] centum libras, sæpius vero centum et viginti reddidit[2]. Nos vero, sanctis Martyribus pro tantis beneficiis jure devoti, de eodem fructu laboris nostri ædificationi ecclesiæ eorum singulis annis quater viginti libras, usque ad operis expletionem, carta et sigillo assignavimus. Removimus etiam ab eadem terra quandam consuetudinem malam vice comitis Stampensis, quæ palagium vocatur.

XII. *De Tauriaco*[3].

Tauriacus igitur, famosa beati Dionysii villa, caput quidem aliarum, et propria ac specialis sedes beati Dionysii, peregrinis et mercatoribus, seu quibuscumque viatoribus alimenta cibariorum in media strata, lassis etiam quietem quiete ministrans, intolerabilibus dominorum præfati castri Puteoli angariis usque adeo miserabiliter premebatur, ut, cum illuc temporibus antecessoris nostri bonæ memoriæ Adæ abbatis, ut præpositus terræ providerem, satis adhuc juvenis accessissem, jam colonis pene destituta langueret, rapacitati Puteolensium, data esca populis Æthiopum[4], omnino pateret. Nec enim ipsa domus propria beati Dionysii seipsam aliquando tuebatur ; quin ipse dominus per satellites suos eam frangeret, quæcumque

---

1. *Nobis* omissum in edit. Chesn.
2. *Reddiderit* ed. Chesn.
3. Vulgò *Toury* (*Eure-et-Loir*)
4. Psalm. LXXIII, 14.

reperta sacrilego spiritu asportaret, adjacentes villas frequentibus hospiciis confunderet, annonam et talliam sibi primum, deinde dapifero suo, deinde præposito suo, rusticorum vectigalibus ad castrum deferri cogeret. Vix qui aderant sub tam nefandæ oppressionis mole vivebant. Cum ergo fere per biennium ibidem demorando, his et aliis malis, et humanæ compassionis doloribus, et ecclesiæ nostræ dispendio defatigarer, nec nos solum, verum etiam omnes eccleclesiæ quæ in partibus illis terram habentes æque premebantur, convenimus, et ut jugum importabile et tyrannidem nequissimi castri evitare possemus, diligenti deliberatione contulimus. Hinc emersit quod labore nostro venerabilis episcopus Carnotensis Ivo pro parte sua, capitulum Beatæ Mariæ pro sua, abbas Sancti Petri pro sua, ecclesia Sancti Johannis de Valleta pro sua, episcopus Aurelianis pro sua, ecclesia Sancti Aniani pro sua, abbas Sancti Benedicti pro sua, archiepiscopus Senonis pro sua, et nos pro nostra gloriosum regem adivimus Ludovicum, ecclesiarum depopulationem, pauperum et orphanorum deplorationem, ecclesiarum eleemosynis antecessorum suorum et suis exhæredationem lacrimabiliter exposuimus. Qui, ut erat vir nobilissimæ industriæ, plenus pietate, ecclesiarum illustris defensor, auxiliari spopondit; et quod ecclesias et ecclesiarum bona deinceps destrui a præfato nequam nullo modo pateretur jurejurando firmavit. Quod quidem egregie factum, quo labore, quibus expensis, quam graviter expletum fuerit, in gestis præfati regis enucleatius invenitur[1].

---

1. In Vitâ Ludovici Grossi, suprà editâ, capp. xviii-xx.

Destructo siquidem radicitus pro merito suæ iniquitatis Puteolo castro, terra Sanctorum, tam nostra quam aliæ, pristinam adeptæ libertatem, quæ bello aruerant, pace floruerunt : sterilitate reposita, fœcunditatem cultæ reddiderunt. Cum autem post decessum antecessoris nostri bonæ memoriæ Adæ abbatis ad hujus sanctæ amministrationis sedem tam immeritus quam absens assumptus essem, pristinæ virtutis et laboris non immemor, quia diutius in illa demoratus fueram præpositura, devotius ad hanc amplificandam accessi. In curte, quam palo et vimine firmaram, castrum bene muratum erexi, turris propugnaculum principali portæ supererigi feci; domos aptas et propugnabiles constitui ; libertatem villæ, immo totius terræ, intemeratam conservavi. Unde mihi aliquando contigit quod, cum Aurelianum cum militari manu post dominum regem festinarem, et præpositum Puteoli priora mala reciprocantem reperissem, turpiter captum tenui, et ad Sanctum Dionysium vinctum cum dedecore transmisi. Verum, quia ecclesiarum bona industria prælatorum pace concrescere et confoveri debent, culturas nostras, quas ibidem habebamus dominicas, retentis earumdem decimis, colonis qui ibidem inhabitarent censuales fecimus, quarum censum, ne oblivioni tradatur, scripto mandari præcepimus. Et ut quanti constet nostro labore incrementum possessionis hujus æstimetur, de præpositura, quæ non plus quam viginti libras valere solebat, quater viginti libras singulis annis habemus. Cæterarum vero consuetudinum cotidianus usus multo melioratus rerum incrementum facillime disserere poterit. Antiquam vero ejusdem terræ advocationem, ad Firmitatem Balduini antiquitus pertingentem, qua terra ipsa immaniter longævitate temporum premebatur, cum nulla alia refellendi succederet via, contigit advocationem illam ad quandam puellam, filiam filiæ Adæ Pigverensis, hæreditario jure pertingere. Quo cognito, amicorum nostrorum consilio, multo sumptu eam pro voluntate nostra nuptui tradere quæsivimus. Ad sedandas ergo terræ illius inquietudines, nolentes more solito indigenarum molestiis eam affligi, cuidam domestico nostro juveni puellam cum advocationibus dari fecimus; centum libras denariorum beati Dionysii tam matrimonio quam patri et matri puellæ, favore domini regis Ludovici, de cujus feodo advocatio constabat, tali pacto contulimus, ut pro pecunia ista et alia, videlicet triginta librarum, quas dominus rex inde habuit, tam ipsi quam successores eorum nobis et successoribus nostris hominium, et servitium, et justiciam, ubi eos submoneremus, exequerentur. Quod si ad hoc deficerent, totum advocationis feodum, ac si proprium nostrum esset, eorum et parentum ipsorum concessione, ac domini regis favore, donec nobis satisfacerent in plenitudine, retinere liceret.

Feodos vero quos ex fisco proprio emimus, ad faciendas stationes singulis annis per duos menses in eodem castro Tauriaco, subter intitulare curavimus.

XIII. *De Poionis Villa*[1].

Similiter et Poionis Villam, quam habebat Gaufredus[2] Ruffus a cognato suo Berardo de Essenvilla, ut

---

1. Nunc *Poinville*, prope Janvillam.— 2. *Gauffredus* ed. Chesn.

a nobis idem Berardus tanquam homo noster in feodo haberet, conduximus.

XIV. *De Feins*[1] *et Vendrovillare.*

Aliam etiam possessionem, quæ dicitur Feins et Vendrovillare, cum aliis pertinentibus villis, a Galeranno de Bretoilo et uxore ejus Juditha et strenuo viro filio ejus Ebrardo, qui in expeditione Hierosolymitana occubuit, multo sumptu fere centum quinquaginta marcarum argenti comparatam, sive restitutam, (dicebatur quippe quod beati Dionysii antiquo tempore ex dono Huberti de Sancto Galarico extiterat), eleemosynæ beati Dionysii contulimus; sperantes de Dei misericordia, quod ea pauperibus attributa eleemosyna divinæ retributionis beneficium nobis ab omnipotenti Deo misericorditer impetrabit. Dixit enim quod sicut aqua extinguit ignem, ita eleemosyna extinguit peccatum. Et ut in sempiternum necessitatibus pauperum firmius deserviat, præcepto regis Ludovici[2], quod in archivis publicis repositum continetur, firmari fecimus.

XV. *De Belna*[3].

Sane inter alias una de melioribus beati Dionysii possessionibus in pago Guastinensi Belna dinoscitur, quæ etiam spatiosa fere quatuor leugarum spatio, frumenti et vini opulentia ferax, quorumcumque fruc-

---

1. *Fains-en-Dunois (Eure-et-Loir).*
2. *Ludoici* cod. ms.
3. Vulgò *Beaune-la-Rolande.*

tuum mirabiliter capax, si non vexetur a servientibus domini regis, seu nostris, omnibus bonis exuberat. Quæ, per incuriam procuratorum[1] raro inculta habitatore, ad tantam declinaverat inopiam, ut, cum ad cameram calciamentorum ecclesiæ hujus pertineret, nullo modo ea persolvere valeret. Inde erat quod, cum in manu abbatis pro defectu debiti remaneret, singulis annis servientibus ejusdem terræ pro triginta libris totaliter eam locabat. Quam cum dissipatam et pene in solitudinem redactam in novitate prælationis nostræ reperissemus, charissimo domino nostro regi Francorum Ludovico, cujus nobilitati tam devote quam fideliter deservire satagebamus, tantum ecclesiæ detrimentum exposuimus. Qui etiam in hac terra intolerabiles et pene consumptivas consuetudines habebat, videlicet tres in anno procurationes, unam de collecta[2] rusticorum, sufficientem[3] tam sibi quam suis amministrantibus[4], duas de propriis redditibus Sancti Dionysii, qua calamitate terra penitus consumebatur. Qui, ut erat eximiæ liberalitatis, ecclesiæ tantum detrimentum et pauperum angarias miseratus, amoris et servicii nostri benivolus, procurationem illam de dominicatura ecclesiæ et nobis in perpetuum relaxavit. Illam vero, quæ fiebat de collecta rusticorum, octo librarum debito singulis annis sub præcepto regiæ majestatis firmavit. Cujus exhilarati beneficio, usurpatas et alienatas tam a majore quam ab aliis ter-

---

1. *Procuratorum* cod. ms. — *Habitatorum* edit. Chesn., sed malè.
2. *Collata*, mendosè, ed. Chesn.
3. *Sufficientiam* cod. ms.
4. *Amministrantium* cod. ms.

ras nobis retraximus; clausos vinearum, videlicet apud Sanctum Lupum [1], a viginti annis aratris redditos replantari fecimus; alias vineas juxta Belnam pene destructas restitui fecimus; alias a quodam homine nostro viginti libris Aurelianensis monetæ emimus; villas omnino rapinis exhospitatas rehospitari fecimus.

XVI. *De decima de Barvilla* [2].

Inter alia decimam quandam de Barvilla, quam milites quidam a centum annis, sicut dicebant, sub censu duorum solidorum habebant, quæ nobis quotannis viginti aut triginta annonæ modiis valet, sive quæque perdita prout melius potuimus ad opus ecclesiæ retraximus. Cumque dominicæ domus satis vilissimæ ex toto corruissent, hoc potissimum ad has, quæ modo sunt facetæ et propugnabiles, construendas excitavit : quod cum constituissem determinare causas nostras in eadem domo, una dierum, nutu divino me absente, tam miserabiliter corruit, ut etiam lectum in quo jacerem si adessem, et plancatum solarii, et tonnas inferioris promptuarii, et vasa vinaria omnino confregerit, et sub tanta ruina, quod divina propitiatio mihi pepercerit omnibus fidem fecerit. Granchiam peroptimam ibidem extruximus, et stagna duo, quæ multa piscium copia multo tempore illuc adventantibus sufficientiam, si bene serventur, ministrabunt. Quæ quidem terra quantum auxilio Dei sit meliorata,

---

[1]. Nunc etiam *Saint-Loup-des-Vignes*, juxtà Belnam.
[2]. *Barville*, circa eamdem urbem.

et de quanta miseria fuerit suscitata, certum constat argumentum, quod cum prius triginta libras, nunc sæpius plus quam ducentas tantum persolvat.

XVII. *De Axone[1] burgo, qui nunc est Corboilus.*

Axonem burgum quidem Sancti Dionysii super fluvium Issonam antiqua regum liberalitate sanctis Martyribus collatum, sicut in antiquis eorum cartis continetur, atrocitas cujusdam tyranni in castrum Corboilum transtulit : et unde sanctos Martyres in terra, inde se de cœlo exhæredare elaboravit.

XVIII. *De cella constructa in loco qui dicitur Campis.*

Igitur post multa annorum curricula, fere ducentorum aut plus, cum mater ecclesia Axonæ, quæ parrochialis est Corboili, sola quasi statua eodem in loco remansisset, eam etiam episcopi Parisienses ex æmulatione ingenitæ monasterii libertatis beato Dionysio abstulerunt, et ut hoc ipsum fortiter defenderetur, Cluniaco et Cluniaci membris, videlicet Sancto Martino de Campis et ecclesiæ de Gornaco contulerunt. Ipsi vero tyranni Corboilensis castri, in malitia sua congelati, tam miserabiliter omnia sibi subjugaverunt ut vix quicquam reliqui præter vacuum terræ fundum dimiserint, et in proprios usus, tanquam proprii essent juris, ausu sacrilego redegerint. Supererat et quædam capella in honore, ut ferebatur, beatæ Mariæ, qua

---

1. Vulgò *Essonnes*.

nullam conspicatus sum minorem, semiruta, in loco qui dicitur Campis, 'in qua et antiquum altare, quod supra ex solitudine concretam herbam oves et capræ frequenter depascebant. Ubi testimonio multorum sæpe in die sabbati, sanctitatem loci significantes, candelæ videbantur ardere. Quo facto excitati indigenæ infirmi, et post etiam alienigenæ multi illuc in spe sanitatis concurrebant, et sanabantur. Cum autem divino nutu locus ille a multis tam propinquis quam remotis frequentaretur, destinati sunt illuc fratres nostri venerabiles viri bonæ memoriæ Herveus prior et Odo Torcetensis, qui et Domino nostro et ejus beatæ Genitrici deservirent, locellumque illum divino cultui adaptare et exaltare operam darent. Ubi statim tanta miraculorum copia sub ammiratione omnium in brevi effloruit, ut et ab omnibus amaretur, ab omnibus prædicaretur, et a quibuscumque[1] augmentaretur. Multitudo siquidem languentium, et qui vexabantur a spiritibus immundis, nec non cæcorum, claudorum et aridorum incommoditas ibidem deponebatur. Quorum miraculorum, cum innumera operante beata Dei Genitrice locum celebrem personarent, duo inpræsentiarum[2], quæ visu aut auditu cognovimus, paginæ præsenti ad honorem ejusdem loci accommodare curavimus.

XIX. *Miraculum de muta.*

Erat quædam nobilis matrona, multis annis viduata, videlicet mater venerabilis viri abbatis Corbeiæ

---

1. *A quibus* cod. ms. — 2. *Impræsentiarum* Chesn. edit.

Roberti monachi nostri : quæ, cum loca Sanctorum ob remedium animæ suæ frequentare consuevisset, cum quadam puella jam duodenne, quæ nunquam fuerat locuta, illuc devenit. Nocte vero sabbati in eadem ecclesiola cum ipsa muta pernoctans, dum pro se et pro suis divinas sollicitaret aures, ubi fratres incœperunt *Te Deum laudamus*, visum est, sicut referebat, eidem puellæ quasi in extasim raptæ, quod quædam gloriosa regina pulchra ut luna, electa ut sol, cicladibus regiis vestita, auro gemmisque pretiosis coronata, a sinistro cornu altaris ad dextrum contendens, ante eam transibat. Quæ cum eam nomine proprio (Lancendis enim vocabatur) pie satis advocasset, audiente tam præfata matrona quam aliis multis, clara[1] voce, lingua inusitata, « Domina » respondit. Nec deinceps minus loqui aut scivit aut potuit, quam si toto tempore vitæ suæ locuta fuisset. Quod stupendum miraculum qui aderant summo præconio attollentes, per diversas regiones adjacentes reportaverunt. Qui vero prius eam per quinquennium mutam, et post per quinquennium loquacem cognovimus, locum ipsum sanctum et exaltare et diligere jure debuimus.

XX. *De hydropica.*

Secundare dignum duximus et aliud, sicut promisimus, miraculum. Hydropica quædam tumida more prægnantis, nec minus præ dolore clamosa voce insaniens[2] (premebatur enim humore aquatico intolerabiliter), manibus amicorum ad sanctam Mariam præ-

---

1. *Elata* Chesn. ed. — 2. *Insanientis* cod. ms.

fato loco portata est. Quæ cum per multos dies ante sanctum altare delituisset, ipso suæ putredinis et corrupti elementi fœtore adventantes multos reiciebat. Cumque jam nulla spes succederet sanitatis (tumor enim et sanies ipsam etiam faciem jam fere in informitatem confuderat), murmurabant multi tam sani quam infirmi, suppliciter postulantes ut ab eadem ecclesiola exponeretur. Verum fratres nostri venerandi viri maluerunt sustinere misericordes ejus ingratam præsentiam, quam immisericordes absentiam. Contigit igitur quadam nocte dominica (in his enim potissimum divina manus operabatur) illam hydropicam, quod non consueverat, obdormisse : cum subito gloriosa imperatrix Virgo Maria invisibiliter ad uterum humore refluo exhaustum, tam gracile quam nitidum cito restituit. Videres, et qui aderant tam fratres nostri quam alii multi viderunt tantam effusi humoris et decursi flegmatis in terra abundantiam, ut cum scutellis et situlis et ollis illa asportare statim oporteret. Quanto autem qui aderant ob rei magnitudinem stupuerunt, tanto devotius laudes omnipotenti Deo et ejus Genitrici reddiderunt. *Te Deum laudamus* deplorando cantaverunt, et ut Deus omnipotens sicut incœperat honorem Genitricis suæ ibidem continuaret suppliciter efflagitaverunt.

His igitur et aliis miraculorum et prodigiorum signis præfatum locum insignem, divina dispositione, ob amorem Dei Genitricis honorare et exaltare amplectentes, ædificatum iri instanter incœpimus; et, ut conventus fratrum ibidem Deo deserviret, duodecim fra-

---

1. *Quando*, malè, Chesn. edit.

tres cum priore suo constituimus, claustrum, refectorium, dormitorium, cæterasque officinas regulares extruximus. Ecclesiam ornamentis, sacerdotalibus indumentis, palliis et palliorum cappis decenter adaptavimus. Textus duos, videlicet antiquum textum cotidianum et gradalem Karoli imperatoris, a matre ecclesia illuc deferri fecimus. Bibliothecam honestam tribus voluminibus posuimus. Nec minus circa victualia fratrum solliciti, duas carrucas in propria terra prope locum locavimus. Clausum vinearum aptum magnæ abbatiæ et bene valentem eis plantavimus, vinearum copiam multis modis adquisivimus. Torcularia quatuor penes se, in proprio fere quater viginti modios vini valentia, absque sumptu aliquo ipsi loco ædificavimus, usque adeo de copia eis providentes, ut quandoque ducentos quinquaginta, quandoque trecentos modios vini large recipiant. Prata etiam sufficienter in propriis cespitibus circumfodi fecimus; hortos satis habiles pulmentorum seminibus satis fecimus. Erat autem quædam altera beati Dionysii a multis jam temporibus destituta, et in solitudinem redacta, uno etiam carens cultore, quæ forsitan a vicinis villis alieno cultore annonæ modium aut minus reddere consueverant, aut duos aut tres de nucibus sextarios, in qua tres carrucas in curia nova, et granchiam novam eis instituimus. Oves et vaccas et nutrituram ad opus eorum, propter pascuorum ubertatem et terrarum emendationem, ibidem locavimus. Aliam etiam beati Dionysii possessionem prope Brunetum, ex qua sæpe decem modios annonæ, et vini fere decem, et fœnum pabulo jumentorum recipiunt, de proprio obligavimus. De molendino etiam a sexaginta fere annis perdito, quicquid recuperavimus, eis dimisimus ; ea tamen conditione, ut in sequenti die festi beati Dionysii viginti solidos refectorio beati Dionysii persolvant. In eadem etiam villa centum solidos inter censum et talliam habent. Corboilo vero in circuitu suî decem et septem libras de proprio censu, præter alios redditus et venditionum, et nundinarum, et aliarum consuetudinum ; nec non molendinum, et furnum, et octo modios avenæ cum gallinis, et præbendam integram Sancti Exuperii.

XXI. *De Marogilo* [1].

In pago Meldensi, villa quæ dicitur Marogilum, occasione cujusdam viaturæ quam Ansoldus de Cornello fere usque ad ipsas villæ domus possidebat, gravissime infestabatur : cum nec agricolæ nec alii quilibet villam exire tuto auderent, quin occasionibus multis viaturæ a servientibus Ansoldi raperentur, et ad curiam ejus intercepti ducerentur, nec minus de pecoribus villam exeuntibus redimerentur. Nos ergo mille solidos pro pace ejusdem villæ, ut eandem nobis dimitteret viaturam, ei in Hierosolymitanam expeditionem proficiscenti donavimus ; et, ut beati Dionysii deinceps constaret, per manum episcopi Meldensis Manassæ et ecclesiæ ejusdem, nec non et sigillo comitis Theobaldi, annuente ejus uxore et filio, nobis firmari fecimus. Eam enim, sicut confessus est, injuste occupaverat [2].

Commutationis etiam cujusdam formam successo-

---

1. Hodiè *Mareuil (Seine-et-Marne)*.
2. *Usurpaverat* ed. Chesn.

ribus nostris innotescere cupientes, si forte Dei auxilio hoc ipsum in melius aliquando posset immutari, intitulare curavimus. Dum nobile regnum Francorum in statu monarchiæ consisteret, circumquaque sicut se regia potestas extendebat, per totam regni tetrarchiam, videlicet in Italia, Lotharingia, Francia, Aquitania, ecclesia beati Dionysii magnis multisque possessionibus liberalitate regum abundabat. Verum quod unitas illibatum conservabat, filialis divisio et corrumpere et diminuere elaboravit. Hinc est quod beatus Dionysius Hecelingas[1], Herbertingas, et Salonam, et quamplures alias possessiones amittens, villas etiam quæ in pago Metensi existunt, videlicet castrum Gomundas, Blistetot, et Cochilingas, perdidit. Pro quarum reclamatione cum sæpius apostolico conspectui insisteremus, tum pro injustitia sua, tum pro incommoditate personarum suarum (qui enim eas auferebant male et pessime absque confessione moriebantur), quasi pro commutatione locum qui dicitur Cella[2] cum appendiciis suis in cartis Ludovici imperatoris denominatis, plena libertate, beato Dionysio contulit, ubi fratres nostros ad serviendum Deo, in spe augmentationis et succedentis recuperationis, locavimus.

XXII. De Calvo Monte[3].

Ecclesiam quoque Sancti Petri in castro Calvo Monte[4] sitam, tam abbatiam quam ipsas canonicas,

1. *Herelingas* Chesn. ed. De his villis, V. infrà in Observat.
2. Prioratus Cellæ, in Metensi diœcesi.
3. Nunc etiam *Chaumont-en-Vexin* (*Oise*).
4. *In castro Calvo Monte* cod. ms.— *In Calvo Monte* ed. Chesn.

canonicis decedentibus, tam a Rothomagensi archiepiscopo Hugone quam a domino rege Francorum Ludovico obtinere elaboravimus : necnon et duodecim fratres cum tredecimo priore, ad exaltationem ejusdem ecclesiæ et divini cultus propagationem, reverenter locavimus, et eandem ecclesiam ab eodem reverendo archiepiscopo consecrari, et ante eam cimiterium benedici, Deo annuente, obtinuimus. Quæ siquidem nova quasi nobile membrum capiti suo ecclesiæ beati Dionysii copulata, quanto transeuntibus successoribus nostris a Vilcassino ad Normanniam, vel etiam pro conservatione reliquarum possessionum, in eodem pago demorantibus apta sive idonea existit, tanto de propriis ut[1] de acquisitis eam locupletare tanquam novam plantam et confovere jure decertabit. Fratribus vero ibidem Deo deservientibus, quia vineis egent, de decimis quas nobis dedit rex Ludovicus apud Cergiacum, unoquoque anno viginti modios vini, et de decima quam nos acquisivimus apud Ablegiacum[2] medietatem confirmavimus.

XXIII. *De Bernevalle*[3].

In ea autem quæ dicitur Bernevallis possessione, super Normannici littus maris, in qua etiam primam alicujus præpositurae ab antecessore meo suscepi obedientiam, quam etiam in tempore strenuissimi regis Henrici, adhuc satis juvenis, ab oppressione exactorum regiorum, quos dicunt graffiones, multo labore mul-

---

1. *Vel* ed. Chesn. — 2. Nunc *Ableiges (Seine-et-Oise)*.
3. Nostris *Berneval (Seine-Inférieure)*.

tisque placitis emancipaveram, parrochiales ecclesias, quas Rogerius presbyter et frater ejus Gaufredus hæreditario jure sibi vendicabant, ad dominicaturam ecclesiæ in novitate prælationis[1] nostræ retraximus, easque et redditus earum thesaurario, ad renovandas et augmentandas ecclesiæ hujus palliaturas, in sempiternum contulimus. Et quia fere nullos redditus ad hoc supplendum habebat, aliam quandam villam in partibus istis, quæ dicitur Quadraria nuper ædificata, adjunximus. Et hæc quidem quatuor marcas, ecclesiæ vero septem libras, si tamen meliorari non poterit, persolvit. Redditus vero alios consuetudinarios præfatæ villæ Bernevallis, tam in censibus quam in aliis, fere usque ad quindecim libras, sicut credimus, augmentari fecimus. Consuetudinem autem quam vulgo dicunt aquariam, quamque in tempore bonæ memoriæ antecessoris nostri a præposito nostro, qui eam occupaverat, excutere adjuvimus, festivo piissimi regis Dagoberti anniversario refectioni fratrum assignavimus.

Villas etiam Moriniacum, Liliacum et Floriacum, cum non consuevissent reddere plus quam septem aut decem libras, ut triginta aut ad minus viginti quinque reddant elaboravimus. Idem et de Monte Fusceoli.

XXIV. *De ecclesiæ ornatu.*

His igitur reddituum incrementis taliter assignatis, ad ædificiorum institutionem memorandam manum reduximus, ut et ex hoc ipso Deo omnipotenti tam a

---

1. *Prælaturæ* ed. Chesn.

nobis quam a successoribus nostris grates referantur, et eorum affectus ad hoc ipsum prosequendum et, si necesse sit, peragendum bono exemplo animetur. Neque[1] enim aut penuria aliqua, aut quodcumque impedimentum cujuscumque potestatis timendum erit, si ob amorem sanctorum Martyrum de suo sibi secure serviatur. Primum igitur quod Deo inspirante hujus ecclesiæ incœpimus opus, propter antiquarum maceriarum[2] vetustatem et aliquibus in locis minacem diruptionem, ascitis melioribus quos invenire potui de diversis partibus pictoribus, eos aptari et honeste depingi tam auro quam preciosis coloribus devote fecimus. Quod, quia etiam in scholis addiscens hoc facere si unquam possem appetebam, libentius complevi.

XXV. *De ecclesiæ primo augmento.*

Verum, cum jam hoc ipsum multo sumptu compleretur, inspirante divino nutu, propter eam quam sæpe diebus festis, videlicet in festo beati Dionysii et in Indicto, et in aliis quamplurimis, et videbamus et sentiebamus importunitatem (exigebat enim loci angustia ut mulieres super capita virorum, tanquam super pavimentum, ad altare dolore multo et clamoso tumultu currerent[3]), ad augmentandum et amplificandum nobile manuque divina consecratum monasterium, virorum sapientum consilio, religiosorum multorum precibus, ne Deo sanctisque Martyribus displiceret, adjutus, hoc ipsum incipere aggrediebar;

---

1. *Non* ed. Chesn. — 2. *Materiarum* edd.
3. Cf., de his tumultibus, libellum sequentem *De consecratione ecclesiæ*, cap. II.

tam in capitulo nostro quam in ecclesia divinæ supplicans pietati, ut qui initium est et finis, id est Alpha et Omega, bono initio bonum finem salvo medio concopularet, ne virum sanguinum ab ædificio templi refutaret, qui hoc ipsum toto animo magis quam Constantinopolitanas gazas obtinere præoptaret. Accessimus igitur ad priorem valvarum introitum; et deponentes augmentum quoddam, quod a Karolo Magno factum perhibebatur honesta satis occasione (quia pater suus Pipinus imperator extra in introitu valvarum pro peccatis patris sui Karoli Martelli prostratum se sepeliri, non supinum, fecerat), ibidem manum apposuimus, et quemadmodum apparet, et in amplificatione corporis ecclesiæ, et introitus et valvarum triplicatione, turrium altarum et honestarum erectione, instanter desudavimus.

XXVI. *De dedicatione.*

Oratorium sancti Romani, ad famulandum Deo sanctisque ejus angelis, dedicari a venerabili viro Rothomagensi archiepiscopo Hugone et aliis quamplurimis episcopis obtinuimus. Qui locus quam secretalis, quam devotus, quam habilis divina celebrantibus, qui ibidem Deo deserviunt, ac si jam in parte dum sacrificant eorum in cœlis sit habitatio, cognorunt. Eadem etiam dedicationis celebritate, in inferiori testitudine ecclesiæ dedicata sunt hinc et inde duo oratoria, ex una parte sancti Hippoliti[1] sociorumque ejus, et ex altera sancti Nicolai, a venerabilibus viris Manasse

---

1. *Ypoliti* cod. ms.

Meldensi episcopo et Petro Silvanectensi. Quorum trium una et gloriosa processio, cum per ostium sancti Eustachii egrederetur, ante principales portas transiliens cum ingenti cleri decantantis et populi tripudiantis turba, episcopis præeuntibus et sanctæ insistentibus consecrationi, per singularem atrii portam de antiquo in novum opus transpositam tertio ingrediebantur. Et ad honorem omnipotentis Dei festivo opere completo, cum in superiore parte elaborare accingeremur, aliquantulum fatigatos recreabant; et ne laboris aut penuriæ alicujus timore deprimeremur gratantissime sollicitabant.

XXVII. *De portis fusilibus et deauratis.*

Valvas siquidem principales, accitis fusoribus et electis sculptoribus, in quibus passio Salvatoris et resurrectio vel ascensio continetur, multis expensis, multo sumptu in earum deauratione, ut nobili porticui conveniebat, ereximus. Necnon et alias in dextera parte novas, in sinistra vero antiquas sub musivo, quod et novum contra usum hic fieri et in arcu portæ imprimi elaboravimus. Turrim etiam et superiora frontis propugnacula, tam ad ecclesiæ decorem quam et utilitatem, si opportunitas exigeret, variari condiximus; litteris etiam cupro deauratis consecrationis annum intitulari, ne oblivioni traderetur præcepimus hoc modo :

  Ad decus ecclesiæ, quæ fovit et extulit illum,
   Sugerius[1] studuit ad decus ecclesiæ.

---

1. *Suggerius* cod. ms., ut et aliàs.

Deque tuo tibi participans martyr Dionysi,
Orat ut exores fore participem Paradisi.
Annus millenus et centenus quadragenus
   Annus erat Verbi, quando sacrata fuit.

Versus etiam portarum hi[1] sunt :

Portarum quisquis attollere quæris honorem,
Aurum nec sumptus, operis mirare laborem,
Nobile claret opus, sed opus quod nobile claret
Clarificet mentes ut eant per lumina vera
Ad verum lumen, ubi Christus janua vera.
Quale sit intus in his determinat aurea porta.
Mens hebes ad verum per materialia surgit,
Et demersa prius hac visa luce resurgit.

Et in superliminari :

Suscipe vota tui, judex districte, Sugeri ;
Inter oves proprias fac me clementer haberi.

XXVIII. *De augmento superioris partis.*

Eodem vero anno, tam sancto et tam fausto opere exhilarati, ad inchoandam in superiori parte divinæ propitiationis cameram, in qua jugis et frequens redemptionis nostræ hostia absque turbarum molestia secreto immolari debeat, acceleravimus. Et quemadmodum in scripto consecrationis ejusdem superioris operis invenitur, Deo cooperante et nos et nostra prosperante, cum fratribus et conservis nostris tam sanctum, tam gloriosum, tam famosum opus ad bonum perduci finem misericorditer obtinere meruimus; tanto Deo sanctisque Martyribus obnoxii, quanto nostris temporibus et laboribus tam diu differendo

---

1. *Hii* cod. ms., ut infrà pluries.

agenda reservavit. Quis enim ego sum, aut quæ domus patris mei, qui tam nobile, tam gratum ædificium vel inchoasse præsumpserim, vel perfecisse speraverim, nisi, divinæ misericordiæ et sanctorum auxilio Martyrum fretus, totum me eidem operi et mente et corpore applicuissem? Verum qui dedit velle, dedit et posse : et quia bonum opus fuit in voluntate, ex Dei adjutorio stetit in perfectione. Quod quidem gloriosum opus quantum divina manus in talibus operosa protexerit, certum est etiam argumentum, quod in tribus annis et tribus mensibus totum illud magnificum opus, et in inferiore cripta et in superiore voltarum sublimitate, tot arcuum et columnarum distinctione variatum, etiam operturæ integrum supplementum admiserit. Unde etiam epitaphium prioris consecrationis, una sola sublata dictione, hujus etiam annalem terminum concludit, hoc modo :

> Annus millenus et centenus quadragenus
> Quartus erat Verbi, quando sacrata fuit.

Quibus etiam epitaphii versibus hos adjungi delegimus :

> Pars nova posterior dum jungitur anteriori,
> Aula micat medio clarificata suo.
> Claret enim claris quod clare concopulatur,
> Et quod perfundit lux nova, claret opus
> Nobile, quod constat auctum sub tempore nostro,
> Qui Sugerus eram, me duce dum fieret.

Promptus igitur urgere successus meos, cum nihil mallem sub cœlo quam prosequi matris ecclesiæ honorem, quæ puerum materno affectu lactaverat, juvenem offendentem sustinuerat, ætate integrum potenter roboraverat, inter Ecclesiæ et regni principes solemniter locaverat, ad executionem operis nos ipsos contulimus, et cruces collaterales ecclesiæ ad formam prioris et posterioris operis conjungendi attolli et accumulari decertavimus.

XXIX. *De continuatione utriusque operis.*

Quo facto, cum quorumdam persuasione ad turrim anterioris partis prosecutionem studium nostrum contulissemus, jam in altera parte peracta, divina, sicut credimus, voluntas ad hoc ipsum nos retraxit, ut mediam ecclesiæ testitudinem, quam dicunt navim, innovare et utrique innovato operi conformare et coæquare aggrederemur : reservata tamen quantacumque portione de parietibus antiquis, quibus summus pontifex Dominus Jesus Christus testimonio antiquorum scriptorum manum apposuerat, ut et antiquæ consecrationis reverentia, et moderno operi juxta tenorem cœptum congrua cohærentia servaretur. Cujus immutationis summa hæc fuit, quod, si interpolate in navi ecclesiæ occasione turrium ageretur, aut temporibus nostris aut successorum nostrorum, tardius aut nunquam quocumque infortunio, sicut dispositum est, perficeretur. Nulla enim rerum importunitas rerum auctores urgeret, quin novi et antiqui operis copula longam sustineret expectationem. Sed quia jam incœptum est in alarum extensione, aut per nos aut per quos Dominus elegerit, ipso auxiliante, perficietur. Præteritorum enim recordatio futurorum est exhibitio. Qui enim inter alia majora etiam admirandarum vitrearum operarios, materiem saphirorum locupletem, promptissimos sumptus fere septingentarum librarum aut eo amplius administraverit, peragendorum supplementis liberalissimus Dominus deficere non sustinebit. Est etenim initium et finis.

XXX. *De ornamentis ecclesiæ.*

Ornamentorum etiam ecclesiæ descriptionem, quibus manus divina administrationis nostræ tempore ecclesiam suam sponsam vocatam exornavit, ne veritatis æmula subrepat oblivio et exemplum auferat agendi, intitulare dignum duximus. Dominum nostrum ter beatum Dionysium tam largum, tam benignum et confitemur et prædicamus, ut tot et tanta credamus apud Deum effecisse, tot et tanta impetrasse, ut centupliciter quam fecerimus ecclesiæ illius profecisse potuissemus, si fragilitas humana, si varietas temporum, si mobilitas morum non restitisset. Quæ tamen ei, Deo donante, reservavimus, hæc sunt.

XXXI. *De tabula aurea superiori.*

In tabula illa, quæ ante sacratissimum corpus ejus assistit, circiter quadraginta duas marcas[1] auri posuisse nos æstimamus, gemmarum preciosarum multiplicem copiam, jacinctorum, rubetorum, saphirorum, smaragdinum, topaziorum, necnon et opus discriminantium unionum[2] quantam nos reperire nunquam præ-

---

1. Quæ summam circiter 31 500 librarum hodiernarum efficiunt (Benedict).

2. Observa nullum hic adamantem occurrere; nec mirum, arte hujus perpoliendi nondum inventâ (Bened.).

sumpsimus. Videres reges et principes, multosque viros præcelsos imitatione nostra digitos manuum suarum exanulare, et anulorum aurum et gemmas, margaritasque preciosas, ob amorem sanctorum Martyrum, eidem tabulæ infigi præcipere. Nec minus etiam archiepiscopi et episcopi, ipsos suæ desponsationis anulos ibidem sub tuto reponentes, Deo et Sanctis ejus devotissime offerebant. Venditorum etiam gemmariorum tanta de diversis regnis et nationibus ad nos turba confluebat, ut non plus emere quæreremus quam illi vendere sub amministratione omnium festinarent. Versus etiam ejusdem tabulæ hi sunt :

> Magne Dionysi, portas aperi Paradisi,
> Suggeriumque piis protege præsidiis.
> Quique novam cameram per nos tibi constituisti,
> In camera cœli nos facias recipi,
> Et pro præsenti, cœli mensa satiari.
> Significata magis significante placent.

Quia igitur sacratissima dominorum nostrorum corpora in volta superiore quam nobilius potuimus locari oportuit, quadam de collateralibus tabulis sanctissimi eorum sarcofagi nescimus qua occasione erepta, quindecim marcas auri reponendo, ulteriorem frontem ejusdem et operturam superiorem undique inferius et superius deaurari quadraginta ferme unciis elaboravimus. Tabulis etiam cupreis fusilibus et deauratis, atque politis lapidibus impactis propter interiores lapideas voltas, necnon et januis continuis ad arcendos populorum tumultus, ita tamen ut venerabiles personæ, sicut decuerit, ipsa sanctorum corporum continentia vasa cum magna devotione et lacrymarum profusione videre valeant, circumcingi fecimus. Eorumdem vero sanctorum tumulorum hi sunt versus :

> Sanctorum cineres ubi cœlicus excubat ordo,
> Plebs rogat et plorat, clerus canit in decachordo,
> Spiritibus quorum referuntur vota piorum ;
> Cumque placent illis, mala condonantur eorum.
> Corpora sanctorum sunt hic in pace sepulta,
> Qui post se rapiant nos orantes prece multa.
> Hic locus egregium venientibus extat asylum ;
> Hic fuga tuta reis, subjacet ultor eis.

XXXII. *De Crucifixo aureo.*

Adorandam vivificam crucem, æternæ victoriæ Salvatoris nostri vexillum salutiferum, de quo dicit Apostolus : *Mihi autem absit gloriari nisi in cruce Domini mei Jesu Christi*[1], quanto gloriosum non tantum hominibus quantum etiam ipsis angelis, filii hominis signum apparens in extremis in cœlo, tanto gloriosius ornatum iri tota mentis devotione si possemus inniteremur, jugiter eam cum apostolo Andræa salutantes : « Salve crux, quæ in corpore Christi dedicata es, et ex membris ejus tanquam margaritis ornata. » Verum quia sicut voluimus non potuimus, quam melius potuimus voluimus, et perficere Deo donante elaboravimus. Hinc est quod preciosarum margaritarum gemmarumque copiam circumquaque per nos et per nuncios nostros quæritantes, quam preciosiorem in auro et gemmis tanto ornatui materiam invenire potuimus præparando, artifices peritiores de diversis parti-

---

1. Pauli apost. ad Galatas, vi, 14. — *Domini nostri Jesu-Christi* ed. Chesn., ut ipse Pauli textus.

bus convocavimus, qui[1] et diligenter et morose fabricando crucem venerabilem ipsarum ammiratione gemmarum retro attollerent, et ante, videlicet in conspectu sacrificantis sacerdotis, adorandam[2] Domini Salvatoris imaginem in recordatione passionis ejus tanquam et adhuc patientem in cruce ostentarent. Eodem sane loco beatus Dionysius quingentis annis et eo amplius, videlicet a tempore Dagoberti usque ad nostra tempora, jacuerat. Unum jocosum, sed miraculum nobile[3], quod super his ostendit nobis Dominus, sub silentio præterire nolumus. Cum enim hærerem penuria gemmarum, nec super hoc sufficienter mihi providere valerem (raritas enim eas cariores facit), ecce duorum ordinum trium abbatiarum, videlicet Cistellensis et alterius abbatiæ ejusdem ordinis et Fontis Ebraldi, camerulam nostram ecclesiæ inhærentem intrantes, gemmarum copiam, videlicet jacinctorum, saphirorum, rubetorum, smaragdinum, topaziorum, quantam per decennium invenire minime sperabamus, emendam nobis obtulerunt. Qui autem eas habebant, a comite Theobaldo sub eleemosyna obtinuerant, qui a thesauris avunculi sui regis Henrici defuncti, quas in mirabilibus cuppis toto tempore vitæ suæ congesserat, per manum Stephani fratris sui regis anglici receperat. Nos autem onere quærendarum gemmarum exonerati, gratias Deo referentes, quater centum libras, cum plus satis valerent, pro eis dedimus.

Nec eas solum, verum etiam multam et sumptuosam

1. *Quo* edit. Chesn., sed mendosè.
2. *Adorandam* cod. ms. — *Ad ornandam* edit. Chesn.
. *Nobile miraculum* edd.

aliarum gemmarum et unionum copiam ad perfectionem tam sancti ornamenti apposuimus. De auro vero obrizo, circiter quater viginti marcas nos posuisse, si bene recordor, meminimus. Pedem vero quatuor Evangelistis comptum, et columnam cui sancta insidet imago, subtilissimo opere smaltitam, et Salvatoris historiam cum antiquæ legis allegoriarum testimoniis designatis, et capitello superiore mortem Domini cum suis imaginibus ammirante, per plures aurifabros Lotharingos, quandoque quinque, quandoque septem, vix duobus annis perfectam habere potuimus. Tanti igitur et tam sancti instrumenti ornatum altius honorare et exaltare misericordia Salvatoris nostri accelerans, domnum papam Eugenium ad celebrandum sanctum Pascha, sicut mos est Romanis pontificibus in Galliis demorantibus, ob honorem sancti apostolatus beati Dionysii, quod etiam de Calixto et Innocentio illius prædecessoribus vidimus, ad nos adduxit : qui eundem crucifixum ea die solenniter consecravit. De titulo veræ crucis Domini, quæ[1] omnem et universalem excedit margaritam, de capella sua portionem in eo assignavit; publice coram omnibus, quicumque inde aliquid raperent, quicumque ausu temerario in eum manum inferrent, mucrone beati Petri et gladio Spiritus sancti anathematizavit. Nos autem idem anathema inferius in cruce intitulari fecimus.

XXXIII. Principale igitur beati Dionysii altare, cui tantum anterior tabula a Karolo Calvo imperatore tertio speciosa et preciosa habebatur, quia eidem ad monasticum propositum oblati fuimus, ornatum iri

---

1. *Qui*, mendosè, edit. Chesn.

acceleravimus, et utrique lateri aureas apponendo tabulas, quartam etiam preciosiorem, ut totum circumquaque altare appareret aureum, attollendo circumcingi fecimus. Collateralibus quidem candelabra viginti marcarum auri regis Ludovici Philippi, ne quacumque occasione raperentur, ibidem deponentes, jacinctos, smaragdines, quascumque gemmas preciosas apposuimus, et apponendas diligenter quæritare decrevimus. Quorum quidem versus hi sunt. In dextro latere :

> Has aræ tabulas posuit Sugerius abbas,
> Præter eam quam rex Karolus ante dedit.
> Indignos venia fac dignos, Virgo Maria.
> Regis et abbatis mala mundet fons pietatis.

In sinistro latere :

> Si quis præclaram spoliaverit impius aram,
> Æque damnatus pereat Judæ sociatus.

Ulteriorem vero tabulam, miro opere sumptuque profuso, quoniam barbari et profusiores nostratibus erant artifices, tam forma quam materia mirabili, anaglifo opere, ut a quibusdam dici possit « materiam superabat opus, » extulimus. Multa de acquisitis, plura de quibus ecclesiæ ornamentis, quæ perdere timebamus, videlicet pede decurtatum calicem aureum, et quædam alia ibidem configi fecimus. Et quoniam tacita visus cognitione materiei diversitas, auri, gemmarum, unionum, absque descriptione facile non cognoscitur, opus quod solis patet litteratis, quod allegoriarum jocundarum jubare resplendet, apicibus litterarum mandari fecimus. Versus etiam idipsum loquentes, ut enucleatius intelligantur, apposuimus :

> Voce sonans magna Christo plebs clamat : Osanna!
> Quæ datur in cœna tulit omnes hostia vera.
> Ferre crucem properat qui cunctos in cruce salvat.
> Hoc quod Abram pro prole litat, Christi caro signat.
> Melchisedech libat quod Abram super hoste triumphat.
> Botrum vecte ferunt qui Christum cum cruce quærunt.

Hæc igitur tam nova quam antiqua ornamentorum discrimina ex ipsa matris ecclesiæ affectione crebro considerantes, dum illam ammirabilem sancti Eligii cum minoribus crucem, dum incomparabile ornamentum, quod vulgo crista vocatur, aureæ aræ superponi contueremur, corde tenus suspirando : Omnis, inquam, lapis preciosus operimentum tuum, sardius, topazius, jaspis, crisolitus, onix et berillus, saphirus, carbunculus et smaragdus. De quorum numero, præter solum carbunculum, nullum deesse, imo copiosissime abundare, gemmarum proprietatem cognoscentibus cum summa ammiratione claret. Unde, cum ex dilectione decoris domus Dei aliquando multicolor gemmarum speciositas ab exintrinsecis me curis devocaret, sanctarum etiam diversitatem virtutum, de materialibus ad immaterialia transferendo, honesta meditatio insistere persuaderet, videor videre me quasi sub aliqua extranea orbis terrarum plaga, quæ nec tota sit in terrarum fæce, nec tota in cœli puritate demorari, ab hac etiam inferiori ad illam superiorem anagogico more Deo donante posse transferri. Conferre consuevi cum Hierosolymitanis, et gratantissime addiscere, quibus Constantinopolitanæ patuerant gazæ et Sanctæ Sophiæ ornamenta, utrum ad comparationem illorum hæc aliquid valere deberent. Qui cum hæc majora faterentur, visum est nobis quod timore Francorum ammiranda quæ antea audieramus caute reposita essent; ne stultorum aliquorum impetuosa rapacitate, Græcorum et Latinorum ascita familiaritas in seditionem et bellorum scandala subito moveretur. Astucia enim præcipue Græcorum est. Unde fieri potuit ut majora sint quæ hic sub tuto reposita apparent, quam ea quæ non tuto propter scandala ibidem relicta apparuerunt. Ammiranda siquidem et fere incredibilia a viris veridicis quampluribus, et ab episcopo Laudunensi Hugone, in celebratione missæ, de Sanctæ Sophiæ ornamentorum prærogativa, necnon et aliarum ecclesiarum audieramus. Quæ si ita sunt, imo quia eorum testimonio ita esse credimus, tam inæstimabilia quam incomparabilia multorum judicio exponerentur. Abundet unusquisque in suo sensu, mihi fateor hoc potissimum placuisse, ut quæcumque cariora, quæcumque carissima, sacrosantæ Eucharistiæ amministrationi super omnia deservire debeant. Si libatoria aurea, si fialæ aureæ, et si mortariola aurea ad collectam sanguinis hircorum aut vitulorum aut vaccæ ruffæ, ore Dei aut prophetæ jussu, deserviebant; quanto magis ad susceptionem sanguinis Jesu Christi vasa aurea, lapides preciosi, quæque inter omnes creaturas carissima, continuo famulatu, plena devotione exponi debent. Certe nec nos nec nostra his deservire sufficimus. Si de sanctorum Cherubim et Seraphim substantia nova creatione nostra mutaretur, insufficientem tamen et indignum tantæ et tam ineffabili hostiæ exhiberet famulatum. Tantam tamen propiciationem pro peccatis nostris habemus. Opponunt etiam qui derogant, debere[1] sufficere huic amministrationi mentem sanctam, animum purum, intentionem fidelem. Et nos quidem hæc interesse præcipue, proprie, specialiter approbamus. In exterioribus etiam sacrorum vasorum ornamentis, nulli omnino æque ut sancti sacrificii servitio, in omni puritate interiori, in omni nobilitate exteriori, debere famulari profitemur. In omnibus enim universaliter decentissime nos oportet deservire Redemptori nostro, qui in omnibus universaliter absque exceptione aliqua nobis providere non recusavit; qui naturæ suæ nostram sub uno et ammirabili individuo univit, qui nos in parte dexteræ suæ locans, regnum suum veraciter possidere promisit, Dominus noster qui vivit et regnat per omnia secula seculorum.

Altare etiam quod testimonio antiquorum sanctum nominatur altare (sic enim consuevit dicere gloriosus rex Ludovicus Philippi ab infantia sua, dum hic nutriretur, se a senioribus loci didicisse), quia cum vetustate, tum defectu fidelis custodiæ, tum etiam propter frequentem motionem quæ fit nobilissimi apparatus occasione, qui diversi diversis, excellentes excellentioribus festis apponuntur, minus honeste comptum apparebat, ob reverentiam sanctarum reliquiarum renovare excepimus. Sacratus siquidem lapis porphireticus qui superest aræ, non minus qualitativo colore quam quantitativa magnitudine satis[2] aptus, concavo ligno auro operto, ipsa vetustate interpolata admodum disrupto, cingebatur. Cujus concavi faceta

---

1. *Defere*, mendosè, Chesn. ed. — 2. *Satus*, malè, cod. ms.

compositione in anteriori parte locatum brachium sancti Jacobi apostoli, idipsum litteris interius attestantibus, pervia candidissimi cristalli apertione credebatur. Nec minus in dextera parte uniformiter litterarum apparitione, brachium prothomartyris Stephani recondi, in sinistra vero æque sancti Vincentii[1] levitæ et martyris brachium titulus interius perorabat. Nos igitur tantarum et tam sanctarum reliquiarum protectione muniri appetentes, eas videre, eas deosculari, si Deo displicere non timerem, gratantissime multo temporum processu rapiebar. Assumens igitur ex devotione audaciam, et antiquitati honorem veritatis conservans, modum et diem detegendi ipsas sanctas reliquias elegimus, sacratissima videlicet die martyris beatorum martyrum dominorum nostrorum, octavo scilicet idus octobris. Aderant siquidem diversarum provinciarum archiepiscopi et episcopi, qui gratantissime, quasi ex debito apostolatus Galliarum, ad tantæ solemnitatis celebrationem pia vota deferre accesserant : archiepiscopi scilicet Lugdunensis, Remensis, Turonensis et Rothomagensis; episcopi vero Suessionensis, Belvacensis, Silvanectensis, Meldensis, Redonensis, Aletensis et Venetensis; abbatum etiam et monachorum, sive clericorum, atque optimatum conventus ; sed et populi promiscui sexus turba innumerabilis. Decantata igitur, eadem solemnitatis die, Tertia, cum jam in conspectu omnium assistentium celeberrima tantæ diei ordinaretur processio, tanta certæ[2] rei veritatis fiducia, solo patrum testimonio et titulo referti, ac si jam omnia vidissemus, archiepi-

---

[1] *Vincenti* cod. ms. — [2]. *Certe* edit. Chesn.

scopos et episcopos, abbates et autenticas assistentes personas ad efferendam aram ascivimus ; quod eam aperire, quod sanctissimarum reliquiarum thesaurum videre vellemus, exposuimus. Dicebant ergo quidam ex familiaribus nostris, consulte quidem, quod et personæ et ecclesiæ famæ tutius fuisset, si secreto utrum ita esset ut litteræ loquebantur videretur. Quibus ilico, fidei fervore excitus, responsum reddidi, magis mihi placere, si ita est ut legitur, ab omnibus contuentibus scire, quam, si secreto inspexissem, omnes non contuentes dubitare. Deferentes igitur in medium præfatam aram, ascitis aurifabris qui locellos illos, quibus sanctissima brachia continebantur, ubi supersedebant cristallini lapides, titulos eorum offerentes[1], diligenter aperirent, sicut sperabamus, omnia plenarie, Deo annuente, videntibus cunctis, invenimus.

Causam etiam repositionis reliquiarum in eisdem locellis invenimus, videlicet quod Karolus imperator tertius, qui eidem altari subjacet gloriose sepultus, ad tuitionem animæ et corporis, de theca imperiali eas sibi assumi et penes se reponi imperiali edicto assignaverit. Argumentum etiam, anuli sui depressione signatum, quod valde omnibus placuit, ibidem reperimus. Nec enim sine causa ante sanctum illud altare septem lampades in vasis argenteis, quæ nos quidem dissoluta refecimus[2], incessanter tam die quam nocte in sempiternum ardere constituisset, nisi maximam spem et corporis et animæ in sanctarum reliquiarum repositione credidisset. Sumptibus enim illarum et anniversarii sui, et suorum refectioni, possessionem

---

1. *Afferentes* ed. Chesn. — 2. *Referimus* edit. Chesn., at malè.

suam quæ dicitur Ruoilum, cum appendiciis, sigillis aureis confirmavit. Hinc est etiam quod in solemnitatibus diversis fere sexaginta, magni et honesti cerei sex, quales alibi in ecclesia aut raro aut nunquam apponuntur, circa idem altare accenduntur. Hinc est etiam quod quotiens altare beati Dionysii, totiens et idem altare nobili apparatu adornatur.

Crucem etiam mirabilem quantitatis suæ, quæ superposita est inter altare et tumulum ejusdem Karoli, in cujus medio fama retinuit confixum nobilissimum monile Nantildis reginæ, uxoris Dagoberti regis ecclesiæ fundatoris, aliud vero in frontem sancti Dionysii (tamen huic minori nullum æquipollere peritissimi artifices testantur), erigi fecimus, maxime ob reverentiam sanctissimæ boiæ ferreæ, quæ, in carcere Glaucini sacratissimo collo beati Dionysii innexa, cultum et venerationem tam a nobis quam ab omnibus promeruit.

Ea etiam parte, abbas venerabilis Corbeiæ bonæ memoriæ Robertus, hujus sanctæ ecclesiæ professus et ab infantia nutritus, quem eidem Corbeiensi monasterio abbatem præesse Deo donante exhibuimus, tabulam argenteam optime deauratam, pro recognitione professionis suæ et multorum ecclesiæ beneficiorum gratiarum actione, fieri fecit.

XXXIV. Chorum etiam fratrum, quo valde gravabantur qui assidue ecclesiæ insistebant servitio, frigiditate marmoris et cupri aliquantisper infirmum, in hanc quæ nunc apparet formam, laboribus eorum compatientes, mutavimus, et propter conventus augmentationem, Deo auxiliante, augmentare elaboravimus.

Pulpitum etiam antiquum, quod ammirabile[1] tabularum eburnearum subtilissima nostrisque temporibus inreparabili[2] sculptura, et antiquarum historiarum descriptione humanam æstimationem excedebat, recollectis tabulis quæ in arcarum et sub arcarum repositione diutius fœdabantur, refici, dextraque parte restitutis animalibus cupreis, ne tanta tamque mirabilis deperiret materia, ad proferendam superius sancti Evangelii lectionem, erigi fecimus. In novitate siquidem sessionis nostræ, impedimentum quoddam, quo medium ecclesiæ muro tenebroso secabatur, ne speciositas ecclesiæ magnitudinis talibus fuscaretur repagulis, de medio sustolli feceramus.

Nec minus nobilem gloriosi regis Dagoberti cathedram, in qua, ut perhibere solet antiquitas, reges Francorum, suscepto regni imperio, ad suscipienda optimatum suorum hominia primum sedere consueverant, tum pro tanti excellentia officii, tum etiam pro operis ipsius precio, antiquatam et disruptam refici fecimus.

Aquilam vero in medio chori ammirantium tactu frequenti dedeauratam reaurari fecimus.

Vitrearum etiam novarum præclaram varietatem, ab ea prima quæ incipit a *Stirps Jesse* in capite ecclesiæ, usque ad eam quæ superest principali portæ in introitu ecclesiæ, tam superius quam inferius, magistrorum multorum de diversis nationibus manu exquisita, depingi fecimus. Una quarum de materialibus ad immaterialia excitans, Paulum apostolum molam ver-

---

1. Sic cod. ms. et editio Chesnii, ut infrà *ammirantium*.
2. Ità cod. ms. et Chesn. ed.

tere, prophetas saccos ad molam apportare repræsentat. Sunt itaque ejus materiæ versus isti :

> Tollis agendo molam de furfure, Paule, farinam.
>   Mosaicæ legis intima nota facis.
> Fit de tot granis verus sine furfure panis,
>   Perpetuusque cibus noster et angelicus.

Item in eadem vitrea, ubi aufertur velamen de facie Moysi :

> Quod Moyses velat, Christi doctrina revelat.
>   Denudant legem qui spoliant Moysen.

In eadem vitrea, super arcam fœderis :

> Fœderis ex arca Christi cruce sistitur ara ;
>   Fœdere majori vult ibi vita mori.

Item in eadem, ubi solvunt librum leo et agnus :

> Qui Deus est magnus, librum Leo solvit et Agnus.
>   Agnus sive Leo fit caro juncta Deo.

In alia vitrea, ubi filia Pharaonis invenit Moysen in fiscella :

> Est in fiscella Moyses puer ille, puella
>   Regia, mente pia quem fovet Ecclesia.

In eadem vitrea, ubi Moysi Dominus apparuit in igne rubi :

> Sicut conspicitur rubus hic ardere, nec ardet,
> Sic divo plenus hoc ardet[1] ab igne, nec ardet.

---

1. *Audet*, mendosè, ed. Chesn.

Item in eadem vitrea, ubi Pharao cum equitatu suo in mare demergitur :

> Quod baptisma bonis, hoc militiæ Pharaonis,
> Forma facit similis, causaque dissimilis.

Item in eadem, ubi Moyses exaltat serpentem æneum :

> Sicut serpentes serpens necat æneus omnes,
> Sic exaltatus hostes necat in cruce Christus.

In eadem vitrea, ubi Moyses accipit legem in monte :

> Lege data Moysi, juvat illam gratia Christi.
> Gratia vivificat, littera mortificat.

Unde, quia magni constant mirifico opere sumptuque profuso vitri vestiti, et saphirorum materia, tuitioni et refectioni earum ministerialem magistrum, sicut etiam ornamentis aureis et argenteis peritum aurifabrum constituimus, qui et præbendas suas et quod eis super hoc visum est, videlicet ab altari nummos et a communi fratrum horreo annonam suscipiant, et ab eorum providentia numquam se absentent.

Septem quoque candelabra, quoniam ea quæ Karolus imperator beato Dionysio contulerat sua vetustate dissipata apparebant, opere smaltito et optime deaurato componi fecimus.

Vasa etiam, tam de auro quam preciosis lapidibus, ad Dominicæ mensæ servicium, præter illa quæ reges Francorum et devoti ecclesiæ eidem[1] officio deputaverunt, beato Dionysio debita devotione adquisivimus : magnum videlicet calicem aureum septies viginti

---

1. *Ejusdem* ed. Chesn.

unciarum auri, gemmis preciosis, scilicet jacinthis et topaziis ornatum; pro alio qui tempore antecessoris nostri vadimonio perierat, restitui elaboravimus.

Aliud etiam vas preciosissimum de lapide prasio, ad formam navis exsculptum, quod rex Ludovicus Philippi per decennium fere vadimonio amiserat, cum nobis ad videndum oblatum fuisset, ejusdem regis concessione sexaginta marcis argenti comparatum, cum quibusdam floribus coronæ imperatricis beato Dionysio obtulimus. Quod videlicet vas, tam pro preciosi lapidis qualitate quam integra sui quantitate mirificum, inclusorio[1] sancti Eligii opere constat ornatum, quod omnium aurificum[2] judicio preciosissimum æstimatur.

Vas quoque aliud, quod instar justæ berilli aut cristalli videtur, cum in primo itinere Aquitaniæ regina noviter desponsata domino regi Ludovico dedisset, pro magno amoris munere nobis rex, nos vero sanctis Martyribus dominis nostris ad libandum divinæ mensæ affectuosissime contulimus. Cujus donationis seriem in eodem vase, gemmis auroque ornato, versiculis quibusdam intitulavimus :

> Hoc vas sponsa dedit Aanor regi Ludovico,
> Mitadolus avo, mihi rex, sanctisque Sugerus.

Comparavimus etiam præfati altaris officiis calicem preciosum, de uno et continuo sardonice, quod est de sardio et onice, quo uno usque adeo sardii rubor a nigredine onichini proprietatem variando discrimi-

---

1. *Inclusorio* cod. ms. — *Incluso* edd.
2. *Aurificum* deest in edd.

nat, ut altera in alteram proprietatem usurpare inniti æstimetur.

Vas quoque aliud, huic ipsi materia, non forma persimile, ad instar amphoræ adjunximus, cujus versiculi sunt isti :

> Dum libare Deo gemmis debemus et auro,
>   Hoc ego Sugerius offero vas Domino [1].

Lagenam quoque præclaram, quam nobis comes Blesensis Theobaldus in eodem vase destinavit, in quo ei rex Siciliæ illud transmiserat, et aliis in eodem officio gratanter apposuimus.

Vascula etiam cristallina, quæ in capella nostra quotidiano servitio altaris assignaveramus, ibidem reposuimus.

Nec minus porphyriticum vas sculptoris et politoris manu ammirabile factum, cum per multos annos in scrinio vacasset, de amphora in aquilæ formam transferendo, auri argentique materia, altaris servicio adaptavimus, et versus hujusmodi eidem vasi inscribi fecimus :

> Includi gemmis lapis iste meretur et auro.
>   Marmor erat, sed in his marmore carior est.

Pro quibus omnibus Deo omnipotenti et sanctis Martyribus grates referimus, quod sanctissimo altari, cui sub præceptione sanctæ regulæ nos a puero offerri voluit, unde ei honorifice serviremus, copiose largiri non renuit.

---

1. Absentes hos versus in vacuâ membranâ codicis ms. 13835 restituit manus recentior, seculo ferè decimo sexto.

Quia ergo divina beneficia non occultare, sed prædicare utile et honestum cognovimus, palliorum quod divina manus tempore amministrationis nostræ huic sanctæ ecclesiæ contulit augmentum designavimus; implorantes ut in anniversario, ad propiciandam divinæ majestatis excellentiam et fratrum devotionem ampliandam, et successorum abbatum exemplum, exponantur. Nec enim pro tot et tantis commissis, vel enormitate scelerum meorum, tam sera quam rara satisfacere pœnitentia sufficit, nisi universalis Ecclesiæ suffragiis innitamur.

III

DE LA CONSÉCRATION

DE L'ÉGLISE DE SAINT-DENIS.

SOMMAIRE.

I. L'auteur se propose de témoigner sa gratitude pour les bienfaits de Dieu en transmettant à la postérité le récit de la consécration de l'église de Saint-Denis.

II. L'église somptueuse bâtie par le roi Dagobert étant devenue trop petite, par suite de la prodigieuse affluence des fidèles, Suger conçoit de bonne heure le projet de l'agrandir. Il commence par reconstruire les tours. Les travaux sont facilités par la découverte d'une précieuse carrière, près de Pontoise, et par l'empressement des populations.

III. Une force divine vient au secours des travailleurs. Suger va lui-même à la recherche des poutres nécessaires à la couverture de l'édifice, et en trouve de fort belles, contre toutes les prévisions, dans la forêt d'Iveline.

IV. Dédicace des chapelles, faite par trois prélats. Agrandissement de l'abside. Pose solennelle des premières pierres. Suger institue un revenu annuel pour la continuation des travaux.

V. Décoration des châsses des saints Martyrs; magnifique autel érigé devant elles. Une tempête ébranle, sans les renverser, les arceaux en construction. Des religieux envoient à Saint-Denis un troupeau pour la nourriture des travailleurs.

VI. Une foule de princes, d'évêques et de hauts personnages se rendent à Saint-Denis pour assister à la consécration de la nouvelle église. Préparatifs de la cérémonie. Bénédiction des murs.

VII. Translation des reliques des saints. Le roi porte de ses mains la châsse du bienheureux Denis. Consécration du grand autel et de vingt autres, par un nombre égal de prélats. Messes solennelles célébrées à chacun d'eux en même temps.

LIBELLUS ALTER
DE CONSECRATIONE ECCLESIÆ
SANCTI DIONYSII[1].

I. Divinorum humanorumque disparitatem unius et singularis summæque rationis vis admirabilis contemperando coæquat : et quæ originis inferioritate et naturæ contrarietate invicem repugnare videntur, ipsa sola unius superioris moderatæ armoniæ convenientia grata concopulat. Cujus profecto summæ et æternæ rationis participatione qui gloriosi effici innituntur, crebro in solio mentis argutæ quasi pro tribunali residentes, de concertatione continua similium et dissimilium, et contrariorum inventioni et judicio insistunt ; in æternæ sapientiæ rationis fonte, charitate ministrante, unde bello intestino et seditioni interiori obsistant, salubriter exhauriunt, spiritualia corporalibus, æterna deficientibus præponentes. Corporeæ sensualitatis exteriorum sensuum molestias et gravissimas angarias postponunt : ab earum oppressione seipsos sublevantes, solidissimam mentis aciem in spem æternæ infigentes remunerationis, æternitati tantum studiose obsequuntur. Carnalia desideria in admirationem et spectaculum aliorum obliviscuntur ; summæ rationis hoc modo, et æternæ beatitudinis consortio, promittente unigenito Dei filio : *In patientia possidebitis animas vestras*[2], se gloriosæ conscien-

---
1. Sic intitulatur opusculum istud apud Chesnium.
2. Lucæ Evang., XXI, 19.

tiæ merito uniri gratulantur. Quod tamen conditionis primæ corruptione depressa et graviter sauciata humanitas, præsentia potius amplectens quam futura expectans, nullo modo sustineret, si non etiam rationis et intelligentiæ humanæ rationabilis summæ et divinæ caritatis copiosa administratio hoc ipsum effectui mancipare misericorditer suppeditaret. Unde legitur: *Misericordia ejus super omnia opera ejus* [1]. Ex quo quidem cum aliis audacter et veraciter profitemur, quod quanto sola misericordia salvos nos facit per lavacrum regenerationis et renovationis Spiritus sancti, tanto nos gratissimo purificatæ mentis holocausto pro toto velle et posse justitiam nostram, quantumcumque et ipse dederit, supplici ei devotione offerre elaboremus : ut ipse qui potest ut Deus, qui debet ut creator, si non resistimus, disparitatem istam periculosam in nobis parificet, contrarietatis intestinæ inimicitias, quas in amicitiæ ejus amissione prima prævaricatione incurrimus, ea ineffabili caritate qua divinitatem suam captivatæ humanitati nostræ ineffabiliter et inseparabiliter univit, dissolvat, sopita carnalitatis gravissima molestia, tumultuque vitiorum sedato, pacato habitaculo interiora repugnantia pacificet ; ut mente et corpore expediti, gratam ei offerentes servitutem, beneficiorum etiam immensorum ejus circa nos et nobilem cui nos præferri sustinuit ecclesiam replicare et prædicare valeamus largitatem. Ne, si muti in laudem ejus extiterimus, beneficiorum ejus ob hoc defectum incurramus, et vocem illam terribiliter audiamus : *Non est inventus qui rediret et daret gloriam Deo* [2].

1. Psalm. CXLIV, 9. — 2. Lucæ Evang., XVII, 18.

Justificati igitur ex fide, pace nostra interiori, secundum Apostolum, pacem apud Deum habentes; unum et inter multos singulare divinæ largitatis beneficium, more eorum qui ad gratificandum impertita dona donatoribus suis ultro referunt, in medium proferentes, gloriosam et dignam sanctæ hujus ecclesiæ consecrationem, pretiosissimorum nostrorum dominorum et apostolorum Dionysii, Rustici et Eleutherii, et aliorum sanctorum quorum prompto innitimur patrocinio, sacratissimam translationem ad successorum notitiam stylo assignare elaboravimus; qua de causa, quo ordine, quam solemniter, quibus etiam personis idipsum actum sit reponentes, ut et divinæ propitiationi pro tanto munere condignas [1] pro posse nostro gratiarum actiones referamus, et sanctorum protectorum nostrorum, tam pro impensa tanti operis cura quam pro tantæ solemnitatis adnotatione, opportunam apud Deum obtineamus intercessionem.

II. Gloriosus et famosus rex Francorum Dagobertus, vir etsi in regni administratione magnanimitate regia conspicuus, nihilominus tamen Ecclesiæ Dei devotus, cum ad declinandam patris sui Clotharii intolerabilem iram Catulliacum vicum aufugisset, et sanctorum Martyrum ibidem quiescentium effigies venerandas, tanquam pulcherrimos viros niveis vestibus comptos, servitium suum requirere et auxilium promittere incunctanter voce et opere comperisset, basilicam sanctorum regia munificentia fabricatum iri affectu mirabili imperavit. Quam cum mirifica mar-

---

1. *Condignans* ed. Chesn. Quod sic corrigere præsumpsimus, utpotè mendum evidens.

morearum columnarum varietate componens, copiosis purissimi auri et argenti thesauris inæstimabiliter locupletasset, ipsiusque parietibus et columnis et arcubus auro tectas vestes, margaritarum varietatibus multipliciter exornatas, suspendi fecisset, quatinus aliarum ecclesiarum ornamentis præcellere videretur, et omnimodis incomparabili nitore vernans, et omni terra pulchritudine compta inæstimabili decore splendesceret, hoc solum ei defuit quod quam oporteret magnitudinem non admisit. Non quod aliquid ejus devotioni aut voluntati deesset, sed quod forsitan tunc temporis in primitiva ecclesia nulla adhuc aut major aut æqualis existeret, aut quod brevior fulgorantis auri et splendorem gemmarum propinquitati arridentium oculorum acutius delectabiliusque refundendo, ultra satis quam si major fabricaretur irradiaret.

Hujus brevitatis egregiæ grata occasione, numerositate fidelium crescente, et ad suffragia sanctorum crebro confluente, tantas præfata basilica sustinere consuevit molestias, ut sæpius, in solemnibus videlicet diebus, admodo plena per omnes valvas turbarum sibi occurrentium superfluitatem refunderet, et non solum intrantes non intrare, verum etiam qui jam intraverant præcedentium expulsus exire compelleret. Videres aliquando, (mirabile visu) quod innitentibus ingredi ad venerationem et deosculationem sanctarum reliquiarum Clavi et Coronæ Domini tanta congestæ multitudinis opponebatur repugnantia, ut inter innumera populorum millia ex ipsa sui compressione nullus pedem movere valeret, nullus aliud ex ipsa sui constrictione quam sicut statua marmorea stare, stupere, quod unum supererat vociferare. Mulierum autem tanta et tam intolerabilis erat angustia, ut in commixtione virorum fortium sicut prelo depressæ, quasi imaginata morte exsanguem faciem exprimere, more parturientium terribiliter conclamare, plures earum miserabiliter decalcatas, pio virorum suffragio super capita hominum exaltatas, tanquam pavimento adhærentes incedere, multas etiam extremo singultantes spiritu in prato fratrum, cunctis desperantibus, anhelare[1]. Fratres etiam insignia Dominicæ passionis adventantibus exponentes, eorum angariis et contentionibus succumbentes, nullo divertere habentes, per fenestras cum reliquiis multoties effugerunt. Quod cum scholaris puer inter fratres erudirer audiebam, extra [2] juvenis dolebam, maturus corrigi affectuose appetebam. *Cum autem placuit illi, qui me segregavit ex utero matris meæ, et vocavit per gratiam suam* [3], meritis etiam repugnantibus, parvitatem meam hujus sanctæ ecclesiæ tantæ præficere administrationi, sola Dei omnipotentis ineffabili misericordia, præfatæ molestiæ correctioni, sanctorum Martyrum dominorum nostrorum suffragio raptus, ad augmentationem præfati loci toto animo, tota mentis affectione accelerare proposuimus : qui nunquam, si tanta, tam necessaria, tam utilis et honesta non exigeret opportunitas, manum supponere vel cogitare præsumeremus.

Quia igitur in anteriori parte, ab aquilone, principali ingressu principalium valvarum, porticus artus [4] hinc

---

1. Cf. Sugerii librum *De rebus in administratione suâ gestis*, suprà, p. 186.

2. Fortè *extrarius* (Benedict.).

3. Pauli apost. ad Galatas, I, 15. — 4. Pro *arctus*.

et inde gemellis, nec altis, nec aptis multum, sed minantibus ruinam, turribus angebatur, ea in parte inito directæ testitudinis et geminarum turrium robusto valde fundamento materiali, robustissimo autem spirituali, de quo dicitur : *Fundamentum aliud nemo potest ponere præter id quod positum est, quod est Christus Jesus* [1], laborare strenue Deo cooperante incœpimus [2]. Cujus inæstimabili freti consilio et irrefragabili auxilio, usque adeo in tanto tamque sumptuoso opere profecimus, ut, cum primum pauca expendendo multis, exinde multa explendo nullis omnino indigeremus, verum etiam habundando fateremur : *Sufficientia nostra ex Deo est* [3]. Materiæ autem validissimæ nova quadraria qualis et quanta nunquam in partibus istis inventa fuerat, Deo donante, occurrit. Cementariorum, lathomorum, sculptorum, et aliorum operariorum solers succedebat frequentia, ut ex hoc et aliis Divinitas ab hoc quod timebamus absolveret, et voluntatem suam nobis confortando et inopinata suppeditando ministraret. Conferebam de minimis ad maxima, non plus Salomonianas opes templo quam nostras huic operi sufficere posse, nisi idem ejusdem operis auctor ministratoribus copiose præpararet. Identitas auctoris et operis sufficientiam facit operantis.

In agendis siquidem hujusmodi, apprime de convenientia et cohærentia antiqui et novi operis sollicitus unde marmoreas aut marmoreis æquipollentes habe-

---

1. Pauli apost. 1 ad Cor., iii, 11.
2. Cf. librum Sugerii *De rebus in administratione suâ gestis*, cap. xxv.
3. Pauli apost. 2 ad Cor., iii, 5.

remus columnas, cogitando, speculando, investigando per diversas partium remotarum regiones, cum nullam offenderemus, hoc solum mente laborantibus et animo supererat, ut ab urbe (Romæ enim in palatio Diocletiani et aliis termis[1] sæpe mirabiles conspexeramus) ut per mare Mediterraneum tuta classe, exinde per Anglicum, et per tortuosam fluvii Sequanæ reflexionem, eas magno sumptu amicorum, inimicorum etiam Sarracenorum proximorum conductu haberemus. Multis annis, multis temporibus cogitando, quæritando angebamur : cum subito larga Omnipotentis munificentia, laboribus nostris condescendens, quod nec cogitare nec opinari liceret, decentes et peroptimas in admirationem omnium sanctorum Martyrum merito revelavit. Unde quanto contra spem et humanam opinionem apto, et nullibi nobis gratiori loco miseratio divina dignata est conferre, tanto majores gratiarum actiones pro tanti remedio laboris operæ pretium duximus rependendo referre. Locus quippe quadrariæ admirabilis prope Pontisaram, castrum terrarum nostrarum confinio collimitans, vallem profundam non natura, sed industria concavam, molarum cæsoribus sui quæstum ab antiquo offerebat; nihil egregium hactenus proferens, exordium tantæ utilitatis tanto et tam divino ædificio, quasi primitias Deo sanctisque Martyribus, ut arbitramur, reservabat. Quotiens autem columnæ ab imo declivo funibus innodatis extrahebantur, tam nostrates quam loci affines bene devoti[2], nobiles et innobiles, brachiis, pectoribus et

---

1. Pro *thermis*. — 2. Ea religio passim vigebat in Franciâ tunc temporis, teste Roberto de Monte et aliis (Benedict.).

lacertis, funibus adstricti vice trahentium animalium educebant ; et per medium castri declivium diversi officiales, relictis officiorum suorum instrumentis, vires proprias itineris difficultati offerentes, obviabant, quanta poterant ope Deo sanctisque Martyribus obsequentes. Unde nobile quoddam et dignum relatione contigit miraculum, quod nos ipsi ab assistentibus addiscentes ad laudem Omnipotentis sanctorumque suorum calamo et atramento adsignare decrevimus.

III. Quadam itaque die, cum imbrium refusione turbatum aera tenebrosa obtexisset opacitas, adventantibus ad quadrariam plaustris, qui adjutores esse consueverant operandi pro impluvii infestatione seipsos absentaverunt. Bubulcis vero querentibus et reclamantibus se otio vacare, operarios præstolantes suspendere, usque adeo clamando institerunt, quod quidam imbecilles et debiles cum pueris aliquibus numero decem et septem, præsente, nisi fallor, sacerdote, ad quadrariam acceleraverunt, unamque cordarum assumentes, columnæ innectentes, aliam sudem in terra jacentem dimiserunt. Neque enim erat qui ea trahere inniteretur. Animatus itaque grex pusillus pio zelo : « Sancte, inquiunt, Dionysi, pro teipso vacantem accipiens sudem, si placet, nos adjuva. Non enim nobis, si non poterimus, imputare poteris. » Moxque fortiter impingentes, quod centum quadraginta aut minus centum graviter ab ima valle extrahere consueverant, ipsi non per se, quod impossibile esset, sed voluntate Dei[1] et sanctorum quos invocabant suffragio

---

1. *Quod voluntate Dei* Chesnii ed., quam sic correximus, utpotè denter mendosam.

extraxerunt, eamque ecclesiæ fabricam in plaustro destinaverunt. Unde per totam propalatum est viciniam Deo omnipotenti hoc opus admodum placere, cum ad laudem et gloriam nominis sui his et hujusmodi intersigniis ejus operatoribus elegerit opem deferre.

Secundatur et aliud nobile factum memoria dignum, relatione conspicuum, auctoritate prædicandum. Peracto siquidem magna ex parte opere, et compactis novi et antiqui ædificii tabulatis, magnoque deposito quem diu habueramus timore, propter illas patulas antiquarum maceriarum rimas, magnorum capitellorum et basium columnas deportantium disruptionem exhilarati, deaptare sollicitabamur. Cumque pro trabium inventione tam nostros quam Parisienses lignorum artifices consuluissemus, responsum nobis est pro eorum existimatione verum, in finibus istis propter silvarum inopiam minime inveniri posse, vel ab Autissiodorensi pago necessario devehi oportere. Cumque omnes in hoc ipso consonarent, nosque super hoc tam pro laboris magnitudine quam pro operis longa delatione gravaremur, nocte quadam, a matutinarum obsequio regressus, lecto cogitare cœpi meipsum per omnes partium istarum silvas debere procedere, circumquaque perlustrare, moras istas et labores, si hic inveniri possent, alleviare. Moxque rejectis curis aliis, summo mane arripiens, cum carpentariis et trabium mensuris ad silvam quæ dicitur Ivilina[1] acceleravimus. Cumque per terram nostram Capreolensis vallis transiremus, accitis servientibus nostris nostrarum

---

1. De hâc silvâ, v. suprà, p. 165.

custodibus et aliarum silvarum peritis, adjurando fide et sacramento eos consuluimus, si ejus mensuræ ibidem trabes invenire quocumque labore valeremus. Qui subridentes, si auderent, potius deriderent; admirantes si nos plane nesciremus in tota terra nihil tale inveniri posse, maxime cum Milo[1] Capreolensis castellanus homo noster, qui medietatem silvæ a nobis cum alio feodo habet, cum sustinuisset tam a domino rege quam ab Amalrico de Monte Forti longo tempore guerras, ad tristegas et propugnacula facienda nihil tale illibatum vel intactum præteriisset. Nos autem quicquid dicebant respuentes, quadam fidei nostræ audacia silvam perlustrare cœpimus, et versus quidem primam horam trabem unam mensuræ sufficientem invenimus. Quid ultra? usque ad nonam aut citius per fruteta, per opacitatem silvarum, per densitatem spinarum, duodecim trabes (tot enim necessariæ erant) in admirationem omnium præsertim circumstantium assignavimus, et ad basilicam sanctam deportatas cum exultatione novi operis operturæ superponi fecimus, ad laudem et gloriam Domini Jesu, qui sibi sanctisque Martyribus, a manibus raptorum protegens, sicut facere voluit, reservaverat. Nec igitur superflua, neque minus continens id circa divina extitit largitio, quæ in pondere et mensura omnia moderari, omnia dare constituit, cum ultra quam oportuit nulla ulterius invenire potuerit.

IV. Tantis itaque et tam manifestis tantorum ope-

---

1. Milo de Braio, frater Guidonis Trusselli, domini de Monte Leherico, de quibus Sugerius loquitur in Vitâ Ludovici VI, suprà, p. 24, 26.

rum intersigniis constanter animati, ad præfati perfectionem ædificii instanter properantes, quomodo et quibus personis, et quod valde solemniter Deo omnipotenti consecraretur deliberantes, accito egregio viro Hugone Rothomagensi archiepiscopo, et aliis venerabilibus episcopis, Odone Belvacensi, Petro Silvanectensi, ad id peragendum multimodam laudem, magnoque diversarum personarum ecclesiasticarum, cleri et populi maximo conventu, decantabamus. Qui in medio novi incrementi priorem in consistenti dolio benedicentes aquam, per oratorium sancti Eustachii cum processione exeuntes per plateam quæ Panteria, eo quod inibi omnia emptioni et venditioni teruntur, antiquitus vocitatur, per aliam, quæ in sacro cimeterio aperitur, æream portam revertentes, in æternæ benedictionis et sanctissimi chrismatis delibutione, veri corporis et sanguinis summi pontificis Jesu-Christi exhibitione, quicquid tanto et tam sancto convenit ædificio devotissime compleverunt : pulcherrimum et angelica mansione dignum superius oratorium, in honore sanctæ Dei Genitricis semper virginis Mariæ, et sancti Michaelis archangeli, omniumque Angelorum, sancti Romani ibidem quiescentis aliorumque multorum sanctorum, quorum ibi nomina subtitulata habentur, dedicantes; inferius vero in dextro latere oratorium in honore sancti Bartholomæi multorumque aliorum sanctorum ; in sinistro autem, ubi sanctus requiescere perhibetur Hippolitus, oratorium in honore ejusdem et sanctorum Laurentii, Sixti, Felicissimi, Agapiti, aliorumque multorum, ad laudem et gloriam Dei omnipotentis. Nos autem tantæ benedictionis pro fructu impensi laboris Dei dono participes effici toto affectu desiderantes, quasi pro dote, sicut solet fieri, ad expensas emendorum luminariorum, plateam quandam cimeterio collimitantem juxta ecclesiam sancti Michaelis, quam quater viginti libris a Willelmo Corneilensi emeramus, ejusdem contulimus oratoriis, ut in sempiternum inde censum habeant. De termino vero hæc est veritatis consistentia, sicut legitur, si tamen non obscuretur, in aureo super portas, quas ad honorem Dei et sanctorum deauratas fieri fecimus, epitaphio :

> Annus millesimus centenus et quadragenus
> Annus erat Verbi, quando sacrata fuit.

Igitur post illam, quæ majestatis summæ opitulatione in anteriore parte de oratorio sancti Romani et aliorum celebrata est, consecrationem, nostra qua tam ex ipsa suî prosperitate animabatur devotio, quam ipsa circa Sanctorum[1] tanto tempore tam intolerabiliter opprimebat coarctatio, votum nostrum illo convertit : ut præfato vacantes operi, turriumque differendo prosecutionem in superiori parte, augmentationi matris ecclesiæ operam et impensam pro toto posse, pro gratiarum actione, eo quod tantillo tantorum regum et abbatum nobilitati succedenti tantum opus divina dignatio reservasset, quam decentius, quam gloriosius rationabiliter effici posset, fieri inniteremur. Communicato siquidem cum fratribus nostris bene devotis consilio, quorum *cor ardens erat de Jesu dum loqueretur eis in via*[2], hoc Deo inspirante

---

1. Fortè *ipsâ curâ sanctorum, quos* (Benedict.).
2. Lucæ Evang., xxiv, 32.

deliberando elegimus, ut propter eam quam divina operatio, sicut veneranda scripta testantur, propria et manuali extensione ecclesiæ consecrationi antiquæ imposuit benedictionem, ipsis sacratis lapidibus tanquam reliquiis deferremus, illam quæ tanta exigente necessitate novitas inchoaretur, longitudinis et latitudinis pulchritudine inniteremur nobilitare. Consulte siquidem decretum est illam altiori inæqualem, quæ super absidem sanctorum dominorum nostrorum corpora retinentem operiebat, removeri voltam usque ad superficiem criptæ cui adhærebat; ut eadem cripta superioritatem sui accedentibus per utrosque gradus pro pavimento offerret, et in eminentiori loco Sanctorum lecticas auro et preciosis gemmis adornatas adventantium obtutibus designaret. Provisum est etiam sagaciter ut superioribus columnis et arcubus mediis, qui in inferioribus in cripta' fundatis superponerentur, geometricis et aritmeticis instrumentis medium antiquæ testitudinis ecclesiæ augmenti novi medio æquaretur, nec minus antiquarum quantitas alarum novarum quantitati adaptaretur; excepto illo urbano et approbato in circuitu oratoriorum incremento, quo tota sacratissimarum vitrearum[1] luce mirabili et continua interiorem perlustrante pulchritudinem eniteret.

Ut autem sapienti consilio, dictante Spiritu sancto, cujus unctio de omnibus docet, luculento ordine designatum est quid prosequi proponeremus, collecto virorum illustrium tam episcoporum quam abbatum conventu, accita etiam domini ac serenissimi regis Francorum Ludovici præsentia, pridie idus julii[2], die

---

1. Forte *pictura* deest. — 2. Anno 1140.

dominica, ordinavimus ornamentis decoram, personis celebrem processionem. Quin etiam manibus episcoporum et abbatum insignia Dominicæ Passionis, videlicet clavum et coronam Domini, et brachium sancti senis Simeonis, et alia sanctarum reliquiarum patrocinia præferentes, ad defossa faciendis fundamentis præparata loca humiliter et devote descendimus. Dein paraclyti Spiritus sancti consolatione invocata, ut bonum domus Dei principium bono fine concluderet, cum primum ipsi episcopi ex aqua benedicta dedicationis factæ, proximo quinto idus junii, propriis confecissent manibus cementum, primos lapides imposuerunt, hymnum Deo dicentes, et *Fundamenta ejus*[1] usque ad finem psalmi solemniter decantantes. Ipse enim serenissimus rex intus descendens propriis manibus suum imposuit; nos quoque, et multi alii tam abbates quam religiosi viri lapides suos imposuerunt; quidam etiam gemmas, ob amorem et reverentiam Jesu Christi, decantantes : *Lapides preciosi omnes muri tui.* Nos igitur tanta et tam festiva tam sancti fundamenti positione exhilarati, de peragendo solliciti, varietatem temporum, diminutionem personarum, et meî ipsius defectum pertimescentes, communi fratrum consilio, assistentium persuasione, domini regis assensu, annalem redditum his explendis constituimus, videlicet : centum quinquaginta libras de gazofilacio, id est de oblationibus altaris et reliquiarum, centum in Indicto et quinquaginta in festo sancti Dionysii ; quinquaginta etiam de possessione sita in Belsa, quæ dicitur Villana, prius inculta, sed auxilio Dei et nostro labore

---

[1]. Psalm. LXXXVI.

composita et ad valens quater viginti aut centum librarum singulis annis adaptata. Quæ si quocumque infortunio his explendis deficeret, alia Belsa nostra, quam dupliciter aut tripliciter in redditibus augmentavimus, suppleret. Has autem ducentas libras, præter ea quæ ad arcam gazofilacii devotione fidelium deportabuntur, vel quæcumque ipsi utrique operi offerentur, tantum continuari ipsis operibus firmavimus, donec totaliter absque illa quæstione et ipsa ædificia et anteriora et superiora cum suis turribus omnino honorifice compleantur.

V. Insistentes igitur per triennium multo sumptu, populoso operariorum conventu, æstate et hieme, operis perfectioni, ne nobis conqueri Deo *Imperfectum meum viderunt oculi tui*[1] jure oporteret, admodum ipso cooperante proficiebamus; instarque divinorum fundabatur exultationi universæ terræ mons Syon, latera aquilonis, civitas Regis magni, cujus in medio Deus non commovebitur, sed peccatorum incitamentis commotus, odorifero pœnitentium holocausto placari et propitiari non dedignabitur. Medium quippe duodecim Apostolorum exponentes numerum, secundario vero totidem alarum columnæ Prophetarum numerum significantes, altum repente subrigebant ædificium, juxta Apostolum, spiritualiter ædificantem : *Jam non estis*, inquit, *hospites et advenæ ; sed estis cives sanctorum et domestici Dei, superædificati super fundamentum Apostolorum et Prophetarum, ipso summo angulari lapide Christo Jesu, qui utrumque conjungit parietem, in quo omnis ædificatio, sive spi-*

1. Psalm. cxxxviii, v. 16.

ritualis, sive materialis, crescit in templum sanctum in Domino[1]. In quo et nos quanto altius, quanto aptius materialiter ædificare instamus, tanto per nos ipsos spiritualiter coædificari in habitaculum Dei in Spiritu sancto edocemur.

Interea siquidem potissimum de dominorum nostrorum sanctissimorum Martyrum et aliorum sanctorum, qui per ecclesiam sparsi diversis colebantur oratoriis, translatione solliciti, sacratissimas eorum lecticas, præcipue dominorum, ornatum iri votive animabamur; et ubi gloriosius adventantium obtutibus et conspicabilius transferrentur eligentes, aurifabrorum eleganti sive artis industria, sive auri gemmarumque pretiosarum copia illustrem[2] valde fieri Deo cooperante elaboravimus. Et deforis quidem his et hujusmodi pro ornatu nobilem, pro tuto vero intus fortissimorum lapidum muro non ignobilem circumquaque muniri; extra vero econtra, ne lapidum materia apparentium locus vilesceret, cupreis tabulis fusilibus et deauratis decorari, non tamen sicut deceret, præparavimus. Exigit enim tantorum patrum experta nobis et omnibus magnificentia, ut quorum venerandi spiritus Deo omnipotenti sicut sol fulgentes assistunt, nos miserrimi, qui eorum patrocinia et sentimus et indigemus, sacratissimos cineres eorum pretiosiori qua possemus materia, videlicet auro obrizo, jacinthorum, et smaragdinum, et aliarum gemmarum copia operæ pretium liquet[3] operiri. Hoc autem unum egregie fieri elegimus, ut ante corpora Sanctorum cele-

---

1. Paul. apost. ad Ephes., II, 19. — 2. Supple *aram* (Bened.).
3. Fortè *liceat* vel *libeat* (Bened.).

berrima ad libandum Deo, quæ nunquam ibidem fuerat, erigeremus aram, ubi Summi Pontifices et personæ autenticæ suffragio eorum, qui seipsos holocaustum odoriferum Deo obtulerunt, placabiles et Deo acceptabiles hostias offerre mereantur. Cui etiam cum tabulam auream, mediocrem tamen defectus pusillanimitate præponere proposuissem, tantam auri, tantam gemmarum pretiosissimarum inopinatam et vix ipsis regibus existentem copiam ipsi sancti Martyres nobis propinaverunt, ac si nobis ore ad os loquerentur : « Velis nolis, optimam eam volumus; » ut eam aliter quam mirabilem et valde pretiosam tam opere quam materia efficere aut non auderemus aut non valeremus[1]. Neque enim ipsi pontifices, qui his egregie pro officii sui dignitate potiuntur, annulos etiam pontificales mirabili pretiosorum lapidum varietate gemmatos eidem imponere tabulæ præsentes abnegabant, verum absentes a transmarinis etiam partibus, sanctorum Martyrum amore invitati, ultro delegabant. Ipse etiam rex inclytus perlucidas et maculis distinctas smaragdines, comes Theobaldus jacinthos, rubetos, optimates et principes diversorum colorum et valitudinum pretiosas margaritas ultro offerentes, nos ipsos ad peragendum gloriose invitabant. Præterea tot venales ab omnibus pene terrarum partibus nobis afferebantur, et unde eas emeremus Deo donante offerebantur, ut eas sine pudore magno et Sanctorum offensa dimittere nequiremus. Hic et alibi experiri potuimus : sit bonum opus in voluntate, ex Dei adjutorio erit in perfectione. Hoc itaque ornamentum

---

[1]. Cf. librum Sugerii *De reb. in suâ administ. gest.*, cap XXXI.

tantorum devotione, tantis protectoribus commodatum si quis temerario ausu auferre aut scienter minuere præsumpserit, domni Dionysii offensam et Spiritus sancti mucrone perfodi mereatur.

Nec illud etiam silere dignum duximus, quod dum præfatum novi augmenti opus capitellis et arcubus superioribus et ad altitudinis cacumen produceretur, cum necdum principales arcus singulariter veluti voltarum cumulo cohærerent, terribilis et pene tolerabilis obnubilatione nubium, inundatione imbrium, impetu validissimo ventorum subito tempestatis exorta est procella ; quæ usque adeo invaluit, ut non solum validas domos, sed etiam lapideas turres et ligneas tristegas concusserit. Ea tempestate, quadam die, anniversario gloriosi Dagoberti regis, cum venerabilis Carnotensis episcopus Gaufredus missas gratiarum pro anima ejusdem in conventu ad altare principale festive celebraret, tantus oppositorum ventorum impetus præfatos arcus nullo suffultos podio, nullis renitentes suffragiis impingebat, ut miserabiliter tremuli, et quasi hinc et inde fluctuantes subito pestiferam minarentur ruinam. Quorum quidem operturarumque impulsionem cum episcopus expavesceret, sæpe manum benedictionis in ea parte extendebat, et brachium sancti senis Simeonis signando instanter opponebat, ut manifeste nulla sui constantia, sed sola Dei pietate et Sanctorum merito ruinam evadere appareret. Sicque cum multis in locis firmissimis, ut putabatur, ædificiis multa ruinarum incommoda intulisset, virtute repulsa divina, titubantibus in alto solis et recentibus arcubus, nihil proferre prævaluit incommodi.

Secutum est aliud dignum memoria factum, quod

non ex accidenti, sicut de talibus judicant qui illi consentiunt sectæ, videlicet quod

> Foris incerta vagatur,
> Fertque refertque vices, et habent mortalia casus[1].

sed divina largitione, quæ in se sperantibus magnis et parvis in omnibus providet affluenter, et quæ novit profutura administrat. Cum enim quadam die de apparatu proximæ consecrationis curiæ, quia maximam fore præstolabamur, et cum amicis et ministerialibus et villicis nostris ageremus, et pro temporum gravitate (mense enim junio pene omnia victualia cara erant) de aliis fauste satis providissemus, hoc nos solum graviter offendebat, quod carnes arietinas, propter ovium quæ eodem anno extiterant morticinia, Aurelianensi pago et versus Burgundiam quæritare oporteret. Cumque mille solidos, aut quantum oporteret ob hoc illuc pergentibus dari graviter, ne tarde redirent, quia sero incœperant, præcepissem[2], sequente mane, cum de camerula nostra ad sancti sacrificii ex consuetudine accelerarem celebrationem, subito quidam de fratribus albis monachus renitentem ad cameram me retrahit. In quem aliquantisper, quia nos a tanto impediebat opere, commotus, cum minus bene respondissem : « Audivimus, inquit, domine Pater, vos ad instantem consecrationis vestræ solemnitatem arietinis carnibus indigere ; et inde a fratribus nostris missus arietum gregem maximum Paternitati vestræ adduco, ut quod vobis placuerit retineatis, et quod non placuerit nobis dimittatis. » Quo audito, ut post

---

1. *Phars.*, II, 13.
2. *Præcepissent* ed. Chesn, quod mendum putamus.

missas nos expectaret præcipimus, et quod offerebant eo præsente, finita Missa, nostris retulimus; qui hoc ipsum divinæ ascribebant largitioni, eo quod hoc solum quod deerat, quod quærendo fatigaremur, inopinate religiosorum fratrum deportatione delegasset.

VI. Urgebat deinceps novæ fieri consecrationem ecclesiæ tam operis laboriosa consummatio quam nostra, quæ ad hoc diu anhelaverat, suspensa devotio. Et quoniam tam ipsam quam sanctorum dominorum nostrorum, velut pro gratiarum actione et laboris nostri gratissimo fructu, translationem fieri celeberrimam optando affectaremus, regiæ majestatis serenissimi regis Francorum Ludovici placido favore (desiderabat enim sanctos Martyres suos protectores ardentissime videre), diem agendi secunda junii dominica, videlicet III idus [1], quod est Barnabæ Apostoli, consulte assignavimus.

Invitatorias itaque nuntiis multis, etiam cursoribus et præambulis pene per universas Galliarum regiones litteras delegavimus; archiepiscopos, episcopos, ex parte Sanctorum et debito apostolatus eorum tantæ interesse solemnitati votive sollicitavimus. Quorum cum multos et diversos ad hoc peragendum gratanter, gratantius omnes, si fieri posset, excepissemus. Ipse dominus rex Ludovicus, et regina conjux ejus Aanor, et mater ejus, et regni optimates perendie adventarunt. De diversis nationum et regnorum proceribus,

---

1. Anni 1144, juxtà illud distichum quod in libro eodem Sugerius refert :

Annus millenus centenus et quadragenus
Quartus erat Verbi, quando sacrata fuit.

nobilibus, et gregariis militum et peditum turmis, nulla suppetit computatio. Archiepiscoporum vero et episcoporum assistentium hæc intitulata sunt nomina : Samson Remensis archiepiscopus, Hugo Rothomagensis archiepiscopus, Guido[1] Senonum archiepiscopus, Theobaldus Cantuariensis archiepiscopus, Gaufredus Carnoti episcopus, Joslenus Suessorum episcopus, Simon Noviomi episcopus, Elias Aurelianis episcopus, Odo Belvaci episcopus, Hugo Autissiodori episcopus, Alvisus Atrebati episcopus, Guido Catalaunis episcopus, Algarus Constantiarum episcopus, Rotrocus Ebroicensis episcopus, Milo Teruanensis episcopus, Manasses Meldis episcopus, Petrus Silvanectis episcopus. Qui omnes cum gloriose ex altioribus ecclesiæ suæ personis pro tanta et tam nobili actione tanto spectaculo accessissent, interiorem mentis et corporis intentionem cultus et habitus exterior designavit. Nos autem non tantum[2] exterioribus (ea enim affluenter sine querela exhiberi præceperamus), die sabbati proxima, Sanctorum corpora de suis assumentes oratoriis, ex consuetudine in palliatis tentoriis in exitu chori decentissime reponendo locavimus. Sacramentalia consecrationis instrumenta devote tantum gaudium præstolantes præparabamus, quo intenta tantarum personarum, tam sancta expedite ecclesiam intus et extra perlustrare posset processio, componebamus. Unde cum gloriosum et humillimum Francorum regem Ludovicum ut per optimates et nobiles suos ab ipsa processione obviantem arceret turbam hu-

1. Corrige *Hugo* (Bened.).
2. Supple *intenti* (Bened.).

militer rogassemus, humilius satis per seipsum et per suos hoc se libenter facturum respondit.

Pernoctantes itaque tota nocte vespertina matutinorum synaxi in laudem Divinitatis, Jesum Christum Dominum nostrum propitiationem pro peccatis nostris factum, quatinus pro suo honore et Sanctorum suorum amore sanctum locum misericorditer visitare, et sacris actionibus non tantum potentialiter, sed etiam personaliter adesse dignaretur, devotissime flagitabamus. Igitur summo mane archiepiscopi, episcopi, de propriis hospitiis cum archidiaconis et abbatibus et aliis honestis personis ad ecclesiam accedentes, episcopaliter se componebant, et ad dolium pro consecratione aquarum superius, inter sanctorum Martyrum sepulturas et sancti Salvatoris altare, satis decenter, satis venerabiliter assistebant. Videres, et qui aderant non sine devotione magna videbant, tot tantorum choream pontificum vestibus albis decoram, mitris pontificalibus et circinatis aurifrisiis pretiosis admodum comatam, pastorales virgas manibus tenere, circumcirca dolium ambire, nomen Domini exorcizando invocare; tam gloriosos et admirabiles viros æterni sponsi nuptias tam pie celebrare, ut potius chorus cœlestis quam terrenus, opus divinum quam humanum, tam regi quam assistenti nobilitati videretur apparere. Populus enim pro intolerabili magnitudinis suæ impetu foris agebatur, et dum chorus præfatus aquam benedictam extra, hysopo ecclesiæ parietes virtuose aspergendo, projiciebat, rex ipse ejusque decuriones tumultuosum impetum arcebant, et virgis et baculis regredientes ad portas protegebant.

VII. Ut autem, peractis ordinarie sanctæ consecra-

tionis mysteriis, ventum est ad sanctarum reliquiarum repositionem, ad sanctorum dominorum nostrorum antiquos et venerandos tumulos accessimus (neque enim adhuc de loco suo mota erant). Prosternentes autem se tam ipsi pontifices quam dominus rex, et nos omnes, quantum pro loci angustia permittebamur, inspectis isto[1] operto venerandis scriniis rege Dagoberto fabricatis, in quibus sanctissima et Deo chara eorum continebantur corpora, gaudio inæstimabili psallebant et flebant, regemque tam devotum quam humilem accersientes : « Vade, inquiunt,
« et tu ipse manibus tuis dominum et aposto-
« lum et protectorem nostrum huc afferre adjuva,
« ut sacratissimos cineres veneremur, sacratissimas
« urnas amplectamur, toto tempore vitæ nostræ
« eas suscepisse, eas tenuisse gratulemur. Hi sunt
« enim sancti viri, qui pro testamento Dei sua cor-
« pora tradiderunt, qui pro salute nostra, charitatis
« igne accensi, terram suam et cognationem exierunt,
« qui fidem Jesu Christi apostolica auctoritate omnem
« Galliam edocuerunt, pro eo viriliter certaverunt,
« nudi virgas, ligati feroces et famelicas bestias com-
« pescuerunt, equulei extensionem, clibani succen-
« sionem illæsi, demumque hebetatis securibus deca-
« pitationem felicem sustinuerunt. Age igitur, rex
« christianissime, beatum suscipiamus susceptorem
« nostrum Dionysium, suppliciter flagitantes ut pro
« nobis petat ab eo qui fideliter promisit; dilectio et
« benignitas quam habes semper pro quibuscumque
« petieris impetrabit. » Protinus lacerti moventur,

---

1. *Ostio* corrigunt Bened.

brachia extenduntur, tot et tantæ manus mittuntur, quod nec etiam septima[1] manus ipsa sancta scrinia attingere valeret. Eapropter ipse dominus rex se medium eis ingerens, lecticam argenteam specialis patroni de manu episcoporum, sicut videtur, de manu Remensis archiepiscopi, Senonensis, Carnotensis et aliorum assumens, tam devote quam honeste prævius egrediebatur. Mirabile visu ! Nunquam talem, præter illam quæ in antiqua consecratione cœlestis exercitus visa est, processionem aliquis videre potuit, cum sanctorum corpora Martyrum et Confessorum de tentoriis palliatis, humeris et collis episcoporum et comitum et baronum, sanctissimo Dionysio sociisque ejus ad eburneum ostium occurrerunt ; per claustrum cum candelabris et crucibus et aliis festivis ornamentis, cum odis et laudibus multis processerunt ; dominos suos tam familiariter quam præ gaudio lacrymabiliter deportaverunt. Nullo unquam majori in omnibus potuerunt gaudio sublimari.

Revertentes igitur ad ecclesiam, et per gradus ad altare superius quieti Sanctorum destinatum ascendentes, super antiquum altare pignoribus Sanctorum repositis, de nova ante novam eorum sepulturam consecranda agebatur principali ara, quam domino Remensi archiepiscopo Samsoni imposuimus consecrandam. Agebatur etiam de aliis tam gloriose quam solemniter aris viginti consecrandis : quarum illam quæ in medio Salvatori nostro et sanctorum choro Angelorum et sanctæ Cruci assignatur [2], domino Can-

---

1. Fortè *sceptrigera* (Ben.).—2. Hactenus Chesnius. Sequentia eruit Mabillonius ex veteri cod. S. Victoris (*Vet. Anal.*, p. 463).

tuariensi archiepiscopo Theobaldo; beatæ semperque virginis Dei Genitricis Mariæ, domino Hugoni Rotomagensi archiepiscopo; sancti Peregrini, domino Hugoni Autissiodorensi episcopo; sancti Eustachii, domino Werdoni[1] Catalaunensi episcopo; sanctæ Osmannæ, domino Petro Silvanectensi episcopo; sancti Innocentii, domino Simoni Noviomensi episcopo; sancti Cucuphatis, domino Alviso Atrebatensi episcopo; sancti Eugenii, domino Algaro Constantiarum episcopo; sancti Hilari, domino Rotroco Ebroicensi episcopo; sancti Johannis Baptistæ et sancti Johannis Evangelistæ, domino Nicolao Cameracensi episcopo sacrandam imposuimus. In crypta vero inferius, majus altare in honore sanctæ Dei Genitricis Mariæ virginis, domino Gaufredo Burdegalensi archiepiscopo; in dextra parte, altare sancti Christophori martyris, domino Heliæ Aurelianensi episcopo; sancti Stephani protomartyris, domino Gaufredo Carnotensi episcopo; sancti Eadmundi regis, domino Werdoni[2] Senonensi archiepiscopo; sancti Benedicti, domino Josleno Suessionensi episcopo. In sinistra parte, sanctorum Sixti, Felicissimi et Agapiti, domino Miloni Taruanensi episcopo; sancti Barnabæ apostoli, domino Manassæ Meldensi episcopo; item et sancti Georgii martyris et Gauburgis virginis, eidem episcopo; sancti Lucæ evangelistæ, domino Odoni Belvacensi episcopo consecrandam assignavimus.

1. Idem qui superius *Guido* vel *Wido* vocatur.
2. Corrige *Hugoni*, aiunt Benedict. Hoc enim anno 1144, Hugonem Tuciacensem Henrico Senonensi archiepiscopo successisse docet chronographus S. Petri Vivi.

Qui omnes tam festive, tam solemniter, tam diversi, tam concorditer, tam propinqui, tam hilariter ipsam altarium consecratione missarum solemnem celebrationem superius inferiusque peragebant, ut ex ipsa sui consonantia et cohærente harmoniæ grata melodia potius angelicus quam humanus concentus æstimaretur, et ab omnibus corde et ore acclamaretur : « Benedicta gloria Domini de loco suo; benedic-
« tum et laudabile et superexaltatum nomen tuum,
« Domine Jesu Christe, quem summum Pontificem
« unxit Deus Pater oleo exsultationis præ participibus
« tuis. Quæ sacramentali sanctissimi Chrismatis deli-
« batione et sanctissimæ Eucharistiæ susceptione ma-
« terialia immaterialibus, corporalia spiritualibus,
« humana divinis uniformiter concopulas, sacramen-
« taliter reformas ad suum puriores principium ; his
« et hujusmodi benedictionibus visibilibus invisibili-
« ter restauras, etiam præsentem in regnum cœleste
« mirabiliter transformas, ut cum tradideris regnum
« Deo et Patri, nos et angelicam creaturam, cœlum
« et terram, unam rempublicam potenter et miseri-
« corditer efficias; qui vivis et regnas Deus per omnia
« sæcula sæculorum. Amen. »

IV.

LETTRES DE SUGER.

I. AD PETRUM BITURICENSEM ARCHIEPISCOPUM.

Suger demande à l'archevêque de Bourges de faire restituer aux religieux de Saint-Denis l'église d'Estivareilles, qu'avaient enlevée à leurs frères de La Chapelaude les moines d'Ahun.

(1145 ou 1146)

Domino et venerabili, Dei gratia, Bituricensi archiepiscopo Petro, Sugerius Beati Dionysii abbas, salutem et dilectionem.

Antecessores vestri Bituricenses archiepiscopi Beatum Dionysium et loca sua multum dilexerunt et manutenuerunt. Proinde, quia de dilectione vestra plurimum confidimus, pro qua sæpius laboravimus, sed et multa gravia et a domino rege et a multis aliis sustinuimus[1], rogamus quatinus per viam antecessorum vestrorum incedentes, et Beatum Dionysium diligatis, et ejus loca defendatis et manuteneatis. Præci-

---

1. Vigente nimirùm circa electionem ejus dissidio. Cùm vero Petrus non ante an. 1144 regis in gratiam receptus fuerit, hanc epistolam ad an. 1145 vel 1146 referendam censemus (Benedict.).

pue tamen pro ecclesia de Stivaliculis, quam in hac tempestate Bituricensis ecclesiæ monachi Agedunenses per laicam manum fratribus nostris de Capella violenter abstulerunt, deprecamur ut nobis eam restituatis.

Quod si in ea jus clamant investiti, parati sunt fratres nostri, conveniente termino quem eis posueritis, consilio nostro inde canonice respondere. Si autem actionem illam audire placet, quid inde scilicet actum sit in diebus venerabilium archiepiscoporum bonæ memoriæ Vulgrini et Alberici, per eosdem fratres nostros plenius agnoscite. Ne sit vobis oneri pro nobis elaborare, quia si locus exigeret ad honorem et servitium vestrum paratos nos inveniretis. Valete[1].

II. AD THEODORICUM AMBIANENSEM EPISCOPUM.

Suger blâme l'évêque d'Amiens d'avoir reçu ou laissé ec evoir dans la communion des fidèles l'apostat Robert de Bove, et l'engage à réparer cette faute.

(1147)

Venerabili, Dei gratia, Ambianensi episcopo T.[2], Sugerius Beati Dionysii abbas, salutem et dilectionem.

Vera amicitia gravius, si oporteat, convenire consuevit amicos. Unde dilectioni vestræ graviter improperamus Robertum de Bova, hominem diabolicum,

---

1. Ex Chesnio, *Scriptor. historiæ Francicæ*, IV, 555. — Bened., *Rerum gallicarum scriptor.*, XV, 484.
2. Theodorico.

famosum apostatam, quod eum in ecclesia vestra, cui Deo auctore præestis, aut suscepistis aut suscipi permisistis. Timendum valde est discretioni vestræ, ne hujusmodi Deo et hominibus odiosa susceptio, si tamen est[1], et præsentem vobis ruinam et gehennam generet æternam. Confortate igitur manus dissolutas, et genua debilia roborate; vires resumite, gladium in illum diabolicum potenter exerite, ut quod minori cautela contigit, ad honorem Dei et vestrum citius corrigatur. Decet enim episcopalem sublimitatem quod minus bene factum est, sicut coactum dedeceret, spontanea voluntate corrigere. Valete[2].

III. AD EUGENIUM III PAPAM.

Suger signale au pape les troubles de l'église de Paris et l'incapacité de son doyen, dont l'élection n'a pas été régulière et qui entretient le désordre par sa querelle avec le chantre.

(1147)

Amantissimo patri et domino, Dei gratia, summo pontifici Eugenio, Sugerius Beati Dionysii humilis minister, obedientiæ et servitii plenitudinem.

Nobilem Beatæ Mariæ Parisiensis ecclesiam, invitante caritate, multisque rogantibus, Pater sancte, discre-

---

1. Probatur factum, ut notant Benedictini, ex litteris Theodorici episcopi, scriptis anno 1147, quas ex chartulario ecclesiæ Sancti Acheoli recitat And. Chesnius, inter probationes Historiæ Codiciacensis, p. 341.

2. Ex Chesn., IV, 541. — *Rer. gallic. scriptor.*, XV, 486.

tioni vestræ attentius commendantes, quia plus solito eget, ut plus solito subveniatis ad præsens, suppliciter poscimus. Cum enim venerandi status nobilitate et famosa doctrinæ lampade hactenus clarere consueverit, in defectu personatus decaniæ vacillans graviter, si non ei subveniatur, declinare festinat. Cum enim qui alios doctrina et vitæ exemplo præcedere debet etiam sequi nesciat, profecto subditorum disciplina per ejus inscitiam a doctrinæ et prudentiæ tramite exorbitat. Sane, cum in Galliis vestra Deo et hominibus grata frueremur præsentia, assumpto ejusdem ecclesiæ decano B.[1] in episcopum Catalaunensem, propter diversarum partium Parisiensis capituli dissonantiam, qui crebro localiter convenientes in acceptione ejusdem personæ in decanum convenire non valebant, a Paternitate vestra eandem electionem committere honestioribus personis ejusdem ecclesiæ, quorum industria ad honorem Dei pacificaretur controversia, mandatum susceperunt. Qui, parati obedire, quatuor ejusdem ecclesiæ canonicis, quorum unus hic erat, nihil mali in eis aut de eis suspicantes, electionem commiserunt. Qui, quod semel inter se susceperant extra se erogare recusantes, quin potius inter se retinentes, ipsi hunc de forsitan[2] sibi in decanum elegerunt. Super quo valde mirati sumus, quod cum auctoritate vestra quatuor commissa fuerit electio, si tres quartum elegerunt, minus obedierunt. Quod si quartus cum aliis se elegit, Paternitatis vestræ discretio infinite melius quam nos cognoscit quid fecerit.

1. Bartholomæo. — 2. Sic editiones omnes.

Verum, si quod minus in electione invenitur, in personæ probitate suppleretur, in recompensatione sustineri posset. Sed, sicut perhibent qui eum noverunt, nec alicujus discretionis, nec bonæ conversationis, nec bonæ famæ existit. Proniorem enim publice ac privatim dicunt eum ad omne deterius, expertem consilii et auxilii, in omnibus ecclesiæ necessitatibus pene nullum, sub quo languere potius quam prosperari ecclesia valeat. Cujus indiscretionis argumentum in ea potestis actione cognoscere, quam episcopus Parisiensis Paternitati vestræ transmittit, de ea quam audire potestis contra ejusdem ecclesiæ cantorem controversia eum movisse. Cum enim pro consuetudine et apostolicæ immunitatis auctoritate præfatus cantor ita decano parificetur, ut neque de ecclesiasticis, neque de civilibus, sive in capitulo, seu extra, absque ejus consilio disponere habeat, quadam die, cum essent in choro horam canonicam decantantes, et cantor cuidam clerico loqueretur, quo more solet omnibus de canendis vel legendis pronunciare, accepta inde occasione, invective insiliens in cantorem, turpiter tacere imperavit. Et dum cantor auditori prosequeretur quod inceperat, admirans indiscretam decani vehementiam, decanus ipse more arreptitii furens choro decantanti silentium imperavit; non reputans quod si minimus canonicorum (nedum iste, qui more ecclesiæ illi parificatur, ut nihil absque eo neque in choro neque in capitulo constituat) aliquid in choro commisisset, in capitulo canonice corrigeretur. Hinc emersit inter eos, cujus accusationem dominus Parisiensis episcopus Paternitati vestræ scribere curavit, querela; hoc habuit primordium hic motus. Ille[1] pedibus et manibus movet ecclesiam; inquietat ut inquietetur, pacis et quietis ignarus. Cantor præfatus injuriam aliquanto quietius sustinens, tam per dominum episcopum Parisiensem quam per capitulum ecclesiæ, tam per dominum Autissiodorensem quam Suessionensem, per nos etiam et per alios multos ad justitiam faciendam et suscipiendam, ne indiscretus videretur, crebro se obtulit : et proniorem ad pacis compositionem et justitiæ executionem audivimus eum qui passus est, quam qui fecit injuriam. Nec hoc solum aut primum factum est, quo[2] Parisiensem ecclesiam modo generaliter, modo personaliter, sicut indiscretione rapitur, vexare consuevit : quæ omnia si referrentur ad vos, fastidium generarent.

Placeat igitur sanctæ Paternitati vestræ, ad quam omnia spectat corrigere, mutare, movere (*oculi enim omnium in te sperant, domine*[3]), taliter eidem ecclesiæ providere, ne in defectu decani intus et foris depereat, ne nobilis ecclesia Parisiensis afflicta degeneret, ne, cum non oporteat, viri illius occasione omnino declinet. Sero fortassis ejus restitutioni manum referetis[4].

1. *Hoc habuit primordium; hoc motus ille* anteriores edd. Correctionem adoptamus quam Benedictini proposuerunt in adnotationibus.

2. Forsan *quin* (Bened.). — 3. Psalm. cxliv, 16.

4. Ex Chesnio, IV, 513.— Bulæo, *Hist. Univ. Paris.*, II, 248. — *Rerum gallicarum scriptor.*, XV, 488. In litteris ad Sugerium scriptis, sextâ die octobris an. 1147 (*ibid.*, 447), promisit Eugenius papa huic negotio operam dare. At nescitur quid posteà deliberaverit de isto decano, qui Clemens vocabatur et adhuc capitulo præerat anno 1164, ut adnotant Benedict.

IV. AD ROGERIUM SICILIÆ REGEM.

Suger remercie le roi de Sicile de l'honneur qu'il lui fait de s'intéresser à sa santé, et lui envoie un messager chargé de l'entretenir de certaines affaires.

(1147-1148)

Glorioso, Dei gratia, regi Siciliæ, ducatus Apuliæ et principatus Capuæ, Rogerio, Sugerius Beati Dionysii abbas, in eo regnare qui dat salutem regibus.

Regiæ majestatis excellentiæ, si non quales debemus, quales tamen valemus gratiarum actiones referimus, eo quod tanti, tam sapientis, tam famosi domini celsitudo nostræ parvitatis memorari ac de nostra prosperitate quærere non sit dedignata. Hujusmodi enim quæstio me totum totaliter vestræ Serenitati imperium[1] reddidit; nec toto tempore vitæ nostræ a memoria nostra decidere poterit, quod tantæ nobilitatis ac potentiæ dominus de sua nobis prosperitate significaverit, et de nostra certificari requisierit. Sane Celsitudini vestræ de incolumitate nostra significantes, multa et de multis Excellentiæ vestræ scribere dignum duximus : sed, ne prolixitas fastidium generaret, nuncio nostro ore ad vos[2] vobis referenda intimavimus. Valeat Celsitudo vestra[3].

1. Forté *impensiùs*, notant Benedictini. Nos verò legendum censemus *impertitum*, vel *vestræ Serenitatis imperio*.
2. *Ad os* legendum esse autumant Benedict.
3. Ex Chesn., IV, 539. — *Rer. gallic. scriptor.*, XV, 495. Quan-

V. AD ULGERIUM ANDEGAVENSEM EPISCOPUM.

Suger, au nom du roi absent et sous la réserve de ses droits, approuve l'élection de l'abbé de Bourgueil, faite par les religieux de ce monastère.

(1148)

Domino et venerabili, Dei gratia, Andegavorum episcopo Ulgerio, Sugerius, eadem gratia, Beati Dionysii abbas, devotas in Christo orationes et sinceræ devotionis obsequium.

Susceptis gratissimarum literarum vestrarum venerandis apicibus, usque adeo, etsi duriores essemus, nos deflecti oportuit, ut debitum regni, cui fideliter deservire volumus, pene oblivioni traderemus, et beneplacito vestro aurem accommodaremus. Nolentes igitur ecclesiam Burguliensem diutius defatigari, nec regiæ majestatis dignitatem diminui, unum faciendo et alterum omittendo, amore Dei et prece vestra[1], quem multum diligimus, et Burguliensis conventus supplicationibus, electioni eorum assensum, salvo regni jure, taliter dedimus, ut, si quid inde contra regiæ majestatis minus bene factum fuit, domino regi, quando Deo volente redierit, sicut modo si adesset, si ei placuerit, judicio curiæ suæ respondeant, vel

---

tum rex Rogerius Sugerium coluerit, vide apud fr. Willelmum, Vitæ Sugerii auctorem, lib. I, et Odonem de Diogilo, lib. IV, p. 46.

1. *Vestri* emendatiùs legendum. — *Vestra* in edd.

nobis qui loco ejus providemus, si inde agere voluerimus[1].

VI. AD EUGENIUM III PAPAM.

Suger expose au pape la manière dont il a exécuté ses décisions relatives au chapitre de Sainte-Geneviève : des religieux tirés de Saint-Victor ont été mis en possession de l'église, et les chanoines, soumis à la règle monastique, ne devront plus conserver que leurs prébendes.

(1148, août.)

Carissimo domino et patri universali, Dei gratia, summo pontifici Eugenio, Sugerius Beati Dionysii humilis minister, devotas in Christo orationes, obedientiæ et servitii plenitudinem.

Susceptis apostolicæ præceptionis venerandis apicibus[2] de monasticæ religionis positione in ecclesia Beatæ Genovefæ Parisiensis, tantum tamque Deo placitum negotium, tanquam[3] cœlitus nobis commissum, gratantissime amplectentes, eo quod super hoc ipso præsentialiter sanctæ Paternitatis vestræ celsitudo, cum non nisi imperare oporteret, parvitatem nostram prius rogaverit, totis animi viribus effectui mancipare

---

1. Ex Chesn., IV, 494. — *Rer. gallic. scriptor.*, XV, 491. Robertus, cujus hic approbatur electio, abbati Petro, 8 kalend. julii an. 1148 mortuo, suffectus est. V. Mabillonii *Annal.*, VI, 440.

2. Vide has litteras, datas Lingonis, III kal. maii an. 1148, in *Rer. gall. script.*, XV, 449.

3. Sic edit. Chesnii. — *Tamque* in edit. Benedict., sed malè.

elaboravimus. Quamvis enim occasione querulorum canonicorum ad vos proficiscentium, eo quod curia romana consuevit aliquando (quod turpe non est) cum re mutare consilium, discrete distulissemus, nulla tamen contradicentium nobilium aut ignobilium[1] clericorum seu laicorum oppositione tepescere, aut in aliquo super hoc ipso remissius habere decreveramus : cum subito, proxima die fere tertia aut quarta qua designatum abbatem et monachos in ecclesia eadem ponere proposueramus, ecce præfati canonici, videlicet cantor et alii, a facie vestra redeuntes, mutatam pro bono pacis sententiam in canonicorum regularium positione nobis reddiderunt[2]. Nos autem æque devote ac gratanter secundam ac si primam recipientes sententiam, assumptis nobiscum venerabilibus et sapientibus viris, videlicet abbate Sancti Germani, Sancti Petri Fossatensis, Sancti Maglorii, Sancti Petri de Ferrariis[3], et aliis de melioribus personis assistentium vicinorum, ad eundem Sanctæ Genovefæ locum acceleravimus; et in capitulo eorum, quid super hoc extremo, quid super primo capitulo, secundum tenorem literarum quas nobis detulerunt, prosequi vellent, consulte convenimus. Qui, ut erant diversi, diversa sentientes, cum aut utram aut neutram concorditer prosequi nollent sententiam, multa et morosa reprehensione, quod etiam postulata, quod etiam misericorditer concessa refutarent, insistebamus; donec qui sanioris erant con-

1. *Innobilium* edit. Chesnii.
2. V. has posteriores litteras, datas Vercellis, xvi kal. julii ejusdem anni, in *Rer. gall. script.*, XV, 451.
3. Qui Hugo V, Ascelinus, Baldovicus et Joannes tunc nominabantur.

silii et filii lucis, canonicos regulares se suscepturos pacifice promiserunt.

Nos autem super hoc ipso exhilarati (quoniam quidam de melioribus abbatem sibi constitui et canonicos de Sancto Victore[1] postulabant), communicato cum assistentibus consilio, tum quia nullam penes nos religiosiorem in suo statu novimus ecclesiam, tum quia propinquitate loci ad omnem eorum sive interiorem sive exteriorem commodior existit necessitatem, ad eos divertimus, virumque venerabilem abbatem Sancti Victoris[2], operibus pietatis approbatum, modo seorsum, modo in conventu suo, ut his opem ferret, et ajutor Divinitatis evelleret et destrueret, ædificaret et plantaret, in nomine Domini suppliciter efflagitabamus. Qui, ut emeritus pater et ejusdem loci providus procurator, cum hoc ipsum instanter recusaret, ut priorem suum, virum venerabilem et religiosum, abbatem fieri postulare nos comperit, obortis lacrymis cum fletu et angustia cordis, senium defectumque suum opponens, ejusdem prioris consilium et auxilium, si eo careret, deplorans, fere per totam diem recusando, et quod nunquam fieret detestando, usque ad proximam Nonam detinuit. Tandem vero victus precibus multorum, immo auctoritate vestra, qua eum importune, opportune[3] adjurabamus, tam misericordia quam pietate pro alieno commodo suum sustinens incommodum, eundem venerabilem priorem[4] cum duodecim fratribus viris religiosis et honestis

---

1. Sic in edit. Chesn. — *Sancti Victoris* dat edit. Benedict.
2. Gilduinum.
3. *Opportune* omissum in edit. Benedict.
4. Odonem.

nobis contradidit, quos in festo sancti Bartholomæi[1] ad eandem ecclesiam solemniter cum clero et populo civitatis induximus; et venerabili Meldensi episcopo M.[2], quem nobiscum his agendis[3] susceperamus, eadem die coram altari Sanctæ Genovefæ abbatem benedici solemniter, opitulante Sanctitate vestra, fecimus. Finita vero ejusdem officii missa, claustrum, capitulum et refectorium eis deliberavimus; dieque sequente, regalium ex parte domini regis, cujus vices agimus, potestatem contulimus, fidelitatem virorum ad eos pertinentium et juramenta securitatum eis fieri fecimus.

Eapropter, Pater sanctissime, actionem nobis commissi negotii Celsitudini vestræ summatim significare dignum duximus, ut et vobis quod præcepistis factum esse placeat, et quam prompta sit parvitas nostra ad obedientiæ vestræ expletionem innotescat. De cætero, sancti Apostolatus vestri genibus provoluti spiritu, obnixe, subnixe supplicamus, opus hoc manuum vestrarum manutenere et protegere, gladium sancti Petri contra omnem æmulorum importunitatem cominus evaginare, appellationum quoque molestias, quibus quietem eorum jugiter indiscrete perturbarent, misericorditer, si placet, prohibere, eandem ecclesiam Deo innovatam, tanquam novam plantam, donec radicata fuerit, crebra propagatione extendere. Quibus omnibus maximum poterit præstare suffragium, si, quemadmodum incœptum est, in eadem ecclesia plenitudinem officii, secundum observationem ordinis sui

---

1. Die 24 augusti. — 2. Manasse.
3. *His agendis* edit. Chesn. — *In agendis* edit. Benedict.

usque ad unum iota et unum apicem conservari feceritis; ne dissonantia officii, legendi et cantandi diversitas in scandalum regularium et irregularium emergat; ne ostiorum apertio, hac occasione, nocte ac die[1] fratres conturbet; ne per eosdem æmulos aliqua infamia in eos subrepat; ut quiete ibidem omnipotenti Deo, ad laudem et honorem sancti Apostolatus vestri et personæ vestræ, sempiterna remuneratione[2] dignum Deo famulatum exhibere valeant. Quid namque de Paternitate vestra sperarem? Ego ipse peccator ex hoc vestro opere aliquid misericordiæ Dei me lucraturum confido.

Est et aliud quod Paternitati vestræ volumus capitulum innotescere : ut, sicut primum mandastis, salvis eorum tantum præbendis, præposituræ et terrarum custodia canonicis regularibus remaneant. Quod si exterioribus remanserint, omnia dilapidabunt et sibi subripient, et ad defectum victualium, ut vel sic ordo periclitetur, forsitan crudeliter elaborabunt. Aliud quoque est, quo in principio laboris sui filii vestri potissimum indigent. Quendam Rodulfum æmulantem et derogantem eorum religioni mucrone beati Petri, ut convertatur, feriendo compescatis, et ne impunitate ejus aliorum emergat contumacia, ejus stultitiam reprimatis. Conterat Dominus omnipotens omnem hostem sub pedibus vestris. Nos autem servitio vestro paratos, et ecclesiam nostram, sed et carissimum filium vestrum Ludovicum regem Francorum, in opere

---

1. *Die ac nocte hac occasione* edit. Benedict.
2. Sic edit. Benedict. — *Sempiternam remunerationem* in edit. Chesn.

Dei tam laboriose negotiantem, sanctis orationibus vestris commendamus, rogantes ut, si quid certum de eo audistis, nobis insinuetis. Valeat in æternum Sanctitas vestra, amantissime pater et domine[1].

VII. AD EUGENIUM III PAPAM.

Suger prévient le pape que les chanoines séculiers de Sainte-Geneviève, qui se rendent à Rome pour le circonvenir, ont méconnu les ordres du Saint-Siége. Il appelle sur eux un châtiment canonique, et demande que cette église et ses dépendances soient exclusivement réservées aux chanoines réguliers.

(1148-1149)

Carissimo domino et patri, Dei gratia, universali et summo pontifici Eugenio, Sugerius Beati Dionysii abbas, obedientiæ et servitii plenitudinem.

Laudem Domini loquitur os meum, quod tanta tanti patris et universalis domini celsitudo pro executione debitæ obedientiæ apud Sanctam Genovefam parvitati nostræ, quæ pene nulla est, grates reddere non dedignatur[2]. Profecto inter alia hoc potissi-

---

1. Ex Chesn., IV, 505. — Lab., *Concil.*, X, 1059. — *Dubois, Hist. eccl. Paris.*, II, 96. — Bulæo, *Hist. Univ. Paris.*, II, 229. — *Gall. christ.*, VIII, instr., col. 63.— *Rer. gallic. scriptor.*, XV, 503. — De hâc ecclesiæ Sanctæ Genovefæ reformatione, cf. diploma Ludovici VII, datum anno 1149 (Arch. Imp., K 23, n° 15¹¹; Tardif, *Mon. hist.*, n° 505), litterasque papæ Eugenii ad Sugerium et ad ipsos canonicos (*Rerum gallic. scriptor.*, XV 449-452). V. etiam S. Willelmi Vitam (*Ibid.*, XIV, 476).

2 V. hanc Eugenii papæ epistolam, in *Rerum gallic. script.*, XV, 452.

mum extat, quo ad omnem indifferenter obedientiæ plenitudinem animamur, quo ad omnium mandatorum vestrorum executionem pro toto posse tam pie quam audacter accingimur. Sane quod præ manibus est Sanctæ Genovefæ negotium, opus divinum, opus sanctum, opus quod operatus est Deus per vos in diebus nostris, miserrimi illi seculares, non tam canonici quam sanctæ Genovefæ persecutores, apud nos impedire non valentes, catervatim Romam properantes festinant; si forte quacumque occasione, quocumque pietatis honesto aut inhonesto modo, Petri constantiam movere, curiam romanam petitionibus flectere, familiares et per familiares alios decipere, pro vita, pro moribus, pro re familiari qualicumque ne mutetur, toto nisu animi et corporis innitentes. Verum quia causa Ecclesiæ causa Dei est, Petro et Petri vicario per Petrum commissa, confidimus in Domino Jesu, quia ipse qui cœpit perficiet, nec poterunt viri offensores Dei et sui proditores adversus religionem in curia capitali religionis prævalere. Qui quam indiscrete et irreverenter contra præceptum vestrum se habuerint, vestræ Paternitati significare dignum duximus.

Thesauros quos nobis præcepistis assignare abbati et canonicis regularibus, audiente archiepiscopo Remensi[1] et episcopo Suessionensi[2], et aliis quamplurimis religiosis personis, ex parte vestra, ostendentes literas præceptionis vestræ, exegimus. Qui iniquitate involuti, nequitia excæcati, nec thesauros furtim sublatos, videlicet quatuordecim marcas auri, ut aiunt, de feretro sanctæ Genovefæ, nec reliquias ejusdem,

---

1. Samsone. — 2. Gosleno.

videlicet casulam sancti Petri (pro quo eos regia potestate, nisi eis pro reverentia vestræ Celsitudinis parceremus, tanquam fures aut raptores tenuissemus), nullo modo reddere voluerunt. His igitur et hujusmodi injuriis Deo et sanctis ejus et apostolicæ reverentiæ derogantes, pro contemptu, pro inobedientia, pro sacrilegio in ultionem ecclesiasticam decidentes, quem meruerunt ex rigore justitiæ recipere talionem, eos in proximo sentire suppliciter efflagitamus. Illuc enim superbiendo ascenderunt, unde eos justo judicio prosternere, et servos Dei in pace conservare facillime potestis. Sæpius enim multa convicia, minas terribiles eis intulerant; garciones suos eandem Sanctæ Genovefæ ecclesiam noctu intrare, et ostia eorum frangi fecerant, contra canonicos Matutinas incipientes conclamare, ne alter alterum audiret impulerant : donec nos, super his injuriis ab eisdem canonicis regularibus vocati, illuc acceleravimus; oculorum excæcationem et membrorum detruncationem helluonibus hujusmodi, si quid simile deinceps committerent, terribiliter promisimus; servientes de nocte, si qui interciperentur, crebro transmisimus; et sic per Dei gratiam, zelo obedientiæ et regiæ majestatis terrore, eos in pace tanquam Dei excelsi servos libentissime confovemus, et in hoc solo Dei et sanctæ religionis amore, quamdiu vobis placuerit, constanter perseverabimus.

Verum tantum bonum, quo lætatur ecclesia Dei, quo prædicabitur sancti Apostolatus vestri usque in finem seculi famosa beatitudo, taliter pacifice et quiete terminari poterit, si iis religiosis chorum, capitulum, claustrum et refectorium, ad conservationem sanctæ religionis, juxta ordinem Sancti Victoris, illis exclusis, deliberari feceritis. De redditibus etiam exterioribus et terrarum custodia cavendum erit, ne in manibus eorum, quia eam omnino religiosorum odio destruerent, dimittatis. Constat enim quod irregulares regularibus nunquam nisi in manu forti consentient, neque pro extorta peccatorum voluptate, nisi misericordia Dei effecerit, eis vera pace jungentur[1].

VIII. AD PRÆPOSITOS BITURICENSES ET SERVIENTES REGIS.

Suger déclare qu'il a investi l'abbé de Massay de la régale, sous la réserve de l'approbation du roi.

(1148 ou 1149)

Sugerius, Dei gratia, Beati Dionysii abbas, præpositis Bituricensibus et servientibus domini regis, salutem et dilectionem.

Venit ante præsentiam nostram venerabilis frater noster abbas Maciacensis P.[2], et, quia se absentasse videbatur, pro voluntate nostra inde nobis satisfecit. Unde et nos eum de regali taliter investivimus, ut cum dominus rex, Deo annuente, redierit, si quid contra eum fecisse videtur, ad beneplacitum ejus se satisfacturum exhibeat. Mandamus igitur vobis, ex parte domini regis et nostra, quatinus præfatum abbatem et quæ ad eum spectant diligatis et honoretis et manuteneatis, et

---

1. Ex Chesn., IV, 508. — *Dubois, Hist. eccl. Paris.*, II, 98. — *Rer. gallic. scriptor.*, XV, 505.

2. Petrus. — Maciacum, nunc *Massay* (*Cher*).

in quibus opus fuerit ei auxilii et consilii manum porrigatis. Hæc et his similia domino regi reservamus, quæ ad honorem suum et commodum decentius adaptabit[1].

IX. AD CAPITULUM CARNOTENSE.

Suger envoie au chapitre de l'église de Chartres des messagers chargés de recevoir et de garder la régale.

(1149)

Sugerius Beati Dionysii, gratia Dei, abbas, venerabili capitulo Carnotensis ecclesiæ, salutem et dilectionem.

Novit discretio vestra quod gloriosus rex Francorum Ludovicus, carissimus dominus noster, famosam peregrinationem amore Dei suscipiens, archiepiscoporum et episcoporum ac regni optimatum consilio, nec sine domini papæ assensu, curam amministrationis regni sui nobis commiserit. Et quoniam, ex debito officii, ea quæ ad regnum spectant diligenter perquirere et fideliter nos oportet conservare, præsentium latores nuncios nostros, ex parte domini regis, ad recipienda et conservanda regalia dilectioni vestræ delegamus : rogantes ut in quibus oportuerit tanquam regni fideles, donec ecclesiam vestram, tanto et tam glorioso pastore viduatam[2], divina misericordia idoneo successore con-

1. Ex Chesn., IV, 520. — *Rer. gallic. scriptor.*, XV, 506.
2. Godefridus, Carnotensis episcopus, ix kalend. februarii an. 1149 mortuus est, ut notant Bened.

sueto ordine consoletur, fideliter adjuvetis. Quanto siquidem regni æterni amplificationi operosius innititur, tanto suum sibi integre conservari potissimum meretur[1].

X. AD CAPITULUM CARNOTENSE.

Suger, au nom du roi, approuve l'élection de Goslin au siége épiscopal de Chartres, et rappelle que la régale doit être remise à l'évêque après son intronisation.

(1149)

Sugerius, Dei gratia, Beati Dionysii abbas, capitulo Carnotensi, Roberto scilicet decano et aliis, salutem et benedictionem.

Quod unanimiter et communi pace pontificem vobis domnum Goslenum archidiaconum elegistis, valde nobis placet. Enim vero ipsum honestum et liberalem et audivimus et credimus. Nos autem, quantum ex parte domini regis, cujus vices agimus, facere habemus, huic electioni libenter assensum præbemus. De regalibus vero, sicut in curia dominorum regum Francorum mos antiquus fuisse dignoscitur, cum episcopus consecratus, et in palatium ex more canonico fuerit introductus, tunc ei reddentur omnia. Hic est redditionis ordo et consuetudo, ut, sicut diximus, in palatio statutus regi et regno fidelitatem faciat, et sic demum regalia recipiat[2].

---

1. Ex Chesn., IV, 496. — *Rer. gallic. scriptor.*, XV, 507.
2. Ex Chesn., IV, 498. — *Rer. gallic. scriptor.*, XV, 507.

XI. AD LUDOVICUM FRANCORUM REGEM.

Suger conjure le roi, dans les termes les plus pressants, de quitter l'Orient pour revenir dans son royaume, où sa présence est nécessaire. Il lui annonce qu'il a payé pour lui certaines sommes d'argent, et l'engage à différer les effets de son ressentiment contre la reine.

(1149)

Glorioso, Dei gratia, regi Francorum et duci Aquitaniæ Ludovico, carissimo domino nostro, Sugerius Beati Dionysii abbas, cum toto fratrum sibi grege commisso, orationum devotionem et integram servitii fidelitatem.

Quantis et quam lacrymosis suspiriis gravissimam personæ vestræ nobis absentiam prosequamur, quantis et quam devotis orationum postulationibus prosperitatem vestram et salutem, carissime domine, Domino Deo commendemus, explicare nullo modo valemus. Quæ etenim adeo dura mens, quod tam ferreum pectus, quod tam longa et intolerabili tanti et tam piissimi domini non moveatur absentia? quæ, cum in dolore cœperit, in timore perdurat, defectus horrore terret. Nam quoties regiæ majestatis ingenitam nobilitatem, venerabilem morum industriam, animositatem cum ad omnes tum ad nos præcipue piissimam memoramus, aut ante vos aut vobiscum deficere desideramus. Si enim superessemus, de quanto in quantum mutaremur nulla alia est comparatio, quam si de cœlo in abyssum corrueremus. Redeat igitur ad cor ingenitæ bonitatis consueta propitiatio; et, quod etiam belluæ naturaliter faciunt, diligentes se diligat, fideles et præcordiales amicos enecare erubescat : ut quos exeundo terrore nimio contrivit, redeundo saltem post tanta pericula, post tantas et innumerabiles diversarum mortium passiones, sufficienti solatio resuscitet. Ut autem totius regni tui tibi voce loquar, quid est, carissime rex et domine, quare nos fugis? Nonne qui oderunt te oderam, et super inimicos tuos tabescebam? Qui cum te, et nos tuos tanquam te diligere deberes, quod neutrum videris diligere, magis dolemus. Siquidem cum in Orientis partibus acerrime laboraveris, multa et pene intolerabilia mala sustinueris, post reditum baronum et optimatum regni, qua duritia vel potius crudelitate inter barbaros remanere præsumpsisti? Redierunt regni perturbatores; et tu, qui defendere deberes, quasi captivatus exulas ; ovem lupo tradidisti, regnum raptoribus exposuisti. Rogamus igitur celsitudinem tuam, pulsamus pietatem, adjuramus benignitatem, et per eam qua invicem obligati sumus fidem obtestamur, ne post transitum Paschæ ibi vel modicum demoreris, ne reus professionis et juramenti quod in susceptione coronæ regno fecisti in oculis Dei appareas. Nos autem sicut angelum Dei vos expectantes, ubicumque necesse fuerit procedere, necessaria quæque præparare parati erimus. Conservet Rex regum et Dominus dominorum personæ vestræ incolumitatem sibi et nobis.

Pecuniam quam vobis mittere disposueramus, secundum præceptum vestrum, fratribus Templi deliberavimus. Similiter et comes R.[1] quidquid vobis accom-

---

1. Radulfus.

modaverat, tria scilicet millia librarum, exceptis ducentis, in plenitudinem accepit. Terra vestra et homines bona pace, Deo opitulante, gratulantur. Causas et placita vestra, tallias et feodorum relevationes, victualia etiam, sperantes in reditu vestro, reservamus; domos vestras et palatia integra servare, diruta reparare facimus; solo domino egent. Senex eram; sed in his magis consenui, pro quibus omnibus nulla cupiditate, nullo penitus modo, nisi amore Dei et vestro, me consumpsissem.

De regina conjuge vestra[1] audemus vobis laudare, si tamen placet, quatinus rancorem animi vestri, si est, operiatis, donec, Deo volente, ad proprium reversus regnum, et super his et super aliis provideatis[2].

XII. AD SAMSONEM REMENSEM ARCHIEPISCOPUM.

Suger prie l'archevêque de Reims de se rendre à Soissons, ainsi que ses suffragants, pour délibérer avec les autres prélats et les grands du royaume sur les intérêts de l'Église et de l'État.

(1149)

Venerabili, Dei gratia, Remensi archiepiscopo Samsoni, Sugerius Beati Dionysii abbas, salutem et dilectionem.

Cum gloria corporis Christi, videlicet Ecclesiæ Dei, regni et sacerdotii indissolubili unitate consistat, con-

---

1. Alienora.
2. Ex Chesn., IV, 511. — Felib., inter probationes, p. 118. — *Rer. gallic. scriptor.*, XV, 509.

stat profecto quia qui alteri providet alteri suffragatur ; quoniam et temporale regnum per Ecclesiam Dei stare, et Ecclesiam Dei per temporale regnum proficere, omnibus discretis evidenter ostenditur. Eapropter, quia, carissimi domini nostri regis Francorum Ludovici longa peregrinationis absentia, perversorum tergiversationibus et molestiis regnum graviter moveri videmus, et cum regno Ecclesiam Dei gravius turbari formidamus, et cito consulto opus est; tanquam pretiosam de capite coronæ regni gemmam vos obsecramus, invitamus, et per eam, quæ inter nos et vos est invicem, fidem vestram atque nostram, et qua[1] regno astrictus estis, vos submonemus quatinus cum suffraganeis vestris, dominica præcedente Rogationes[2], Suessionis nobiscum conveniatis. Convocavimus enim eodem termino et loco archiepiscopos et episcopos, atque altiores regni optimates, ut secundum fidelitatis nostræ et sacramenti professionem, qua regno obligati sumus, regno et Ecclesiæ Dei consulte provideamus, et alter alterius onus invicem subportemus, et pro domo Israël murum nos opponamus :. quia, si de illa constanter [non][3] reperiamur, de qua legitur *Multitudinis credentium erat cor unum et anima una*[4], et Ecclesia Dei periclitabitur, et *regnum in seipsum divisum* omnino *desolabitur*[5].

---

1. *Et qua.* Sic edit. Chesniana. — *In qua* edit. Benedict.
2. Quæ dominica contigit, anno 1149, die 8 maii.
3. *Non* inter uncinos supplent Benedict. — *Si*, absque ulteriùs negativâ voce, in edit. Chesnii.
4. Act. apost., iv, 32.
5. Lucæ Evang., xi, 17. — Ex Chesn., IV, 518. — *Rer. gallic. scriptor.*, XV, 511. — Vide Samsonis responsum, in eâdem col-

XIII. AD RADULFUM COMITEM VIROMANDENSEM.

Suger enjoint au comte de Vermandois de restituer la tour de Saint-Palais à l'archevêque de Bourges, et de faire livrer la tour de Bourges à Guy de Rebrechien, chargé de la garder.

(1149)

Egregio, Dei gratia, Viromandensi comiti Radulfo, Sugerius Beati Dionysii abbas, salutem et dilectionem.

Juvenis iste Rainaldus de Craciaco festinat ad vos, ut justitiam mutetis contra archiepiscopum Bituricensem, ipsum de firmitate Sancti Palladii exspoliando, qua investitus erat quando dominus rex Hierosolymam profectus est. Nos autem, dictante justitia, præfatum archiepiscopum reinvestiri præcipimus, quod nullo modo mutabimus, et vos hoc ipsum mandare volumus. De Widone vero de Herembrachen, quem ad muniendam et custodiendam turrim Bituricensem miseramus, dilectioni vestræ significamus præpositos Bituricenses et Cadurcum ei turrem negasse, licet, postquam vobiscum locuti fuimus, hoc idem eis iterum mandaverimus. Quod per præsentem nuncium vos ipsis præcipere scribendo volumus[1].

lectione (XV, 512), et Theodorici, comitis Flandriæ, epistolam ad Sugerium (ibid.). Laudat S. Bernardus (epist. 377) hanc prælatorum et baronum convocationem, à Sugerio factam.

[1]. Ex Chesn., IV, 531. — *Rer. gallic. scriptor.*, XV, 513. Cf. Petri, Bituricensis archiepiscopi, epistolas duas (ibid., 703, 704), necnon et aliam Cadurci, regis cancellarii, ad Rotrocum comitem Perticensem (ibid., 512).

XIV. AD EUGENIUM III PAPAM.

Suger supplie le pape de prendre la défense des religieuses de Fontevrault contre l'évêque de Poitiers, et de maintenir l'exemption dont elles jouissent.

(1149)

Carissimo domino et patri, Dei gratia, summo et universali pontifici Eugenio, Sugerius Beati Dionysii abbas, obedientiæ et servitii plenitudinem.

Pro sororibus apud Fontem Ebraldi in sancta et Deo acceptabili religione degentibus, quas episcopus Pictavensis[1], subjectionem ab eis requirens, earumque abbatissam[2] benedicere nolens, defatigat, sancti Apostolatus vestri celsitudinem qua possumus prece pulsamus, ut, sicut vestræ incumbit discretioni imbecillitatem debilium confovendo sustinere, quid unicuique expediat providere, fragilitati sexus condescendatis, et quia vestra auctoritate innituntur, eas sub vestra protectione retineatis[3], nec alteri subjici velitis, et ab defatigatione eas in pace esse faciatis. Novit enim vestra discretio quod animabus earum non expedit claustra monasterii sui exire, nec hac occasione vel alia sæculo se jungere. Nostis enim, si vestræ placet Paternitati, quod præfatus episcopus subjectos suos

---

1. Gislebertus.
2 Mathildem, sororem Fulconis junioris, comitis Andegavensis.
3. Cf. Eugenii litteras, datas Tusculani, vii kal. aut idus septembris, in *Rerum gallic. script.*, XV, 455.

consuevit inquietare. Placeat igitur Excellentiæ vestræ ab his molestiis eas eripere, et, ut in pace Deo deserviant, eis in multitudine misericordiæ vestræ providere, sub protectione Dei cœli et vestra apostolica auctoritate confovere et protegere : utpote tantum tantæ religionis locum, quem, cum in partibus illis in scholis essemus, noviter incœptum esse vidimus, et per Dei voluntatem fere ad quatuor aut quinque millia sanctimonialium jam excrevisse audivimus et gaudemus[1].

XV. AD GAUFRIDUM COMITEM ANDEGAVENSEM ET MATHILDEM IMPERATRICEM.

Suger exprime au comte d'Anjou tout le chagrin que lui cause sa querelle avec le roi de France. Il lui promet de s'interposer, comme il l'a fait autrefois en faveur de roi d'Angleterre, et l'exhorte à rechercher lui-même la paix.

(1149-1150)

Egregio comiti Andegavorum et duci Normannorum G.[2] atque nobili imperatrici Mathildi, Sugerius Beati Dionysii abbas, salutem et dilectionem.

Noverit nobilitatis vestræ celsitudo contentionem illam, quæ inter vos et dominum nostrum regem Francorum emersit, valde nobis displicere, tum pro amore Dei, qui pacis auctor est et amator, tum pro oppressione pauperum, quam dolemus, tum pro pace vestra

---

1. Ex Chesn., IV, 522. — *Rer. gallic. scriptor.*, XV, 513.
2. Gaufrido.

et honore, quem valde diligimus. Neque enim oblivioni tradere poterimus honorem et amorem quem gloriosus rex Henricus toto tempore vitæ suæ nobis exhibuit : qui cum sapienter et potenter in administratione regni Anglorum et ducatus Normannorum floreret, quocumque guerrarum et bellorum tempore bona Sancti Dionysii honeste et fideliter conservari faciebat, familiarem me habebat; venienti etiam, tam potens, tam discretus occurrebat, et, quod multis suorum celaret, de reformatione pacis sæpius mihi aperiebat. Unde crebro, Deo auxiliante, contigit nostro labore de multis guerris et implicitis multorum æmulorum machinamentis eum ad bonam pacis compositionem pervenire. Quod si nobis credi dignaretur, non recordamur pacem aliquam viginti annis cum domino rege Francorum eum fecisse, cui fideliter et præcipue inter omnes operam jugem et fidelem non adhibuerimus, sicut ille qui ab utroque domino credebatur. Quod et adhuc opportune, importune etiam, sicut decet abbatem et sacerdotem, quandocumque poterimus, libenter prosequemur.

Unde etiam, memores antiquorum gloriosi regis Henrici beneficiorum, nobilitati vestræ consulimus ut et per amicos et per familiares amorem domini regis et pacem, dum adhuc revocabilis est, dum necdum cum hostibus vestris fœdus iniit, strenue et diligenter quærere laboretis. Si enim regnum Angliæ et gazarum antiquarum copia paci et prosperitati vestræ succederent, guerrarum longarum expensis infructuosam consumptionem, raptorum satellitum, solidariorum profusionem infructuose attingeret. Pacem cœli et terræ vobis Omnipotens largiri dignetur.

Pro terra Beati Dionysii de Bernevalle[1] et de Boscagio, quam gloriosus rex Henricus etiam guerrarum tempore solito diligentius illæsam omnino conservari faciebat, ut idipsum faciatis obnixe rogamus. Nec enim occasione guerrarum Francorum sive Normannorum possessiones ecclesiarum vel abbatiarum, ubicumque sitæ sint, sive in Normannia, sive in Francia, lædi vel minui solent[2].

XVI. AD REGEM LUDOVICUM VII.

Suger supplie le roi de différer son expédition contre le comte d'Anjou, et d'attendre à ce sujet l'avis des prélats et des grands du royaume.

(1150)

Carissimo domino, Dei gratia, regi Francorum et duci Aquitanorum Ludovico, Sugerius Beati Dionysii abbas, devotas in Christo orationes et fidele servitium.

Regiæ majestatis celsitudini, de qua semper confidere consuevimus, obnixe supplicamus, ne contra comitem Andegavensem, quem ducem Normanniæ fecistis[3], absque consilio archiepiscoporum et episcoporum,

---

1. De hâc terrâ, vide Sugerii librum *De rebus in administratione suâ gestis*, cap. 23.
2. Ex Chesn., IV, 541. — *Rer. gallic. scriptor.*, XV, 520. Cf. comitis Andegavensis responsum (ibid., 521).
3. Hominium pro Normanniâ præcipua erat hujus contestationis causa. Iram regis incurrerat etiam Andegavensis comes obsidione castri Monasteriolensis. V. *Rerum gallic. script.*, XII, 127 et 481.

sive optimatum vestrorum, in guerram immature prorumpatis. Si quid enim minus consulte aggressi fueritis, nec cum honore dimitti, nec sine maximo labore perfici poterit. Sed, quandoquidem homines vestros propter hoc convocastis, rogantes consulimus[1] ut, audito eorum consilio, aliquanto tempore differendo sustineatis, donec fidelium vestrorum, episcoporum scilicet et procerum, super hoc consilium audiatis : qui, ex jure fidelitatis quam regno et coronæ debent, quod vobis suggesserint, perficere totis viribus adjuvabunt[2].

XVII. AD GAUFRIDUM COMITEM ANDEGAVENSEM.

Suger informe le comte d'Anjou que, sur ses instances et sur celles du comte de Flandre, le roi a renoncé à faire marcher son armée contre lui.

(1150)

Egregio, Dei gratia, comiti Andegavensi Gaufrido, Sugerius Beati Dionysii abbas, salutem et dilectionem.

Cum de negotio vestro, sicut nos et episcopus Luxoviensis contuleramus, loqueremur, inopinate venit comes Flandriæ, qui per se et per quoscumque potuit, nobis etiam insistentibus, multa prece vix apud dominum regem obtinuit ut submonitus exer-

---

1. *Consulimus* ed. Chesniana. — *Consuluimus*, minùs aptè, ed. Benedictinorum.

2. Ex Chesn., IV, 540. — *Rer. gallic. scriptor.*, XV, 522.

citus differretur, et trevia inter vos esset, et de trevia ad pacem tractaretur. Ejusdem autem[1] comitis nuntios vos habuisse, et diffusius vestræ nobilitati rem aperuisse non ambigimus. Serenitatem siquidem vestram procul dubio scire volumus quod in compositione pacis vestræ, et in quibuscumque poterimus, amicitiam vestram et vestrorum promereri satagemus. Novit etiam Luxoviensis episcopus quam[2] fideliter in negotio vestro laboravimus et elaboramus[3].

XVIII. AD PETRUM CLUNIACENSEM ABBATEM.

Suger convoque l'abbé de Cluny à une assemblée générale des prélats et des barons de France, qui doit se tenir à Chartres pour aviser à secourir les chrétiens cernés dans Antioche.

(1150)

Amantissimo domino et patri venerabili, Dei gratia, Cluniacensium abbati Petro, Sugerius Beati Dionysii abbas, devotas in Christo orationes, amoris et servitii plenitudinem.

Orientalis ecclesiæ calamitatem, et Dominicæ crucis, regis Hierosolymitani ac fratrum Templi et aliorum

---

1. *Autem* deest in edd. — 2. *Quod* edd. omnes.
3. Ex cod. ms. 14192, fol. 17. — Marten. *Anecd.*, t. I, col. 415. — *Rer. gallic. scriptor.*, XV, 522. — Etenim pax inter regem et comitem per Arnulfi, Lexoviensis episcopi, negociationem procurata est; sed anno 1151, post mortem Sugerii, bellum instauratum. V. *Rerum gallic. script.*, XII, 527; XIII, 292; XV, 522. Cf. etiam ipsius Arnulfi ad Sugerium epistolam, in Marten. *Anecd.*, t. I, col. 418.

fidelium in urbe Antiochena obsessionem[1], ex literis quæ a partibus illis delatæ sunt, cognovimus, et ad aures vestras pervenisse non ambigimus. Inde est quod archiepiscopi et episcopi, quin etiam dominus rex et regni optimates, et nos super hoc Lauduni convenimus; et usque adeo res processit, quod quindecimo die post octavas Paschæ[2] Carnoti generaliter conventum celebrare super hac causa, et multarum provinciarum archiepiscopos, episcopos, abbates convocare, et pro domo Dei murum nos opponere, tantoque dolori pene inconsolabili consulte providere, et ne fides ab illis sacratissimis locis exterminetur a quibus ad nos deportata est, Dei misericordia præcedente et subsequente, omnimodam operam adhibere disposuimus. Et quia præsentia vestra huic tanto operi plurimum esset necessaria, ex parte Dei, cujus est causa, pro quo et in carcerem et in mortem ire semper parati esse debemus, ex archiepiscoporum et episcoporum parte, qui hanc nobis submonitionem injunxerunt, et ex nostra, celsitudinem vestram præfato termino et loco huic tam egregio facto interesse et invitamus et submonemus et suppliciter efflagitamus. Cæterum, ut has alias literas domino Lugdunensi citissime dirigatis, ne ex mora occasionem non veniendi habeat, rogamus[3].

1. Cf. Willelm. Tyr., lib. XVII, cap. 9, et litteras dapiferi militiæ Templi ad Ebrardum *des Barres*, ejusdem militiæ magistrum, in *Spicileg.*, III, 501.

2. Hæc dies, anno 1150, erat maii octava.

3. Ex *Rer. gallic. scriptoribus*, XV, 523. — *Biblioth. Clun.*, col. 918; inter epist. Petri Vener., lib. VI, ep. 19. — Quid in conventu Carnotensi actum sit docet fr. Willelmus, in Sugerii Vitâ, infrà, lib. III. Cf. Eugenii papæ litteras, in *Rerum gall. script.*, XV, 454.

XIX. AD BALDUINUM NOVIOMENSEM EPISCOPUM.

Suger, chargé avec l'évêque de Noyon d'établir dans l'église de Compiègne la règle monastique, mande à ce prélat de parfaire l'œuvre commencée, en procédant, le jour de la fête de saint Corneille, à la bénédiction de l'abbé.

(1150)

Venerabili, Dei gratia, Noviomensi episcopo B.[1], Sugerius Beati Dionysii abbas, sinceræ caritatis cum affectu effectum.

Super eo negotio quod vestræ celsitudini et nostræ parvitati apostolica commisit auctoritas de statuenda religione in ecclesia Compendiensi, omnipotenti Deo immensas gratiarum actiones referamus, quod tanto, tam glorioso operi tam bonum principium largiri dignatus est; de misericordia ejus confidentes, quia qui cœpit opus bonum, ipse perficiet in manu forti et brachio extento. Habemus enim ad tuitionem negotii nostri evangelici responsi auctoritatem : *Si quid vobis aliquid dixerit, dicite quia dominus iis opus habet, et confestim dimittet eos*[2]. Audientes igitur et scientes, injuncto nobis negotio viriliter insistamus, et castra diaboli, quæ, peccatis hominum exigentibus, in præfato loco constructa erant, funditus evertamus; castraque Dei omnipotentis ibidem erigamus, et erecta cum omni diligentia foveamus et manuteneamus.

1. Balduino. — 2. Matthæi Evang., xxi, 3.

Sane de benedictione electi[1] dilectioni vestræ significamus quatinus, si sine magno scandalo fieri potest (solent enim canonici in festo sancti Cornelii[2] magis quam in toto anno convenire), in ipsa festivitate ante altare præfati martyris eum benedicatis, ut has primitias laboris vestri offerendo æternæ remunerationis fructum ab omnipotente Deo recipiatis. Quod si sine magno scandalo fieri non potest, instanti dominica ut idipsum impleatis rogamus[3].

XX. AD EUGENIUM III PAPAM.

Suger rend compte au pape de l'exécution de ses ordres au sujet de l'église de Compiègne, et, tout en lui députant l'abbé nouvellement élu, il l'instruit sommairement par lui-même de la conduite scandaleuse des chanoines de cette ville.

(1150)

Carissimo patri et domino, universali, Dei gratia, et summo pontifici Eugenio, Sugerius Beati Dionysii abbas, obedientiæ et servitii plenitudinem.

Inter omnia et ex omnibus, sanctissime Pater, quæ vel auctoritate apostolica, vel majestatis regiæ præceptione parvitati nostræ concessa sunt negotia, hæc duo potissimum amplexatus sum, videlicet de statuenda religione in Beatæ Genovefæ Parisiensi et nobili Com-

---

1. Odonis de Diogilo. — 2. Die 16 septembris.
3. Ex Chesn., IV, 543. — *Rer. gallic. scriptor.*, XV, 526. Cf. epistolam Eugenii papæ, xiii kal. julii ejusdem anni scriptam, ibid., 459.

pendiensi ecclesia, quæ de jure beati Petri vestra innititur auctoritate, una de nobilioribus Galliarum, si infamis enormitas canonicorum inhabitantium non obstitisset, existens. Quod memorabile factum quare vel quomodo effectui mancipari potuerit, stupendo admiramur, nisi quia manum Domini non invalidam et Petri fortitudinem in his et his similibus et per omnia cognovimus. Subversa sunt, Pater carissime, ad executionem sanctæ præceptionis vestræ, castra iniquitatis; erecta sunt ibidem[1] castra pietatis et sanctæ religionis, ut *in cubilibus in quibus prius dracones habitabant, oriatur viror calami et junci*[2]. Tenorem sane actionis hujus ex ordine sanctæ Paternitati vestræ scribere dignum duxeramus, nisi quia abbas ejusdem ecclesiæ ibidem nuper electus, nuper benedictus[3], vir venerabilis et approbata persona, ad vos tanquam ad dominum et patrem, cujus totus est, festinat : qui et actionis plenitudinem et propriam conscientiam, quantum ad se spectat, exponet, et voluntatis vestræ et plenæ obedientiæ executorem se exhibebit.

Summatim tamen sanctæ discretioni vestræ celare nolumus molestias et opprobria quæ pessimi canonici etiam in præsentia domini regis intulerunt domino Noviomensi episcopo[4] et nobis; miserrimus ille de-

---

1. Ità ed. Chesn. — *Ibi* ed. Benedict. — 2. Isaias, xxxv, 7.

3. Odo de Diogilo, electus 16 septembris ejusdem anni, ut constat ex litteris Balduini, Noviodunensis episcopi, ad Eugenium papam (*Rerum gallic. script.*, XV, 459). Cf. etiam litteras ejusdem Balduini ad Sugerium, abbatis benedictionem annuntiantes, in quarum fine notanda hæc verba : « Quidquid regis urget jussio vel comminatio longè minus est quàm quod apostolica sancit et confirmat auctoritas (ibid., 526). »

4. Balduino.

canus specialiter, tanto audacior quanto ex ipsa sui infamia vilior, et quidam alius Giraldus de Portu, haud illo miserior fœtore infamiæ, sive miserrimus, aliique plures domestica mala et rei familiaris spurcitiam deplorantes. Prima quidem die vocati ad auditionem mandati vestri, ipsi canonici venire contempserunt. Cum autem se eos absentare et præceptum vestrum nolle audire manifeste videremus, clericis aliis et populo multis millibus congregato, mandatum vestrum de statuenda religione in eadem ecclesia coram exponi fecimus, monachos ibidem deinceps sub religione deservituros significavimus. Præbendas canonicorum eos in pace possidere in beneplacito vestro, donec vobis quid inde fieret ordinare placeret, assistente domino rege, promisimus. Ipsi vero canonici, ausu sacrilego irruentes in eandem ecclesiam, sanctissimas reliquias spineæ coronæ Domini et sanctæ sindonis, et thesauros ejusdem ecclesiæ, insuper et libros ac sacerdotalia indumenta, ne haberent monachi unde Deo servirent, arripuerunt : nobis ex parte vestra reclamantibus propter eorum inobedientiam, altius solito cantaverunt, donec et dominus rex et omnes qui aderant, tam clerici quam laici, eorum admirati insaniam, represserunt. Cum autem sequenti die mandati vestri plenitudinem audissent, in iniquitate sua et inobedientiæ audacia permanserunt[1].

1. Ex Chesn., IV, 545. — *Rer. gallic. scriptor.*, XV, 526.

XXI. AD PETRUM ABBATEM CLUNIACENSEM.

Suger prie l'abbé de Cluny d'écrire au pape pour lui demander d'accueillir favorablement l'abbé de Compiègne.

(1150)

Venerabili, Dei gratia, Cluniacensi abbati Petro, Sugerius Beati Dionysii abbas, salutem et devotas orationes in Christo.

Honesta materia precum multitudinem coarctare consuevit. Inde est quod pro ecclesia Compendiensi, quæ præcepto domini papæ de antiquo in novæ religionis statum mutata est, sanctitatem vestram obnixe rogamus, quatinus eam apud Dominum orationibus vestris adjuvetis, et domino papæ ut ejusdem ecclesiæ abbatem, virum venerabilem, approbatam personam, benigne suscipiat, et tanquam operi manuum suarum sicut pius pater et dominus in omnibus provideat, scribatis. Valete.

Domino et patri, venerabili, Dei gratia, Claravallensi abbati B.[1], Sugerius Beati Dionysii abbas idem mandat[2].

---

1. Bernardo.
2. Ex Chesn., IV, 546. — *Rer. gallic. scriptor.*, XV, 527.

XXII. AD RADULFUM COMITEM VIROMANDENSEM.

Suger se plaint au comte de Vermandois des violations sacriléges commises dans l'église de Compiègne par Philippe, frère du roi, et ses complices; il l'invite à se joindre à lui pour châtier les coupables.

(1150)

Egregio Viromandensi comiti R.[1], carissimo domino et amico suo, Sugerius Beati Dionysii abbas, salutem et dilectionem.

Novit discretio vestra quod dominus papa auctoritate apostolica de constituenda religione in ecclesia Compendiensi onus nobis, licet invitis, imposuit. Qui enim de suo timet, alieno gravari onere non immerito dolet. Nunc autem quod a nobis pro injuncta obedientia determinatum fuerat, irreverenter violatum esse constat; et quod dominus rex de eadem re vobiscum et cum domina regina[2] contulit, aut nihil aut parum profuit. Sequenti enim [die][3] statim cum exissemus, domnus Philippus, frater regis[4], cum sacrilega et armata tam laicorum quam clericorum manu veniens, monasterium violenter irrupit, et pyxidem in qua non modica reliquiarum portio continebatur ra-

---

1. Radulfo. — 2. Adelaïde.
3. *Die* inter uncinos adjiciunt Benedict.
4. Philippus erat thesaurarius Compendiensis ecclesiæ, decanus et archiclavis Sancti Martini Turonensis, archidiaconus Parisiensis, ac præterea abbas quarumdam aliarum regalium abbatiarum (Benedict.).

piens asportavit. Nec hac temeritate contentus, sine mora iterum cum suis complicibus reversus, ecclesiæ januas super se clausit, et reverendam Salvatoris nostri coronam cum pretiosa et famosa ejusdem Domini nostri sindone rapere conabatur. Sed burgenses, audito tanto scelere, tam pro venerandis reliquiis quibus locus ille toto terrarum orbe famosus existit, quam etiam pro fidelitate quam abbati et fratribus jam fecerant, cum armis viriliter accelerantes, comperto etiam quod sacrilegi illi, ne fratres campanas pulsare possent, funes præcidissent, et eis post illatas contumelias mortem minarentur, quoniam portas ecclesiæ obseratas intrinsecus invenerunt, quomodo potuerunt ecclesiam ingressi sunt; et nisi regiæ majestati super fratre suo deferendum judicassent, eos qui cum eo inventi sunt, zelo accensi, turpiter punissent. Retentis itaque reliquiis et conservatis fratribus nostris, repulso eodem Philippo, suos quoque vix se a vindicta cohibentes fugaverunt. Quia igitur eorum audacia et clericorum contumax inobedientia ad justitiam exercendam nos provocat, unanimitatem vestram, de qua multum confidimus, apostolica auctoritate invitamus, et sicut fidelissimum amicum (quippe quia vobis[1] invicem in opportunitatibus nunquam defuimus) ex parte etiam domini regis rogamus et denunciamus, quatinus omnia quæ sub tuitione vestra scelerati clerici habere videbantur, vestro præcepto reserventur : siquidem ipsi, culpis suis exigentibus, seipsos et officio et ecclesiæ beneficio privaverunt. Certum itaque mutui amoris nostri argumentum erit, si in præsenti

---

1. *Nobis* edd., sed mendosè, ut patet.

opere Dei fidelem vos et fortem coadjutorem habuerimus[1].

XXIII. AD HENRICUM BELVACENSEM EPISCOPUM, CLERUM ET POPULUM BELVACENSEM.

Suger exhorte l'évêque, le clergé et le peuple de Beauvais à ne point persévérer dans leur rébellion contre la majesté royale, et leur prédit, dans le cas où ils s'obstineraient, les plus graves malheurs.

(1150)

Venerabili episcopo Belvacensi H.[2], et nobilis ecclesiæ Beati Petri Belvacensis capitulo, clero simul et populo, Sugerius, Dei gratia, Beati Dionysii abbas, pacem superiorem et inferiorem a Rege regum et rege Francorum.

Ex ea familiaritate qua et[3] hujus domini nostri regis et patris ipsius temporibus, querelis emergentibus, pro pace vestra, ab omni munere manus continens fideliter, ut melius nostis, laborare consuevi; nunc quoque, gravi licet detentus infirmitate, rogo, persuadeo et modis omnibus laudans consulo, ne contra dominum regem et coronam, cui omnes archiepiscopi, episcopi et barones innitimur et jure fidelitatis debi-

---

1. Ex Chesn., IV, 543. — *Rer. gallic. scriptor.*, XV, 527. Cf. epistolas regis Ludovici VII et comitis Radulfi Viromandensis ad Sugerium, *ibid.*, 528, 529.

2. Henrico.

3. *Qua et* cod. 14192. — *Quam ex* edit. Benedict., sed malè.

tores existimus, contumaciter, quod vobis non expedit, calcaneum elevetis. Novus est enim et seculo inauditus hujusmodi ausus, nec diutius absque civitatis et ecclesiæ destructione poteritis sustinere. Moveri enim arma ab episcopo vel commisso sibi populo adversus communem dominum, præsertim inconsulto summo Pontifice et regni episcopis atque proceribus, quam perniciosum et periculosum sit, ipsi facile cognoscetis. Unum est quod maxime vos ab hac debeat præsumptione revocare : quia usque ad hoc tempus antecessores vestros tale aliquid attemptasse nunquam[1] audistis, nec tam nefandi operis exemplum in gestis vel relationibus antiquorum invenire poteritis; quidem quod contra dominum vestrum, regem videlicet pium, ecclesiarum amicum, et[2] totius boni æmulatorem intentissimum, calcaneum extulistis; quippe cum voluntatem prorsus non habeat ut vel vobis vel aliis quicquam injuste auferat. Qui si malorum persuasione aliquid forte minus bene adversum vos egisset, conveniendus utique prius erat per regni episcopos et proceres, sive potius per dominum papam, qui caput est ecclesiarum, quique omnia facile pacificare potuisset. Redeat igitur ad cor novi episcopi nobilitas, qui,

> Quamvis plebeio tectus amictu,
> Indocilis privata loqui[3],

regem dominum et fratrem magis placandum graviter commovit. Si ex amore ecclesiæ suæ hoc facit, habeat

---

1. Ità cod. 14192. — *Nusquam* ed. Benedict.
2. Sic cod. 14192. — *Ac* ed. Benedict.
3. Lucani *Phars.*, lib. V, v. 538-539.

zelum secundum scientiam. Si bene offerre nititur, rectius dividat. Regiam clementiam blandiendo et se voluntati illius exponendo, tam sibi quam ecclesiæ suæ et civibus reconciliet, ne diabolica astutia aut proditionis coronæ, aut fratricidii infamis ignominia, vel tale aliquid emergat.

Et quid de vobis dicam carissimis amicis nostris decano et archidiaconis et nobili clero capituli, si audiero nobilem statum ecclesiæ vestræ subverti, ecclesiarum Dei copiam hac occasione igne conflagrari? Novit qui omnia novit, quod graviter infirmus et quartano typo laborans, gravius hoc languore affligor ad præsens, et meipsum libenter pro sedatione hujus seditionis contraderem. Quid autem vobis dicam, cives miserrimi, quos valde absque cupiditate aliqua diligere consuevi (neque enim recordor me aliquando vel unum nummum a vobis accepisse), si audiero civitatis subversionem, filiorum vestrorum et uxorum exulum[1] deprædationem, virorum multorum detruncationem? Quæ si modo fiant, tanto citius; si quacumque occasione differantur, tanto ardentius, crudelius et miserabilius fient : crescit enim odium ex ultionis dilatione. Miserrimi viri, misereatur sibi nobilis pontifex, misereatur clerus sui ipsius; quia sicut non poterit formica currum trahere, sic nullo modo poterunt civitatis Belvacensis subversionem a fortitudine coronæ et sceptri defendere. Si quid scire possum, si quid retinui qui jam in his consenui, vestra longo labore parta raptoribus et furibus expendetis; iram domini regis, immo omnium succedentium,

---

1. *Exulum* ed. Benedict. — *Exulem* cod. 14192.

vobis accumulabitis; odium sempiternum vestris generationibus generabitis; universis per totum regnum ecclesiis regiam devotionem et miram liberalitatem, qua[1] hanc et alias ditaverunt, in sempiternum pessimi hujus facti memoria submovebitis. Videte, videte, viri discreti, ne et alia vice rescribatur quod semel inventum est in marmorea columna hujus civitatis, ore imperatoris dictum : *Villam Pontium refici jubemus*[2].

XXIV. AD LUDOVICUM FRANCORUM REGEM.

Suger, sentant sa fin prochaine, recommande à Dieu le royaume et le roi, et adresse à Louis VII ses derniers conseils.

(1150-1151)

Glorioso, Dei gratia, regi Francorum et duci Aquitaniæ Ludovico, carissimo domino nostro, Sugerius omnium abbatum Beati Dionysii minimus, devotas in Christo orationes et fidele servitium.

Gravissimi languoris longa attritione consumptus, dissolutionem meam imminere[3] Excellentiæ vestræ

---

1. *Quæ* edd.

2. Ex cod. 14192, fol. 21. — Marten. *Anecd.*, t. I, col. 422. — *Rer. gallic. scriptor.*, XV, 528. Sic dicta urbs Belvacensis, aiunt Benedictini, quæ etiam nunc frequentibus ponticulis super amnem sternitur, vel quia antiquitùs *Bratuspantium* nomen habuisse creditur. — De hâc celebri Belvacensium et regis querelâ, cf. epistolas Eugenii papæ ad Henricum episcopum, ad Ludovicum VII, ad Hugonem, Rothomagensem archiepiscopum, etc. (*Rer. gallic. script.*, XV, 463-465).

3. Defunctus est Sugerius die 13 januarii an. 1151.

significare dignum duxi, in bona spe et bona fide Dei misericordiam, quam nunquam in se sperantibus denegat, tota cordis intentione præstolando. Mirantur siquidem omnes quod tanto, tam longo dolore attritus supervixerim, existimantes hoc ex divinæ pietatis largitione meæ parvitati impertitum esse, ut cum tantum pœnitendi spatium habuerim, annos meos in amaritudine animæ meæ recogitem, et mihi provideam. In tanto etenim honore positus, absque multis[1] vivere non potui.

Personam autem vestram et personæ prosperitatem et regni statum Domino Deo attentius commendo; et ut inter felices reges coronam gloriæ æternæ immarcescibilem obtineatis, qua possum prece divinæ pietati supplico. In omnibus vero, et inter omnia, et ante omnia, pro nobili ecclesia Beati Dionysii, quæ maxima regni et coronæ vestræ portio est, nobilitatem vestram attentius deprecor, ut eam tanquam bonus dominus et pius foveatis et manuteneatis, et ei consilii et auxilii manum porrigatis. Meminerit regiæ majestatis celsitudo quomodo juvenis de terra vestra existis, nobile regnum Francorum in manu Ecclesiæ Dei dimisistis, per tot pericula et mortes ecclesiam Orientalem visitastis : videte, pensate ne tantum laborem amittatis; diligite Ecclesiam Dei, pupillos et viduas defendite, et sic contra omnem potestatem tam aeream quam mundanam, et contra æmulorum insidias quos multos habetis, Deo auxiliante, poteritis resistere. Hoc enim est meum consilium.

Hanc epistolam, quia me non potestis, vobiscum

---

1. *Delictis* adjiciunt Benedict.

semper retinete, et quod in ea scriptum est adimplere satagite. Pro vobis enim vobis loquor. Valeat Celsitudo vestra[1].

XXV. AD BERNARDUM ABBATEM CLAREVALLENSEM.

Suger remercie l'abbé de Clairvaux des présents qu'il lui a envoyés pour adoucir ses souffrances, et recommande son âme à ses prières.

(1150-1151)

Amantissimo domino et patri venerabili, Dei gratia, Clarevallensi abbati Bernardo, Sugerius adhuc Beati Dionysii humilis minister, salutem et sinceræ dilectionis affectum.

Visitastis[2] nos litteris vestris[3]: visitet vos Oriens ex alto. Munuscula vestra, immo munera maxima, mappulam preciosam, panem benedictionis vestræ, litteras consolationis in quibus continentur verba bona, verba sancta, melle et lacte redundantia, mihi misero peccatori delegastis, et in extremis posito consolationem maximam præbuistis. Si enim angelicam faciem vestram vel semel ante decessum meum videre potuissem, ab hoc miserrimo seculo securius exirem. Sciatis autem pro certo quia, si mille annis aut ultra vivere meruissem, nisi in beneplacito Dei remanere non curarem. Nec enim ex operibus justitiæ, sed in sola Dei miseri-

---

1. Ex cod. 14192, fol. 22, verso. — Marten. *Anecd.*, t. I, col. 426. — *Rer. gallic. scriptor.*, XV, 530.

2. *Visitasti* edd. — 3. Cf. epistolam S. Bernardi 266.

cordia confidens, quam semper in se sperantibus exhibet, ad eum redire tota cordis intentione desidero. Unde et animam meam in sanctas manus vestras devote commendo, et ut vestris et sanctarum congregationum vestrarum orationibus divinam propitiationem animæ meæ concilietis, genibus vestræ sanctitatis provolutus, suppliciter efflagito[1].

XXVI. AD GOSLENUM SUESSIONENSEM EPISCOPUM.

Suger témoigne à l'évêque de Soissons le vif désir qu'il éprouve de le voir avant de mourir.

(1151)

Amantissimo domino et amico venerabili, Dei gratia, Suessionensi episcopo G.[2], Sugerius et adhuc Beati Dionysii qualiscumque abbas, omnipotenti Deo inter felices episcopos Jesu Christi feliciter episcopari.

Æque ut vos amicum vestrum, aut plus si possum, vos videre desidero. Sed, quia per me non valeo, omnipotenti Deo, ut ante decessum meum vos videre merear, qua possum prece supplico. Quod autem mihi mandastis, vos post me diutius non esse superstitem, ut Deus et vitam et prosperitatem vobis conservet, quia mihi utilissimum[3] esset, tota cordis intentione

---

1. Ex cod. 14192, fol. 22. — Marten. *Anecd.*, t. I, col. 424. — *Rerum gallic. script.*, XV, 531.

2. Gosleno.

3. Sic edit. Bened. — *Utillimum* cod. 14192.

desidero, et divinam pietatem attentius exoro. Faciem autem vestram videre expecto, et de tanti domini et amici[1] expectatione gratulor[2].

1. *Et de tanti amici*, duntaxat, edit. Benedict.
2. Ex cod. 14192, fol. 22, verso. — Marten. *Anecd.*, t. I, col. 424. — *Rer. gallic. scriptor.*, XV, 532.

APPENDICE.

INDICATION DES LETTRES

ADRESSÉES A L'ABBÉ SUGER

PAR DIFFÉRENTS PERSONNAGES.

1128 (environ).

Saint Bernard loue Suger d'avoir renoncé au faste et à la pompe extérieure pour se conformer strictement aux règles de la discipline religieuse.

    Mabillon, *S. Bern. epist.*, col. 77. — D. Brial, *Rer. gallic. scriptores*, XV, 546.

1143.

Saint Bernard répond aux plaintes du roi sur le comte Thibaud de Champagne, et blâme à son tour certaines actions de Louis le Jeune.

    Mabillon, 205. — Duchesne, *Hist. Franc. scriptores*, IV, 452. — D. Brial, XV, 588.

1143.

Saint Bernard donne satisfaction à Suger, à qui il avait en quelque sorte imputé les troubles du royaume, et l'engage à fuir le contact des méchants.

    Ms. 14192, f° 20, verso. — Mabillon, 340. — Duchesne, IV, 457. — D. Brial, XV, 590.

1145-1146.

Le clergé de Saint-Martin de Tours demande à Suger de vouloir bien s'intéresser en sa faveur dans une affaire qu'il lui faut débattre à Meaux, en présence du légat, contre les clercs de Saint-Maurice.

Duchesne, IV, 534. — D. Brial, XV, 484.

1146, 11 mars.

Le pape Eugène III prie Suger d'appuyer auprès du roi le monastère de Saint-Médard, en butte aux vexations du comte de Soissons.

Duchesne, IV, 540. — Labbe, *Concil.*, X, 1085. — D. Brial, IV, 436.

1146.

Saint Bernard envoie à Suger une copie des lettres dans lesquelles il dissuade le roi de marier sa fille au fils du comte d'Anjou, pour cause de parenté.

Ms. 14192, f° 18, verso. — Mabillon, 333. — Duchesne, IV, 457. — D. Brial, XV, 604.

1146.

Hugues, archevêque de Sens, se réjouit de ce que son archidiacre, dont l'innocence est pour lui hors de doute, ait Suger pour juge.

Duchesne, IV, 533. — D. Brial, XV, 711.

1146 (environ).

Le pape Eugène III charge Suger d'examiner l'affaire

d'un prêtre, chassé par son archidiacre pour n'avoir pas payé une somme qu'il devait.

Duchesne, IV, 528. — Labbe, X, 1066. — D. Brial, XV, 442.

1146-1147.

Eudes, évêque de Beauvais, prie Suger de lever l'excommunication prononcée contre Pierre de Milly, qui promet de prendre la croix s'il est absous.

Duchesne, IV, 525. — D. Brial, XV, 484.

1146-1147.

Guillaume, comte de Nevers, prie Suger de s'intéresser à la veuve et aux enfants du médecin Robert, mort à son service.

Duchesne, IV, 532. — D. Brial, XV, 485.

1146-1147.

Hugues, évêque d'Auxerre, recommande à Suger la famille du médecin Robert, son ami.

Duchesne, IV, 532. — D. Brial, XV, 485.

1146-1147.

Ponce, abbé de Vézelay, prie Suger de traiter favorablement la veuve et le fils du même Robert, qui avait été lié avec lui durant sa vie.

Duchesne, IV, 540. — D. Brial, XV, 485.

1147.

Hugues de Lésigny prie Suger d'avoir une pleine confiance dans le messager qu'il lui envoie, et de lui faire connaître par son entremise l'état des affaires du Poitou.

Duchesne, IV, 496. — D. Brial, XV, 486.

1147.

Guillaume de Mauzé, sénéchal de Poitou, sur le point de partir pour Jérusalem, prie Suger d'envoyer au Bourdet un prévôt pris parmi les siens, et un homme sûr auquel il puisse confier la tour de Talmont, menacée par Eble de Mauléon.

Duchesne, IV, 499. — D. Brial, XV, 486.

1147.

Le doyen et le chapitre d'Autun prient Suger d'approuver l'élection d'Henri, frère du duc de Bourgogne, au siége épiscopal de leur ville, et de recommander sa personne au pape.

Duchesne, IV, 507. — D. Brial, XV, 487.

1147.

Louis VII mande à Suger et au comte Raoul de Vermandois de mettre tous leurs soins à garder son château de Gisors.

Duchesne, IV, 511. — D. Brial, XV, 487.

1147.

Louis VII informe Suger qu'il est heureusement parvenu aux confins de la Hongrie, et lui mande de lui envoyer de l'argent.

Duchesne, IV, 494. — D. Brial, XV, 487.

1147.

Louis VII apprend à Suger son arrivée à Constantinople,

et le charge de faire recueillir les fonds qui lui sont nécessaires.

Duchesne, IV, 499. — D. Brial, XV, 488.

1147.

Samson, archevêque de Reims, demande à Suger de le secourir contre les bourgeois de Saint-Remi, qui ont loué des soldats pour infester les églises de Saint-Remi et de Notre-Dame.

Duchesne, IV, 501. — D. Brial, XV, 489.

1147.

Raoul, comte de Vermandois, demande à Suger quel jour il désire se rendre à Paris, pour conférer avec l'archevêque de Reims au sujet des chevaliers faits prisonniers par son frère.

Duchesne, IV, 496. — D. Brial, XV, 490.

1147.

Thibaud, comte de Blois, prie Suger de venir à sa rencontre à Corbeil.

Duchesne, IV, 496. — D. Brial, XV, 490.

1147, 6 octobre.

Le pape Eugène III demande à Suger quels sont les prélats qui refusent de lui prêter assistance pour la défense du royaume, et l'avertit qu'il a désigné le lieu du concile qui doit se réunir.

Duchesne, IV, 495. — Labbe, X, 1057. — D. Brial, XV, 447.

1147-1148.

Ulger, évêque d'Angers, annonce à Suger la mort de Pierre, abbé de Bourgueil, et lui demande d'accueillir favorablement son successeur Robert.

Duchesne, IV, 493. — D. Brial, XV, 490.

1147-1148.

Les religieux de Bourgueil présentent à Suger, tenant la place du roi, l'abbé qu'ils ont élu.

Duchesne, IV, 494. — D. Brial, XV, 491.

1147-1148.

Ida, comtesse de Nevers, prie Suger de faire restituer à un habitant d'Auxerre certaine somme d'argent, que Geoffroy le Gras, d'Étampes, et son frère Raoul refusent de rendre.

Duchesne, IV, 498. — D. Brial, XV, 491.

1147-1148.

Adalbéron, archevêque de Trèves, s'informe auprès de Suger des nouvelles que lui ont apportées de la croisade les envoyés du roi de France.

Duchesne, IV, 502. — D. Brial, XV, 491.

1147-1148.

Les religieux de Saint-Riquier demandent à Suger de confirmer l'élection d'Arnoul, prieur de Corbie, comme abbé de leur monastère.

Duchesne, IV, 497. — D. Brial, XV, 492.

1147-1148.

Les religieux de Saint-Riquier prient de nouveau Suger de leur céder en qualité d'abbé le prieur de Corbie, et de ne pas les laisser plus longtemps sans pasteur.

Duchesne, IV, 503. — D. Brial, XV, 492.

1147-1148.

Thierry, évêque d'Amiens, avertit secrètement Suger de la nécessité de choisir pour abbé de Saint-Riquier un homme pieux et ferme.

1147-1148.

La commune de Saint-Riquier prie Suger de lui envoyer sans retard un de ses religieux, Pierre, élu abbé du monastère de cette ville.

Duchesne, IV, 503. — D. Brial, XV, 493.

1147-1148.

Geoffroy, évêque de Chartres, se plaint à Suger du prévôt de Janville, qui s'est insurgé contre lui.

Duchesne, IV, 526. — D. Brial, XV, 493.

1147-1148.

Le doyen et le chapitre de Chartres adressent à Suger des plaintes contre Hugues de Brétigny et le vicomte Ébrard.

Duchesne, IV, 528. — D. Brial, XV, 493.

1147-1148.

Geoffroy, comte d'Anjou, informe Suger que, relevant à

peine d'une grave maladie, il ne pourra se trouver à Baugency, où il devait avoir avec lui une entrevue.

Duchesne, IV, 495. — D. Brial, XV, 493.

1147-1148.

Eudes, évêque de Beauvais, prie Suger d'indiquer une entrevue pour aviser aux moyens d'apaiser les troubles qui ont éclaté dans cette ville.

Duchesne, IV, 526. — D. Brial, XV, 494.

1147-1148.

Raoul, comte de Vermandois, prie Suger de se trouver à la réunion convoquée à Verberie pour rétablir la paix dans la ville de Beauvais, et de venir ensuite à Paris pour conférer avec lui sur les affaires du Poitou.

Duchesne, IV, 495. — D. Brial, XV, 494.

1147-1148.

Geoffroy, comte d'Anjou, fait part à Suger de sa guérison, et se déclare prêt à servir le roi tout comme s'il était présent.

Duchesne, IV, 504. — D. Brial, XV, 494.

1147-1148.

Henri, évêque de Winchester, prie Suger d'envoyer à la comtesse de Flandre un messager, qui obtienne pour lui un sauf-conduit.

Ms. 14192, f° 19. — Martène, *Anecd.*, I, 419. — D. Brial, XV, 494.

1147-1148.

Roger, roi de Sicile, prie Suger de le payer de retour en

lui donnant fréquemment de ses nouvelles par l'entremise des voyageurs.

Duchesne, IV, 538. — D. Brial, XV, 495.

1147-1148.

Pierre le Vénérable, abbé de Cluny, remercie Suger des faveurs qu'il lui a accordées, et l'invite à venir à Cluny.

Petri Vener. epist., ab And. Quercetano editæ, lib. IV, ep. 15. — Duchesne, IV, 459. — D. Brial, XV, 644.

1147-1148.

Pierre, abbé de Cluny, assure Suger de son affection, et lui envoie un de ses moines pour l'entretenir de certaines affaires.

Ms. 14192, f° 17, verso. — Martène, *Anecd.*, I, 416. — D. Brial, XV, 645.

1147-1148.

Pierre, abbé de Cluny, envoie à Suger Hugues de Crécy, chargé de lui apprendre un secret qu'il ne veut pas confier au parchemin.

Biblioth. Cluniac., 959. — Duchesne, IV, 502. — D. Brial, XV, 645.

1147-1148.

Pierre, archevêque de Bourges, prie Suger de faire plaider l'affaire de Jeunet de Bourges et de son fils Arnoul au tribunal du roi, dans la ville de Bourges.

Duchesne, IV, 520. — D. Brial, XV, 703.

1147-1148.

Hugues, archevêque de Sens, se plaint du maire de Salmaise, qui opprime l'église de Sainte-Colombe, dont il est l'homme.

Duchesne, IV, 526. — D. Brial, XV, 711.

1147-1148.

Manassé, évêque d'Orléans, demande que Bernard, son homme-lige, ne soit pas enlevé à sa juridiction pour être jugé au tribunal du roi.

Duchesne, IV, 496. — D. Brial, XV, 717.

1147-1148.

Manassé, évêque d'Orléans, se plaint de ce que les meurtriers de Guillaume de la Chambre aient été arrachés par la violence de l'église de Sainte-Croix, et demande que ce sacrilège soit réparé.

Duchesne, IV, 497. — D. Brial, XV, 718.

1148.

Louis VII informe Suger qu'il est arrivé jusqu'à Antioche, et lui mande de se hâter de lui faire parvenir de l'argent.

Duchesne, IV, 504. — D. Brial, XV, 495.

1148.

Louis VII mande à Suger, à Samson, archevêque de Reims, et à Raoul, comte de Péronne, qu'ils aient soin de faire rembourser la somme à lui prêtée par le grand maître du Temple.

Duchesne, IV, 510. — D. Brial, XV, 496.

1148.

Thierry, évêque d'Amiens, déclare à Suger qu'il n'est

pas en mesure de payer la somme pour laquelle il a été de nouveau inscrit sur son livre.

Duchesne, IV, 500. — D. Brial, XV, 496.

1148.

Jean, abbé de Ferrières, prie Suger de lui accorder un sursis pour le payement du reste de la contribution exigée de son monastère à l'occasion de la croisade.

Duchesne, IV, 532. — D. Brial, XV, 497.

1148.

Raoul, comte de Vermandois, écrit à Suger qu'il est venu à Reims trouver le pape pour son affaire avec la comtesse de Flandre, et le prie d'excuser son absence.

Duchesne, IV, 498. — D. Brial, XV, 497.

1148.

Cahour, clerc, et chancelier du roi de France, demande à Suger que les avances qu'il a faites au roi lui soient remboursées sur les revenus du Poitou.

Duchesne, IV, 531. — D. Brial, XV, 497.

1148.

Robert, évêque d'Hertford, après avoir adressé des éloges à l'abbé Suger, le prie de désigner par des titres précis, et de remettre à un porteur sûr les reliques de saint Denis qu'il doit lui envoyer.

Duchesne, IV, 500. — D. Brial, XV, 498.

1148.

Joscelin, évêque de Salisbury, décerne à Suger des louanges éclatantes, lui demande des reliques de saint Denis, et s'excuse de n'avoir pu aller le visiter lors de son voyage en Normandie.

Duchesne, IV, 503. — D. Brial, XV, 498.

1148.

Wolbéron, abbé de Saint-Pantaléon, remercie Suger de la bonté qu'il a montrée à l'égard d'un sien neveu.

Duchesne, IV, 529. — D. Brial, XV, 499.

1148.

Geoffroi de Rançon déclare à Suger que le roi lui a confié la terre de Poitou, et l'a chargé d'en distribuer les revenus.

Duchesne, IV, 517. — D. Brial, XV, 499.

1148.

Le prévôt d'Oléron demande à Suger s'il doit remettre sa tour et ses pouvoirs à Geoffroi de Rançon.

Duchesne, IV, 518. — D. Brial, XV, 500.

1148.

Louis VII mande à Suger de veiller à la garde des biens de Regnauld *de Bulis*, qui reste en Orient, et de l'héritage de Dreux de Monchy, qui est défunt.

Duchesne, IV, 508. — D. Brial, XV, 500.

1148.

Louis VII mande à Suger de rembourser à Arnoul, évêque de Lisieux, la somme de cent quatre marcs d'argent, que celui-ci lui avait prêtée.

Duchesne, IV, 510. — D. Brial, XV, 500.

1148.

Louis VII mande à Suger et au comte de Vermandois de donner à l'évêque de Lisieux, son ami, soixante muids de son meilleur vin d'Orléans.

>Duchesne, IV, 511. — D. Brial, XV, 501.

1148, 29 avril.

Le pape Eugène III mande à Suger d'établir le prieur d'Abbeville abbé libre de Sainte-Geneviève, avec huit religieux tirés du monastère de Saint-Martin des Champs.

>Duchesne, IV, 501. — Labbe, X, 1058. — Du Boulay, *Hist. Univ. Paris.*, II, 228. — Dubois, *Hist. eccl. Paris.*, II, 94. — Mabillon, *Annal.*, VI, 415. — *Gall. Christ.*, VII, 709. — D. Brial, XV, 449.

1148, 16 juin.

Le pape Eugène III, ayant changé d'avis, charge Suger d'établir à Sainte-Geneviève des chanoines réguliers.

>Duchesne, IV, 501. — Labbe, X, 1058. — Du Boulay, II, 229. — Dubois, II, 95. — *Gall. Chr.*, VII, 710. — D. Brial, XV, 451.

1148.

Saint Bernard félicite Suger d'avoir rétabli la discipline à Sainte-Geneviève, et lui recommande le couvent de Saint-Victor.

>Mabillon, *S. Bern. epist.*, 332. — Duchesne, IV, 508. — D. Brial, XV, 611.

1148.

Pierre, archevêque de Bourges, prie Suger de renvoyer

Renaud de Montfaucon au jugement des chevaliers du pays de Bourges, suivant les coutumes de cette terre.

Duchesne, IV, 524. — D. Brial, XV, 703.

1148.

Louis VII mande à Suger et au comte de Vermandois que, vu la mort d'Albert *Dalvolt* et de Hugues, son fils, ils aient à garder jusqu'à son retour la tour d'Andrezel, élevée par le dit Albert avec l'autorisation royale.

Duchesne, IV, 511. — D. Brial, XV, 501.

1148.

Louis VII mande aux mêmes de ne pas refuser les services d'Archambauld de Sully, et d'attendre son retour pour vider l'affaire qui concerne ce vassal.

Duchesne, IV, 511. — D. Brial, XV, 501.

1148.

Louis VII déclare qu'il doit beaucoup aux chevaliers de l'Ordre du Temple, et charge Suger de leur restituer sans retard l'argent qu'ils lui ont prêté.

Duchesne, IV, 512. — D. Brial, XV, 501.

1148.

Louis VII mande à Suger d'avoir à défendre tous les intérêts du chevalier *A. de Vilerum*, dont il a éprouvé le dévouement sur la terre étrangère.

Duchesne, IV, 520. — D. Brial, XV, 502.

1148.

Renaud de Montfaucon déclare qu'il est prêt à faire juger

suivant les coutumes de Bourges son différend avec un de ses hommes-liges, qui lui refuse le service.

Duchesne, IV, 531. — D. Brial, XV, 502.

1148.

Thibaud, comte de Blois, dénonce à Suger l'attaque injuste dont les changeurs de Vézelay qui se rendaient à ses foires de Provins ont été l'objet de la part de Guérin, fils du vicomte de Sens.

Duchesne, IV, 531. — D. Brial, XV, 503.

1148.

Le doyen et le chapitre de Noyon prient Suger d'approuver, au nom du roi, l'élection de Baudouin, abbé de Châtillon, au siége épiscopal de leur ville.

Duchesne, IV, 508. — D. Brial, XV, 505.

1148-1149.

La commune de Beauvais prie Suger de faire justice de Galeran, seigneur de Lèvemont, qui a pris et dépouillé un de ses bourgeois.

Duchesne, IV, 519. — D. Brial, XV, 506.

1148-1149.

Le pape Eugène III mande à Suger, ainsi qu'aux évêques d'Auxerre et de Soissons, de déclarer nulle l'élection d'Hugues à l'évêché d'Arras, si elle a eu lieu après l'appel qui a été fait en cour de Rome.

Duchesne, IV, 510. — Labbe, X, 1062. — D. Brial, XV, 452.

1148-1149.

Le pape Eugène III remercie Suger d'avoir rétabli la discipline religieuse à Sainte-Geneviève, et le charge de faire restituer les trésors de l'église à ses nouveaux possesseurs.

>Duchesne, IV, 508. — Labbe, X, 1061. — D. Brial, XV, 452.

1148-1149.

Le pape Eugène III recommande à Suger de ne pas laisser détruire l'œuvre qu'il a déjà en grande partie consommée à Sainte-Geneviève.

>Duchesne, IV, 515. — Labbe, X, 1062. — D. Brial, XV, 453.

1148-1149.

Saint Bernard prie Suger d'avoir la bonté de consoler l'abbé de Sainte-Geneviève, dont l'âme est faible.

>Mabillon, *S. Bern. epist.*, 333. — Duchesne, IV, 515. — D. Brial, XV, 611.

1148-1149.

Pierre, abbé de Cluny, recommande à Suger le prieur de Saint-Martin des Champs, Simon, élu en remplacement du prieur Eudes.

>*Biblioth. Clun.*, 960. — Duchesne, IV, 533. — D. Brial, XV, 646.

1148-1149.

Hugues, archevêque de Rouen, demande à Suger de faire restituer par Hugues Brostin au monastère de Saint-Vandrille la dîme de Chaussy, concédée à ce dernier par les rois de France.

Duchesne, IV, 527. — D. Brial, XV, 698.

1149.

Le doyen et le chapitre de Chartres prient Suger d'approuver, au nom du roi, l'élection de leur évêque Goslin, et de rendre la régale.

Duchesne, IV, 498. — D. Brial, XV, 507.

1149.

Thibaud, comte de Blois, prie Suger et le comte de Vermandois de ne pas exiger, à titre de régale, la chèvecerie de l'église de Chartres, les droits régaliens de cette église lui ayant été cédés en fief par le roi.

Duchesne, IV, 504. — D. Brial, XV, 507.

1149.

Louis VII annonce à Suger que son retour est différé jusqu'après Pâques, et renvoie en France, dans l'intérêt du royaume, le chancelier Baudouin.

Duchesne, IV, 516. — D. Brial, XV, 508.

1149.

Louis VII se loue des services que lui ont rendus les chevaliers du Temple, et commande à Suger de tirer vengeance des gens qui ont osé mutiler un clerc se rendant au chapitre de leur ordre.

Duchesne, IV, 513. — D. Brial, XV, 508.

1149.

Louis VII ordonne à Suger et au comte de Vermandois

de rembourser aux frères de l'Hôpital, avant la mi-carême, la somme qu'ils lui ont prêtée.

Duchesne, IV, 513. — D. Brial, XV, 508.

1149.

Guillaume, comte de Nevers, prie Suger de se trouver à Saint-Denis un jour donné, afin d'avoir avec lui une entrevue.

Duchesne, IV, 515. — D. Brial, XV, 510.

1149.

Le prieur de La Charité, harcelé par les vexations de l'évêque d'Auxerre, demande à Suger de faire apaiser celui-ci par l'abbé de Clairvaux, jusqu'à ce que leurs droits respectifs soient réglés.

Ms. 14192, f° 19, verso. — Martène, *Anecd.*, I, 420. — D. Brial, XV, 510.

1149.

Henri, fils du comte de Blois, demande conseil à Suger relativement à Anseric de Royaumont, homme de l'abbaye de Saint-Denis, pris dans un tournoi par Bernard de Pompone.

Duchesne, IV, 518. — D. Brial, XV, 511.

1149.

Thibaud, comte de Blois, informe Suger que Renaud de Courtenay a pris et dépouillé des marchands du roi, et demande appui pour venger cette injure.

Duchesne, IV 530. — D. Brial, XV, 511.

1149.

Thibaud, comte de Blois, demande si Renaud de Courtenay a donné satisfaction pour l'argent qu'il avait enlevé aux marchands du roi.

Duchesne, IV, 530. — D. Brial, XV, 511.

1149.

Samson, archevêque de Reims, demande à Suger s'il se rendra à Soissons, pour assister à la délibération sur les intérêts du royaume.

Duchesne, IV, 519. — D. Brial, XV, 512.

1149.

Thierry, comte de Flandre, informe Suger que Robert, frère du roi, s'est séparé de lui dans de mauvaises intentions, et se déclare prêt à défendre contre ce prince l'honneur du royaume.

Duchesne, IV, 515. — D. Brial, XV, 512.

1149.

Louis VII informe Suger de son débarquement sur les côtes de Calabre, et des motifs qui empêchent encore son prompt retour.

Duchesne, IV, 524. — D. Brial, XV, 513.

1149.

Geoffroy, archevêque de Bordeaux, demande à Suger ce qu'il a l'intention de faire de la charge de prévôt de cette ville, alors vacante.

Duchesne, IV, 521. — D. Brial, XV, 514.

1149.

Geoffroy, archevêque de Bordeaux, prie Suger de ne faire aucun changement dans la terre de Bordeaux avant qu'il en ait constaté l'état.

Duchesne, IV, 500. — D. Brial, XV, 514.

1149.

Geoffroy, archevêque de Bordeaux, expose à Suger l'état du pays, et l'infestation du domaine royal par le vicomte de Gabardan.

Duchesne, IV, 506. — D. Brial, XV, 515.

1149.

Hugues, évêque d'Auxerre, et saint Bernard prient Suger d'établir une trêve entre Hugues *de Marinis* et Hugues le Borgne, et l'informent que le roi est de retour en Occident.

Duchesne, IV, 522. — D. Brial, XV, 516.

1149.

Jean, cardinal de Sainte-Marie-la-Neuve, recommande à Suger la cause de maître Pierre (de Meaux), qui a été remise à sa décision par le pape.

Duchesne, IV, 537. — Du Boulay, II, 251. — D. Brial, XV, 516.

1149.

Hugues, cardinal du titre de Lucine, recommande à Suger le même Pierre (de Meaux).

Duchesne, IV, 537. — D. Brial, XV, 516.

1149.

Un religieux du nom d'Hugues fait appel à la bienveillance de Suger en faveur du même Pierre.

Duchesne, IV, 538. — D. Brial, XV, 526.

1149.

Raoul, comte de Vermandois, informe Suger que le roi ne reviendra pas avant la fête de la Toussaint, et l'engage à recevoir en attendant les comptes des sergents royaux.

Duchesne, IV, 526. — D. Brial, XV, 517.

1149.

Raoul, comte de Vermandois, prie Suger d'ordonner aux sergents du roi de s'assembler à Paris.

Duchesne, IV, 530. — D. Brial, XV, 517.

1149, 8 juillet.

Le pape Eugène III compatit aux chagrins que font éprouver à Suger ceux qui troublent la paix de l'État, et l'avertit qu'il a écrit aux évêques de lui prêter assistance pour défendre le royaume.

Duchesne, IV, 523. — Labbe, X, 1064. — D. Brial, XV, 453.

1149, 7 novembre.

Le pape Eugène III mande à Suger de faire juger selon les règles canoniques la cause de deux clercs excommuniés.

Duchesne, IV, 527. — Labbe, X, 1057. — D. Brial, XV, 456.

1149.

Saint Bernard demande des secours sur les revenus en nature de la couronne, pour les religieux de la Maison-Dieu, dans le diocèse de Bourges.

>Mabillon, *S. Bern. ep.*, 339. — Duchesne, IV, 520. — D. Brial, XV, 612.

1149.

Saint Bernard prie Suger de secourir un abbé dans la misère.

>Mabillon, *ibid.*, 339. — Duchesne, IV, 524. — D. Brial, XV, 612.

1149.

Saint Bernard demande à Suger de s'opposer à un combat qui doit avoir lieu entre Robert, frère du roi, et Henri, fils du comte Thibaud.

>Mabillon, *ibid.*, 337. — Duchesne, IV, 516. — D. Brial, XV, 612.

1149.

Saint Bernard loue le zèle de Suger pour le bien commun, et la pensée qu'il a eue de convoquer les principaux personnages du royaume.

>Mabillon, *ibid.*, 338. — Duchesne, IV, 517. — D. Brial, XV, 613.

1149.

Pierre, abbé de Cluny, prie Suger d'écrire à l'évêque de Chartres au sujet des affaires du prieur de Nogent.

>*Bibl. Clun.*, 959. — Duchesne, IV, 533. — D. Brial, XV, 647.

1149.

Raoul, comte de Vermandois, apprend à Suger qu'en se rendant auprès de lui, il est tombé très-dangereusement malade à Crépy, et le prie d'assister à une réunion fixée pour vider son différend avec l'évêque de Noyon.

Duchesne, IV, 521. — D. Brial, XV, 517.

1149.

Baudouin, évêque de Noyon, entretient Suger de la conférence qu'il doit avoir avec l'archevêque de Reims au sujet de son affaire avec le comte de Vermandois.

Duchesne, IV, 540. — D. Brial, XV, 517.

1149.

Henri, frère du roi, demandé pour évêque par le clergé de Beauvais, supplie qu'on en élise un autre.

Duchesne, IV, 510. — D. Brial, XV, 518.

1149.

Raoul, comte de Vermandois, demande que les clercs de Beauvais soient dédommagés, sur les revenus de l'évêché, des frais de leur voyage à Rome pour l'élection d'Henri.

Duchesne, IV, 506. — D. Brial, XV, 518.

1149.

Goslin, évêque de Chartres, s'excuse de n'avoir pu assister aux fêtes de Saint-Denis, à cause de l'arrivée inattendue de l'évêque d'Auxerre.

Duchesne, IV, 527. — D. Brial, XV, 518.

1149.

Pierre, archevêque de Bourges, informe Suger que Renaud de Crécy a refusé de rendre au prévôt du roi la tour de Saint-Palais, à moins d'un ordre du comte de Vermandois.

Duchesne, IV, 520. — *Gall. Christ.*, t. II, *instr.*, p. 14. — D. Brial, XV, 703.

1149.

Pierre, archevêque de Bourges, annonce à Suger que la tour de Saint-Palais a été remise dans ses mains, comme il l'avait prescrit, et qu'il a exhorté avec succès les évêques d'Aquitaine à demeurer fidèles au roi.

Duchesne, IV, 521. — D. Brial, XV, 704.

1149.

Pierre, archevêque de Bourges, se déclare prêt à aller avec Suger au-devant du roi, dès qu'il sera instruit de sa prochaine arrivée.

Duchesne, IV, 527. — D. Brial, XV, 704.

1149.

Pierre, archevêque de Bourges, demande à Suger où il se rendra au-devant du roi, afin d'y aller avec lui.

Duchesne, IV, 529. — D. Brial, XV, 704.

1149.

Hugues, archevêque de Sens, annonce à Suger que le roi, de retour de son expédition d'outre-mer, viendra probablement coucher le mercredi suivant à Cluny.

Duchesne, IV, 530. — D. Brial, XV, 712.

1149.

Hugues, archevêque de Sens, envoie à Suger la nouvelle plus positive de l'arrivée imminente du roi.

Duchesne, IV, 529. — D. Brial, XV, 712.

1149.

Louis VII mande à Suger de venir secrètement à sa rencontre avant tous les autres, afin de lui apprendre à quoi s'en tenir sur les bruits répandus dans le royaume, et quelle attitude il doit prendre vis-à-vis d'un chacun.

Duchesne, IV, 525. — D. Brial, XV, 518.

1149.

Barthélemy, évêque de Châlons, prie Suger d'être son avocat et son intercesseur auprès du roi.

Duchesne, IV, 534. — D. Brial, XV, 519.

1149.

Pierre, archevêque de Bourges, prie Suger de faire en sorte que le roi ne favorise pas contre lui l'archidiacre de Bourges, homme indigne.

Duchesne, IV, 529. — *Gall. Christ.*, t. II, *inst.*, p. 15. — D. Brial, XV, 705.

1149.

Thierry, comte de Flandre, prie Suger d'approuver l'élection d'Hugues, évêque d'Arras.

Duchesne, IV, 514. — D. Brial, XV, 519.

1149 (environ).

Le pape Eugène III adresse à Suger des consolations, au sujet de la mort de son neveu.

 Duchesne, IV, 493. — Labbe, X, 1057. — D. Brial, XV, 456.

1149-1150.

Guillaume, comte de Nevers, prie Suger de se rendre à Étampes la veille de la fête de la Chaire de saint Pierre, jour fixé par le roi pour un combat entre un de ses chevaliers et Geoffroy de Donzy.

 Duchesne, IV, 532. — D. Brial, XV, 519.

1149-1150.

Étienne, roi d'Angleterre, remercie Suger de l'avoir servi efficacement auprès du roi de France.

 Ms. 14192, f° 20.— Martène, *Anecd.*, I, 421.— D. Brial, XV, 520.

1149-1150.

Henri, évêque de Winchester, recommande à Suger les affaires du roi d'Angleterre, son frère.

 Ms. 14192, f° 20.— Martène, *Anecd.*, I, 421.— D. Brial, XV, 520.

1149-1150.

Geoffroy, comte d'Anjou, remercie Suger de ce qu'il travaille à rétablir la paix entre le roi de France et lui.

 Ms. 14192, f° 17. — Martène, *Anecd.*, I, 414.— D. Brial, XV, 521.

1150.

Guichard, abbé de Pontigny, recommande à Suger la cause du trésorier de l'église d'Auxerre, remise à sa décision par le pape.

Duchesne, IV, 536. — D. Brial, XV, 522.

1150.

Saint Bernard s'excuse de ne pouvoir se rendre à l'assemblée où l'on doit délibérer sur les affaires d'Orient, et dit à Suger qu'il ira le voir avec l'évêque de Langres.

Mabillon, *S. Bern. ep.*, 339. — Duchesne, IV, 534. — D. Brial, XV, 614.

1150.

Pierre, abbé de Cluny, exprime ses regrets de ne pouvoir se trouver à l'assemblée de Chartres.

Petri Vener. epist., ab And. Quercetano editæ, lib. VI, ep. 20. — Duchesne, IV, 535. — D. Brial, XV, 648.

1150.

Humbert, archevêque de Lyon, s'excuse de ne pouvoir se trouver à l'assemblée de Chartres, par le motif que l'archevêque de Sens se refuse à respecter ses droits de primat.

Duchesne, IV, 535. — D. Brial, XV, 523.

1150.

Geoffroy, archevêque de Bordeaux, s'excuse de ne pouvoir se rendre à Chartres, comme Suger l'en avait prié.

Duchesne, IV, 536 — D. Brial, XV, 524.

1150.

Geoffroy, archevêque de Bordeaux, informe Suger qu'étant arrêté à Fontevrault par la maladie, il ne pourra être présent à la réunion fixée.

Duchesne, IV, 542. — D. Brial, XV, 524.

1150.

Alain, évêque de Rennes, expose à Suger qu'il a été forcé de descendre jusqu'à Nantes avant d'aller le trouver, et lui annonce qu'il viendra dans la première semaine de carême.

Duchesne, IV, 534. — D. Brial, XV, 525.

1150.

Louis VII mande à Suger de mettre fin aux réclamations des pauvres de Chartres contre Raoul Malvoisin, qu'il avait remises à son appréciation.

Duchesne, IV, 537. — D. Brial, XV, 525.

1150.

Louis VII confie à Suger le soin de l'élection des évêques de Laon et d'Arras.

Duchesne, IV, 539. — D. Brial, XV, 525.

1150.

Baudouin, évêque de Noyon, avertit Suger que l'abbé de Compiègne a été béni, et le prie de l'envoyer sans retard auprès du pape.

Duchesne, IV, 542. — D. Brial, XV, 526.

1150, 25 avril.

Le pape Eugène III entretient Suger du projet conçu par le roi de tenter une nouvelle croisade ; il l'engage à sonder préalablement les dispositions de la noblesse et de la nation et à promettre, dans le cas où elles seraient favorables, l'aide du Saint-Siége.

>   Duchesne, IV, 538. — Labbe, X, 1068. — D. Brial, XV, 457.

1150, 28 avril.

Le pape Eugène III mande à Suger de faire racheter le trésor de l'église de Sainte-Geneviève, qui a été mis en gage.

>   Duchesne, IV, 537. — Labbe, X, 1067. — D. Brial, XV, 457.

1150.

Le pape Eugène III informe Suger que, dans la crainte d'exciter la jalousie des chanoines séculiers, il a cru devoir lui adjoindre, pour régler l'affaire de Sainte-Geneviève, Hugues, évêque d'Auxerre.

>   Duchesne, IV, 515. — Labbe, X, 1063. — Du Boulay, II, 216. — D. Brial, XV, 457.

1150.

Le pape Eugène III prie Suger de fournir à Hugues de Saint-Victor les ressources nécessaires pour accomplir son voyage à Rome, et l'entretient de nouveau de l'affaire de Sainte-Geneviève.

>   Duchesne, IV, 516. — Labbe, X, 1063. — D. Brial, XV, 457.

1150, 19 juin.

Le pape Eugène III approuve la pensée que Suger a conçue de porter secours en personne à l'église d'Orient, pourvu que l'entreprise soit menée avec prudence et discrétion. Il l'invite à rétablir la discipline religieuse dans l'église de Compiègne.

> Duchesne, IV, 542. — Labbe, X, 1069. — D. Brial, XV, 458.

1150.

Raoul, comte de Vermandois, informe Suger que, les biens meubles et les provisions du monastère de Compiègne ayant été emportés par les chanoines, il va placer sous la main du roi tout ce qui est resté.

> Duchesne, IV, 544. — D. Brial, XV, 528.

1150.

Le pape Eugène III demande s'il est nécessaire qu'il intervienne pour arrêter l'entreprise du comte d'Anjou, qui veut envahir avec une armée les terres de Robert, frère du roi.

> Ms. 14192, f° 17, verso. — Martène, *Anecd.*, I, 416. — D. Brial, XV, 461.

1150.

Louis VII avertit Suger qu'après la fête de saint Remi, il terminera avec lui les affaires de Compiègne, et qu'en attendant il a mandé à sa mère, ainsi qu'aux comtes Raoul et Thibaud, de ne molester en rien le monastère de cette ville.

> Duchesne, IV, 544. — D. Brial, XV, 529.

1150.

Nicolas, abbé de Corbie, prie Suger de l'excuser auprès du roi s'il n'a pu envoyer personne à Orléans, pour répondre en son nom, dans son procès contre les bourgeois de Corbie.

> Duchesne, IV, 538. — D. Brial, XV, 529. — A. Thierry, *Mon. de l'hist. du tiers-état*, III, 424.

1150.

Arnoul, évêque de Lisieux, après avoir négocié la paix avec l'impératrice Mathilde et avec son fils Henri, duc de Normandie, expose les résultats qu'il a obtenus et ceux qu'on est en droit d'espérer.

> Ms. 14192, f° 18, verso. — Martène, *Anecd.*, I, 418. — D. Brial, XVI, 657. — *Arnulfi epist.*, ed. Giles, p. 86.

1150.

Hugues, archevêque de Rouen, demande à Suger de s'employer auprès du roi pour lui faire rendre les églises de Pontoise, de Chaumont et de Gisors, que ce prince a livrées à d'autres.

> Ms. 14192, f° 18. — Martène, *Anecd.*, I, 417. — D. Brial, XV, 698.

1150.

Hugues, archevêque de Rouen, prie Suger d'engager le roi à ne pas s'exposer à l'excommunication en détenant l'église de Gisors.

> Ms. 14192, f° 18. — Martène, *Anecd.*, I, 418. — D. Brial, XV, 699.

1150.

Pierre, archevêque de Bourges, demande à Suger d'écrire,

ainsi que le roi, au pape Eugène, au sujet de son archidiacre Barthélemy, dont la cause est pendante à Rome.

<small>Duchesne, IV, 536. — *Gall. Christ.*, t. II, *instr.*, p. 15. — D. Brial, XV, 705.</small>

1150.

Pierre, archevêque de Bourges, annonce son retour de Rome, et demande à Suger de l'excuser auprès du roi s'il ne peut se rendre à Mantes.

<small>Ms. 14192, f° 17. — Martène, *Anecd.*, I, 415. — D. Brial, XV, 705.</small>

1150.

Saint Bernard exhorte Suger à envisager la mort avec fermeté, et lui exprime le désir de le voir avant son dernier soupir.

<small>Ms. 14192, f° 21, verso. — Mabillon, *S. Bern. ep.*, 262. — D. Brial, XV, 616.</small>

1150.

Baudouin, évêque de Noyon, s'excuse de n'avoir pas assisté aux fêtes de Saint-Denis, et promet à Suger malade d'aller le voir au plus tôt.

<small>Ms. 14192, f° 20, verso. — Martène, *Anecd.*, I, 422. — D. Brial, XV, 530.</small>

1150 (environ).

Le pape Eugène III recommande à Suger un diacre romain, étudiant à Paris.

<small>M. 14192, f° 17, verso. — Martène, *Anecd.*, I, 416. — D. Brial, XV, 462.</small>

1150 (environ).

Thibaud, archidiacre de Meaux, invoque la générosité de Suger en faveur des religieuses pauvres de Fontaines, dont l'église est en construction.

Ms. 14192, f° 19, verso. — Martène, *Anecd.*, I, 419.

1150-1151.

Goslin, évêque de Soissons, témoigne à Suger l'ardent désir qu'il a de le voir.

Ms. 14192, f° 22. — Martène, *Anecd.*, I, 422. — D. Brial, XV, 531.

1151.

Goslin, évêque de Soissons, annonce à Suger sa prochaine arrivée.

Ms. 14192, f° 22, verso. — Martène, *Anecd.*, I, 425. — D. Brial, XV, 532.

V

CHARTES DE SUGER.

I. DE HOMINIBUS VILLÆ BEATI DIONYSII LIBERTATI TRADITIS [1].

Suger affranchit de la servitude de la main-morte les habitants de la ville de Saint-Denis et certaines familles du bourg de Saint-Marcel, moyennant la somme de deux cents livres, qu'il consacre à restaurer l'entrée de l'abbaye.

(1125)

In nomine sanctæ et individuæ Trinitatis. Ego Sugerius, ecclesiæ Beati Dionysii humilis minister. Quoniam parvitatem nostram ad administrationem ecclesiæ gloriosissimorum martyrum Dionysii, Rustici et Eleutherii divinæ placuit dispositioni promovere, debemus et volumus, quantum valemus, ut dignum est, filialis affectu devotionis, ejusdem matris nostræ honori ac libertati in omnibus providere. Unde tam præsentium ætati quam futurorum posteritati palam fieri volumus quoniam oppidani et mansionarii villæ Beati Dionysii de exactione consuetudinis pessimæ, quæ

---

1. *De servis libertati traditis* in chartulario Sancti Dionysii.

mortua manus dicitur, et a tempore prædecessoris nostri Yvonis abbatis inolevisse consulta veritate probatur, admodum gravati et afflicti, non jure debito antiquæ consuetudinis, sed ambitiosa introductione novellæ exactionis, nostram adierunt præsentiam, votis et precibus humiliter implorantes, quatinus eos et eorum hæredes a tam pravæ exactionis et oppressionis jugo eriperemus. Quocirca, communicato ex more cum fratribus nostris consilio, eorum petitioni unanimiter assensum præbuimus : quippe dignum esse[1] arbitrantes villam Beati Dionysii, quæ inter omnia prædictæ ecclesiæ prædia merito singularis privilegii et principatum obtinet, et præsentia preciosissimorum Martyrum specialius eminet speciali prærogativa, quam sibi jure[2] vendicat, præ cæteris sublimius et propensius honorare.

Omnibus igitur in prætaxata villa, in terra Beati Dionysii sive sub viatura ejus manentibus, prædictas exactiones hujusmodi tenore et stabilitatis firmissimæ monimento in perpetuum relaxavimus : quod ipsi, ad introitum monasterii Beati Dionysii renovandum et decorandum, ducentas libras nostra dispositione et providentia ad idem opus expendendas nobis contulerunt. Præterea quosdam de Sancto Marcello in hac exactionis absolutione et allevatione admisimus : Fulconem filium Elinandi, et Herleuvinum cambitorem, cum hæredibus suis. Cum autem contigerit præfatos burgenses proles suas nuptiis tradere, post mortem earum, si absque hæredibus obierint, parentes in

---

1. *Dignum est*, malè, chartular. et ed. Dubleti.
2. *Jure* deest in ed. Dubl.

villa beati Dionysii manentes mortuam manum habebunt, etiamsi propinquior aliquis fuerit, qui in terra beati Dionysii vel sub viatura ejus mansionem in præfata villa minime habuerit. Si aliquando etiam evenerit ut filias suas hominibus alieni juris maritent, nullatenus eis mortuam manum concedimus; sed in jus revocari omnino petimus atque præcipimus. Enimvero, sicut justum esse evidenti ratione perpendimus injustas exactiones ab iis quos affligunt et opprimunt pia consideratione removere, ita indignum esse censuimus iis qui, se et sua nobis subtrahendo, dominium ecclesiæ nostræ subterfugere comprobantur, remissionis spontaneæ gratiam, utpote beneficia ingratis, communicare, quam pro salute animæ meæ et antecessorum et successorum nostrorum, et honore ecclesiæ nostræ et conservorum[1] nostrorum, ex benivolentiæ affectu placuit præstare. Ne quis vero in posterum, simili inductus exemplo, licet non pari voto, de reliquis ecclesiæ beati Dionysii prædiis idem præsumat ausu temerario agere, ex auctoritate Dei omnipotentis et beatorum martyrum Dionysii, Rustici et Eleutherii, interdicimus sub anathematis interpositione. Quod autem benivolentiæ studio et compassionis affectu peregimus, regii munimento sigilli et consensu, una cum bulla nostra, ad perpetuum monumentum, subscriptis auctoribus et testibus, ut deinceps illibatum permaneat, confirmari et corroborari fecimus.

Actum in monasterio beati Dionysii, in generali conventu, præsidente domno Sugerio, venerabili ab-

---

1. *Servorum* ed. Dubleti.

bate ejusdem monasterii, tertio administrationis ejus anno, incarnationis autem Dominicæ MCXXV, die dominica, idus martii, luna VII, indictione tertia, epacta XIIII, concurrente III, regnante Ludovico, glorioso et illustri Francorum rege, XVII administrationis suæ anno, et præsentem condonationem confirmante.

Ego Sugerius abbas subscripsi, et sub anathemate violatores hujus privilegii collocavi, burgensibus pro anima mea in die obitus mei eleemosynam unam per unamquamque domum se facturos spondentibus.

Testante Gausberto priore, Christiano thesaurario, Viviano cantore; Radulfo filio Antelmi[1], Gregorio, et ceteris sacerdotibus; Philippo diacono. Testante Guillelmo de Sancto Clodoaldo, Frederico, Herberto, Henrico, subdiaconis; Garnerio, Roberto, Petro Fortino, acolytis; Gaufredo, Godefredo, laicis; Guillelmo de Cornelione cum Guillelmo[2] filio suo, Yvone filio Sugerii cum Adam filio suo, Hugone de Sancto Dionysio, Hilduino, Seherio, Iterio.

Ego Gregorius, domni Sugerii abbatis cancellarius, relegi et subscripsi[3].

---

1. *Antenili* edit. Dubl. — *Antelini* chartul.

2. *Guillelmo* omissum in edit. Dubl.

3. Ex chartulario albo Sancti Dionysii, in Archiv. Imp. Franciæ asservato sub rubricâ LL 1157, fº 53. — Dublet, *Hist. de l'abbaye de S.-Denys*, p. 856.— Chesn., *Hist. Franc. scriptores*, IV, 548.— Dubois, *Hist. eccl. Paris.*, II, 68. — Mabill., *Annal. Bened.*, VI, 133.

II. DE VILLIS BEATI DIONYSII ABSTRACTIS, VIDELICET BLITESTORP ET ALIIS VILLIS.

Suger absout Albert, comte de Mosbach, de l'excommunication encourue par lui pour s'être emparé de plusieurs domaines de l'abbaye de Saint-Denis.

(Vers 1125)

In nomine sanctæ et individuæ Trinitatis. Ego Sugerius, abbas ecclesiæ beati Dionysii. Notum sit omnibus præsentibus et futuris quod Albertus, nobilis[1] comes Morspecensis[2], vir summæ discretionis et prudentiæ, spiritu timoris, qui ubi vult spirat, ad viam veritatis revocatus, et per se et per suos nostram et nostrorum fratrum adiit præsentiam, obnixe deprecans et summopere expostulans ut erga eum misericorditer ageremus, et ab antiquo et continuato anathematis vinculo exueremus. Duxerat enim isdem nobilissimus comes nobilissimam conjugem, videlicet filiam Theoderici, viri clarissimi de Monte Beliardo; in cujus matrimonio contraxerat quasdam possessiones de hæreditate beati Dionysii, videlicet Blitestorp, Tatingum[3], Sulces, Fardulviler, Fehingas, Viler[4], Hoenchirche[5],

---

1. *Nobilis* deest in ed. Chesn.
2. *Mospercensis* ed. Dubl. — Mospercum seu Mosbacum nunc *Mosbach*, in Palatinatu Rheni.
3. *Latingum* ed. Dublet.
4. Sic charta originalis et chartular. — *Fehingasviler* ed. Chesn. — *Selingas, Viler* ed. Dubl.
5. *Hoen, Chirche* ed. Dubl.

Torneswile, Pretene[1]. Nos autem eundem venerabilem virum in parte resipiscentem, misericordiæ visceribus infra gremium matris Ecclesiæ, a qua exorbitaverat, quia colligentes cum Deo ambulare decrevimus, et cum eo non mortem peccatoris, sed magis conversionem et vitam desiderantes, prædictum virum anathematis vinculo et sacrilegii reatu, tali reatus et anathematis deleti conditione exuimus, ut deinceps per singulos annos in festivitate beati Martini V uncias auri obrizi beatis martyribus Dionysio, Rustico et Eleutherio persolvat.

Quod si ipse, quod absit, hujus consuetudinis violator inventus, ad pristinam rapinam et malitiam reversus fuerit, ut canis ad vomitum, Dei omnipotentis iram incurrat, nullo jam anathematis vinculo exuendus[2].

III.

Suger soumet au prieuré de La Chapelaude les ermites de Parsac et leur chapelle.

(Vers 1130)

Ego Sugerius, Dei gratiâ ecclesiæ Sancti Dionysii abbas, omnibus fidelibus tam futuris quam præsentibus

---

1. *Precene* ed. Chesn. Hæc Sancti Dionysii prædia in pago Metensi sita erant, haud procul à Germaniæ finibus. V. infrà, in Observationibus ad calcem rejectis.

2. Ex originali chartâ, in Archiv. Imp. asservatâ (K 22, n° 4[8]). — Chartul. album (Ibidem, LL 1157, f° 53). — Dublet., p. 488. — Chesn., IV, 554. — Tardif, *Monuments historiques*, n° 396.

notificare volo quoniam, accedentes ad nostræ sublimitatis præsentiam, videlicet Johannes, Bernardus, Petrus atque Giraldus, in heremitica vita degentes, supplici petierunt devotione ut eos in fraternitate nostra reciperemus. Locum vero et ecclesiam illorum in honore beatæ Mariæ ab eisdem ædificatam, quæ est in parrochia de Parciaco[1], et omnes res suas quas adquisierant et adquisituri erant, Deo et Sancto Dionysio concesserunt, et subjectioni ecclesiæ de Capella[2] præcepto nostro se submiserunt; ita ut amplius alios fratres in eodem loco sine jussu prioris Capellæ accipere eis non liceat. Nos quoque ex parte nostra eis concessimus ut, quamdiu ipsi vellent, in habitu suo permanerent. Si autem ad monachalem religionem accedere vellent, ut fratres monasterii reciperentur.

Regnante Ludovico, rege Francorum, Wulgrino Biturigensium archiepiscopo existente, hoc fuit confirmatum, apud Capellam, in manu Rodulfi prioris, coram monachis et clericis et laicis[3].

1. Parciacum, sive Nullyacum, nunc est *Parsac*, propè *Gouzon* (*Creuse*).

2. *La Chapelaude* (*Allier*), in veteri pago Bituricensi.

3. A Chesnio « ex cartulario ecclesiæ beatæ Mariæ de Capellà » editum, IV, 556. — Chazaud, *Cart. de La Chapelle-Aude*, p. 104.

IV. DE COMMEMORATIONE SANCTÆ MARIÆ APUD SANCTUM DIONYSIUM[1] SINGULIS SEPTIMANIS, SABBATO SCILICET ET QUINTA FERIA, ET DE REFECTIONE FRATRUM EISDEM DIEBUS.

Suger institue dans l'abbaye un office hebdomadaire de la Sainte-Vierge et un autre de Saint-Denis. Il donne aux religieux, pour cette fondation, les dîmes du Vexin, celles de Saint-Lucien et quelques autres revenus. Il stipule également la célébration de son anniversaire et de celui du roi Louis le Gros.

(Vers 1130)

In nomine Patris et Filii et Spiritus sancti. Amen. Ego Sugerius, Dei gratia, ecclesiæ beatorum martyrum Dionysii, Rustici et Eleutherii humilis minister. Quia larga Dei omnipotentis propitiatione, contra spem meriti, morum et generis, parvitatem nostram, etiam absentem et in curia romana negociantem[2], ad sanctæ hujus ecclesiæ administrationem accessisse, divinamque potentiam me de manibus inimicorum, quærentium animam meam, in hac eadem sancta ecclesia laudabiliter ac mirabiliter liberatum eripuisse veraciter constat : decet et omnino expedit pusillitati nostræ toto mentis affectu eam commendare et exaltare, fratresque nostros Domino Deo famulantes honorare et fovere; et ut divini et humani[3] cultus exhibitione

---

1. Sic Felib. et Chesn. — *Sanctæ Mariæ Dionysii* chartular.
2. Cf. Vitam Ludovici Grossi, cap. XXVI.
3. Sic chartul., atque edd. Felib. et Dubl. — *Ut et divini cultus* ed. Chesnii.

inpræsentiarum divino aspectui placere valeamus, et in futuro aliquam divinæ retributionis portiunculam in æternæ felicitatis gremio obtineamus.

Unde, ad honorem Dei omnipotentis et beatæ Dei genitricis semperque virginis Mariæ, in capitulo nostro generaliter residentes, ipsius sanctæ Dei genitricis memoriam continuare, attollere, decorare constituimus : eo videlicet tenore, ut deinceps æternaliter, secundum quod in catalogo hujus institutionis intitulatum est, omni die sabbati solemniter celebretur quemadmodum in octavis Pentecosten tribus extremis diebus; præter quod septem Psalmos, cum Letania et Vigiliis mortuorum dimitti prohibemus. Quia enim ipsam sacrosanctam Dei Genitricem, angelorum et hominum reginam, seculi præsentis devocatione et miseræ vitæ hujus brevitate servire non sufficimus, fratres nostros qua possumus prece et gratia ad ejusdem sanctissimum et Deo dignissimum cultum incitamus, posterisque nostris tam prece quam privilegii adstipulatione ipsum sanctissimum et jocundum Deo famulatum in perpetuum continuamus.

Gloriosissimi præterea et dulcissimi patroni nostri sanctissimi Dionysii sociorumque ejus, quorum mirabili et ineffabili beneficio educati, docti et adjuti sumus, hujus sanctissimæ Dei Genetricis memoriam eo ordine et eadem paritate in quinta feria secundamus. incessanter enim tam sancto et apostolico domino nostro in vita et post mortem saltem hoc modo famulari operæ pretium duximus : ut, tantorum ejus memores beneficiorum, pronum et propitium suffragatorem in extremo et terribili judicii die apud districtum Judicem accingamus¹; et quemadmodum ejus præsentibus, ita et futuris comparticipantes beneficiis, saltem aliquam beatitudinis æternæ extremitatem secus pedes domini ac magistri nostri feliciter obtineamus. Et quoniam fratres nostri, tanquam carissimi filii mandatis nostris obedientes, tam se quam successores suos huic secundo² servitio devoverunt, eisque [et] successoribus suis per omnium successionem temporum omni hebdomada, in ipsis celeberrimis memoriarum sanctarum diebus, sive eas faciant, sive convenienter occasione alicujus præcipuæ solemnitatis Vigiliarum aut Quadragesimæ mutent, cotidianum sex solidorum generale³ quatuor solidis, ut decem fiant, ad refectionem eorum⁴ augmentamus, et augmentatum per Deum omnipotentem et districti judicii terribilem examinationem permanere indeficienter obtestamur. Ne ergo alicujus occasione avaritiæ aliquando sopiatur, ex iis quæ nostro augmentata sunt labore, videlicet de pedagico quod in Strata colligitur, decem libras et decem solidos in feria septima, ex redditibus nostris de Vilcassino et decimis a glorioso rege Francorum Ludovico concessis, et constituimus et confirmamus. Præterea Dei omnipotentis servitio fratrumque nostrorum sustentationi⁵ bene devoti, transitoriis æterna commercando, in compassione laborum et consolatione eorum, quasdam solemnitates honorabilius et solito devotius celebrari dupliciter

---

1. *Attingamus* edit. Chesn.
2. *Secundo* deest in eâdem edit.
3. *Generali*, malè, eadem edit.
4. *Eorum* omissum in eâdem.
5. *Sustentationem*, mendosè, edit. Dubleti.

constituimus : videlicet Theophaniam¹, Ascensionem Domini, sancti Johannis Baptistæ Nativitatem, beatæ Mariæ Magdalenæ demigrationem, ortum beatissimæ semperque virginis Mariæ, preciosissimorum martyrum Thebæorum solemnitatem. Singulis autem præfatis solemnitatibus centum viginti solidos, ad tantarum exaltationem fratrumque nostrorum refectionem, quorum sexaginta solidos de præfato pedagico et sexaginta de præpositura Vilcassini persolventur, vehementer confirmamus. Quod si casu quocumque vel occasione aliqua, quod absit, præfati redditus diminuerentur nimis, aut omnino deficerent, ex aliis ecclesiæ hujus redditibus suppleri et ab abbate reformari æque Dei omnipotentis auctoritate præcipimus.

Refectionibus quoque eorum vespertinis, quas dicunt cœnas, quoniam a puero et cotidiana officialis² earum declamatione aliquibus cognovimus indigere incrementis, decimam de Sancto Luciano usibus nostris deservientem contulimus : eo videlicet tenore, ut exinde³ anniversarium nostrum post decessum hujus vitæ in perpetuum faciant, et in eo decem solidos refectioni suæ a monacho cœnatore⁴ recipiant. Quapropter a carissimis fratribus filiisque nostris, cum quibus divinam effugere indignationem et misericordiam assequi sollicite præoptamus, præter peculiares eorum orationes dum hac luce præsenti potimur, omni quinta et septima feria qua præfatæ celebrari

---

1. *Theophaneam* chartul. et ed. Chesn.
2. *A præsento et cotidiana officialium*, malè, edit. Dubleti.
3. *Ut et inde* ed. Chesn.
4. Qui tempore P. Dubleti, ut ipse observat, adhuc nuncupabatur *Cenier*.

poterunt memoriæ, ad peccatorum meorum depositionem[1] miserrimæque vitæ hujus directionem, in omnibus tam nocturnis quam diurnis horis Psalmum unum, *Ad te levavi;* et post miseri corporis hujus dissolutionem, in ipsis sanctarum memoriarum diebus, *De profundis clamavi*, per omnium curricula temporum misericorditer fidissima et irrefragabili promissione mihi[2] meisque successoribus obtinuimus. Hoc uno et speciali continuoque sperantes sanctæ Dei Matris sanctorumque aliorum suffragio, fratrum nostrorum successiva intercessione, delictorum sordes deponere, et saltem vel in die Resurrectionis Domini misericordiam in aliqua paradisi extremitate impetrare.

Gloriosissimi quoque Ludovici regis Francorum, post strenuissimam regni ejus administrationem, anniversarium fieri singulis annis et mandamus et constituimus : et ut eadem die de præfatis Vilcassini decimis ab eo nobis collatis viginti solidos propriæ refectioni habeant præcipimus. Et ut hæc nostra fratrumque institutio præsentisque cartæ longævitas nulla præsumptione, nulla temeritate defraudetur aut destruatur, in capitulo nostro generaliter residentes, clavo et corona Domini et sancti senis[3] Simeonis brachio, Dei omnipotentis omniumque sanctorum auctoritate, perpetuum anathema et gehennæ ignes inviolatoribus[4] imponimus et imprecamur; conservatoribus vero et privilegii hujus defensoribus vitam æternam.

1. *Dispositionem*, mendosè, edit. Chesn.
2. *Mihi* deest in edd. Felib. et Dubl.
3. *Senis* omissum in edit. Chesn.
4. *Violatoribus* ed. Chesn.

Ego Petrus, Sedis apostolicæ presbyter cardinalis et legatus, laudo et confirmo.

Ego Gregorius, Sancti Angeli diaconus cardinalis et apostolicæ Sedis legatus, laudo et confirmo[1].

V. DE AREA EMPTA A GIRARDO HOSPITALARIO.

Suger confirme la vente, faite par Girard l'Hospitalier à Robert l'orfévre, d'un terrain à bâtir situé devant le monastère de Saint-Denis, et agrandit cet emplacement en faveur de l'acquéreur.

(Vers 1130)

In nomine summæ[2] et individuæ Trinitatis. Ego Sugerius, Dei gratia abbas Sancti Dionysii, commendo memoriæ tam præsentium quam futurorum quod Robertus aurifaber, per consensum meum et totius capituli nostri, emit a Girardo Hospitalario aream unam ad domum faciendam ante monasterium Sancti Dionysii. Quam emptam aliquanto ei spatio ampliavi, et ita ampliatam concessi, dedi ei, atque firmavi per consensum capituli; ea libertate, ut tam ipse quam hæres ejus liberam habeant potestatem commutandi eam, dando aut vendendo aut quovismodo voluerint, cuilibet vel burgensi vel rustico vel servienti sub potestate Sancti Dionysii. De qua pac-

---

1. Ex originali chartâ (Arch. Imp., K. 22, n° 6), cui de tribus appensis sigillum unum superest. — Chartul. alb., t. I, f° 15 (Ibid., LL 1157). — Dublet., op. cit., p. 860. — Felib., op. cit., inter probationes, p. xcvi. — Chesn., IV, 546.

2. *Sanctæ* edd.

tione ut minus abalienari possit, dabit singulis annis infra octabas sancti Dionysii coclear unum argenteum ponderis unius unciæ. Et hoc statutum ne quis irritare[1] præsumat, sigilli nostri testimonio auctorizamus.

Et ego Mathæus[2], Dei gratia Albanensis episcopus et apostolicæ Sedis legatus, hoc sicut abbas concessit nostro sigillo confirmo.

Hujus autem pactionis testes sunt Gaufridus Carnotensis episcopus, Odo prior Sancti Martini a Campis, Josbertus prior Sancti Dionysii, Arveius capicerius Sancti Dionysii, et totus conventus ejusdem loci[3].

VI. DE CULTURA INDICTI.

Suger affecte à l'office d'aumônier de l'abbaye un terrain situé près du Lendit, donné au monastère de Saint-Denis par le roi Louis le Gros.

(Vers 1130)

Notum fieri volumus tam præsentibus quam posteris quod ego Sugerius, Dei patientia Beati Dionysii humilis minister, communi favore capituli nostri, culturam quæ juxta Indictum[4] est, quam gloriosus rex Francorum Ludovicus Beato Dionysio dedit;

---

1. Id est *irritum facere*. — 2. *Mathæus* deest in chartulario.
3. Ex Chartul. albo, t. I, f° 51 (Arch. Imp., LL 1157). Felib., inter probationes, p. xcvii. — Chesn., IV, 553.
4. De hoc celebri Sancti Dionysii campo, vulgò *l'Indict* seu *Lendit* nuncupato, V. *Lebeuf, Hist. du diocèse de Paris*, III, 246 et seq.

elemosinæ ad sustentationem pauperum Christi, pro salute ac remedio animæ meæ, in perpetuum tenendam concessimus. Et ut hoc ratum existat, scripto mandari et sigillo nostro confirmari fecimus[1].

VII. TESTAMENTUM SUGERII ABBATIS.

Suger institue une messe quotidienne du Saint-Esprit, à célébrer pour le salut de son âme, tant avant qu'après sa mort, plus un anniversaire solennel de ses funérailles, accompagné de la distribution de certaines aumônes, et quelques autres fondations pieuses.

(1137, 17 juin)

In nomine sanctæ et individuæ Trinitatis, Patris et Filii et Spiritus sancti. Amen. Sugerius, Dei patientia ecclesiæ beati Dionysii humilis minister.

Cum magna multitudo dulcedinis Dei[2], quam abscondens timentibus se perficit eis qui sperant in eo, meipsum mihi larga propitiationis suæ affluentia restituere vellet, memorem me faciens iniquitatum mearum antiquarum, ut cito anticipet me misericordia ejus, post mundi hujus inmundi[3] rotabiles et impulsivos scopulos, post longam et pene curis ecclesiæ et aliis consumptivam corporis et animæ dilapidationem, ad suffragia Sanctorum, quorum servicio desudaveram,

---

1. Ex originali chartâ (Arch. Imp., K 22, n° 6²). — Chartul. album, t. II, p. 559 (Ibid., LL 1158). — Chartul. eleemosynarii Sancti Dionysii, f° 23 (Ibid., LL 1176). — Chesn., IV, 553.

2. *Domini* edd. Chesn. et Felib., sicut et infrà.

3. *Inmundi*, pro *immundi*, deest in edit. Chesn.

licet non sicut debueram, et fratrum nostrorum ibidem in sancta et Deo acceptabili religione deservientium votivas confugiens orationes, in capitulo cum eis, sicut eram solitus, bona pace resedi. Cumque de eis et in eis post Deum confidens, tanquam ægrotus fideli medico sollicitudinum mearum angores[1] replicare[m], annos meos in amaritudine animæ meæ reponens, deplangere et aborrere introrsum cœpi : meam circa divinorum beneficiorum largitatem longam ingratitudinem repræsentans mihi, quomodo valida Domini manus me pauperem de stercore erexit[2], quomodo et ante honorem hunc cum principibus Ecclesiæ et regni consedere fecerit, qualiter me inmeritum et absentem pace omnium in hac sancta sede sublimaverit, qua munificentia dominorum nostrorum apostolicorum, dominorum regum, principum et populorum, sopitis æmulorum insidiis, benivolentiam nobis conciliaverit, in omnibus omnino tam spiritualibus quam temporalibus prosperatus fuerit. Et dum tantis debitis obnoxius astringor, de retributione timidus clamans commoveor : *Quid retribuam Domino pro omnibus quæ retribuit mihi*[3]? Unde tactus dolore cordis intrinsecus, parans fugam ad verum vitæ protectorem, toto mentis et cordis affectu, fratrum nostrorum et omnium et singulorum genibus provolutus, in ea qua Christus dilexit nos caritate, ad uniendum nos sanguinem suum fundens, ut opem ferat suppliciter efflagito. Pro quorum certe quiete laboribus inpræsentiarum me expono, ad pa-

---

1. *Languores* edd. Chesn. et Felib.
2. *Erexerit* sola ed. Chesn. — 3. Psalm. cxv, 3.

randam quantulamcumque quietis futuræ portiunculam tremens et devotus reclamo. Et quoniam qui cum Domino ambulant non possunt esse expertes caritatis (*ardet* enim *cor eorum de Jesu*[1] *dum loquitur eis in via*[2]), subito venerabilis ille et Deo propinquus, quorum jam conversatio est in cœlis, chorus, ab alto condescendens in valle mœroris mei, ut patres et fratres et filii ætate, caritate, obedientia, largam manum misericordiæ porrigunt ; et quæ vivo, quæ defuncto suffragia præparent, et voce et scripto determinant : votive[3] siquidem nobis lege inconvulsa veritatis, quæ Christus est, et præsentis chartæ memoriali confirmatione sancientes, toto tempore vitæ meæ, omni die missam de Spiritu sancto celebrari; ut Spiritus sanctus paraclytus, qui est remissio omnium peccatorum, nobis peccata remittat, consolationem tribuat, rorem misericordiæ infundat. Cujus sancti sacrificii continuatio omni die in capitulo, cum a prioribus sacerdotum incepta et reincepta per juniores ejusdem ordinis percurrerit[4] indeficienter, ad priores redibit ; et hoc quidem quamdiu, Dei misericordia, supervixero.

Cum autem miserrimum hujus vitæ hominem exuero, per omnia curricula omnium annorum et temporum, pro remedio animæ meæ et fratrum et benefactorum ecclesiæ, eo quo diximus ordine, missam sancti Spiritus, *Requiem æternam*, et pronunciantes et decantantes, divinam nobis tali perseverantia salutaris hostiæ reconciliabunt propitiationem. Anniversarium siquidem exequiarum mearum diem, diem terroris, calamitatis et

---

1. *De Jesu* desunt in edit. Chesn.— 2. Lucæ Evang., xxiv, 32.
3. *Votiva* Chesn. ed. — 4. *Perrexerit* edd. Chesn. et Felib.

miseriæ, omni anno tali ac tanto in operibus misericordiæ relevabunt suffragio. In conventu plenum persolvent officium quotquot in sacerdotali ordine fuerint, eadem die Domino Deo sacrificium pro nobis misericorditer offerentes; reliqui vero fratres quinquaginta Psalmorum oblatione nobis apud Dominum subvenient. Qui vero eos nescierint, ea qua poterunt nobis oratione[1] misericorditer succurrant[2] : eget enim parvitas nostra et magno et parvo. Et quoniam tanquam carissimi et dulcissimi fratres quæcumque ab eis bona exegi fideliter repromiserunt, hoc etiam a toto capitulo obtinuimus, ut de capicio capiciarius frater, quicumque sit ille, refectionem fratribus in refectorio ipsa die anniversarii nostri accurate persolvendo procuret, duas videlicet omnibus communes, non qualescumque, sed plenarias et aptas exhibendo pictancias. Frater tamen[3] celararius generale suum more solito præponat[4]; pigmentum habeant fratres de camera et cellario. Rogamus autem suppliciter ne frater ille, sive nos viderit, sive minime, expensas istas ægre ferat, cum in magna parte officii ejus multas exsolventes expensas solliciti fuerimus ; videlicet in novi et magni ædificii ecclesiæ augmentatione, in ædificatione magnæ et caritativæ domus hospitum, in reparatione et renovatione dormitorii et refectorii, et in augmentatione obedientiæ thesauri, et in multis aliis tam ecclesiæ quam officinarum sumptuosis operibus, quas enumerare supersedimus, ne inanis gloriæ aut alicujus arrogantiæ titulo, quo animæ meæ opus

---

1. *Oblatione* edd. Chesn. et Felib. — 2. *Succurrent* Chesn. ed.
3. *Etiam*, pro *tamen*, edd. Chesn. et Felib.
4. *Proponat* eædem edd.

non est, imputetur. Potissimum enim hæc reponimus, ut successorum fratrum et benivolentiam et devotionem acquiramus. Verum quia elemosinarum largitione peccata redimuntur, in hoc etiam fratres nostri carissimi mihi providentes firma sanctione constituunt, ut omni anno, die anniversarii mei, panes duorum modiorum frumenti, quatuor modios vini, sexaginta solidatas carnium, tam prior hujus ecclesiæ quam elemosinarius monachus, ut etiam et ipsi in hoc beneficio participent, se præsente distribui faciant : videlicet in ipsa magna domo hospitum, ut et locus et opus, Domino miserante, nobis cooperentur in bonum. Et dum pauperes canonici in domo Sancti Pauli[1], quibus etiam pro remedio animæ meæ aliquid adquisivi, et alii clerici capellani, cum persolverint nobis[2] debitum anniversarii, aut in ecclesia Sancti Pauli aut in loco sepulturæ meæ, si Dei misericordia hoc in loco mihi eam indulserit, in refectorio suo conveniant, et de ea quam supra determinavimus elemosina modium vini et centum panes ad libram et qualitatem fratrum a priore et elemosinario recipiant. Unde vero et ubi tam frumentum quam vinum et denarios habeant, determinare curavimus : videlicet in tempore messis a Trembliaco frumentum; eam[3] enim ibidem multum amplificavimus, et in ædificio exterioris curiæ et horreorum, et aliis quibuscumque modis. Item et in tempore vindemiæ a Ruoilo quinque modios vini, de ea quam fecimus apud Lovecenas nova acquisitione. Adquisivimus enim ibi ferme sexaginta modios vini omni anno. Denarios vero, de Francorum

---

1. In urbe Sancti Dionysii sitâ.
2. *Nobis* deest in edit. Chesn. — 3. *Eas* in orig. chartâ.

Villa viginti solidos. Et de [1] marsupio cambiatoris et thelonearii quadraginta solidos, pro ea recompensatione quod nos retraximus de manu Urselli Judæi de Monte Morenciaco decem solidos, quos accipiebat [2] omni hebdomada in eodem marsupio occasione vadimonii. Expendimus enim tria millia solidorum pro retractione horum denariorum, et illius villæ quæ dicitur Molignum, quæ ab eodem Judæo tenebatur vadimonio [3].

Rogavimus etiam fratres nostros ut eadem die, ea, quæ divina munificentia in tempore administrationis nostræ eidem ecclesiæ contulit, sive palliorum sive auri aut argenti ornamenta exponantur, aut in missa aut sicut eis placuerit: ut et fratrum devotio sacris orationibus esurienti animæ meæ miserrimæ accumuletur, et successorum abbatum instantia circa cultum ecclesiæ Dei animetur. Et quoniam omnia membra capiti suo debent cooperari, in omnibus cellis ubique terrarum anniversarium nostrum secundum locorum quantitatem et possibilitatem fieri petivimus : videlicet apud Argentoilum, quem locum, per multa tempora trecentorum fere [4] annorum ab ecclesia ista alienatum, et monacharum extraordinaria levitate pene prostratum, labore nostro, præsidente et privilegio firmante summo Pontifice bonæ memoriæ Honorio, regnante et concedente inclito rege Ludovico, restitui elaboravimus ; ubi fratres eadem die de Sartoris Villa [5] decem solidos refec-

---

1. *Item de* eædem edd. — 2. *Arripiebat* eædem edd.

3. V., de hâc villâ, p. 156 ; et de prædiis suprà memoratis, p. 159, 163, 164.

4. *Fere* deest in ed. Chesn.

5. Nunc *Sartrouville* (*Seinc-et-Oise*).

torio habeant, et hac eadem panes unius modii frumenti, et duos modios vini, tam pro remedio animæ meæ quam pro salute fratrum nostrorum, tam vivorum quam defunctorum, pauperibus erogare irrefragabiliter omni anno non desistant. Omni vero secunda feria et tertia missam pro me et pro aliis defunctis celebrabunt. In Strata vero ubi dominus noster post Dominum ter beatus Dionysius tanto[1] trecentorum annorum tempore quievit, ubi etiam, tam pro extollenda sanctorum Dei laude quam pro multis, quas ibidem per decennium commoratus juvenis ætate et moribus commisi, offensis, duodecim monachos cum tredecimo priore, ad serviendum Deo et sanctis Martyribus, regulariter inhabitare decrevimus. Quorum etiam refectorio apposuimus villam Molignum, quam de manu Urselli Judæi, ut supra diximus, retraxeramus ; et jugem apud Deum orationem, et anniversarium nostrum[2], et missam pro defunctis omni ebdomada feria quarta devote postulando impetravimus. Curboilo[3] vero, apud sanctam Dei Genitricem Mariam, quem locum sacratissimum et ædificare et amplificare incipientes, si Deus nobis vitam servaverit[4], perficere firmissime proposuimus, similiter et anniversarium nostrum et missam pro defunctis in ebdomada feria quinta devote expostulavimus. Ea autem, quam nos in episcopatu Metensi acquisivimus, Cella, in ea quæ celebrata est Maguntiæ curia, similiter et jugem orationem et anniversarium nostrum et missam pro defunctis feria sexta devote expetivimus.

1. *Toto* edd. Chesn. et Felib.
2. *Nostrum* omittunt eædem edd. — 3. *Corboito* eædem edd.
4. *Nobis dederit vitam* eædem edd.

Item et apud Sanctum Alexandrum, venerabili loco Lebrahæ[1], missam pro defunctis feria septima, anniversarium nostrum, et divinas pro nobis aures sollicitare imploravimus. Nec minus in omnibus Beati Dionysii cellis, tam propinquis quam remotis, anniversarium nostrum orationumque instantiam, missam pro defunctis semel in ebdomada rogantes obnixe impetravimus ; et quoniam fratres nostri carissimi suppliciter a nobis rogati libenter peticionibus nostris, scientes nos magno indigere auxilio, acquieverunt, pulsamus eos prece, pulsamus et præcepto, et in ea, qua Christus in ara crucis Deo Patri se obtulit, obedientia adjurantes obtestamur, ne deinceps per omnia temporum curricula, successivis fratrum succedentium temporibus, ab hoc quod nobis firmaverunt suffragio desistant, promissum reddant, votum persolvant, sicut responsuri in extremo districti judicii die, cum nos invicem viderimus in eo qui nos et actus nostros per omnia videt, qui nos ipsos sibi vivere dignetur per omnia secula seculorum. Amen.

Actum apud Sanctum Dionysium, in communi capitulo, XV° kalendas julii, anno incarnati Verbi MCXXXVII°, indictione XV^a, epacta XXVI^a, concurrente IV°, luna XXIIII^a, anno vero administrationis nostræ XVI°.

Signum domni Hervei prioris.

S. Tewini subprioris. S. Bernardi præcentoris. S. Willelmi chartographi. S. Stephani thesaurarii. S. Gaufredi capiciarii. S. Johannis infirmarii. S. Henrici cellararii.

---

1. Prioratus S. Alexandri Lebrahæ in Argentoratensi diœcesi situs erat.

S. Alberti quondam abbatis. S. Vincentii quondam abbatis. S. Christiani sacerdotis. S. Rodulfi sacerdotis. S. Adæ sacerdotis. S. Wildrici sacerdotis. S. Philippi sacerdotis. S. Rotberti sacerdotis. S. Petri sacerdotis. S. Willelmi sacerdotis.

S. Johannis diaconi. S. Giraldi diaconi. S. Hugonis diaconi. S. Arnulfi diaconi. S. Theobaldi diaconi. S. Richardi diaconi. S. Salomonis diaconi. S. Willelmi diaconi. S. Girardi diaconi. S. Rainerii diaconi.

S. Willelmi subdiaconi. S. Hugonis subdiaconi. S. Rodulphi subdiaconi. S. Araldi subdiaconi. S. Huberti subdiaconi. S. Eustachii subdiaconi. S. Wineberti subdiaconi. S. Gisleberti subdiaconi. S. Radulphi subdiaconi. S. Petri subdiaconi.

S. Hemelini pueri. S. Ernaldi pueri. S. Warnerii pueri. S. Ilberti pueri. S. Philippi pueri. S. Petri pueri. S. Cononis pueri. S. Bernerii pueri. S. Widonis pueri. S. Amblardi pueri.

S. Gosleni, Suessionensis episcopi. S. Gaufredi Carnotensis episcopi. S. Hugonis, Turonensis archiepiscopi. S. Samsonis, Remorum archiepiscopi. S. Milonis, Morinorum episcopi. S. Guarini, Ambianensis episcopi. S. Odonis, Belvacensis episcopi. S. Rotberti, abbatis Corbeiæ[1].

1. Ex originali chartâ (Archiv. Imp., K 22, n° 9[7]). — Chesn., IV, 549. — Felib., inter probationes, p. xcix. — Tardif, *Monuments historiques*, n° 425.

VIII. DE QUARRERIA QUÆ PERTINET AD THESAURARIUM.

Suger donne au trésor de Saint-Denis, pour l'entretien des ornements de l'église, plusieurs cures dépendant de la prévôté de Berneval, et le village de La Carrière, récemment fondé par lui.

(1137)

In nomine sanctæ et individuæ Trinitatis, Patris et Filii et Spiritus sancti. Amen. Sugerius, divina gratia beatorum Christi martyrum Dionysii, Rustici et Eleutherii ecclesiæ abbas. Quoniam antecessores nostri aut nullum aut parvum thesauro Beati Dionysii, causa, ut credimus, largæ quondam munificentiæ regum, redditum statuerunt, sopita nunc magna ex parte liberalitate eorum, quædam quæ Dei adjutorio et adquisivimus et ædificavimus unanimi consensu atque consilio capituli nostri eidem domini et patroni nostri thesauro concessimus. Noverit ergo fidelium universitas, tam præsentium quam futurorum, quod ecclesias præpositura de Berneval[1] spectantes, tam illam scilicet Sancti Martini quam alias a jure sacerdotum hæreditario avi et attavi per nos divina cooperante gratia extractas, aut si adhuc aliquæ in ipsa præpositura novæ ædificentur, omnes unanimi, ut diximus, fratrum consilio ad reparationem ornamentorum Beati Dionysii, ob animæ meæ remedium, thesauro donavimus. Villam vero quæ dicitur Quadraria[2], a nobis

---

1. V. suprà, p. 184.
2. Nunc etiam dicta *Carrières-Saint-Denis* (*Seine-et-Oise*).

utique ædificatam, similiter thesauro liberam et quietam omnino tribuimus, ita scilicet ut nullus nisi thesaurarius, quicumque sit ille, in ipsa villa[1] mortuam manum, rotagicum aut alias quaslibet consuetudines vel forisfacturas capiat nec habeat. Sed et culturam inter Quadrariam et inter Besunz[2], quam etiam per Stephanum thesaurarium hominibus de Besunz ad vineas plantandas concessimus, nihilominus eadem libertate quam diximus de Quadraria, videlicet tam de mortua manu quam de aliis consuetudinibus, thesauro contulimus: et si aliqua mortua manus inde emerserit, non ad abbatis, sed ad thesaurarii manum veniat. Similiter vero de rotagico et aliis statuimus consuetudinibus, quod si aliquis hanc cartam violando, de hiis suprapositis a nobis nostroque conventu Beati Dionysii thesauro concessis inde aliquid alienaverit, ipsi sancto Dionysio in die judicii, in districto examine, ante districtum judicem rationem reddat.

Actum in communi capitulo Beati Dyonisii, XV° kalendas julii[3], anno incarnationis Dominicæ MCXXXVIII°, indictione XV^a, epacta XXVI^a, concurrente IV°, luna XXIIII^a, anno vero administrationis nostræ XVI°.

Signum domni Sugerii abbatis. S. Hervei prioris. S. Bernardi præcentoris. S. Johannis infirmarii. S. Stephani thesaurarii. S. Gaufredi capiciarii.

S. Philippi sacerdotis. S. Garnerii sacerdotis. S. Guillelmi sacerdotis. S. Roberti sacerdotis. S. Henrici sacerdotis.

---

1. *In ipsa ulla*, mendosè, Dubletus.
2. Vulgo *Bezons* (*Seine-et-Oise*).
3. Ab illo verbo, reliqua in edd. omittuntur.

S. Johannis diaconi. S. Hugonis diaconi. S. Girardi diaconi. S. Theobaldi diaconi. S. Salomonis diaconi.

S. Guillelmi subdiaconi. S. Rodulfi subdiaconi. S. Petri subdiaconi. S. Eustachii subdiaconi. S. Bernerii subdiaconi.

S. Hamelini pueri. S. Ernaldi pueri. S. Guidonis pueri. S. Philippi pueri. S. Johannis pueri[1].

IX. SUPER REBUS PLURIBUS ECCLESIÆ SANCTI PAULI CONCESSIS A SUGERIO ABBATE, ET MODIO VINI, ET CENTUM PANIBUS, IN DIE OBITUS SUI.

Suger concède à l'église de Saint-Paul, située à Saint-Denis, un cloître avec ses dépendances, l'église de Saint-Jean, ainsi que plusieurs priviléges et revenus, à la charge de célébrer solennellement son anniversaire et les deux fêtes de saint Paul, et de prier pour les religieux défunts de l'abbaye.

(1138)

In nomine sanctæ et individuæ Trinitatis, Patris et Filii et Spiritus sancti. Amen. Sugerius, divina gratia beati Dionysii ecclesiæ abbas. Quia Dei omnipotentis larga miseratione parvitatem nostram promoveri et ad hujus ecclesiæ regimen contigit sublimari, multa nobis sollicitudine et continua instandum est cura utilitatibus servorum Dei deservire, catholicam Ecclesiam et Ecclesiæ servitores honorare ; quatinus in

---

1. Ex Chartul. albo S. Dionysii (Archiv. Imp., LL 1157), t. I, p. 319. — Dublet, *Hist. de l'abbaye de S. Denys*, p. 864.

extremo districti examinis terribili die, *Euge, serve bone et fidelis*[1] a Domino Deo mereamur audire. Unde noverit tam præsentium quam futurorum industria, quod ego Sugerius, ecclesiæ beati Dionysii abbas, consensu fratrum nostrorum, ecclesiam beati Pauli, quæ quasi capiti membrum ecclesiæ nostræ inhæret, honorare et exaltare decrevimus et proposuimus, tum quia beati Pauli magistri gentium prædicatione dominum et protectorem nostrum beatum Dionysium obtinuimus, cum quia quicquid ei honoris et utilitatis conferimus, quoniam nostra est, ad honorem et utilitatem nostram totaliter referetur. Claustrum siquidem ecclesiæ ejusdem, officinas in claustro, et domos claustri quas habent et quas circum claustrum habere poterunt, ad ædificandum proprias ecclesiæ mansiones et canonicorum domos, libertate irrefragabili et immunitate totius exactionis donamus: nec ibi tantum, sed ubicumque habuerint domos suas, quamdiu in eis habitaverint, et domus et res eorum et propriæ familiæ liberamus. Si autem de manibus eorum ad alias personas devenerint, in potestatem judiciariæ potestatis lege villæ redibunt. Res oppidanorum nostrorum vel aliorum hominum in domibus eorum nulla defendet libertas; hoc tamen fiet, quod res aliorum per clericos Sancti Pauli potestati nostræ reddentur. Latrones suos de familia sua, et qui eis furati fuerint, eorum sit ad justiciandum. Fugitivos alios latrones potestati nostræ reddent: similiter et alios, qui ad eos confugerint, reos. Si autem inter eos et nos quæstio de aliqua re fuerit, quod clerici poterint

---

[1]. Matt. Evang., xxv, 21. — 2. *Poterunt* edit. Felib.

inde jurare, aut per se aut per legalem personam sine aliqua contradictione teneant. Ut autem omni omnium temporum successione pro me peccatore et pro fratribus nostris, tam præsentibus quam præteritis atque futuris, Dominum nobis propitiari exorent, de opulentia nostra eorum volentes aliquantulum supplere inopiam (servi enim Dei sicut et nos, conservi autem sunt nostri), XL solidos, quos irrefragabiliter de Duolio[1] habebunt omni anno[2] de censu mansi Alnufi[3], et modium unum annonæ in molendino uno, quod est apud villam quæ dicitur Ulmechon[4], modium autem vini in cellario et decem solidos de censu vini clamatorum, in utraque sancti Pauli solemnitate, ad canonicorum videlicet refectionem, ut jocundius et devotius Deo sanctoque Paulo deserviant, singulis annis concedimus. Adhuc autem eidem ecclesiæ Sancti Pauli ecclesiam concedimus Sancti Johannis, quæ est in atrio Sancti Dionysii sita, et medietatem decimæ cujusdam villæ quæ dicitur Hablegias[5], et quartam partem decimæ de Barcheniaco[6], et medietatem decimæ alterius villæ quæ dicitur Campiniacus[7].

Rogavimus etiam fratres nostros ut, pro Dei amore et nostro, qui, quantum molestia corporis sustinet, Ecclesiæ servituti desudamus, eidem ecclesiæ Sancti Pauli modium vini et centum panes ad libram atque mensuram panis nostri de refectorio, ad refectionem in refectorio Sancti Pauli tam capellanorum hujus villæ quam

---

1. Vulgò *Deuil* (Seine-et-Oise).
2. *Habebant, omni anno capient* ed. Chesn.—3. *Arnulfi* ed. Chesn.
4. *Ormesson*, propè idem Duolium. — 5. V. supra, p. 184.
6. Nunc *Bercagny* (Seine-et-Oise.)
7. Hodiè *Champigny-sur-Marne* (Seine.)

canonicorum, in die anniversarii mei, sicut scriptum est in carta testamenti nostri, concedant : eo pacto et ea conventione, ut in die anniversarii mei, si Dei[1] pietas infra septa hujus ecclesiæ me sepeliri permiserit, omni anno ad sepulturam meam convenientes, animæ meæ commendationem et missarum solemnia Deo, pro remedio peccatricis animæ meæ[2], offerant ; sin autem, in ecclesia Sancti Pauli. Sed et ideo nihilominus hæc eis concessimus, ut pro his et aliis beneficiis, in obitu singulorum fratrum nostrorum monachorum hujus ecclesiæ, ad corpora eorum nondum sepulta conveniant, ibique commendationem animæ faciant et ad Sanctum Hilarium pro ea missam celebrent. Si vero ecclesiam istam foris in obedientia monachus noster finierit, similiter apud Sanctum Hilarium fratris nostri fine audito conveniant ; ibique commendationem animæ facientes, missam pro eo celebrent. Pro decantatione vero Psalterii, quam post Matutinos nostros se non posse facere testati sunt, statutum est ut, postquam frater noster defunctus sepultus fuerit, in crastinum vel infra triduum post sepulturam ejus conveniant in ecclesia Sancti Pauli, et restauratione[3] Psalterii commendationem animæ et missam pro ejus anima pariter decantent. Nec prætereundum est quod Adam piæ memoriæ abbas in dedicatione ecclesiæ beati Petri dotem ejusdem ampliavit pro Matutinis decantandis in vigilia beati Dionysii,

1. *Fidei*, mendosè, chartul. et ed. Felib.

2. Hæc verba, à *commendationem* ad *animæ meæ*, in edd. omittuntur.

3. *Recitatione* correxit Chesnius. Hìc autem vox *restauratio* pro *instauratio* videtur accepta. V. Cangii Glossarium, v° *Restauratio*

idemque præbendam plenarie restituit sub manu et anathemate Coni cardinalis, et archiepiscopi Eurohic[1], et Clarenbaldi episcopi Silvanectensis, quam Robertus rex magnæ pietatis a capitulo suis precibus impetraverat. Idem rex post Matutinos beati Dionysii in ecclesia beati Pauli opera misericordiæ et orationes prosequens, dum ecclesiæ humilitatem et clericos ejusdem benigne Dei servitio vacare prospiceret, ut ei Deus propitiaretur, de fisco suo eidem ecclesiæ donavit molendinum de Sancto Luciano[2], et molendinum juxta Pontem Malberti ad fontem positum. Tertium vero parvum, qui diu aquarum superabundantia in certis[3] temporibus infructuosus cessat, furnum de Sancto Marcello, et furnum de porta Basuini, integro misericordiæ affectu, supplicatione et meritis clericorum, communis benefactorum manus attribuit. Clausum de Strata, clausum de Cormeliis et clausum de Monte Morenciaco, clausum de Diogilo, et quantula census portio circa villam et infra adjacet, supplicatione et meritis eorumdem fratres se Dei servitio et elemosinis adjungentes eidem ecclesiæ misericorditer impenderunt. Actum et roboratum in capitulo Beati Dionysii, anno incarnati Verbi MCXXXVIII°, indictione XV, epacta XXVI, concurrente IIII°, anno vero amministrationis nostræ XVI°.

Signum domni Sugerii abbatis. S. Hervei prioris. S. Bernardi præcentoris. S. Stephani thesaurarii. S. Gaufredi capicerii.

---

1. Quod nomen Felibianus non legit.
2. V. suprà, p. 158. — 3. *Incertis* edd.

S. Christiani sacerdotis. S. Johannis sacerdotis. S. Garnerii sacerdotis.

S. Johannis diaconi. S. Theobaldi diaconi. S. Hugonis diaconi.

S. Rodulphi subdiaconi. S. Bernerii subdiaconi. S. Petri subdiaconi.

S. Ernaldi pueri. S. Widonis pueri. S. Philippi pueri[1].

X.

Suger prend différentes dispositions pour améliorer la condition matérielle des religieux, des malades ou des pauvres, augmente les revenus des offices de chévecier et d'infirmier, et renouvelle en même temps l'obligation de célébrer solennellement l'anniversaire de l'empereur Charles le Chauve, bienfaiteur de l'abbaye.

(Vers 1140)

In nomine Patris et Filii et Spiritus sancti. Amen. Sugerius, Beati Dionysii abbas, Dei omnipotentis servitio mancipatis providere, labores et certaminum sudores quibuscumque seu spiritualium seu temporalium remediis alleviare, victualibus, ne deficiant in via, sustentare, cum omnibus fidelibus, tum præcipue prælatis Ecclesiæ, coram Deo et honestum et utile arbitramur. His siquidem signatum est, Domino præcipiente, quomodo confovere et contegere eos oporteat bovinis et vaccinis coriis Arcam fœderis Domini, ad

1. Ex Chartul. albo S. Dionysii (Archiv. Imp., LL 1157), t. I, p. 54. — Dubl., p. 862. — Chesn., IV, 552. — Felib., inter probationes, p. CI.

repellendos imbres tumultuosos et quæcumque molesta; in quo idem ipsi exprimunt, qui prælationibus actuales ex debito officii ex seipsis habent loco coriorum et confovere et contra omnem molestiam protegere contemplativos, qui vere[1] sunt arca divinæ propitiationis. Eapropter ego Sugerius, Dei patientia ter beati Dionysii vocatus abbas, mandatorum Dei prævaricator, ad cor Dei miseratione redire festinans, unde venerim, quid fecerim, et quo ire debeam, in timore et amaritudine animæ meæ recogitans, ad servorum Dei tutelam tremulus confugio, et qui irreligiosus existo, religionem eorum toto animo amplectens, religiosorum suffragia suppliciter imploro, et ut devotius et efficacius nobis in spiritualibus sustentando provideant, et in temporalibus eis providendo eos sustentare victualibus confovere devotissime accuramus. De præpositura siquidem Vilcassini, quæ olim ante nos adeo destituta erat, ut vix posset quinque solidos ad cotidianum fratrum generale sufficere, quam in novitate prælationis nostræ, Dei auxilio, multo sumptu, valida (et quod etiam conscientiam meam gravat) militari manu, ab oppressione advocatorum et aliorum malefactorum eam excussimus, et, sicut nobis videtur, dupliciter aut tripliciter augmentando in melius composuimus, generali fratrum quinque solidos diebus quinque in omni hebdomada apponimus, ut in illis semper decem habeant solidos. Aliis siquidem duobus diebus, videlicet feriis quinta et septima, ob reverentiam nostrarum memoriarum, sanctæ Dei Genitricis et sanctorum Martyrum, qua-

---

1. *Quære*, mendosè, edit. Dubl.

tuordecim solidos in alia ordinatione constituimus. Quicquid tamen et in hac et in alia ordinatione ultra quinque solidos consistit, nostro labore, ob amorem Dei et sanctæ regulæ observationem, amplificato fratrum numero, per Dei misericordiam constare dinoscitur. Hanc autem augmentationis cartam communi fratrum nostrorum consensu minui aut in aliquo defraudari perpetuo anatemate, perpetua maledictione prohibemus. Hæc de generali. De pulmento autem, quia nescio qua occasione fratribus, ab Indicto usque ad octabas beati Dionysii, subtrahebatur[1], volumus et constituimus deinceps per totum anni circulum, per manus ministrorum monachorum aut laicorum, continuatim suppleri; et ne materia his deficiat, censum novum novorum quos hospitari feci in vacua horti terra, quinquaginta videlicet solidos aut amplius huic apposuimus incremento. Hanc etiam pulmenti regulam firmissime teneri, tam pro ipsis fratribus quam pro exteriorum pauperum supportatione, qui his et aliis indigent, sine interpellatione sanciendo firmamus. Hæc itaque de prima. De secunda vero, quæ cœna dicitur, tertium confecimus capitulum : quæ, ut convenientius et solito decentius fœcundior fiat, quibusdam olim a nobis aucta est incrementis, videlicet Sancti Luciani decimis, quæ ad nos pertinebant, viginti solidorum largitione, qui nobis de superabundante ab ipsis hortolanis solvebantur, annona etiam quæ nobis de Petraficta[2] reddebatur. Inpræsentiarum vero, ob amorem et reverentiam sanctæ religionis et fratrum nostrorum devotionem, censum

---

1. *Subtrahebat* legitur in edd. — 2. Nunc *Pierrefitte (Seine)*.

etiam ejusdem villæ, videlicet centum solidos, aut si amplior fuerit, et contulimus et perpetuo anatemate indissolubiliter confirmavimus; hoc tamen retento, quod ejusdem monachi cœnatoris deliberatione et testificatione vinearum nostrarum de eodem censu ibidem, quantum ad nos pertinet, collectio fiat : medietas etenim expensarum ad mediatores pertinet vinearum.

Præterea operibus pietatis insistere, infirmorum curam gerere quanti constet, ore sacratissimo ipsius audivimus, qui dicturus est in illa universali et admirabili auditione : *Infirmus fui et visitastis me*[1], et contraria contrariis. Quod autem ad prælatos potissimum spectet enucleatius edocuit, qui ovem morbidam ad gregem in humeris reportavit. Hac siquidem sollicitudine votiva angariatus, fratres hujus ministerii officiales, tam præsentes quam successuros, in hoc ipso vicarios nostros, auctoritate Dei commonemus et præcipimus quatenus hylariter, pie et mansuete, fratribus ægrotantibus, senibus, quibuscumque debilibus, secundum diversas infirmitates diversis illorum appetitibus condescendant et ministrent tanquam angelis Dei; quoniam charitas est summa monasticæ religionis : et his quidem primo, sed animo uno illis ordinarie serviant, qui quacumque de causa jussu custodis Ordinis in domibus infirmorum cesserint, videlicet uno ferculo in omni mensa, præter illud quod eis a refectorio deportabitur. Ut autem hoc possit semper continuari, antiquis ejusdem præpositura redditibus sex libras addidimus, quos labore nostro in burgo adquisivimus, non laquio malo inge-

---

1. Matth. evang., xxv, 36.

nio, sed emptione cujusdam domus et positione stallorum, de quibus hic census irrefragabiliter debetur. Commonemus autem et consulimus fratribus in officio agentibus, quatinus, præter ea quæ ad exteriorem terrarum curam pertinere oportet, usumfructum totius præpositruæ fratrum necessitatibus expendat[1], nec aliqua ei occasio aut emendorum palliorum aut aliorum ornamentorum subrepat, sed totaliter fratrum necessitatibus reservetur. Quibus etiam debilitati et seniorum condescendendo, ad calefaciendum eos, quo valde egebant, tensamentum Garsonis Villæ nostrum, qui de ipsa villa eorum erat, ei perpetuo anatemate confirmavimus.

Porro, quoniam parvitatis nostræ memoriam præsentium et futurorum fratrum dilectioni absque præcedentibus meritis obnixe commendamus, ut saluti animæ nostræ proficiat, operæ pretium duximus imperatorum et majorum nostrorum, qui eas multa liberalitate, larga munificentia meruerunt fieri, vel multo temporum curriculo sopitas ad salutem animarum suscitare et informare memorias, inter quas inclyti et nobilissimi imperatoris Karoli tertii solemnes memorias recreare et restituere hoc modo censuimus. Modus autem idem est qui in testamento imperialis[2] continetur majestatis, eo videlicet quo gloriosus imperator nobilem villam Ruoilum cum appendiciis sui et aquarum forestæ Beato Dionysio regia liberalitate contulit. Constituit siquidem nobile, et quod imperatorem decebat mandatum: quod idem apud alios et de aliis regibus solet recoli singulis annis dies deposi-

---

1. Sic charta orig. et edd. — 2. *Imperiali*, mendose, edd.

tionis anniversarius, ipse suum sibi singulis mensibus pridie nonas mensis fieri decrevit, in capitulo pronuntiari, in monasterio celebrari, in refectorio de præfatæ villæ redditibus fratribus honestam refectionem adaptari. Nec illa ignobilior tanti imperatoris prædicatur præceptio, quod de usufructo præfatæ villæ septem luminaria septem lampadarum ante sacrosanctum altare sanctæ Trinitatis indeficienter per successiva secula ardere sancivit. Et quoniam in administratione regni, quacumque terrarum eum imperii necessitas devocaret, semper tamen pleno animi affectu et pernoctabat et designabat ibidem sepeliri, ipsum sepulturæ suæ locum tutissimis sanctarum reliquiarum munivit præsidiis, de theca imperiali capellæ sibi retinens, et in anteriori parte benedicti altaris reponens os brachii sancti Jacobi apostoli fratris Domini, in dextra brachium sancti protomartyris Stephani, in sinistra vero beati martyris et levitæ Vincentii ; quemadmodum oculis nostris nos ipsi vidimus, cum venerabilibus viris archiepiscopis Lugdunensi, Remensi, Turonensi, Rothomagensi, et episcopis Suessionensi, Belvacensi, Redonensi, Silvanectensi, Aletensi, Meldensi, Venetensi, et anuli ejus impressionem in argumento veritatis tenuimus, ut prope altare sepultus, circumquaque Sanctorum pignoribus circumseptus, omnem et spiritualem et temporalem evitare[1] molestiam : quæ quidem Sanctorum pignora hi nobiscum populo Dei ad patrocinandum exposuerunt, et reparato altari eodem auro pretioso et opere approbato[2], ibidem honorifice

---

1. Pro *evitaret*. — 2. *Appropiato* edd.

reposuerunt. Verum, quoniam hæ tanti imperatoris præceptiones, licet auro bullatis cartis sancirentur, æmula longævi temporis varietate quædam tepuerant, quædam omnino defecerant, nos ob amorem et honorem Dei et sanctarum reliquiarum, nec minus ad remedium animæ domni et serenissimi augusti Karoli, communicato cum fratribus nostris consilio, eas suscitare et reformare studiose laboravimus; luminaria septem lampadarum quæ deperierant jugiter ardere decrevimus ; decrepita vasa ipsarum lampadarum argentea honeste restituimus; cereum ibidem jugiter ardentem illi qui solus ante altare beati Dionysii ardebat, ut indeficienter duo ardeant, concopulavimus, quemadmodum jam ante ipsa Sanctorum corpora duo jugiter ardere constituimus; singulis mensibus, pridie nonas anniversarii ejus exequia solito solemnius celebrari firmissime determinavimus ; refectionem hisdem diebus in refectorio irrefragabiliter restituimus. Ut autem et continuis luminaribus et determinatis refectionibus convenientia deesse non valeant alimenta, de supradicta villa Ruoilo, quam his apposuit testamento, decem libras in octabis beati Dionysii assumi inviolabiliter assignavimus. Capiciario sacristæ per manum magistri prioris dari instituimus, qui et luminaribus oleum præparare provideat, et exequiarum refectionibus singulis mensibus decem solidos incessanter subministret. Quid est enim quod tantus imperator, et tam familiaris, et præcordialis beati Dionysii amicus promereri non valeat, qui ejus ecclesiam tot et tantis possessionibus nobilitavit, tot auri et pretiosarum gemmarum ornamentis declaravit, insuper ad cumulum omnium bonorum insignibus Dominicæ passionis, videlicet clavo et corona Domini, et brachio sancti senis Symeonis, tanquam splendidissimo veri Solis jubare irradiantem, celeberrime insignivit? His ergo et hujuscemodi bene devoti, in capitulo nostro convenientes, hanc renovationis cartam morose et discrete conferentes, auctoritate Dei omnipotentis et beatorum martyrum Dionysii sociorumque ejus, communi etiam et concordi capituli nostri confirmatione, approbavimus et lege inconvulsa sancivimus, obtestantes, et per eum quem effudit Jesus Christus in cruce sanguinem adjurantes, ne quacumque occasione hæc institutio destituatur, ne præsens carta, quacumque persona, quacumque occasione, instar defectus antiquarum recidivam sustineat calamitatem, sed sana et illibata suis institutionibus et capitulis semper et per inconvulsa seculorum secula firmissime consistat.

Matriculariis etiam quatuor clericis in eadem ecclesia ibidem jugiter desudantibus, ut nostri memoriam habeant, decimam quandam, quam, quia de feodo nostro erat, a Pagano de Gisortio in Francorum Villa comparavimus, quoniam præbendæ eorum copia aliquantum tepuerat, donavimus tam in pane quam in vino, excepta illa parte quæ de clauso proprio vinearum ecclesiæ assumitur.

Superest siquidem et aliud probabile capitulum, quod, licet ex secutione rerum pollicitarum terminabile appareat, tamen, quia ad æternitatis nobis proficere et optamus et speramus retributionem, huic scripto interserere dignum duximus. Nono decimo admininistrationis nostræ anno, cum novo operi in anteriori ecclesiæ parte libenter et fideliter desudassemus, ipsoque novo antiquo operi pulchra novarum columnarum et arcuum convenientia apte unito, superius sancti Romani oratorium, inferius sancti Hyppoliti, et ex alia parte sancti Bartholomæi, cum eadem nova Ecclesia a venerabili Rothomagensi archiepiscopo Hugone et aliis venerabilibus episcopis consecrari fecissemus, ipsisque tribus oratoriis pro dote catholica terram regiæ domus, quam quater viginti libris [1] a Willelmo Cornillonensi favore filiorum et parentum locandam et hospitandam [2] comparavimus, ad luminaria ipsorum oratoriorum in perpetuum confirmassemus, subito sanctorum Martyrum domnorum et protectorum nostrorum amor et devotio nos ad augmentandam et amplificandam superioris ecclesiæ partem capitalem rapuit. Nec nos ab hujus inceptione illius potuit imperfectio devocare, sperantes in Domino quod Dei omnipotentia et illi priori et huic operi sequenti, aut per nos aut per quos ei placuerit, plenum poterit adaptare supplementum. Huc accessit nostram rapiendo devotionem, quoniam infra Sancti Sanctorum locus ille Divinitati idoneus, sanctorum frequentationi angelorum gratissimus, tanta sui angustia artabatur, ut nec hora sancti sacrificii in solemnitatibus fratres sacratissimæ eucharistiæ communicantes ibidem demorari possent, nec adventantium peregrinorum molestam frequentiam multociens sine magno periculo sustinere valerent. Videres alios ab aliis graviter conculcari, et, quod multi discrederent, pronitas mulierculas, super capita virorum tanquam super pavimentum incedendo [3], niti ad altare concurrere, pulsas

1. *Libras* ed. Dubleti.
2. *Locandas et hospitandas*, mendosè, edd.
3. *Incedendo* deest in ed. Dubleti.

aliquando et repulsas et pene semimortuas vivorum miserantium auxilio in claustrum ad horam retrocedentes, pene extremo spiritu anhelare[1]. His igitur et hujusmodi infestationibus toto animi fervore refragari maturantes, collecto virorum illustrium tam episcoporum quam abbatum conventu, adscita etiam domini ac serenissimi regis Francorum Ludovici præsentia, quemadmodum in capitulo nostro consultum fuerat, pridie idus julii, die dominica, ordinavimus ornamentis decoram, personis celebrem processionem. Quin etiam in manibus episcoporum et abbatum insignia Dominicæ passionis, videlicet clavum et coronam Domini, et brachium sancti senis Simeonis, et alia sanctarum reliquiarum patrocinia præferentes, ad defossa jaciendis fundamentis præparata, humiliter ac devote descendimus. Deinde Paracleti Spiritus sancti consolatione invocata, ut[2] bonum domus Dei principium bono fine concluderet, cum primum ipsi episcopi ex aqua benedicta dedicationis factæ, proximo quinto idus junii propriis confecissent manibus cementum, primos lapides imposuerunt, hymnum Deo dicentes, et *Fundamenta ejus* usque ad finem Psalmi solemniter decantantes. Ipse enim serenissimus rex, intus descendens, propriis manibus suum imposuit, nosque et multi alii, tam abbates quam religiosi viri, lapides suos imposuerunt, quidam etiam gemmas, ob amorem et reverentiam Jesu Christi, decantantes: *Lapides pretiosi omnes muri tui*. Nos igitur tanta et tam festiva tam sancti fundamenti posi-

---

1. V. suprà, p. 186 et 217.
2. Sic charta orig. — *In*, contra omnem sensum, duæ edd.

tione exhilarati, de peragendo solliciti, varietatem temporum, diminutionem personarum, et meî ipsius defectum pertimescentes, communi fratrum consilio, assistentium persuasione, domini regis assensu, annualem redditum his explendis constituimus, videlicet centum quinquaginta libras de gazophilacio, id est de oblationibus altaris et reliquiarum; centum in Indicto, et quinquaginta in festo sancti Dionysii; quinquaginta etiam de possessione sita in Belsa, quæ dicitur Villana, prius inculta, sed auxilio Dei et nostro labore composita et ad valens quater viginti librarum singulis annis adaptata[1]. Quæ si quocumque infortunio his explendis deficeret, alia Belsa nostra, quam dupliciter aut tripliciter in redditibus augmentavimus, suppleret. Has autem ducentas libras, præter ea quæ ad arcam gazophilacii devotione fidelium deportabuntur, vel quæcumque ipsi utrique operi offerentur, tantum continuari ipsis operibus firmavimus, donec totaliter absque ulla quæstione et ipsa ædificia[2], et anteriora et superiora, cum suis turribus, omnino honorifice compleantur[3].

Actum in communi capitulo Beati Dionysii, præsentibus personis quæ subterscribuntur, quarum auctoritas sub anathemate confirmavit prædicta capitula.

Signum Milonis, Morinorum episcopi. Signum Guarini, Ambianensis episcopi. Signum Gaufredi, Carnotensi episcopi. Signum Hugonis, Turonensis archiepi-

---

1. V. suprà, p. 169, 170. — 2. *Ipsis ædificiis*, mendosè, edd.
3. Adjuncta hæc omnia, à *collecto virorum illustrium* (p. 357), eisdem verbis narravit Sugerius, in libro *De consecratione ecclesiæ Sancti Dionysii*, suprà, p. 225-227.

scopi. Signum Sansonis, Remorum archiepiscopi. Signum Gosleni, Suessionis episcopi. Signum Odonis, Belvacensis episcopi. Signum Rotberti, abbatis Corbeiæ [1].

XI. IN GRATIAM EORUM QUI MANERE VOLUERINT IN VILLA APPELLATA VAL-CRESSON.

Suger, ayant fait bâtir le village de Vaucresson, donne à toutes personnes qui viendront y demeurer des terres et des priviléges.

(1145)

In nomine sanctæ et individuæ Trinitatis. Amen. Notum fieri volumus tam præsentibus quam posteris [2] quod ego Sugerius, Dei gratia ecclesiæ beatorum Christi martyrum Dionysii, Rustici et Eleutherii abbas, communi consensu capituli nostri, concessimus ut quicumque in quadam villa nova quam ædificavimus, quæ Val Cresson appellatur [3], manere voluerint, mensuram terræ, arpennum unum videlicet et quartam arpenti partem pro duodecim denariis census habeant, et ab omni tallia et exactoria consuetudine immunes existant. Ita ut ne de villa sua alicujus seu regis, seu principis, seu servientis Beati Dionysii submonitione, nisi propria abbatis jussione in exercitum

---

1. Ex originali chartâ (Archiv. Imp., K 23, n° 5), cui olim octo, nunc etiam duo suffixa sigilla. — Dublet., p. 871. — Felib., inter probationes, p. cii.

2. *Futuris* ed. Chesn.

3. Cf. librum Sugerii *De reb. in suâ admin. gest.*, supra, p. 164.

aut expeditionem, et cum persona ipsius, vel cum priore si abbates defuerint, proficiant[1] aut exeant, nec extra villam suam pro quolibet nisi pro abbate placitent. Et de arpenno terræ Beati Dionysii, ubicumque illud acceperint, quatuor nummos census et decimam nobis persolvant : nec quisquam terram eidem villæ adjacentem, nisi in ea mansionarius fuerit, excolendam suscipiat. Leges autem vulgales, quas plenas dicunt inter se, decem nummorum constituimus.

Actum apud Sanctum Dionysium, anno Verbi incarnati MCXLV°.

Signum domni Sugerii abbatis, etc[2].

XII. DE DECIMA SANCTI BRICCII.

Suger, du consentement et sur la demande de Mathieu le Bel, donne au monastère de Saint-Martin des Champs une part des dîmes de Saint-Brice, tenue précédemment en fief par le même Mathieu.

(1148)

In nomine sanctæ et individuæ Trinitatis. Amen. Quoniam ex proprio Dei præcepto statutum in lege scientibus legem non est ambiguum decimas levitis, in proprium Dei servitium segregatis, debere persolvi; cum laica manus eas usurpat, divinis profecto decretis obviat; nec solum earum invasores nefandi maximum

---

1. *Proficiscantur* corrigit Chesn.
2. Hæc in ed. Chesn. omissa sunt. — Ex Chartul. albo S. Dion. (Archiv. Imp., LL 1157), t. I, p. 510. — Dublet., p. 876. — Chesn., IV, 554.

suarum animarum periculum incurrunt, verum etiam illi, qui quasi jure patrio deinceps illas retinentes, donec morte præveniantur, possidere minime desistunt. Quapropter ego Sugerius, Dei permissione monasterii Sancti Dionysii de Gallia minister et abbas indignus, sæpe rogatus a Mathæo cognomine Pulchro quod duas partes decimæ de Sancto Brictio[1], quas ipse tenebat in feodo de Sancto Dionysio, Sancto Martino de Campis tenendas et possidendas concederem, cum omni capitulo nostro benigne concessi. In præsentia siquidem nostra totiusque Capituli nostri, præfatus Mathæus prædictam decimam de Sancto Brictio domui Sancti Martini de Campis concessit, nobis libenter et amabiliter, propter maximum inter nos illamque domum mutuæ dilectionis affectum, assensum præbentibus, et actæ rei testimonium perhibentibus. Affuerunt etiam quamplures alii confirmationis hujus testes idonei, quorum nomina subscripta sunt.

Clemens decanus ecclesiæ Parisiensis. Wermundus archidiaconus. Albertus præcentor. Hugo Atrabatensis archidiaconus. Philippus frater regis. Nevelo suus magister. Walterius filius Mainburgis. Herluinus canonicus. Simon nepos abbatis. Mathæus dominus de Monte Morenciaco. Ruricus de Andilli. Guido de Groela. Galterius de Alne. Joannes de Vinecel. Philippus frater ejus. Godardus de Sancto Brictio. Arnulfus de Hoxa. Johannes de Gonessa. Terricus major. Evraldus hospitarius. Henricus vincarius. Tigerius. Evrardus famulus.

1. Nunc etiam *Saint-Brice* (*Seine-et-Oise*), juxtà Sanctum Dionysium.

Actum est hoc et hæc carta anno ab incarnatione Domini MCXLVIII, regnante Ludovico rege Francorum et duce Aquitanorum, anno regni sui XVIII, abbatiæ vero nostræ XXVII[1].

XIII. DE NOVA GRANCHIA ÆDIFICATA IN TERRITORIO DE MONTE DE POIS, ET VI MODIIS TERRÆ TRADITIS AD CENSUM UNIUS MODII.

Suger cède à l'abbaye de Longpont six muids de terre sis à Vauberon, contre une rente d'un muids de froment et d'un muids d'avoine.

(1150)

In nomine Patris et Filii et Spiritus sancti. Amen. Sugerius, Sancti Dyonisii ariopagitæ abbas, Godefrido abbati et universis fratribus Longi Pontis[2] tam præsentibus quam successuris imperpetuum. Certum est, servi Dei, vos de laboribus tantum et de nutrimentis vivere, aut de elemosinis sustentari. Vita et substantia vestra, quanto est artior, tanto debet esse liberior. Eapropter æquum et bonum est ut, vestræ humilitati condescendentes, justis desideriis hylarem vestræ petitionis exhibeamus effectum. Est in episcopatu Suessionensi nova grangia quam ædificastis, loco quo dicitur in Valleberon[3], contermina territorio nostro in

1. Ex Chesn., IV, 555.
2. Abbatiam Longi Pontis viginti ferè annis anteà in Suessionensi diœcesi fundavit Goslenus episcopus, qui huic chartæ subscripsit.
3. Nostris *Vauberon* (*Aisne*).

monte de Pois; ubi, juxta petitionem vestram, pro augendis agrorum vestrorum laboribus, de ipsa terra sex modiatas plenarie divisas, assensu capituli nostri, pro annuo censu unius modii mediocris frumenti et altero avenæ vobis in perpetua libertate possidendas contribuimus. Quod duos modios usque ad festivitatem omnium sanctorum singulis annis ministris Sancti Dionysii reddetis, in prædicta grangia vestra quæsitos. Reddetis autem illos publica mensura urbis quæ his temporibus vendendo et emendo decurrit. Porro deinceps de omnibus quæ ad nos in decimis seu in terragiis pertinent, plenam obtineatis absolutionem.

Actum in capitulo Sancti Dionysii, anno ab incarnatione Domini MCL°, indictione XIII^a.

Signum Henrici prioris. Signum Philippi præpositi. Signum Willelmi capellani.

Testes Bernardus villicus; Arnulfus frater ejus; Albertus præpositus; Drogo decanus; et alii multi.

Signum Gosleni, Dei patientia Suessorum vocati episcopi[1].

---

1. Ex chartulario albo S. Dionysii, II, 160 (Archiv. Imp., LL, 1158).

APPENDICE.

INDICATION DES CHARTES

IMPRIMÉES OU INÉDITES

AYANT RAPPORT A SUGER.

1111, mai.

Adam, abbé de Saint-Denis, exempte de différentes redevances la maison de l'Aumônerie. Suger souscrit comme prévôt de Toury.

>Cartulaire blanc de S. Denis, I, 51; II, 557 (Arch. de l'Emp., LL 1157, 1158).

1114.

Adam, abbé de Saint-Denis, donne à l'église et aux chanoines de Saint-Paul l'église voisine de Saint-Pierre. Suger souscrit comme sous-diacre et moine de Saint-Denis.

>Cart. de S. Denis, I, 227 (Arch. de l'Emp., LL 1157).

1122.

Louis le Gros, à la prière de Suger, abbé de Saint-Denis, renonce à certaines coutumes et exactions qu'il prélevait depuis quelques années sur les habitants de cette ville, et confirme d'autres concessions accordées à l'abbaye par ses prédécesseurs.

> Original, Arch. de l'Emp., K 22, n° 1. — Cart. de S. Denis, I, 48 (Ibid., LL 1157). — Dublet, *Histoire de l'abbaye de S.-Denys*, 851.

1123.

Vulgrin, archevêque de Bourges, maintient Suger et les religieux de Saint-Denis en possession de l'église d'Estivareilles, dépendant du prieuré de La Chapelaude.

> Orig., Arch. de l'Emp., K 22, n° 3^5. — Cart. de S. Denis, II, 462 (Ibid., LL 1158). — Tardif, *Monum. hist.*, n° 389.

1124.

Louis le Gros déclare qu'il a été prendre l'oriflamme des mains de l'abbé Suger, et accorde à son abbaye, en reconnaissance de la protection des saints Martyrs, de nouveaux priviléges.

> Orig., Arch. de l'Emp., K 22, n° 4. — Cart. de S. Denis, I, 348 ((Ibid., LL 1157). — Dublet, *Hist. de l'abb. de S.-Denys*, 853. — Tardif, *Monum. hist.*, n° 391.

1124.

Valérien de Breteuil mande au roi qu'il a rendu à l'abbé Suger certaine terre sise dans l'Orléanais, qu'il a reconnu appartenir à l'église de Saint-Denis.

> Cart. de S. Denis, II, 23 (Arch. de l'Emp., LL 1158).

1124 (environ).

L'archidiacre de Laon avertit l'abbé Suger et le chapitre de Saint-Denis qu'il a restitué la cure de Rosbois à Pierre, moine et prévôt de leur abbaye.

> Petit cartulaire de Chaource, 142 (Arch. de l'Emp., LL 1172).

1125, 4 mars.

Barthélemy, évêque de Laon, donne à l'abbaye de Saint-Denis, à la prière de Suger, les églises de Sorbais et d'Autreppes.

> Cart. de S. Denis, II, 213 (Arch. de l'Emp., LL 1158). — Petit cart. de Chaource, 138 (Ibid., LL 1172). — Dublet, *op. cit.*, 479.

1125.

Accord passé entre Suger et Mainard, comte de Mosbach, en vertu duquel celui-ci donne à Saint-Denis un prieuré situé dans le pays Messin, en échange du domaine de Blitersdof, que ses prédécesseurs avaient enlevé à l'abbaye.

> Orig., Arch. de l'Emp., K 22, n° 4⁴. — Cart. de S. Denis, II, 474 (Ibid., LL 1158). — Dublet, *Hist. de l'abb. de S. Denys*, 855. — Félibien, *Hist. de l'abb. de S. Denys*, preuves, p. xciv. — Tardif, *Monum. hist.*, n° 397.

1125.

Dénombrement rendu à Suger, par Mathieu le Bel, des fiefs de Villiers-le-Bel, Soisy et quelques autres.

> Cart. de S. Denis, I, 240 (Arch. de l'Emp., LL 1157).

1126, 5 septembre.

Barthélemy, évêque de Laon, cède à l'abbaye de Saint-Denis, en considération de la personne de Suger, la pleine propriété de l'église de Rosbois.

> Cart. de S. Denis, II, 209 (Arch. de l'Emp., LL 1158). — Petit Cart. de Chaource, 137 (Ibid., LL 1172).

1127 (environ).

Par l'intervention de Suger, Étienne, évêque de Paris, et

son chapitre se mettent d'accord pour établir certains règlements de discipline ecclésiastique.

>Petit pastoral de Notre-Dame, f° 194 (Arch. de l'Emp., LL 176). — Guérard, *Cart. de N.-D. de Paris*, I, 338.

1129 (environ).

Étienne, évêque de Paris, à la suite d'une enquête et d'un jugement intervenu, restitue à l'abbé Suger le monastère d'Argenteuil pour y rétablir ses religieux.

>Cart. de S. Denis, II, 278 (Arch. de l'Emp., LL 1158).

1129 (environ).

Mathieu, évêque d'Albano, légat du Saint-Siége, commande à Suger de faire transférer les religieuses d'Argenteuil dans d'autres couvents, et de leur substituer des moines de Saint-Denis.

>Cart. de S. Denis, II, 278 (Arch. de l'Emp., LL 1158). — Dublet, *op. cit.*, 482.

1129, Pâques.

Louis le Gros et son fils Philippe, faisant droit aux réclamations de Suger relativement au monastère d'Argenteuil, ordonnent que l'abbé de Saint-Denis soit remis en possession de cette maison et de ses dépendances.

>Cart. de S. Denis, II, 279 (Arch. de l'Emp., LL 1158). — Félib., *Hist. de l'abb. de S.-Denys*, preuves, p. xcv.

1129, 23 avril.

Le pape Honorius II, dans une bulle adressée à Suger, confirme la restitution du monastère d'Argenteuil à l'abbaye de Saint-Denis.

>Cart. de S. Denis, II, 281 (Arch. de l'Emp., LL 1158). — Dublet, *op. cit.*, 483. — Félib., *op. cit.*, preuves, p. xcvi.

1130, 1ᵉʳ novembre.

Barthélemy, évêque de Laon, déclare que Suger a cédé aux chanoines de Clairfontaine le tiers des dîmes de Sorbais, contre certaines redevances en nature.

> Cart. de S. Denis, II, 212 (Arch. de l'Emp., LL 1158).

1130, 2 novembre.

Le pape Innocent II adresse à l'abbé Suger la confirmation de la bulle d'Honorius II, relative au monastère d'Argenteuil.

> Cart. de S. Denis, II, 279 (Arch. de l'Emp., LL 1158). — Doublet, *op. cit.*, 484.

1130.

Jean, évêque de Séez, déclare que Hugues des Préaux et Judith, sa mère, ont amorti au profit de l'abbaye de Saint-Denis et du prieuré de Sainte-Gauburge la terre de la Mainardière, et qu'en retour l'abbé Suger les a déchargés de leur redevance audit prieuré.

> Cart. de S. Denis, II, 418 (Arch. de l'Emp., LL 1158).

1131, 9 mai.

Innocent II, à la prière de Suger, confirme les donations et priviléges accordés à l'abbaye de Saint-Denis par les papes ses prédécesseurs et par les rois de France.

> Cart. de S. Denis, II, 488 (Arch. de l'Emp., LL 1158). — Dublet, *op. cit.*, 485. — Félibien, *op. cit.*, preuves, p. xcviii.

1131, 2 novembre.

Innocent II confirme, sur la demande de Suger, la sentence du légat Mathieu, évêque d'Albano, condamnant l'abbé de Saint-Mihiel de Salonne à payer annuellement cinq marcs d'argent à l'abbaye de Saint-Denis.

> Orig. autrefois aux archives de Saint-Denis (Invent. de S. Denis, Arch. de l'Emp., LL 1189, I, 307). — Dublet, *op. cit.*, 487.

1126-1131.

Mathieu, évêque d'Albano, légat du Saint-Siége, atteste que le roi Louis VI a renoncé, en présence de Suger et de plusieurs prélats, à ses droits sur une terre du prieuré de Saint-Martin des Champs, située à Pontoise.

> Orig., Arch. de l'Emp., K. 21, n° 57. — Tardif, *Monum. hist.*, n° 405.

1135, 14 février.

Accord entre Suger et Giroine *de Matheiaco*, portant que ce dernier et le prieur de Reuilly éliront conjointement un sergent pour la terre qu'ils possèdent en commun.

> Orig. autrefois aux archives de S. Denis (Inventaire de S. Denis, Arch. de l'Emp., LL 1189, I, 283).

1136.

Suger et Pierre, chambrier de l'abbaye, concèdent l'autel et l'église d'Ais, dans le Hasbain, à Henri de Lez, chanoine de Saint-Lambert de Liége, et à ses successeurs.

> Cart. de S. Denis, II, 624 (Arch. de l'Emp., LL 1158).

1126-1136.

Le roi Louis VI approuve, en présence de Suger et d'autres prélats, la donation qu'Évrard, doyen de Melun, a faite de sa personne et de ses biens à l'abbaye de Saint-Victor.

> Orig., Arch. de l'Emp., K. 22, n° 6³. — Tardif, *Monum. hist.*, n° 430.

1137 (environ).

Godefroi, évêque de Chartres, exempte, sur la demande de Suger, les églises de Monnerville et de Rouvray de l'entretien d'un vicaire.

    Cart. de S. Denis, II, 271 (Arch. de l'Emp., LL 1158).

1137 (environ).

Le roi Louis VII règle, entre Suger et Hugues Balver, avoué de Laversine, les droits et les devoirs de cette avouerie.

    Orig., Arch. de l'Emp., K 22, n° 10. — Cart. de S. Denis, II, 159 (Ibid., LL 1158). — Petit cart. de Chaource, 6 (Ibid., LL 1172). — Tardif, *Monum. hist.*, n° 427.

1140.

L'archevêque de Sens, Henri, donne à Gilduin, abbé de Saint-Victor, en présence de Suger, l'investiture de l'église de Fleury.

    Cart. de S. Victor, 132 (Arch. de l'Emp., LL 1450)

1140 (environ).

Thibaud, comte de Blois, à la prière de Suger et d'Ansoud de Cornillon, confirme la restitution de la voirie et des dîmes de Mareuil, faite par ce dernier à l'abbaye de Saint-Denis.

    Cart. de S. Denis, I, 811 (Arch. de l'Emp., LL 1157).

1143.

Louis VII, à la prière de Suger, confirme les donations

et priviléges accordés par son père à l'abbaye de Saint-Denis.

> Orig., Arch. de l'Emp., K 23, n° 8. — Cart. de S. Denis, I, 626 (Ibid., LL 1157). — Doublet, *op. cit.*, 866. — Félibien, *op. cit.*, preuves, p. cv. — Tardif, *Monum. hist.*, n° 466.

1144.

Louis VII, à l'occasion de la translation solennelle des saints Martyrs, à laquelle il a pris part, fait à l'abbaye de Saint-Denis, en présence de Suger « son ami et familier » et d'autres prélats, plusieurs donations nouvelles.

> Orig., Arch. de l'Emp., K 23, n° 10. — Cart. de S. Denis, I, 627 (Ibid., LL 1157). — Doublet, *op. cit.*, 868. — Félibien, *op. cit.*, preuves, p. cvi. — Tardif, *Monum. hist.*, n° 469.

1144.

Nicolas, évêque de Cambrai, cède à l'abbaye de Saint-Denis, à la prière de Suger et de plusieurs prélats, l'église de Vertigneul, et stipule qu'en retour les religieux célébreront chaque année son anniversaire.

> Cart. de S. Denis, II, 168 (Arch. de l'Emp., LL 1158). — Doublet, *op. cit.*, 492.

1144.

Louis VII confirme, en faveur de Suger, la donation faite par Hugues de Mérainville des exactions et coutumes qu'il prélevait sur la terre de Monnerville.

> Orig., Arch. de l'Emp., K 23, n° 9. — Cart. de S. Denis, II, 20 (Ibid., LL 1158).

1145.

Transaction entre Suger et Hugues, comte de Roucy, par

laquelle celui-ci renonce aux tailles et exactions qu'il percevait à Concevreux, et fait en outre à l'abbaye de Saint-Denis différentes concessions.

> Orig., Arch. de l'Emp., K 23, n° 12 ⁵. — Cart. de S. Denis, II, 174 (Ibid., LL 1158). — Petit Cart. de Chaource, 18 (Ibid., LL 1172). — Tardif, *Monum. hist.*, n° 479.

1145 (environ).

Hugues, archevêque de Sens, cède la moitié de la dîme de Champcueil au prieuré de Notre-Dame des Champs, nouvellement bâti et fondé par Suger.

> Cart. de S. Denis, II, 325 (Arch. de l'Emp., LL 1158). — Doublet, *op. cit.*, 494.

1146.

Louis VII permet à Suger et à ses successeurs de reprendre un moulin situé à Étampes, engagé par le seigneur de Mérainville, pour la somme de cent vingt livres, au nommé Robert Saligier.

Cart. de S. Denis, II, 21 (Arch. de l'Emp., LL 1158).

1147.

Louis VII règle, en présence de Suger, la taille qui sera levée sur les terres de l'évêché de Paris durant la vacance du siége.

> Orig., Arch. de l'Emp., K 23, n° 14. — Grand Pastoral de N.-D., 587 (Ibid., LL 175). — Tardif, *Monum. hist.*, n° 494.

1147.

Alvise, évêque d'Arras, donne à Suger et à ses successeurs

l'autel et l'église d'Annechin, pour l'entretien d'un cierge devant les corps des saints Martyrs.

> Cart. de S. Denis, II, 264 (Arch. de l'Emp., LL 1158). — Doublet, *op. cit.*, 493. — Félibien, *op. cit.*, preuves, p. cvii.

1147.

Manassé, évêque de Meaux, affranchit, sur la demande de Suger, un homme de condition servile.

> Orig. autrefois aux archives de S. Denis (Invent. de S.-Denis, I, 325 ; Arch. de l'Emp., LL 1189).

1148, 20 avril.

Le pape Eugène III confirme, à la prière de Suger, les priviléges accordés à son abbaye par ses prédécesseurs, par les rois et par les autres fidèles.

> Cart. de S. Denis, II, 501 (Arch. de l'Emp., LL 1158). — Doublet, *op. cit.*, 494.

1149.

Goslin, évêque de Soissons, règle un accord entre Suger et l'abbé de Valsery, au sujet des dîmes de Saint-Aignan.

> Cart. de S. Denis, II, 200 (Arch. de l'Emp., LL 1158). — Petit cart. de Chaource, 11 (Ibid., LL 1172).

1150.

Évrard, grand maître de l'ordre du Temple, donne à Suger, abbé de Saint-Denis, une maison et un pré situés à Aunis, dans le pays de Liége.

> Orig., Arch. de l'Emp., K 23, n° 15 [12]. — Tardif, *Monum. hist.*, n° 506.

VI

VIE DE SUGER

PAR LE FRÈRE GUILLAUME.

SOMMAIRE.

Prologue. Guillaume, moine de Saint-Denis, adresse à Geoffroy, un de ses frères et amis, le récit, entrepris sur sa prière, des actions de l'abbé Suger. Il a enregistré simplement tout ce qu'il se rappelle, sans ordre fixe.

Livre I. Grandeur d'âme de Suger dans le gouvernement de son abbaye et la direction des affaires de l'État, contrastant avec sa constitution chétive et sa basse extraction. Sa science; sa mémoire étonnante. Son éloquence; sa connaissance particulière de l'histoire. Équité de son administration. Il est honoré et consulté par tous les princes de son temps.

Livre II. Suger admet Guillaume dans son intimité. Il place à la tête de ses frères le moine Hervé. Ses libéralités en faveur des monastères et des églises. Son extrême sobriété. Sa piété aux offices. Il enrichit et embellit l'église de Saint-Denis. L'abbé de Clairvaux, l'abbé de Cluny et d'autres célèbres personnages lui écrivent et le félicitent. Il n'en vit pas moins dans l'austérité, au fond d'une d'une humble cellule.

Livre III. Suger est appelé par les grands du royaume à gouverner la France pendant l'absence de Louis le Jeune. Il réprime les brigandages, restaure les édifices royaux, contribue de ses deniers aux dépenses de la Couronne. Les prélats lui sont soumis ; le pape lui-même l'appuie et le respecte. Suger résiste aux tentatives de rébellion de Robert, frère du roi. Il est calomnié auprès de son souverain, qui lui rend ensuite une entière justice. Il prépare lui-même une nouvelle croisade ; mais il est arrêté par la maladie. Sa fin édifiante.

Lettre encyclique du monastère de Saint-Denis, jointe par le frère Guillaume à son opuscule. — Les religieux de Saint-Denis annoncent à tous les fidèles la perte de leur illustre abbé, et rappellent ses éclatantes vertus. Description de ses derniers moments et des magnifiques funérailles que lui ont faites le roi et les évêques. Tribut de regrets et d'éloges payé à sa mémoire.

SUGERII VITA.

Gaufredo[1] *suo suus Willelmus.*

Quoniam te præsente nullum mihi tempus ad scribendum videbatur vacuum, post discessum statim memor precum tuarum et meæ promissionis, arripui calamum et institi, ut potui, scribere, scilicet de Sugerio nostro, aliquid quod et tibi sit gratum et multis utile. Quotiens enim viri illius venerandi mecum virtutes intueor, quotiens verborum recordor et operum, in exemplar certe mihi videtur editus, ut tam ex verbis ejus quam operibus vivendi formam successura trahat posteritas. Cujus quia vitæ aliquandiu tecum interfui et secreta perspexi, vereor satis ne ingratitudinis merito arguar, si non ea quæ ad meam pervenere notitiam quibus possum verbis extulero; maxime cum et præter meritum usus sim ejus gratia et senserim beneficia; licet virtutum hæc sit natura, ut latere non possint, etiamsi consciis omnibus silentium livor indixerit, et latuisse earum non sit detrimentum. Veniet enim aliquando, veniet dies, qui abscondita et seculi malignitate compressa in lucem bona efferet. Unum itaque a te oportet impetrem, ne in his quæ de illo memoraturus sum certum aliquem me sequi velis ordinem; cum scribere proposuerim prout mihi potuerint oc-

---

1. Ita in edd. Franc. Chesnii, baronis de Altolio et Felibieni, — *Gaufrido* scribunt Benedictini.

currere pauca de multis, vix aliqua de innumeris, quamvis omnia melius ipse noveris, et a te potius ista scribi oportuerit. Sed quia ita vis, quia præcipis, faciam ut potero, quia tibi nihil negandum æstimo.

LIBER PRIMUS.

Videtur itaque vir iste ad hoc divinitus directus, ut non unum tantum cui præerat locum, sed totum Francorum illustraret imperium; ad hoc promotus, non ut unum monachorum genus, sed universos Ecclesiæ ordines singulariter ipse proveheret. Illud siquidem de hoc viro mirari libet, quod in tam brevi corpusculo talem natura collocaverit animum, tam formosum, tam magnum : nisi quod liquido [1] per hunc ostendere voluit posse sub qualibet cute animum latere formosissimum, et quovis loco nasci virtutem; et ut sciremus brevitate corporis animum non infirmari, sed animi viribus corpus ornari. Verum quia falsam de illo opinionem in quorumdam cordibus convaluisse scio, illud sciendum, absentem hunc et longe positum [2] ad regimen vocatum fuisse, nil tale suspicantem, sed et accessisse invitum. Nec illi reniti licuit aut obscure vitam transigere, eo quod in medium jam illum protulisset ingenii vigor et eruditio, vel magnorum virorum nobiles amicitiæ, immo quod supra hæc

1. *Liquide* edd.
2. Nempe in Italià tum versantem. De hàc electione, cf. *Vitam Ludovici Grossi*, supra, p. 109 et seq., documentumque è veter. chron. Sancti Dionysii extractum, infrà, p. 413.

omnia est, divina dispensatio, quæ hunc Ecclesiæ suæ vas in honorem præparaverat. Tanta enim illum notitia invaserat, ut, etiamsi in extrema reconderetur, pristina tamen illum probitas demonstraret et virtutes proderent, in quibus a puero exercitatus fuerat. Tanta illum lux propter prima et integra consilia circumfulgebat, ut quamvis vellet tenebras habere, non posset. Mirabantur omnes animum in illo moderatum, excellentem, omnem tumorem seculi calcantem, et quicquid vulgus timere solet vel optare ridentem, in mundo quidem constitutum, sed meliore sui parte cœlestibus inhærentem [1].

Qui cum præesset monasterio, præerat et palatio; sicque utrumque dispensabat officium, ut nec illum a claustri cura prohiberet curia, nec a consiliis principum hunc excusaret monasterium [2]. Hunc propter magnifica et recta consilia princeps venerabatur ut patrem, verebatur ut pedagogum. Huic advenienti assurgebant præsules, et inter illos primus residebat. Nam quotiens urgentibus regni negotiis vocati convenissent episcopi, consulente illos principe, hunc pro experta et probata prudentia unum pro omnibus responsa dare unanimiter compellebant. Verbis illius, ut de se Job testatur [3], *addere nihil audebant cum super illos stillaret eloquium ejus.* Per hunc clamor pupilli et causa

---

1. *Inhiantem* edd.
2. Quos laudat Guillelmus Sugerii mores, non semper iidem ab initio regiminis ipsius extitere, ut aiunt Benedictini. De sui ipsius et ejus monasterii reformatione, quæ haud seriùs anno tertio administrationis suæ contigit, cf. gratulatoriam S. Bernardi epistolam 78.
3. Job, xxix, 22.

viduæ ingrediebantur ad principem : et pro his quidem semper interveniebat, aliquando vero imperabat. Quis unquam oppressus et injuriam sustinens non hunc patronum habuit, si modo honesta illius causa extitit? Cumque ab eo jura dictarentur, nullo unquam pretio declinavit a recto, nullius personam respexit in judicio, nec dilexit munera, nec secutus est retributiones. Quis talem in illo non ammiretur [1] animum, cupiditatibus intactum, in media felicitate humilem, in seculi tempestatibus placidum, periculis interritum? Erat utique major quam ut tali convenire corpusculo crederetur.

Verum quia illustri viro ab æmulis humilitas objicitur generis [2], non considerant cæci et hebetes ad majorem illius laudem pertinere vel gloriam suos effecisse nobiles, quam nasci de nobilibus. Sed et Plato ait neminem regem non ex humilibus oriundum, neminem non humilem ex regibus. Omnia ista longa varietas miscuit, et sursum deorsum fortuna versavit [3]. Nobiles efficit animus, quem in hoc viro talem constat fuisse, ut hunc non immerito descripsisse credatur, qui ait : « Animus intuens vera, peritus fugiendorum
« ac petendorum, non ex opinione, sed ex natura pre-

---

1. *Admiraretur* edd.

2. Ignobilitatem generis sui fatetur ipsemet Sugerius in Vitâ Ludovici VI; patriam verò neque is, neque alius quisquam indicavit (Bened.). — Audomarensis patriâ probabiliùs fuit, ac frater Alvisii, Atrebatensis episcopi, filius verò cujusdam Helinandi. V. J. Liron, *Singular. histor.* II, 48.

3. Hæc verba mutuatus est Willelmus à Senecâ (ad Lucilium ep. 44) : « Plato ait neminem regem non ex servis esse oriundum, neminem non servum ex regibus.» Reliqua de suo addidit Seneca.

« tia rebus imponens, toti se inserens mundo, et in
« omnes actus ejus contemplationem suam mittens,
« pulcherrimus cum decore, cum viribus sanus ac sic-
« cus, imperturbatus, intrepidus, quem nulla vis fran-
« gere, quem nec attollere fortuita possent, nec depri-
« mere. » Hic profecto illius erat animus. Quotiens
vir sincerus ac purus et curiam conatus est et omnem
administrationem relinquere, ut ad ampliora secede-
ret : sed et sua, quæ hunc in altum miserat, felicitas
non permisit, nec eum passa est intra natalium suorum
modum senescere; quod sibi, ut fatebatur, contigisse
maluisset.

Cui cum præcipua regni incumberent negotia, a
cultu tamen divino numquam illum occupatio vel publica vel privata retraxit. Sive enim fratrum synaxi
interesset, seu cum domesticis opus celebraret divinum, non, ut quibusdam moris est, tacitus psallentes
audiebat, sed ad psallendum ipse vel legendum semper
erat promptissimus. Quodque sæpius in illo miratus
sum, ita quæcumque in juventute didicerat, memoriter retinebat, ut in omni monastico officio se illi com-
parare nemo valeret: putares illum nil aliud scire, nihil præter ista didicisse; cum in studiis liberalibus
adeo valuerit, ut de libris nonnumquam dialecticis
sive rhetoricis subtilissime dissereret, nedum de divinis in quibus consenuerat. Nam Scripturæ divinæ ita
erat lectione plenissimus, ut, undecumque interrogatus
fuisset, paratum haberet competens absque dilatione
responsum. Gentilium vero poetarum ob tenacem memoriam oblivisci usquequaque non poterat, ut versus
Horatianos utile aliquid continentes usque ad vicenos,
sæpe etiam ad tricenos, memoriter nobis recitaret. Ita

perspicaci ingenio et felici memoria quicquid semel apprehenderat, elabi illi ultra non poterat.

Quod cuncti norunt quid memorem, hunc videlicet summum oratorem suis claruisse temporibus? Re etenim vera, juxta illud Marci Catonis, erat vir bonus, dicendi peritus. Tantam siquidem in utraque lingua, et materna scilicet et latina, facundiæ possidebat gratiam, ut quicquid ex illius ore audisses, non eum loqui, sed legi crederes. Erat illi historiarum summa notitia, ut quemcumque illi nominasses Francorum regem vel principem, statim ejus gesta inoffensa velocitate percurreret. Ipse etiam regis Ludovici splendido sermone gesta descripsit, ejusque filii itidem Ludovici scribere quidem cœpit; sed morte præventus, ad finem opus non perduxit. Quis enim ea melius nosset, quis fidelius scriberet, quam is qui utrique familiarissimus extitit, quem nullum secretum latuit, sine quo nullum reges inibant consilium, quo absente solitarium videbatur palatium? Ex eo siquidem tempore, quo primum regiis est adhibitus consiliis, usque ad vitæ illius terminum, constat regnum semper floruisse, et in melius atque amplius, dilatatis terminis et hostibus subjugatis, fuisse provectum. Quo sublato de medio, statim sceptrum regni gravem ex illius absentia sensit jacturam : utpote quod non minima suî portione, Aquitaniæ videlicet ducatu, deficiente consilio, noscitur mutilatum [1].

Inter reliquas virtutes, hoc vir egregius habebat exi-

---

1. Sugerius quidem divortium Ludovici et Alienordis impedire aut saltem differre tentaverat, ut patet ex suâ ad regem litterâ, suprà, p. 260.

mium, quod, si quis aliquando subditorum apud ipsum accusatus fuisset, non statim aurem accommodabat, sed delatores ut prudentissimus habebat suspectos : indignum judicans ultionem de quoquam petere, donec diligenti investigatione in rem plenius fuisset inductus; peccantes puniens, non tam quia peccassent, quam ne peccarent. Jam vero in ulciscendo talem se exhibebat, ut nemo sanus ambigeret compatientem illum et invitum ultionem exigere. Corripiebat ut pastor, condescendens ut pater. Officiales suos non facile ab amministrationibus amovebat, nisi certis et magnis extantibus causis, et culpis apparentibus. Dicebat enim nihil minus expedire reipublicæ, dum et hi qui amoventur quæ possunt auferant, et substituti, quia idem metuunt, ad rapinas festinent.

At plerique vel ignari vel æmuli [1], qui hunc minus noverant, egregios viri mores sinistra interpretatione conabantur pervertere. Quia enim, juxta Salomonem, erant verba illius *ut stimuli et quasi clavi in altum defixi*[2], itemque, instar beati Job, *lux vultus ejus non cadebat in terram*[3], durum nimis æstimabant et rigidum, et quod erat constantiæ, feritati deputabant. His vero qui propius accessissent, quique illi familiarius jungebantur, longe aliter apparebat. Verum cum esset circa familiares humanus satis et jocundus, nunquam tamen illum hilaritas resolvit, sicut nec tristitia demersit. Erat illius officium quod bonorum est paren-

---

1. Sic cod. ms., atque edd. Felib. et baronis de Altolio. — *Et ignavi vel æmuli* ed. Benedict.

2. Eccl., xii, 11. — 3. Job, xxix, 24.

tum, qui objurgare liberos nonnunquam blande, nunc vero minaciter solent, aliquando etiam ammonere verberibus. Neminem ob primam exhæredavit offensam, nisi multa et magna extarent crimina, nisi plus esset quod futurum timebat quam quod puniebat; nec ad supplicia unquam exigenda pervenit, nisi cum remedia consumpsisset. Ita vir prudens jus sibi concessum placide ac salubriter dispensavit, ut illius hodie nomen non tantum in Galliis, sed et in gentibus celebretur exteris.

Quis enim regum christianorum, audita illius magnanimitate, non obstupuit, non ejus concupivit colloquio frui, consilio instrui? Nonne huic famosissimus rex Siciliæ Rogerus litteras misit supplices et deprecatorias, ac munera destinavit? Nonne cognito post hæc pio ejus peregrinandi desiderio, illi præparavit occurrere? Potentissimus quoque rex Anglorum Henricus nonne viri istius amicitia gloriabatur et familiaritate gaudebat? Nonne hunc apud Francorum regem Ludovicum mediatorem sibi et pacis vinculum constituerat? Ad quem pro utriusque regni pace quotiens accessisset, rex illi præter morem suum extra palatium occurrebat, atque in ejus properabat amplexus: quippe cujus colloquium quibusvis præferebat opibus. Sed et David, religiosus Scotorum rex, exenia illi cum epistolis familiaribus direxit, marinæ scilicet belluæ dentes miræ magnitudinis et non parvi pretii. Vidi, Deo teste, vidi aliquando huic in humili subpedaneo residenti Francorum regem reverenter assistere, optimatum circumstante corona, et hunc quasi inferioribus præcepta dictantem, illos vero cum omni diligentia et intentione ad ea quæ dicebantur suspensos. Quo finito colloquio, volentem illum regem deducere, non est passus loco moveri, vel sella consurgere. Hæc ideo dixerim, ut sciant æmuli, audiant obtrectatores cujus apud reges loci, quantæ reverentiæ apud optimates extiterit.

Hunc cultor religionis comes Blesensium Theobaldus modis omnibus honorabat; hunc apud reges Francorum advocatum producebat unicum. Quotiens illi Andegavorum comes et Normannorum dux Gaufredus, voto blandientis pariter et rogantis, direxit nuncios? Quotiens illi manu propria humiles scripsit litteras, in quibus, cum esset acer ingenio, animo ferus ac præpotens, sæpius illum suo nomini præposuit [1]? Ambo itaque nominati duces, cum essent suo tempore potentissimi, huic viro pro pace sua referebant gratias, et regnorum concordiam specialiter ascribebant. Et certe nescio utrum alicui patrum præcedentium magis illa conveniat lectio : *Et in tempore iracundiæ factus est reconciliationis auctor* [2].

LIBER SECUNDUS.

Plura fortasse quam æmuli cuperent de viro venerabili scripsisse jam videor, nec desunt quibus ista, licet verissima, nauseam [3] generent. Ipse quoque hoc futurum prævideram : sed his contentus non ero.

---

1. Moris erat, ut adnotant Bened., media et infima ætate, ut in præviis epistolarum salutationibus dignioris nomen alterius nomini præponeretur.

2. Eccli., XLIV, 17. — 3. *Nausiam* cod. ms.

Addam enim libentissime, eo quod ab illius memoria difficulter avellar; ut et qui non norunt, totum, si fieri possit, eum agnoscant, et qui norunt recognoscant. Scio enim quamplurimis quicquid in ejus laudem temptavero fore gratissimum. Non quod ejus opera universa et virtutes egregias scire potuerim, sed ne illorum quidem aliquis, qui ante me longo illi adhæserunt tempore, e quibus hodie videntur superesse paucissimi. Jam quippe illi canis caput albescebat, quando me celsitudinis suæ dignatus est consortio. Quidni gratiam illi pro posse referam? Quidni tanto ejus nomini semper assurgam? Qui hominem peregrinum, advenam et prorsus indignum suo familiariter admisit contubernio, et mensæ frequenter adhibuit. Unde satis animadverti datur, quod penes illum acceptio personarum non fuerit.

Qui vir gloriosus, quoniam pro publicis vel regni vel Ecclesiæ utilitatibus monasterio frequentius cogebatur abesse, de fratribus constituerat viros probatos et zelo divino succensos, qui in grege sibi credito doctrina et exemplis vicem supplerent absentis. In quibus promovendis non genus respexit, non patriam; sed quorum vitam probaverat, hos et promovit. Id ex eo licet perpendere, quod Herveum, magnæ sanctitatis et miræ simplicitatis virum, licet minus litteratum, fratrum tamen congregationi præfecit, non ignorans quod scientia sæpius inflat, charitas semper ædificat.

Sive domi erat, seu foris, videres ad eum cujusque ordinis et religionis turbas convolare, e quibus alii quidem corporum, alii vero animarum aliquod reportabant subsidium. Nullus ab eo mœstus, nullus vacuus recedebat. Quam largus in pauperes, circa ægros quam misericors fuerit, tam remota quam propinqua testantur monasteria. Quam fuerit liberalis in omnes, in exteros, in cives suos, sufficienter nemo referet. Nonne indicium evidens est liberalitatis ejus eximiæ, in ecclesia Parisiensi illud ex vitro opus insigne? Unum quidem est, sed non solum. Nam plurima hujuscemodi extant illius opera, quæ pluribus in locis non tam ex debito fecit quam gratia. Quis unquam ad eum justa postulaturus accessit, qui non ab eo hilarior abscesserit? Aut enim ope vota postulantium implevit, aut spe melior[1] convenienter demulsit, pulcherrimum judicans omnia præstare, nihil exigere.

Qui cum unius tantum monasterii pastor diceretur, et esset omnium pariter ecclesiarum quaquaversum in regno consistentium, continuam gerebat sollicitudinem et curam non modicam; has regens consilio, alias victus beneficio; hoc ante omnia curans, ne alicubi videretur intepuisse religio. Et indigentibus quidem annonas subministrabat, aliis construebat officinas, eratque spectaculum in conspectu angelorum hominumque pulcherrimum; cum uni omnes homini tanquam firmissimæ inniterentur columnæ, omnesque ex illo tanquam de fonte haurirent largissimo. Quem omnes tam pro se quam supra se esse sciebant, ejusque curam pro salute singulorum atque universorum excubare quotidie.

Quantus in illo, Jesu bone, vigor erat, quantum animi! Eo sane procedente, diffugiebant tyranni, abscondebantur tenebrarum filii, et ad eum certatim

---

1. Sic cod. ms., atque edd. Felib., baronis de Altolio et Benedict. — *Meliori*, forsan, adnotant Bened.

confluebant filii lucis et filii diei. Turbato regno, et, ut plerumque fit, bellis emergentibus, hic erat concordiæ præcipuus indagator et pacis reformator strenuissimus. Erat Cæsar animo, sermone Cicero : eratque rebellium domitor, et contumacium expugnator. De viro isto recte quis dixerit :

> . . . . Illo incolumi, mens omnibus una :
> Amisso, rupere fidem [1].

Et ut audacter aliquid, sed vere loquar, tanta illius prudentia, tanta fuit animositas, ut illius regimini non æstimem orbem universum potuisse sufficere. Fallor si non huic assertioni meæ ejus attestantur propositum et vota : quæ ut cœperat opere complevisset, nisi mors æmula felicibus ejus invidisset actibus. Nam quod duo reges fortissimi, Francorum videlicet et Romanorum, coactis in unum exercitibus et collectis ex toto Occidente copiis, efficere nescio quo Dei judicio non prævaluerunt, hoc iste divino suffultus suffragio, et singulari quo [2] præcellebat ingenio, strenue supplere jam aggressus fuerat, sicut sequens declarabit narratio. Sed vereor ne rerum majestati fiat injuria, si calamo tam agresti describantur et tenui. Interim autem de vitæ illius modo vel moribus adhuc addemus aliqua, quamvis cotidianam ejus vitam et verba fere singula commendatione constet esse dignissima.

Erat quidem corpus breve sortitus et gracile, sed et labor assiduus plurimum detraxerat viribus. Victus tamen parsimonia, et ciborum qui gulam irritant mo-

---

1. Seneca, *De Clementiâ*, 4.
2. *Quo* deest in edd. Ideò Benedictini adnotavére : « Forsan *ut singulari*, pro *et singulari*. »

dus, et diligens suî custodia ad senectutem eum, Deo juvante, produxit[1]. Cibus illius nec satis vilis, nec satis exquisitus. Nunquam de qualitate causatus est, nunquam de apparatus genere. De singulis quæ apponebantur illi modicum quid prægustabat : reliquum transmittebat pauperibus, sine quibus nunquam illum vidi refici. Esu carnium nunquam est usus, nisi cum illum corporis coegisset infirmitas, et amicorum auctoritas compulisset. Vinum non gustabat, nisi prius aquam largissime miscuisset. Æstatis vero tempore aquam puram crebrius hauriebat. Qui, cum multimoda gratiarum obtineret genera, uno tantum caruit munere, quod assumpto regimine nunquam apparuit pinguior quam privatus extiterat : cum alii fere omnes quantumvis antea fuerint tenues, post manuum statim impositionem buccis et ventre, ne corde dixerim, soleant impinguari. Omni tempore vel æstatis vel hiemis, quoniam somno contentus erat brevissimo, post cœnam aut legebat, aut legentem diutius audiebat, aut considentes exemplis instruebat illustribus. Lectio quidem erat de libris Patrum autenticis; aliquando de ecclesiasticis aliquid legebatur historiis. Narrabat vero, ut erat jocundissimus, nunc sua, nunc aliorum, quæ vel vidisset vel didicisset gesta virorum fortium, aliquotiens usque ad noctis medium ; sicque modicum quiescebat in cubili, quod nec nimis esset horridum, nec satis delicatum. Illud declinabat summopere, ne quicquam agere videretur quod in habitu vel vitæ genere appareret notabile. Viro quippe bono simulationem judicabat indignam ;

1. *Perduxit* edd.

et ambitionem perversa, ut ait Stoïcus, sequi via, minus arbitrabatur honestum.

Post quietem expergefactus somno, postquam solemni more Matutinorum celebrasset officium, prima cotidie luce ad ecclesiam festinabat. Ubi, antequam accederet ad altare, secus sepulchra Martyrum provolutus humiliter, Deo se totum in precibus mactans, subjecta pavimenta lacrymis humectabat; sicque sacerdos venerabilis tam devote quam celebriter salutares oblaturus hostias procedebat. Hora vero sanctissimi sacrificii, quis digne referat qua compunctione succendi, qua ubertate lacrymas vel gemitus, ut revera præsentem habens Deum, profundere consueverit ? At vero in Nativitate Salvatoris, vel Resurrectione, seu ceteris præcipuis sollemnitatibus, mirum in modum erat et devote festivus et festive devotus : festivus ore, devotus corde, adeo ut nullum penitus seculi negotium ad se ingredi permitteret, neque rerum tristium, quantum in ipso erat, mentionem admitteret; asserens debere lætum transiri diem, et in Dei laudibus totum expendi. In quibus scilicet diebus si quando, ut assolet, nox superveniens illum vespertinis laudibus celeberrime insistentem deprehendisset, dicebat nihil referre utrum laus divina nocte consummaretur an die, dum illius esset nox, cujus et dies : tantum ne præter morem celebritas videretur minorari in aliquo. Hic, sicut scriptum legerat, *stare fecit cantores contra altare, et in sono eorum dulces fecit modos, et dedit in celebrationibus decus, et ornavit tempora usque ad consummationem vitæ*[1].

---

1. Eccli., XLVII, 11, 12.

Erga fratres infirmantes non aliter afficiebatur, quam si carnaliter generasset singulos, quos in Christo Jesu spiritaliter[1] ipse genuerat. Quorum curationi et medicos non modicis sumptibus ipse prævidit[2], et redditus annuos, ut succincte loquar, duplicatos sua reliquit industria. Cujus rei cum testes extent plurimi[3], tum ego fratrum minimus, ejus pietati præ cæteris obnoxius. Nemo enim ejus compassionem uberius, nemo liberalitatem[4] profusius sensit. Quæ ob id cuncta seriatim non refero, ne vel inaniter de tanti viri gratia videar gloriari, vel fastidium audientibus sermo afferat incultior et prolixus. Dominus illi retribuat pro me, et opera misericordiæ illius pie respiciat. Sed jam famulum suum remunerasse Dominus et peccata illius purgasse credendus est, cujus in æternum exaltavit cornu et gloriam dilatavit.

Qui inter alia quæ nobiliter gessit et strenue, varios de cunctis regni partibus asciverat artifices, lathomos, lignarios, pictores, fabros ferrarios vel fusores, aurifices quoque ac gemmarios, singulos in arte sua peritissimos ; ut ligno, lapide, auro, gemmis et omni pretiosa materie Martyrum memoriam exornarent, et ex veteri novam, ex angusta latissimam, ex tenebrosiore splendidam redderent ecclesiam. In quibus nec spes eum fefellit, nec fortuna destituit. Nam qualiter ejus votum facultas juverit, prosecuta sit felicitas, nosse cupientibus præclara clamant opera. Ornavit quoque ecclesiam omni copia pretiosæ supellectilis, vasis scilicet aureis et argenteis, fialis, onichinis et sardonicis,

---

1. *Spiritualiter* edd. — 2. *Providit* sanè legendum.
3. *Plurimi* deest in edd. — 4. *Liberalitatem* deest in edd.

prasinis, cristallinis, vel omni lapide pretioso, palliis quoque purpureis, cicladibus auro textis, et indumentis olosericis : quibus addidit opera non contemnenda vitri vel marmoris, et vasa sancta multiplicavit.

Extant magnorum virorum quamplures ad illum epistolæ, inter quos illi crebrius scripserunt Petrus abbas Cluniacensis et Bernardus Clarevallensis, ambo vita et scientia atque, quod post ista est, eloquentia clarissimi : quorum testimonio satis apparet, quam clarus hic vel cujus opinionis apud omnes vel propinquos vel remotos extiterit. Scripsit quoque idem Deo amabilis pater Bernardus summo Pontifici Eugenio brevem quidem epistolam, sed non breves viri istius laudes continentem[1] : in qua illum asserit apud Cæsarem quasi unum de curia fuisse Romana, apud Deum quasi unum de curia cœlesti, non aliter quam David sanctissimum, in domo Dei ingredientem per omnia et egredientem. Abbas nihilominus Cluniacensis, consideratis aliquando ejus operibus et structuris, cum ad cellulam respexisset brevissimam, quam sibi ad manendum vir summe philosophus extruxerat, in hanc fertur altius ingemiscens erupisse sententiam : « Om-
« nes, inquit, nos homo iste condemnat, qui non ipse
« sibi ut nos, sed Deo tantum ædificat. » In omni siquidem amministrationis suæ tempore nihil propriis ædificavit usibus, præter humilem illam ecclesiæ adhærentem cellulam, decem vix pedes in latitudine et quindecim in longitudine continentem : quam decimo antequam decederet anno ideo sibi ipse statuerat, ut vitam ibi recolligeret, quam in secularibus diu

---

1. S. Bern. epist. 309, quam infrà, p. 419, edimus.

se fatebatur sparsisse negotiis. In hac itaque horis sibi licitis lectioni vacabat, et lacrymis vel contemplationi. In hac secularium vitabat tumultum[1] et declinabat frequentiam. Ibi, sicut de Sapiente dictum est, nunquam minus solus[2] erat, quam cum solus erat: quoniam ad optimos quosque, quocumque fuerint seculo, animum mittebat[3]. Cum his illi colloquium, cum his studium erat. Hic illi quiescenti pro pluma erat palea, pro mollitie lini substernebatur lanea parum levis læna, quæ interdiu honestis tegebantur tapetibus. Illud lectorem ammoneo, me multa præterire de virtutum numero, dum studeo brevitati, et ad id quod me paulo superius promisisse memini breviter narraturus accelero.

LIBER TERTIUS.

Eo igitur tempore, quo christianissimus Francorum rex Ludovicus crucem post Dominum bajulans Hierosolymam profectus est, initum est a pontificibus regni vel proceribus generale consilium[4], cum potissimum ex optimatibus vel personis ecclesiasticis rerum summam et regni oporteret committi gubernacula. Factumque est, Divinitatis instinctu, ut omnium unanimis in hunc virum gloriosum conveniret sententia; invitumque[5] illum ac satis renitentem reipublicæ

---

1. *Tumultus* edd. — 2. *Solus* deest in edd.
3. *Intendebat* edd.
4. Sic cod. ms. — *Concilium* edd. Hoc fuit Stampis, anno 1147.
5. *Incitumque*, mendosè, ed. Felibieni.

amministrationem et curam suscipere compulerunt. Quam ille dignitatem, quia onus esse potius quam honorem judicabat, quantum fas fuit, recusavit ; nec ad suscipiendum omnino consensit, donec ab Eugenio papa, qui profectioni regiæ præsens affuit, cui resistere nec fas fuit nec possibile, tandem coactus est. Verum nemo æstimet ipsius voluntate vel consilio regem iter peregrinationis aggressum, in quo, licet illi longe aliter quam sperabat successerit, pio tamen desiderio ac Dei zelo illud arripuit. Porro providus hic et præscius futurorum nec illud principi suggessit, nec auditum approbavit. Quin potius, cum inter ipsa statim initia, obviare frustra conatus, regium cohibere non posset impetum, tempori cedendum adjudicavit, ne vel regiæ devotioni inferre videretur injuriam, vel fauctorum[1] offensam inutiliter incurreret.

Rege igitur peregre jam profecto, cum vir egregius rerum dominio potiretur, ceperunt latrunculi per regnum passim erumpere, et conceptas diu factiones proferre in publicum ; ex principis scilicet absentia nacti, ut sibi videbatur, sæviendi licentiam. E quibus alii quidem ecclesiarum et pauperum facultates aperta diripiebant violentia, alii vero locis occultioribus latrocinia exercebant. In quorum ultionem dux novus gemino statim accinctus est gladio, altero materiali et regio, altero spirituali et ecclesiastico, utroque autem a summo sibi Pontifice divinitus commisso. In brevi itaque istorum ausus temerarios compressit, atque illorum machinationes manu valida redegit in nihilum.

---

1. Sic cod. ms.—*Fautorum* edd. Chesnii, baronis de Altolio et Felibieni. — *Futurorum*, aptè minus, ed. Benedict.

Sicque illum per omnia favor comitatus est divinus, ut et incruentas de hoste reportaret victorias, et de regni integritate nihil penitus deperiret. Hoc modo vir virtutis, exterius leo, intrinsecus agnus, Christo duce prælia regni præliabatur pacifice. Videres de remotis regni partibus Lemovicos, Bituriges, Pictavos et Guascones in opportunitatibus ad illius se conferre præsidium : quibus nunc ope, nunc consilio ita satisfaciebat in omnibus, ut a quovis rege nihil sperarent amplius.

Agebat præterea bonum patremfamilias, ampliora faciendo quæ servanda susceperat. Siquidem et ædes restauravit regias, et ruinas murorum erexit et turrium. Nam quod fuit palatium, quod regale ædificium, quod non aliqua ex parte melioratum princeps reversus invenerit? Et ne propter regis absentiam regno quicquam deesset honoris, ab hoc milites solita consequebantur stipendia, et certis diebus vestes vel dona regia. Quæ omnia constat illum propria potius munificentia tribuisse, quam de regis ærario vel re publica. Nam omnem pecuniam quæ de fiscis solvebatur regiis peregrinanti regi aut transmisit aut reservavit, cogitans longe posito plurima necessaria, et quæ[1] reservarentur regresso non fore superflua[2].

Hujus decreto ecclesiastici vel dabantur honores, vel detrahebantur singulis : quippe cujus[3] assensu consecrationem obtinebant electi pontifices, cujus

---

1. Sic cod. ms. et editio bar. de Altolio. — *Et ut quæ*, mendosè, edd. Felib. et Bened.

2. Eadem Sugerii ad Ludovicum regem testantur litteræ, quas suprà edidimus, p. 258.

3. *Ejus* ed. baronis de Altolio.

nutu ordinabantur abbates. Absque ulla invidia, sine rubore aliquo ei subdebantur episcopi, ei deferebant, ei parebant. Eo vocante conveniebant, quando dimisisset in sua recedebant, gaudentes quod in clero talis fuisset inventus, qui regni curam unus pro omnibus sustinere sufficeret.

Tantæ igitur ejus probitati et tantæ prudentiæ summus congratulabatur Pontifex : adeo ut quicquid in Galliis decretum fuisset ab isto, Romæ ratum haberetur ; et quicquid ante hunc sumpsisset initium, illic robur acciperet. Huic singulari familiaritate papa scribebat Eugenius. Hunc suis frequenter[1] adhortationibus roborabat, nil jam illi imperando injungens, sed, ut verum fatear, humiliter obsecrans. Hic sibi fiducialiter injuncta adimplebat, ille cooperabatur auctoritate indulta ; et quæ Romæ terminari non poterant, sæpe in istius præsentia condignum sortita sunt terminum. Quisquis legerit mutuas illorum epistolas et scripta crebro discurrentia, facile intelliget quanta fuerit alterius apud alterum reverentia, quis honor, quæ fiducia.

Deinde cum ante regis reditum contigisset fratrem illius[2] de Hierosolymis reverti, quidam statim populares, qui ad nova facile concitantur, ceperunt occurrere, vitamque illi cum imperio imprecari. Sed et de clero nonnulli, quia secus quam vellent in regno aliqua fierent, fœda illi ceperunt adulatione blandiri, et hunc regii sanguinis fiducia ad quædam illicita incitare : quorum hic nomina idcirco supprimimus, ne

---

1. *Frequenter* deest in ed. baronis de Altolio.
2. *Fratrem ejus* ed. bar. de Altolio. Hic est Robertus.

quem ex destinato lædere videamur. Justus autem ut leo confidens, hujus præsumptione cognita, ne commissum sibi turbaret imperium, sicut adversus castra Dei dolositatem fertur irritasse Græcorum, communicato cum fidelibus regni consilio, non prius ejus conatibus destitit obviare, donec omnem illius tumorem prudenter compressit, et ad condignam satisfactionem eum compulit. Tanta nimirum ejus erat fides et tanta constantia, ut pro veritate vel justitia, si res exigeret, mortem lætus exciperet. Cujus dum animum ex operibus perpendo, et salutem principis et reditum huic quam maxime ascribenda crediderim. Nam et pro salute illius a clero vel populo eleemosynarum fieri largitiones et crebras statuit Letanias : ac de reditu sollicitus, tam privatis scriptis quam publicis illum revocare non cessabat ; sed et omnium commune desiderium insinuans et vota suspensa, moras arguebat inutiles.

Inter hæc nemini mirum videatur si huic viro accidit quod contingere bonis omnibus consuevit. Nemo, inquam, miretur, si labia iniqua et linguam delatorum dolosam incurrit, a quibus nec Salvator immunis fuit. Fama siquidem percurrente, quæ cotidie et de bonis mala et de malis bona sua facilitate[1] confingit, quædam de illo regiis suggesta sunt auribus, quæ regis animum simplicem et aliorum affectus ex suo metientem aliquantisper turbaverunt. Sed cum fidelium, et hujus scilicet et aliorum orationes regi prosperum obtinuissent reditum, et illi Romam appro-

---

1. *Facilitate* cod. ms., et edd. Felib. ac bar. de Altolio. — *Felicitate*, malè, Bened., qui in margine supponunt *fallacitate*.

pinquanti jam dictus romanus occurrisset Pontifex, inter prima statim mutuæ confabulationis verba, ita hunc regi magnifice pro meritis papa commendare studuit, ut linguas obtrectantium prorsus confoderet[1], et mendaces illos ostenderet, qui virum egregium maculare et splendorem illius obfuscare conati sunt. Ita factum est ut hunc invidia non solum non læderet, sed et laudibus ejus incrementa conferret. Nam rex[2], veritate comperta, et tam ex operibus quam papæ testimonio fide viri cognita, cum hunc[3] ante profectionem plurimum dilexisset, omni jam suspicione sublata, amplius post reditum, ut dignum erat, dilexit et honoravit. Quidni diligeret? Quidni omni honore dignum haberet eum, qui rerum summam sibi creditam strenue et fideliter rexit, atque cum pace et integritate regnum[4] reconsignavit? Quidni præ cunctis se illi crederet, quem præ ceteris fidelem probavit? Dilexit revera, dilexit, et quantum dilexerit probavit exitus. Nam, sicut norunt plurimi, et vivo et mortuo gratiam retulit. Ex illo jam tempore, tam a populo quam principe pater appellatus est patriæ, et ab omnibus pariter maximis meritorum efferebatur titulis. Putabant plurimi hunc illi felicitatis gradum debuisse sufficere, nec altius illum ascendere posse proficiendo. Sed quemadmodum pessimis quibusque nullus est descensionis gradus ultimus, sic viris virtutum nullus est proficiendi finis vel terminus.

Per dies itaque singulos vir illustris angebatur animo, quod ex illa peregrinationis via nulla virtutis parerent vestigia. Indigne etiam ferebat quod ex tanta

---

1. Fortè *confunderet* legendum. — 2. *Nam et rex* ed. Bened. 3. *Hunc* deest apud Bened. — 4. *Regnum* deest in cunctis edd.

Francorum militia alii quidem vel ferro vel fame miserabiliter cecidissent, alios vero reverti vidisset inglorios. Unde satis erat sollicitus, ne hujus infortunii occasione christiani nominis in Oriente deperiret gloria, et loca sancta infidelibus conculcanda traderentur. Epistolas quippe transmarinas a rege Hierosolymorum vel patriarcha Antiocheno acceperat, quibus illum ad subveniendum sibi lacrimabiliter invitabant, asserentes occiso principe crucem Salvatoris intra Antiochiam a Sarracenis inclusam, urbemque, nisi celerius sibi subveniretur, deditioni proximam. Hisdem[1] nihilhominus diebus, Eugenius papa scripta illi direxit apostolica, et pro reverentia obsecrans, et pro auctoritate imperans ut, secundum datam a Deo sibi sapientiam, Orientali ecclesiæ subveniendo consuleret, et christianorum quibus posset modis auferret opprobrium. Hac igitur provocatus necessitate, præsertim cum illum et apostolica jussio urgeret et roboraret auctoritas, iniit cum pietate consilium, qualiter et periclitantibus opem ferret et injuriam crucis in nefarios retorqueret. Et regi quidem Francorum parcendum judicans vel reversæ nuper militiæ, quod vix paululum respirassent, convocatos super hoc negotio regni convenit episcopos, exhortans illos et animans ad præsumendam secum victoriæ gloriam, quæ potentissimis regibus non fuisset concessa. Quod cum frustra tertio attemptasset, accepto gustu formidinis et ignaviæ illorum, dignum nihilominus duxit, cessantibus aliis, per[2] se laudabile votum implere.

---

1. *Iisdem* ed. Benedict.
2. *Per* cod. ms. — *Præ*, mendosè, tres supradictæ edd.

Quam videlicet magnificam devotionem suam ad tempus occultare maluisset, propter incertos exitus, sive ut jactantiam declinaret : verum ingens illam prodidit apparatus. Nam exinde cepit satagere ut per manus sacri Templi militum sumptus tantæ rei necessarios Hierosolymam præmitteret, ex his scilicet redditibus quos proprio sudore vel solertia monasterio adjecerat. Unde recte nullus indignabitur, si attenderit quantum illius studio omnes ecclesiæ possessiones in redditibus creverint, quot etiam prædia adquisita, quotve ecclesiæ temporibus illius monasterio sint addita. Porro omnia faciebat specie quidem, quasi pro se alios pararet dirigere; re autem vera, si daretur vita comes, per seipsum profecturus et propositum aggressurus. Sperabat adjutorem sibi fore Omnipotentem, qui in paucis æque ut in multis consuevit dignis præstare victoriam, considerans in talibus consilio opus esse potius quam viribus, et prudentiam quam arma magis necessariam.

Interea, dum de profectione deliberat, dum ad pium certamen incessanter anhelat, decrevit cordium inspector Altissimus, apud quem voluntas pro facto reputatur, decrevit, inquam, ante congressionem athletam suum coronare, et seni parcere glorioso, qui plures jam et varios pro illo agones dimicasset. Domino igitur illum ad se evocante, levi correptus est febricula. Vidimus, mi Gaufride, vidimus senem, sed animo vigentem et viridem, cum valetudine et imbecilli corpusculo aliquandiu colluctantem. Vidimus aliorum manibus sustentatum frequenter sacras hostias immolantem, donec, ingravescente morbo et viribus minoratis, lecto applicitus est : quod sine dolore non vidi, sine gemitu non eloquor. Cumque intellexisset hanc esse vocationem suam, et diem sibi imminere ultimum, æquo animo et alacri tulit Conditoris arbitrium; lætus, ut ait, quod ex hac quasi fovea in illud aliquando evaderet liberum et sublime. Nonne spiritu hoc præviderat, quando Turonis ad sepulcrum eximii confessoris eodem anno orandi gratia profectus est, migrandi utique petiturus licentiam, et, ut nobis asserebat, vale illi dicturus ultimum? Ubi etiam ad sancti tumulum solita liberalitate visus est egregii operis vestem obtulisse sericam.

Illud tantum moleste videbatur ferre, quod devotionis suæ propositum alius susciperet, segnius, ut timebat, peragendum. Ne ergo votum suum prorsus infectum relinqueret, elegit ex nobilissimis Francorum proceribus virum et animo et viribus in re militari experientissimum, et quem vice sua mitteret aptum, eo quod ad cœlestem Hierusalem vocatus ipse præiret. Cui cum et opus suum et votum impressa cruce injunxisset, impensas quoque quas præmiserat concessit : quæ illi videlicet, et non paucis militibus, ad impugnandos perfidos et ulciscendas cœlestes injurias longo tempore sufficerent.

Ex illa denique die cepit horam ultimam hilarior expectare : nec trepidabat ad extrema, quia vitam consummaverat ante mortem, nec pigebat eum mori cum juvaret vivere. Libens exibat, quoniam emisso sibi sciebat meliora restare. Nec putabat exeundum viro bono sicut exit qui ejicitur, qui invitus expellitur. Erat itaque in conspectu mortis alacer, et promittentibus vitam, Deum testor, magis indignabatur quam morti. Qui mirum in modum eo vultu eodemque animo spectabat finem suum, quo quis finem spectare solet alienum : quem non exciperet tam hilariter, nisi se diu ad illum præparasset. Quomodo quidam rogare solent vitam, ita ille optabat exitum, quia bene vivendo egerat ut satis vixisset : nec quamdiu, sed quam bene viveret semper attenderat. Qua videlicet valetudine quatuor mensibus vel eo amplius detentus, agebat Omnipotenti gratias, quod non repente avulsus, sed subductus paulatim perduceretur ad requiem homini fatigato necessariam. Qui cum se circa Natalem Domini diem acrius sensisset urgeri, cepit instanter a Domino postulare ut ejus paulisper differretur transitus, donec scilicet dies transissent festi, ne propter illum ex festis converterentur in mœstos : in quo manifeste a Domino visus est exaudiri. Nam, expletis sacris diebus, octava Epiphaniorum die[1] migravit ad Dominum, apud quem, ut credi decet, post octavam[2] jam agit continuam. Et merito qui præ ceteris mortalibus vel Domini vel sanctorum consueverat festivitatibus delectari, festis credendus est interesse perhennibus.

Ecce dum tibi parere volo, Gaufride, multorum me morsibus lacerandum, multis ridendum exposui. Nempe scio non defuturos qui me præsumptionis arguant, quod nobilem occupaverim materiam, eximiis illustrandam præconibus. Et quidem diu expectavi, sperans aliquem fore qui meritis optimi viri vicem rependeret. Sed dum tepidius quidam agunt,

---

1. 13 januarii, anno 1151 secundum modum veterem inchoandi annum, 1152 secundum recentiorem stylum.

2. *Post* pro *deinceps*, conjiciunt Benedict. Fortasse his verbis designatur tempus quod sequitur octavam festi : *post-octava*.

elegi utcumque scribere, quam ingratitudinis vel negligentiæ notam incurrere. Si cui visus fuero respectu meritorum pauca scripsisse, cogitet me ipsa brevitate modernis consuluisse lectoribus. Qui vero causatus fuerit modum me in scribendo excessisse, legat quæ idem scripsit gesta regia, legat, si libet, scripta de toto illi orbe directa, et cognoscet longe citra rerum eminentiam me desisse. Sola me æstimo fundamenta jecisse, in quibus celsiores aliquando surgant structuræ. In silva densiore informem et modicam dejeci materiem, electorum artificum manibus formam quandoque susceptimam.

Reliqua quæ ad ejus spectant transitum, quam gloriose scilicet transierit qui tam laudabiliter vixit, quam laudabiles fuerint exequiæ, quam celebres personæ interfuerint sepulturæ, epistola illa quam te rogante de ejus excessu edidi, scire cupientibus plenius ostendet. Denique, o felicem te, felicem quoque et me, quibus datum sit et vivo et mortuo ministrare, quorum manibus pretiosa jam exanimato corpori sunt infusa balsama! Nunc, quod optandum restat, utinam nostri memor sit et pro nobis oret qui nobiscum orare consueverat, ut cujus convictu gavisi sumus, orationibus fulciamur! Et quidem, si hunc bene novi[1], ita ut nunc est æternis immixtus gaudiis, sui nominis officium implere non desinit. Nam qui nobiscum adhuc positus principum celsitudini pro subditis suggerebat, nunc quoque pro devotis et supplicibus conspectui Divinitatis suggerendo Suggerius assistit.

---

1. *Novi* cod. ms. et ed. baronis de Altolio. — *Novis* ed. Felibiani. — *Noris* ed. Bened.

Si enim, cum adhuc mole premeretur corporis, tantam pro fratribus gerebat sollicitudinem, quid nunc agere credendus est, quando carnis ruptis vinculis ad plenam libertatem perductus evasit? Haud dubium quin illius modo preces Dominus clementer admittat, qui Domini præcepta et attente audivit et diligenter implevit.

LITTERÆ ENCYCLICÆ CONVENTUS SANCTI DIONYSII DE MORTE SUGERII ABBATIS [1].

Omnibus fidelibus ubique in Christo constitutis, humilis Beati Dionysii conventus salutem, et pro ea quæ in præsenti postulatur, æternam in cœlis consequi consolationem.

Reverendissimi[2] et piæ recordationis Sugerii[3] abbatis gloriosum de hoc mundo transitum sanctæ unanimitati vestræ dignum duximus intimare, ut, in dolore quo inæstimabiliter consternati sumus, a caritate vestra remedium aliquod solatii reportemus. Qui enim unius capitis omnes simul et singuli membra sumus, constat quia mutuæ compassionis invicem debitores existimus. Itaque, licet memoratus et omnibus seculis memorandus pater pro singulari sapientia, pro strenuitate et industria sua orbi pene universo innotuerit,

---

1. Nullo affixo codici ms., iste præfigitur titulus editioni Benedictinorum. — *De Sugerii abbatis excessu epistola* in fronte habet editio baronis de Altolio.

2. *Reverentissimi* ms. cod.

3. *Suggerii* dat cod. ms., ut sæpè et alii.

tamen quod ad nos attinet solliciti sumus, ne immensis tanti patris beneficiis et meritis ingrati et immemores appareamus. Non quod omnia egregia ejus facta vel laudes hac brevi scedula plene possimus comprehendere, quippe quibus explicandis non parvo volumine vel mediocri ingenio opus sit : nimirum cum et fama minor meritis, et laus virtutibus impar existat. Quis enim ejus vitam digno possit efferre præconio? Quis illius a juventute magnanimitatem, et tam in rebus ecclesiasticis quam et secularibus satis possit mirari prudentiam? Cujus circa divinum cultum vigilantiam, circa ecclesiæ ornatum instantiam nemo sufficienter referet. Cui præcipua semper fuit intentio vel studium [1] ut nobile beati Dionysii monasterium omni gloria et honore attolleret, religiose ordinaret, et ecclesiam redditibus opulentam, ædificiis ampliorem, ornamentis decoratam redderet. Cujus rei luce clariora extant indicia, usque in finem seculi permansura. Unde veraciter et secure Domino decantare potest : *Domine, dilexi decorem domus tuæ et locum habitationis gloriæ tuæ* [2]. Acumen ingenii, linguæ nitor, litterarum scientia, dictandi scribendique peritia simul et singulariter in eo resplendebant, ut vix aliquis sciret quid horum in illo potissimum emineret; cum id magis in illo mirabile videri posset, quod non tente, non anxie, sed eadem pene qua loquebatur celeritate [3] scribebat. In ipso non solum naturalis memoriæ felicitas vigebat, sed et ars summa ad [4] com-

---

1. *Vel studium* desunt in ed. bar. de Altolio.
2. Psalm. xxv, v. 8. — 3. *Sceleritate*, mendosè, cod. ms.
4. *Ad* deest in edd. Felibieni et Bened.

prehendenda quæ opus esset et custodienda : adeo ut quæcumque egregie [1] dicta vel audisset aliquando vel ipse dixisset, loco et tempore in promptu haberet. In quo sobrietas adeo viguit, ut nemo discerneret utrum ante cibum, an cibo sumpto magis esset sobrius. Ceterum ut multa breviter comprehendantur, quantæ virtutis vel [2] opinionis vir iste in toto regno habitus sit, una hæc res testis extitit, quod rex Ludovicus, Hierosolymam proficiscens, consilio pontificum et procerum expertæ illius fidei et solertiæ regnum specialiter regendum commisit. Quod ille duobus ferme [3] annis, juvante Deo, ita amministravit et rexit, ut principi reverso commissa sibi restitueret integra. Sed et summus Pontifex Eugenius, quotiens aliqua in regno graviora emersissent, cum ad ipsius audientiam fuissent perlata, istius probatæ discretioni [4] sæpius terminanda remisit. Qui cum invitus et coactus consiliis regum interesset et principum, hoc, ut fatebatur, non sine magno mentis gravamine sustinebat, ut pupillis, ut viduis, ut quibuscumque pauperibus et injuriam sustinentibus opem ferret ; et præcipue ut commissæ sibi Ecclesiæ vel ceteris in regno constitutis apud principem in opportunitate subveniret. His itaque tantis ac talibus viri magnifici bonis in quendam mentis excessum elati, semper eum optabamus superstitem quem [5] credidimus vita digniorem, et ideo plagam excepimus quam vix ferre poterimus. Et quidem, si

1. Sic cod. ms., et edd. Felib. ac Bened. — *Adeo ut si egregie* ed. bar. de Altolio.

2. *Et* edit. bar. de Altolio. — 3. *Fere* edit. bar. de Altolio.

4. *Discretionis*, malè, edd. Felib. et Bened.

5. *Quem* deest in edd. Felib. et Bened.

pietati imperare possemus, lætandum nobis erat magis quod talem patrem habuerimus, quam dolendum quod talem præmiserimus, quo nos quandoque sequuturos non dubitamus. Non enim nobis ereptus est, sed periculis; nec tam vitam amisit, quam feliciter commutavit. Verum quia a conditione moriendi nemo excipitur, cum vir venerandus ea valetudine qua et mortuus est vexari cepisset, fratrum manibus sustentatus, in conventum se deduci poposcit : ubi, post verba exhortationis, cum lacrymis et gemitu omnium pedibus provolutus, qui communis Domini judicium formidabat, fratrum se judicio humiliter exposuit, lacrymabiliter postulans ut quod in eos deliquisset vel egisset negligentius, respectu pietatis ei relaxarent. Quod fratres omnes maxima cum devotione et copiosa lacrymarum effusione gratissime fecerunt. Ipse quoque negligentiores quosque, qui pro quolibet reatu ligati cernebantur, cuicumque subjacuissent sententiæ, ultro et clementissime absolvit, atque omnibus tam remotis quam præsentibus in gratiam rediit, ac pristinis eos officiis et gradibus restituit. Denique, quantum in ipso fuit, multis precibus ut a cura pastorali prorsus absolveretur concupivit et petiit : sed hujus petitionis assensum a fratribus extorquere nullatenus potuit. Post aliquantum vero temporis, cum se morbo acrius videret fatigari, et [1] exitum suum imminere tam propria quam medicorum sententia intellexisset, familiares suos, dominum videlicet Suessionensem, Noviomensem et Silvanectensem venerabiles ad se ascivit episcopos; quorum testimonio vel consilio domui suæ

---

1. *Ut*, mendosè, edit. Felib.

ipse disponeret, quorum munitus suffragiis tutius de hoc seculo migraret. His cotidie assidentibus humiliter sibi, nunc sigillatim, nunc simul omnibus, quicquid conscientia metuebat, cum multis confitebatur lacrymis. His fidem integram frequentius exposuit, ab his quicquid sibi injunctum et devotus implevit, et ex eorum vicissim manibus, per quindecim fere ante exitum suum dies sine intermissione, Dominici corporis et sanguinis sacramenta suscepit. Sicque totus ad Dominum conversus, tam diebus quam noctibus psalmis vel sanctorum nominibus per ordinem invocandis sollicitus intendebat. Fratres quoque omnes indesinenter hortabatur paci studere, unitatem ante omnia servare, scandala, seditiones, vel scismata omni studio fugere, ordinis conservationi et divino cultui, seu Sanctorum venerationi diligenter monebat intendere. Transiit autem idem desiderabilis pater et pastor egregius inter verba Dominicæ orationis et Symboli, die iduum januarii, septuagesimo ætatis suæ anno, a susceptione autem monastici habitus fere sexagesimo, prælationis vero suæ vigesimo et nono anno. Transiit, inquam, plenus tam dierum quam virtutum, in cœlo sanctis exultantibus, in terris vero omnis sexus vel ætatis, omnis gradus vel ordinis fidelibus mœstis et plangentibus. Cujus sepulturæ et exequiis pro persona vel loci dignitate celeberrimis, Dei nutu, interfuerunt sex episcopi venerabiles, et abbates seu[1] alii religiosi viri[2] quamplurimi ; qui devotis orationibus Deo spiritum, terræ corpus solemniter commendarunt. Chris-

---

1. *Vel* in sola edit. Bened.
2. *Viri* deest in eàdem tantùm editione.

tianissimus quoque rex Ludovicus, cum longius abesset, accepto obitus illius tristissimo nuntio, pro familiaritate et amore quem ad invicem diutius habuerant, negotiis omnibus intermissis, cum præcipuis regni optimatibus acceleravit exequiis interesse : ubi, et pietatis memor et regiæ celsitudinis immemor, amarissime, dum sepeliretur, flere non destitit [1]. Unum procul dubio constat, non potuisse scilicet illum non gloriose consummari, cujus tota vita præcesserat gloriosa. Unde divinitus provisum est ut et transitum ejus pontifices consecrarent, et sepulturam sua præsentia rex insigniret. Sed et sacri Templi magister cum non parva sui ordinis militia affuit; qui precibus et lacrymis, vel quibus modis poterant, dilectam sibi animam Domino commendabant. Nos vero vitæ ipsius superstites, quod sine ipso solatium capiemus, qui solus consolari mœrentes solebat, excitare lætitiam, fugare mœstitudinem? Quomodo carere poterimus tanto vitæ comite, tanto curarum et laborum levamine? Quid boni sanitas habeat, languor ostendit. Plus sentimus quid habuerimus, postquam habere desinimus. Unus ipse erat nobis, in quo domestica sollicitudo residebat et cura quiescebat publica. Unus nobis erat et domi solatio et foris honori. Verum ingrati de translato esse non debemus, quia quod naturæ [2] communis erat persolvit, quod gratiæ singularis a Christo percepit. Quomodo autem unquam poterimus de ipso non cogitare aut aliquando ejus reminisci sine lacrymis et dolore,

1. Cf. de hoc documentum infrà insertum, p. 415.
2. *Naturæ* edit. Bened. — *Natura* cod. ms., et edd. bar. de Altolio ac Felib., sed malè.

quamvis universorum gaudiis prosequendus sit, qui calcata morte coronam jam securitatis accepit? Poterimus unquam aut tanti non meminisse patris, aut sine lacrymabili quadam meminisse gratia? Sed hæ nobis recordationes, etsi dolores innovant, voluptatem tamen afferunt. Quem si lugere ceperimus, de salute fortassis minus sperare videbimur. Si lacrymas omino continuerimus, impietatis et ingratitudinis non immerito arguemur. Cujus casum, quo nobis esset tolerabilior, nec præmeditari potuimus. Ita pavebat animus tale aliquid de illo cogitare, non quod[1] conditionem ignoraremus, sed quia de illo nisi secunda omnia cogitare non didicissemus. Raptus est autem ne malitia immutaret cor ejus, quoniam Deo placita erat anima illius. Dormivit in Domino et appositus est ad patres suos, enutritus in senectute bona. Reversa est terra in terram suam, sed spiritus astra petivit, ab illo coronandus et electorum numero sociandus, cui, dum in carne esset, ministravit et fide militavit integra.

> Dum meriti morumque viri vitæque recordor,
>   Utpote virtutum conscius atque memor,
> Ipse licet sileam, quamvis mihi nota recondam,
>   In lucem tamen hæc efferet una dies.
> Hæc natura boni, vis hæc non posse latere;
>   In medium venient quæ latuere diu.
> Vivendi formam merito mortalibus illum
>   Æstimo directum cœlitus atque datum.
> Ingentes animos in tali corpore miror,
>   Et bona tot claudi tantaque vase brevi.

---

1. *Quod* edit. Bened. — Alias, etiam in cod. ms., *quo*, mendose.

Sed satis hoc uno voluit natura probare,
  Virtutem quavis sub cute posse tegi.
Tullius ore, Cato meritis, et pectore Cæsar,
  Consilio reges, regna regebat ope.
Quodque Cato Romæ, quod Scipio præstitit olim,
  Hoc solus patrio præstitit ille solo.
Quas laudes tibi, quos titulos, qualesve triumphos,
  Abba pater, poterit grex resonare tuus?
Optime Sugeri, quid respectu meritorum
  Dicetur dignum? Laus erit ista brevis :
Sed cœlum tibi pro meritis applaudit et orbis,
  Et celebrat laudes Gallia tota tuas.
Arrisere tibi nascenti sidera septem,
  Prospectusque fuit visque salubris eis.
Thesauros tibi larga suos natura paravit,
  Expanditque tibi philosophia sinus.
Nec tibi successus lætos fortuna negavit;
  Fata dedere boni quicquid habere solent.

VII

TÉMOIGNAGES CONTEMPORAINS

RELATIFS A SUGER.

I. CHRONIQUES ET OBITUAIRES.

Anno Domini MCXXIII. Sugerius, Sancti Dionysii monachus, Scripturarum scientia clarus, in diaconatus ordine constitutus, in abbatem monasterii est electus. Qui temporibus illis historiæ Francorum scriptor erat[1].

MCXXII. Obiit Adam Abbas. Ordinatio Sugerii abbatis[2].

MCXL. Dedicatum est novum opus ecclesiæ beati Dionysii, anteriori parte, a domno Hugone Rothomagensi archiepiscopo, XIX° anno administrationis domni Sugerii abbatis, qui idem opus construxit[3].

1. Editum à Chesnio (IV, 280) « ex veteri codice ms. ecclesiæ S. Dionysii in Franciâ. » — Dublet., p. 228.
2. E parvis S. Dion. chron. (*Spicileg*. II, 808; Felib. probat. p. cciii).
3. Felib. prob., p. cciv.

MCXLIII. Dedicatio capitalis partis ecclesiæ, et translatio beati Dionysii et sociorum ejus in eamdem partem capitalem, aliorumque sanctorum quorum ibidem corpora continentur, XXIII° anno administrationis domni Sugerii abbatis[1].

MCXLVI[2]. Ludovicus Junior, rex Francorum, cum innumerabili exercitu Hierosolymam profectus est contra Sarracenos, ea præcipue causa quod civitatem Edessam occupassent. Quo etiam anno ab eodem rege regni administratio commissa est venerabili abbati Sancti Dionysii Sugerio, Stampis videlicet, in generali conventu; quod factum est communi omnium electione et unanimi assensu pontificum et optimatum, comitis scilicet Andegavensis, Blesensis, Flandrensis, Nivernensis et aliorum omnium qui de propinquis et remotis partibus ibidem convenerant. Cumque abbas omnino reniteretur, et diceret se non sine mandato summi pontificis hanc curam suscepturum, contigit eodem anno ut domnus papa Eugenius in Gallias veniret; qui, in Pascha Domini apud Sanctum Dionysium magnifice susceptus et coronatus, memoratum abbatem, ut eandem administrationem susciperet, sub obedientiæ præcepto coegit[3].

MCLI[4]. Sugerius abbas obiit. Ordinatio domni Odonis abbatis[5].

1. Felib., ibid.
2. Id est anno 1147, secundum recentiorem computandi modum.
3. Felib., ibid. — 4. Id est anno 1152.
5. E breve S. Dionysii chronico extractum à *Spicilegii* auctore, II, 808, et Felibiano, inter probat., p. cciv.

II. non. (januarii).... Et est commemoratio Karoli imperatoris et domni Suggerii abbatis[1].

XVII kal. februarii.... Item, ipso die, obiit Suggerius, abbas Beati Dyonisii, pro cujus anima Guillelmus, nepos ejus, concanonicus noster, dedit nobis sexaginta libras Parisiensium ; quæ positæ fuerunt in emptione tensamenti de Orliaco[2].

Hic est annus ultimus vitæ felicis recordationis Sugerii, abbatis monasterii regalis Sancti Dionysii in Francia, viri magnæ prudentiæ et eloquentiæ, ac inter præclaros Ecclesiæ gallicanæ viros eruditissimi et facundissimi. Cui tempore prælationis quantum fuit studium ut ecclesiam suam omni gloria et honore attolleret, religiose ordinaret, et eam redditibus opulentam, ædificiis ampliorem, ornamentis decoratam redderet, omnibus patet. Cooperante etiam superna illius clementia, qui ponit humiles in sublime, ipsum de plebe humili sic erexit, ut non solum in parlamento regali [ad] solium ac tribunal judicii sapientia qua præditus erat laudabiliter peroraret, verum etiam tanquam vir magni consilii et industriæ, ac in omni domo regia spectabilis et probatæ fidei, cum excelsis principibus consederet, ac regni ipsius gubernacula præcipue moderaretur. Acumen ingenii, linguæ nitor, litterarum scientia, dictandi scribendique peritia semper in eo splenduerunt; tantæque opinionis apud papam Eugenium extitit, ut, quotiens aliqua in regno graviora emergebant et usque ad ejus audientiam perlata, istius probatæ

1. E veteri necrologio abbatiæ S. Dionysii depromptum à Felibiano, ibid., p. ccvii.
2. Obituarium Beatæ Mariæ Parisiensis (*Guérard, Cartul. de N.-D.*, IV, 11).

discretioni terminanda committebat. Gloriosus etiam rex Franciæ Ludovicus, Hierosolymam proficiscens, pontificum et procerum consilio ex parte illius fidei et solertiæ regnum suum specialiter commisit regendum. Quod ille, Deo juvante, ita administravit et rexit, ut principi redeunti commissa sibi cum pace et integritate restitueret.

Verum, quia a conditione moriendi nemo excipitur, cum valitudine, qua mortuus est, vexari cepisset, fratrum manibus sustentatus, in capitulum se deduci poposcit. Ubi, post verba ædificationis, cum lacrimis et gemitu omnium pedibus provolutus, eorum se judicio humiliter exposuit, lacrimabiliter postulans ut quod in eos deliquerat vel negligentius egerat, respectu pietatis ei relaxarent. Quod fratres omnes maxima cum devotione et copiosa lacrimarum effusione gratantissime fecerunt. Transiit autem idem venerabilis pater inter verba Orationis et Symboli, die idus mensis januarii, anno vero Domini MCLII, LXX ætatis suæ anno, a susceptione autem monastici habitus fere LX, prælationis vero suæ XXIX. Cujus sepulturæ et exequiis interfuerunt sex episcopi, cum multis abbatibus, christianissimoque rege Franciæ Ludovico : ubi, et pietatis memor et immemor regiæ celsitudinis, dum sepeliretur amarissime flevit; flevitque omnis regia domus, sed et populus, qui eum tanquam prudentissimum consiliarium, totiusque regni gubernatorem et administratorem planxerunt sapientissimum [1].

---

1. « Ex alio codice ms. ejusdem ecclesiæ, ad annum MLII. » Chesn., IV, 280. — Dublet., p. 253.— *Gall. Christ.*, VII, 376. — *Rerum gallic. scriptores*, XII, 113.

II. DIPLOME DE LOUIS VI.

Le roi accorde à l'abbaye de Saint-Denis plusieurs priviléges, en reconnaissance de la protection qu'il a obtenue après avoir pris l'oriflamme des mains de Suger.

In nomine Patris et Filii et Spiritus sancti. Amen. Ludovicus, Dei gratia, rex Francorum, archiepiscopis, episcopis, ducibus, comitibus, et universis regni nostri proceribus....
Nos igitur cum et aliis longe lateque ecclesiis, tum præcipue nobili monasterio ter beati Dionysii sociorumque ejus propensius attendentes, eo primum affectu quo totum regnum nostrum sorte apostolatus suscipiens Domino Deo proprii sanguinis effusione restituit, eo etiam quo ei antecessores nostri tam spiritualis quam corporalis auxilii beneficio confœderati sunt, satis devoti; cum ad aures nostras pervenisset Alemannorum regem ad ingrediendum et opprimendum regnum nostrum exercitum præparare, communicato cum palatinis nostris consilio, ad ipsam sanctissimorum Martyrum basilicam more antecessorum nostrorum festinavimus, ibique, præsentibus regni nostri optimatibus, pro regni defensione eosdem patronos nostros super altare eorumdem elevari pio affectu et amore effecimus. Unde nobis, ut par erat, placuit gloriosissimorum Martyrum basilicam, antiquorum regum liberalitate et munificentia amplificatam et decoratam, nostris temporibus omni dilectione amplexari et sublimare. Præsenti itaque venerabili abbate præfatæ ecclesiæ Sugerio, quem fidelem et familiarem in consiliis nostris habebamus, in præsentia optimatum nostrorum, vexillum de altario beatorum Martyrum, ad quod comitatus Vilcassini, quem nos ab ipsis in feodum habemus, spectare dinoscitur, morem antiquum antecessorum nostrorum

servantes et imitantes, signiferi jure, sicut comites Vilcassini soliti erant, suscepimus....

Actum Parisius publice, anno incarnati Verbi MCXXIV, regni nostri XVIII, Adelaidis X; etc.[1]

III. DIPLOME DE LOUIS VII.

Le roi concède certains droits à l'abbaye de Saint-Denis, à l'occasion de la dédicace de l'église restaurée par Suger.

In nomine sanctæ et individuæ Trinitatis. Ego Ludovicus, Dei gratia, rex Francorum et dux Aquitanorum....

Nos igitur cum et aliis longe lateque ecclesiis, tum precipue nobili monasterio ter beati Dionysii sociorumque ejus propensius attendentes, eo primum affectu quo totum regnum nostrum sorte apostolica suscipiens Domino Deo proprii sanguinis effusione restituit, eo etiam quo ei antecessores nostri benivolentia et familiaritate confœderati sunt, qui, cum multa ei contulerint, multo majora per ipsum receperunt; ad ipsorum sanctissimorum Martyrum basilicæ dedicationem, quæ in novo ecclesiæ augmento, in capitali videlicet parte, celeberrime facta est, cum conjuge nostra Alienorde regina et plurimo obtimatum nostrorum comitatu acceleravimus : ubi, cum post ipsius ecclesiæ consecrationem ad locum antiquum, in quo peculiaris patroni nostri, beatissimi videlicet Dionysii, ejusque sociorum sacra corpora continebantur, cum archiepiscoporum et episcoporum plurimo conventu accessissemus, apertis scriniis extractisque ac propriis humeris per ipsam ecclesiam deportatis, in loco gloriosissime

---

1. Ex orig. chartâ, Arch. Imp., K 22, n° 4. — Felib., probat., p. xciii. — Tardif. *Mon. hist.*, n 391.

superius præparato sacra pignora lætis cum lacrimis reposuimus[1]. Denique, Dei omnipotenti inspiratione et ipsorum Martyrum amore tactus, convocatis archiepiscopis et episcopis qui aderant, et ipsius ecclesiæ venerabili abbate Suggerio, amico et familiari nostro, quasdam consuetudines, quas in quibusdam villis eorum habebamus,... contulimus....

Actum publice Parisius, anno ab incarnatione Domini MCXLIIII°, regni vero nostri VIII° ; etc.[2].

IV. LETTRE DE SAINT BERNARD AU PAPE.

Amantissimo patri et domino Eugenio, Dei gratia summo pontifici, frater Bernardus Clarevallensis vocatus abbas, modicum id quod est.

Si quod magnæ domus magni Regis vas in honorem apud nostram habetur ecclesiam gallicanam, si quis ut David fidelis ad imperium Domini ingrediens et egrediens, meo quidem judicio ipse est venerabilis abbas Sancti Dionysii. Novi siquidem virum, quod et in temporalibus fidelis et prudens, et in spiritualibus fervens et humilis, in utrisque (quod est difficillimum) sine reprehensione versetur. Apud Cæsarem est tanquam unus de curia romana, apud Deum tanquam unus de curia cœli. Petimus et obsecramus benigne a vobis suscipi nuncios tanti viri, et, sicut vos decet et ipse omnino dignus est, rescribi ei verba bona, verba amicabilia, plena familiaritatis et dilectionis, plena favoris et gratiæ. Siquidem specialius diligere et honorare personam ejus, honorificare est ministerium vestrum[3].

---

1. V. suprà, *De consecratione ecclesiæ S. Dionysii*, cap. vii.
2. Tardif, *Monuments historiques*, n° 469. — Dublet., p. 868.
3. Ex Chesnio, IV, 493. — *Rer. gallic. script.*, XV, 483.

V. LETTRE DU PAPE EUGÈNE III A SUGER.

Eugenius episcopus, servus servorum Dei, dilecto filio Sugerio, abbati Sancti Dionysii, salutem et apostolicam benedictionem.

Super obitu filii nostri Johannis nepotis vestri, quem, sicut accepimus, pro negotiis ipsius ecclesiæ ad nostram mittebas præsentiam, paterna tibi affectione compatimur, et ipsius animam Domino precibus commendamus.... Ad montem, unde veniet auxilium tibi, mentis tuæ aciem figas, et religionis ac honestatis tuæ propositum in Domino confortatus firmiter teneas, nec propterea dimittas quin pro ecclesiæ tuæ opportunitatibus ad sedem apostolicam dirigas, et ei statum tuæ necessitatis exponas. Nos enim eandem ecclesiam et personam tuam sincera in Domino caritate diligentes, parati sumus justas postulationes vestras attendere, et in quibus secundum Dominum possumus exaudire[1].

VI. LETTRE DE ROBERT, ÉVÊQUE D'HERTFORT, A SUGER.

Robertus, Dei gratia Herefordensis ecclesiæ minister humilis, votis et obsequiis Sugerio venerando abbati Beati Dionysii salutem, et, si quas habet receptibiles, orationum suffragia.

Officia liberalis gratiæ vestræ, tam dudum mihi exhibita quam sæpius oblata, debitorem me tenent : si non vicem rependere possit, saltem ut gratias referat, quas possit vo-

---

1. Ex Chesn., IV, 493. — *Rer. gallic. script.*, XV, 456.

luntas obnoxia.... Quid enim? Si sapientia, si providentia quæritur in Sugerio, tanta reperitur, ut quæcumque negotia vestro nituntur consilio, cautius procedant, et succedant felicius. Si ad religionem recurritur, de speculo vitæ vestræ relucet, et quod foris luceat, et quod intus expediat. Additur liberalitatis præconium, quæ beneficiis prævenire gaudet, necdum rogata rogaturum[1]....

VII. LETTRE DE JOSCELIN, ÉVÊQUE DE SALISBURY, A SUGER.

Dilecto et merito diligendo patri et domino Sugerio, Dei gratia abbati Sancti Dionysii, regni Francorum rectori, Joscel[in]us, eadem gratia Saraberiensis episcopus, sub pennis Cherubin manus hominis.

Opinionis vestræ odor, qui circumquaque diffunditur, nos de transmarinis partibus in amorem vestrî currere fecit. Venimus ergo de finibus terrarum, vestram, scilicet nostri temporis Salomonis audire sapientiam. Sapientiam audivimus, templum quod ædificastis aspeximus, ornamenta quæ a vobis oblata sunt et offeruntur vidimus, ordinem ministrorum et ministeriorum attendimus : et merito in illius Australis reginæ voces erumpimus, quia media pars non fuerit nobis nunciata, et quoniam major est sapientia et opera quam rumor fuerit in terra nostra. Quis enim non miretur hominem unum tot et tanta sustinere negotia, ut et ecclesiarum pacem conservet, statum reformet, et regnum Francorum armis tueatur, moribus ornet, legibus emendet ? Merito itaque mare intrare debuimus, et vitam nostram velo et ventis committere, et longi itineris innumeras experiri difficultates, ut ad vestram possemus pervenire notitiam[2]....

1. Ex Chesn., IV, 500. — *Rer. gallic. script.*, XV. 498.
2. Ex Chesn., IV, 503. — *Rer. gall. script.*, ibid. — V. etiam

VIII. ÉPITAPHE DE SUGER,

Par Simon Chèvre-d'Or, chanoine régulier de Saint-Victor.

Decidit Ecclesiæ flos, gemma, corona, columna,
    Vexillum, clypeus, galea, lumen, apex,
Abbas Sugerius, specimen virtutis et æqui,
    Cum pietate gravis, cum gravitate pius,
Magnanimus, sapiens, facundus, largus, honestus,
    Judiciis præsens corpore, mente sibi.
Rex per eum caute rexit moderamina regni;
    Ille regens regem rex quasi regis erat.
Dumque moras ageret rex trans mare pluribus annis,
    Præfuit hic regno regis agendo vices.
Quæ dum vix alius potuit sibi jungere, junxit :
    Et probus ille viris, et bonus ille Deo.
Nobilis ecclesiæ decoravit, repulit, auxit,
    Sedem, damna, chorum, laude, vigore, viris.
Corpore, gente brevis, gemina brevitate coactus,
    In brevitate suâ noluit esse brevis.
Cui rapuit lucem lux septima Theophaniæ,
    Veram vera Deo Theophania dedit [1].

epistolas alias summorum pontificum Paschalis II, Calixti II, Innocentii II, Eugenii III, necnon S. Bernardi atque Ludovici VII, Francorum regis, Stephani, Anglorum regis, David, regis Scotiæ, Rogerii, Siciliæ ducis, Godefridi, Andegavensis comitis, etc., in iisdem collectionum illarum tomis.

    1. Felib., op. cit., p. 572. — *Hist. litt., de la France*, XII, 374. V. in Felibiani opere, ibid., aliud recentius et prolixius epitaphium, non rhythmicè scriptum, quo Sancti Dionysii monachi, anno 1654, tumulum Sugerii ornavére.

IX. DE NOBILITATE DOMINI SUGERII ABBATIS ET OPERIBUS EJUS.

Inclite Sugeri, cupimus te luce repleri,
Justa Dei veri magnalia corde vereri.
Abba pater, gaude; dignissimus es, pie, laude.
Mente Deo plaude; bona cudere fortiter aude.
Nobilitas morum supereminet astra tuorum,
Qui pater es florum simul et regimen monachorum :
Cœlicus ergo chorus probat hanc splendore decorus;
Sceptriger annosus amat hanc, et dux animosus.
Francorum cœtus, hujus moderamine fretus,
Hanc colit, et lætus regitur pietate repletus.
Nobilitas mentis patet omnibus hæc facientis,
Qui propriæ gentis decus est et forma parentis.
Muneribus divis Deus hunc erexit ab imis,
Ne fieret vilis animus virtusque virilis.
Gloria condigna tanto patre sorte benigna
Contulerat.... signa quibus fraus cassa maligna;
Signa beatorum sunt diva karismata morum,
Nobilitas quorum diffunditur ore virorum.
Regnum Francorum rexit moderamine morum,
Qui dux regnorum simul et dux.... animorum.
Gloria regnorum nec obest meritis dominorum,
Si perfectorum retinent exempla bonorum.
Splendor doctorum decet hunc virtute laborum,
Qui sibi cunctorum formam tenet emeritorum.
Innovat inventum pater a fundamine templum,
Ut sit in exemplum Dionysii monumentum.
Nostra pro vita Christi fuit hic agonista
Ariopagita Dionysius; archisophista
Extitit athleta fortissimus atque propheta :
Regna tenet læta vir fortis et agoniteta,

Cujus erat lampas Sugerius, inclitus abbas.
Struxit ei capsas auro, gemmis decoratas;
Ordine dilavit claustrum, templumque novavit;
Aras ornavit auro, gemmis radiavit;
Pallia mira dedit, distractaque plura redemit.
Tres tabulas fecit auro, gemmisque replevit;
Quarta nitens plurimis gemmis, preciosa lapillis
Vernat in onichinis, smaragdis, arte berillis.
Aurea crux miris fulgens distincta saphiris
Ostendit vivis quam sit pater iste virilis.
Gloria sublimis debetur huic sine rimis.
Dignus ei finis cœlo celebretur herilis.
Radulfus phisicus cepit dictando laborem;
Luridus invidia reprobans confundit honorem [1].

X. VERSUS IN LAUDEM SUGERII ABBATIS.

Magne Sugere, pater, cui summus apex meritorum
    Inter præcipuos dat loca prima Deos,
Carmen ab incudi noviter tractum tibi dono :
    Scripta precor lima corrige nostra tua.
Sint inculta licet, sint vilia, sint male compta,
    Tu preciosa tamen, cum legis illa, facis.
Laudes ergo meas de laude tua, precor, audi.
    Incitat ad laudem me mea Musa tuam.
Cum natura parens rerum bene cuncta crearet,
    Te mirabiliter condere disposuit.
Cumque rudi de materia sint cetera tracta,
    Te Dea de massa nobiliore tulit.
Artificisque diu dubium fuit in ratione
    Utrum mortalem sive Deum faceret.

1. Ex ms. codice bibliothecæ regiæ Bruxellarum, duodecimo seculo scripto (Sectio II, n° 5385-86, in fine).

Massa valens operi sic conveniebat utrique,
   Ut vel posset homo, vel Deus hinc fieri;
Fecissetque Deum Dea, nî superi vetuissent,
   Quorum consilio quod facit omne facit.
Pertimuere quidem, ne si totus Deus esses,
   Deprimeres alios mira patrando Deos.
Invidia tamen superûm permixtus utroque,
   Semivir efficeris, semideusque simul.
Dimidium massæ tecum retinens in utroque,
   Nec vir es absque Deo, nec Deus absque viro.
Ex alio divina cupis divinaque tractas,
   Et quæ sunt hominis perficis ex alio.
Est ex divina natura, quod tibi cœlos
   Cœlorumque Deos pingis in ecclesia.
Est ex humana, quod regnum protegis armis,
   Augeturque tuis publica res studiis.
Et nunc semideus in templo cœlica tractas,
   Nunc vir in bello fortia facta geris.
Sic hominis causamque Dei moderans in utroque,
   Ut res illa Deo congruat, hæc homini.
Qui dum Francorum populos cum rege gubernas,
   Post regem quasi rex sceptra secunda tenes.
Nec magnum quidquam sine te rex perficit unquam,
   Nec quidquam magnum tu sine rege facis.
Tanta duobus inest vobis concordia facti,
   Ut neuter facto discrepet alterius.
Alter in alterius sic est devinctus amore,
   Alterius quasi cor pendeat ex alio.
Denique Roma potens, cui totus flectitur orbis,
   Flectit ad obsequium colla superba tuum;
Nec plus Cæsaribus magni concedit honoris
   Quam tibi, Cæsariis sit licet aucta bonis.
Ad nutum ligat illa tuum, solvitque nocentem,
   Et quem justificas non sinit esse reum.
Quodque tuis titulis accedit, quidquid in urbe
   Jusseris, infectum non valet esse diu.

Sic rex, sic Cæsar, sic unus semideorum,
 Sic homo plus homine niteris esse Deus[1].

1. Chesn., IV, 491. Hoc ferè mythologicum poema, cujus certam non designat ætatem, deprompsit Chesnius « ex ms. exemplari clariss. virorum Puteanorum fratrum, » primùm ab eo in lucem edito.

VIII.

ÉCLAIRCISSEMENTS

ET OBSERVATIONS.

PAGE 11. *Paganum de Gisortio, cui castrum idem primo munivit.*

La leçon que nous avons adoptée ici, sur l'autorité de six manuscrits, présente un tout autre sens que la leçon de Duchesne, admise par les Bénédictins (*Paganum de Gisortio, qui castrum... munivit*). Suivant ces éditeurs, c'est Payen qui, le premier, fortifia le château de Gisors, tandis que notre texte attribue à un autre l'érection de cette forteresse. Ordéric Vital, le continuateur de Guillaume de Jumiéges et les Grandes Chroniques de Saint-Denis justifient la leçon que nous rétablissons : *Hoc tempore* (1096), *rex Willelmus fecit quoddam castellum nomine Gisorz, in confinio Normanniæ et Franciæ*, etc. (*Will. Gemet.*, liv. VIII). Ordéric est plus explicite encore, s'il est possible : il désigne l'officier qui, par ordre du roi Guillaume, choisit la position de ce château, eu traça le plan et en dirigea les travaux, savoir Robert, seigneur de Bellême, l'un des plus vaillants capitaines du temps et des plus habiles dans l'art de fortifier les places : *Tunc Guillelmus rex firmissimum castrum Gisortis construi præcepit.... cujus positionem et fabricam ingeniosus artifex Rodbertus Belesmensis disposuit* (Liv. X ; éd. Le Prévost, IV, 21). — Enfin les Grandes Chroniques de Saint-Denis reproduisent exactement notre interprétation : *Paiens, le seigneur de Gisors, à qui le roy d'Angleterre ferma lors premièrement le chastel de Gisors.* (Grandes Chron., Philippe I; éd. P. Pâris, III, 209.)

Mais si ce n'est point Payen qui construisit ce château, le roi Guillaume, après avoir élevé les défenses de cette place frontière, ne la lui aurait-il pas concédée en fief, comme on pourrait l'induire des termes vagues de Suger et des Grandes Chroniques? Pas davantage; car Ordéric, sous l'année 1101, dit que, Payen étant entré dans une conspiration de seigneurs, qui voulaient renverser du trône d'Angleterre Henri Ier pour y mettre à sa place son frère aîné Robert II, le duc de Normandie, en récompense de l'hospitalité qu'il avait reçue de lui une seule fois, lui donna le château de Gisors : *Munitionem de Gisortis Tedbaldo Pugano, quia eum semel hospitatus fuerat, tribuit* (Liv. X; éd. Le Prévost, IV, 104). Ainsi Payen, quoique seigneur de la ville de Gisors, ne fut que gouverneur du château pour les ducs de Normandie jusqu'en 1101. En l'année 1109, le roi Henri obtint par adresse qu'il le lui livrât, et il le rendit inexpugnable (Sug. *Vita Ludov. Grossi*, ch. xv; *Will. Gemet.*, liv. VIII). Environ deux ans après, en vertu d'une convention passée entre Henri et Louis le Gros, il fut remis à Guillaume, fils du premier, qui se reconnut vassal du roi de France (Sug., *ibid.*) Le monarque anglais y reçut, en 1119, le pape Calixte (Ordéric, liv. XII; éd. Le Prévost, IV, 398). En 1123, Payen, voulant rentrer en possession de ce fief, qu'il tenait du duc Robert, essaya d'attirer dans sa maison de Gisors Robert de Chandos, gouverneur du donjon royal, pour l'assassiner. Cet affreux complot ne put réussir, et Payen fut dépouillé de tous ses biens, ainsi que son fils Hervé, par le roi Henri, qui en investit son autre fils Étienne, resté fidèle (Ordéric, liv. XII; éd. Le Prévost, IV, 451).

PAGE 30. *Illam celeberrime sibi copulari Carnoti...
promeruit.*

Le mariage de Boémond et de la sœur de Louis le Gros fut célébré après les fêtes de Pâques de l'année 1106. Ordéric Vital (liv. IX ; éd. Le Prévost, IV, 213) rapporte qu'à cette occasion la comtesse Adèle de Chartres donna aux époux et aux nombreux conviés un splendide festin dans son hôtel. Il paraîtrait, suivant le même chroniqueur, qu'indépendamment de son projet de mariage et des intérêts de la croisade contre les infidèles, Boémond avait un autre motif de venir en Occident. Il était accompagné du fils de l'empereur Diogène (Romain IV), qu'il voulait faire monter sur le trône usurpé par Alexis Comnène. Profitant donc de l'immense affluence que son mariage avait attirée à Chartres, il se rendit, suivi d'une grande multitude, à l'église de Notre-Dame. Là, montant sur une estrade élevée devant l'autel de la Vierge, il raconta ses aventures et ses exploits, et excita les hommes d'armes qui l'écoutaient à se joindre à lui pour combattre l'empereur grec, leur promettant des châteaux et des villes opulentes. L'infortune du fils de Diogène toucha les seigneurs, et beaucoup d'entre eux, irrités des perfidies d'Alexis, séduits par la brillante perspective qu'on leur offrait, partirent pour Jérusalem avec la même gaieté que s'ils fussent allés à un banquet : *Quasi ad epulas festinantes, iter in Hierusalem arripuerunt.*

La présence de Boémond dans la Gaule excita partout l'enthousiasme : les évêques, le clergé, les monastères et le peuple rivalisaient d'empressement pour fêter le héros. Les pères le priaient de tenir leurs enfants sur les fonts du baptême et de leur donner son nom, qui était Marc, comme s'il eût dû leur porter bonheur. Au mois de mars, il se rendit en pèlerinage à Saint-Léonard-de-Noaillé, en Limousin, où, acquittant un vœu qu'il avait fait durant sa captivité chez l'émir Doniman (1101-1102), il suspendit au tombeau du bienheureux des chaînes d'argent d'un poids égal à celui des chaînes de fer qu'il avait portées dans sa prison (*Chron. Gaufredi Vosiensis*, ch. xxxiii).

L'union du prince d'Antioche avec Constance ne fut pas, du reste, de longue durée. Étant revenu un peu plus tard en Italie, dans le but de rassembler des forces pour réparer l'échec que les troupes d'Alexis Comnène lui avaient fait subir devant Durazzo, il mourut à Canouse, dans la province de Bari, vers la fin du mois de février 1111, lorsqu'il était sur le point de s'embarquer pour retourner en Grèce (V. *Art de vérif. les dates*, I, 441).

PAGE 32. *Contra dominum episcopum Parisiensem Galonem, multis querimoniis ecclesiam beati Dionysii agitantem....*

Suger n'explique pas le sujet des plaintes de l'évêque de Paris contre l'abbaye de Saint-Denis. On peut cependant deviner quel il était, d'après une lettre de Pascal II au prédécesseur de l'abbé Suger, lettre dans laquelle le pape s'exprime ainsi :

« Nous avons appris de notre frère Galon, évêque de Paris,
« que, sans sa permission, vous faites faire le saint chrême
« et ordonner vos moines et vos clercs par quels évêques
« il vous plaît, soit que vous les alliez trouver, soit que vous
« les invitiez à venir eux-mêmes dans votre monastère.
« Nous apprenons aussi que vous vous mêlez d'adminis-
« trer la pénitence aux laïques ; en quoi vous tenez une
« conduite bien opposée aux saints canons, puisque les pri-
« viléges n'ont été donnés que comme des boucliers salu-
« taires pour se mettre à couvert de l'iniquité, en un mot
« pour l'édification, et jamais pour le renversement de la
« discipline de l'Église. C'est pourquoi notre frère Galon,
« votre évêque, étant, par la grâce de Dieu, un homme ver-

ÉCLAIRCISSEMENTS ET OBSERVATIONS. 431

« tueux et orthodoxe, nous vous défendons de vous adresser
« sans sa permission à d'autres évêques, pour le chrême
« et pour les ordres, etc. » (V. *Rer. gallic. scriptor.*, XV, 36.)

C'est sans doute pour répondre à ces accusations et pour faire révoquer la défense portée dans cette lettre que Suger porta la parole devant le pape Pascal II, à La Charité. Il paraît, d'après ce qu'il ajoute, qu'il réussit à obtenir une justification complète.

Pascal II se trouvait à La Charité le 9 mars 1107, d'après les chroniques de Saint-Taurin d'Évreux et de Fécamp, corrigées par les continuateurs de dom Bouquet. Des documents certains nous permettent de suivre ce pontife, presque d'étape en étape, dans le reste de son voyage en France. Voici son itinéraire depuis son arrivée à Cluny, avec l'indication de l'époque à laquelle il se trouvait dans chaque localité; il nous suffira de désigner ci-après les sources renfermant les preuves de son passage.

Cluny. — Quelques jours avant la fête de Noël (1106).
Lyon. — 29 janvier (1107).
Châlon-sur-Saône. — 2 février.
Cluny. — 4 février.
Saint-Hippolyte. — 8 février.
Beaune. — 12 février.
Dijon. — 16 février.
Bèze. — 18 février.
Langres. — 24 février.
La Charité. — 8 mars.
Tours. — 24 mars (jour du dimanche *Lætare Jerusalem*).
Marmoutiers. — 2 avril.
Chartres. — 14 avril.
Saint-Denis. — 30 avril.
Lagny. — 3 mai.
Châlons. — Mai.
Troyes. — 23 mai.
Auxerre. — 29 mai.
Clamecy. — 30 mai.

Lurcy-le-Bourg. — 31 mai.
Souvigny. — 6 juin.
Sauxillanges. — 28 juin.
Privas. — 13 juillet.
Le Puy. — 14 juillet.
Valence. — juillet.
Aiguebelle (Savoie). — 4 août.
Parme. — 3 novembre.

V. *Gallia Christ.*, IV, 13, 85, 236. — *Biblioth. Cluniac.*, 537. — *Spicileg.*, I, 638. — Mabillon, *Annal.*, V, 500, 501. — Geoffroy de Vendôme, liv. II, lettre 18. — *Histoire de Saint-Martin des Champs*, 154. — *Rer. gallic. scriptor.*, XII, 19, 20. — Jaffé, *Reg. pontif. roman.*, 493-495.

PAGE 36. *Pacem simulat, querelam investiturarum deponit.*

Suger fait ici allusion à un fait important qui précéda l'arrivée de Henri V à Rome. De Florence, où il séjourna depuis Noël jusqu'au commencement de février 1111, ce prince envoya des députés à Pascal II, pour régler les conditions de son couronnement comme empereur, qui était le principal motif de son voyage en Italie. Ses délégués et les commissaires du pape, réunis au parvis de l'église Saint-Pierre, le 5 février, dressèrent une convention par laquelle Henri promettait de renoncer par écrit à toutes les investitures des églises, entre les mains de Pascal, en présence du clergé et du peuple, le jour de son couronnement; à laisser les églises libres avec leurs oblations et les domaines qui n'appartenaient point originairement à l'État ; à restituer et à protéger les biens du domaine de saint Pierre; à garantir au pape et à ses fidèles serviteurs la vie et la liberté; pour l'exécution desquels articles il donnerait en otage au pontife son neveu Frédéric et douze autres seigneurs.

De son côté, Pascal s'engageait à ordonner aux évêques qui assisteraient au couronnement de laisser le monarque jouir de tous les biens relevant de l'empire, et à défendre, sous peine d'anathème, à tous les prélats présents ou absents de prétendre désormais aux droits régaliens. Après que les deux parties contractantes auraient prêté le serment d'observer ce traité, le pape donnerait à Henri la couronne impériale, comme l'avaient reçue ses prédécesseurs. Pierre de Léon, principal commissaire pontifical, consentait à rester en otage auprès de l'empereur, et, en attendant, lui laissait ses deux fils, Gratien et Hugues. Ce pacte fut juré par Henri, le 9 février, à Sutri, en présence des députés du pape; le chancelier Albert et dix autres seigneurs prononcèrent le même serment pour la sûreté de Pascal II (V. Baronius, an. 1111).

PAGE 38. *In dominum papam manus injicere non verentur.*

La chronique du Mont-Cassin (liv. IV, chap. XXXVII et XXXVIII) raconte les faits et en assigne les causes d'une manière fort différente. Pascal II reçut Henri au bas des degrés de l'église Saint-Pierre, où le prince se prosterna et baisa les pieds du pape. Arrivé devant la Porte-d'Argent, Henri lut le serment d'usage, après lequel le pape le désigna empereur, et un évêque dit sur lui la première oraison. Ensuite, étant entré dans l'église, le pontife invita Henri à renoncer, comme il l'avait promis, aux investitures. Le monarque répondit qu'il devait auparavant en conférer avec les évêques et les seigneurs de sa suite, et se retira avec eux dans la sacristie. Les prélats allemands refusèrent d'abandonner les fiefs qu'ils tenaient de l'empire, et les seigneurs revinrent dire à Pascal : « A quoi bon tant de discours? Sachez que « l'empereur notre maître veut recevoir la couronne comme « l'ont reçue Charles, Louis et Pepin. » Le pape ayant déclaré qu'il ne pouvait la donner ainsi, Henri se mit en colère, et, par le conseil du chancelier Albert et de l'évêque d'Halberstadt, il le fit environner par des gens armés : ce fut dans cette situation que Pascal dit la messe, quoique l'heure fût avancée. L'office achevé, il allait se retirer, lorsque les gardes l'arrêtèrent, et avec lui un certain nombre de cardinaux, d'évêques, de prêtres et de seigneurs italiens. Othon de Frisingue (liv. VII, ch. xiv) dit qu'à l'aspect de cette violence, une grande partie des assistants se mirent à crier de toute leur force : « On attente à la vie du pape! » Aussitôt les soldats allemands, qui étaient venus en foule pour voir la cérémonie, tirent leurs épées, et, sans savoir précisément à qui on en voulait au milieu de ce tumulte, frappent à droite et à gauche sur la multitude désarmée, qui se précipitait vers les portes pour échapper à ces attaques. Il y eut même des gens massacrés, et parmi eux, ajoute le même historien, plusieurs de ceux qui étaient allés le matin au-devant de l'empereur avec des palmes et des fleurs.

PAGE 54. *Merlinus..., erumpens ex abrupto, ut vatum mos inolevit.*

Cette prophétie de Merlin est empruntée au livre IV de l'histoire composée au douzième siècle par Geoffroy de Monmouth. Le texte du bénédictin gallois, comme on le verra par la citation suivante, ne diffère de celui de Suger que par des variantes peu importantes : *Succedet leo justitiæ, ad cujus rugitum gallicanæ turres et insulani dracones trement. In diebus illis, aurum de lilio et urtica extorquebitur, et argentum ex ungulis mugientium manabit. Calamistrati varia vellera vestient, et exterior habitus interiora signabit. Pedes latrantium truncabuntur. Pacem habebunt feræ; humanitas supplicium dolebit : findetur forma commercii; dimidium rotundum erit. Peribit milvorum rapacitas, et luporum dentes hebetabuntur. Catuli leonis in æquoreos pisces transformabuntur, et aquila ejus super montem Aranium nidificabit*. (*Britanniæ utriusque regum et principum origo et gesta insignia*, Paris, 1508, f° 53.) Le livre de Geoffroy de Monmouth, qui reproduisait en latin une chronique galloise déjà traduite par Gauthier, archidiacre d'Oxford, et qui contenait une foule de récits populaires et de traditions répandues non-seulement dans le pays de Galles, mais encore dans la Bretagne française, eut, du vivant même de l'auteur, une grande célébrité. Les chroniqueurs contemporains de Geoffroy, parmi lesquels nous citerons Guillaume de Malmesbury, Henri de Hutington, Alfred de Beverley et Robert du Mont, abbé du Mont-Saint-Michel, lui firent de nombreux emprunts. Suger, comme on le voit par ce passage, l'avait lu à l'époque où il composa la *Vie de Louis le Gros*. Les poëtes, comme les historiens, ont mis plus d'une fois à profit le livre de Geoffroy de Monmouth. Deux trouvères anglo-normands, Geoffroy Gaimar, dans sa chronique en vers, et surtout Wace, dans son roman de *Brut*, l'ont pris pour guide en écrivant leurs récits. Nous ne saurions mieux faire ici que de renvoyer à l'*Analyse du roman de Brut* (in-8°, Rouen, 1838, p. 18 et suiv.), où M. Le Roux de Lincy a rassemblé tous les témoignages relatifs à cet ouvrage.

Page 55. *Filios ejus et filiam naufragatos.*

Il s'agit ici du naufrage de la *Blanche-Nef*, où périrent, suivant Ordéric Vital (liv. xii), près de trois cents personnes, entre autres les trois enfants de Henri Ier, Guillaume Adelin, Richard et Mathilde, mariée à Rotrou, comte de Mortagne. Le roi avait refusé de monter ce navire, qu'était venu lui offrir le pilote Thomas, dont le père, Étienne, avait conduit Guillaume le Conquérant lors de sa descente en Angleterre. Mais il l'accepta pour ses enfants et les seigneurs de leur suite. Les matelots demandèrent du vin aux fils du roi, qui leur en firent donner trois muids. Tous les gens de l'équipage en burent outre mesure, et perdirent la raison à tel point, que lorsque les prêtres se présentèrent pour les bénir et demander à Dieu pour eux une navigation favorable, ils les chassèrent avec de grands éclats de rire et d'indécentes moqueries. Le vaisseau du roi ayant levé l'ancre dans le port de Barfleur, le pilote Thomas, avec toute l'arrogance que peut donner l'ivresse, se vantait audacieusement qu'il dépasserait tous ceux qui le précédaient. Mais les vapeurs du vin lui ayant dérobé la vue d'un écueil, la *Blanche-Nef* vint s'y briser, et tous périrent dans les flots, hors un boucher de Rouen, nommé Béroud, qui porta à Barfleur la nouvelle du malheureux événement. Ce désastre arriva dans la nuit du 25 novembre 1119, environ un mois après l'entrevue de Henri avec le pape Calixte II, à Gisors, et non en 1120, comme le disent les auteurs de l'*Art de vérifier les dates* (VII, 88). V. Ordéric, *loc. cit.*

PAGE 71. *Patris, avi et atavorum opprobria reportat.*

C'est dans la bouche de la comtesse Adèle, et non de son fils, que les *Grandes Chroniques de Saint-Denis* placent le discours adressé à Louis VI : *Et lui commença la comtesse à prier et requerre... Et parla la saige dame en telle manière... Après disoit la dame....* Cette version est en effet plus conforme à l'esprit, sinon à la rigueur des termes du contexte. La précaution prise par Thibaud de ne se présenter devant le roi qu'accompagné de sa mère indique assez clairement que, peu certain de son propre crédit, il comptait davantage sur celui de la comtesse; et ce n'était pas sans raison. Adèle et son mari, Étienne VI, comte de Blois, avaient toujours montré un loyal dévouement à leur suzerain. Étienne avait tué de sa propre main, dans un combat, Bouchard II, comte de Corbeil, qui avait voulu renverser du trône le roi Philippe Ier, pour y monter lui-même. Adèle, à son tour, avait envoyé au roi cent chevaliers pour réduire le sire de Montmorency, et donné une splendide hospitalité à la famille royale lors du mariage de la princesse Constance avec Boémond. De glorieux souvenirs de fidélité lui donnaient le droit d'invoquer l'appui de son suzerain, et de rappeler les affronts que la royauté avait essuyés de la part des sires du Puiset au milieu d'événements qui s'étaient en partie accomplis sous ses yeux. La position personnelle de Thibaud était fort différente. Outre que son âge lui interdisait un langage si ferme, si hardi, il ne pouvait parler des nombreux services rendus au trône par sa maison sans offrir un contraste désavantageux pour lui. Car, dès qu'il avait pu se mettre à la tête de ses vassaux, il s'était uni aux ennemis de Louis le Gros, à l'occasion du siége de Gournay-sur-Marne, précédent peu propre à disposer le monarque en sa faveur, à une époque où le devoir du seigneur et celui du vassal étaient fondés sur la réciprocité. Tels sont les motifs qui doivent faire adopter de préférence la version donnée par les *Grandes Chroniques* (éd. P. Pâris, III, 276).

PAGE 77. *Ponte decidente, fluctibus involvit.*

Les auteurs de l'*Art de vérifier les dates* (XIII, 300) trouvent dans ce passage la preuve que, le pont s'étant effondré, Robert tomba dans la Marne, où il périt avec plusieurs autres seigneurs. Les termes de l'écrivain semblent résister à cette interprétation. Au reste, il y a, parmi les annalistes, divergence d'opinions sur la manière dont mourut le comte Robert. Ordéric Vital (liv. XI) prétend que, l'armée du roi ayant été mise en déroute par le comte Thibaud, dans les plaines de Meaux, le comte de Flandre tomba de cheval dans un chemin étroit, et fut foulé aux pieds par la cavalerie qui le suivait. Meier, dans ses *Annales de Flandre* (p. 36, B), assure au contraire que, durant le siége de Meaux formé par Louis VI, les assiégés firent une sortie, et que le comte Robert les ayant poursuivis, son cheval, renversé par un coup de lance à la porte de la ville, le froissa en tombant, de sorte qu'il en mourut trois jours après (V. *Rer. gallic. scriptor.*, XII, 706).

PAGE 91. *Cum dapiferum ejus Ansellum Garlandensem.... lanceâ perforasset..., nequitiam vitæ ereptione extinxit.*

Ordéric Vital (liv. XI) marque dans quelle circonstance périt Ansel de Garlande : *Quâdam die, dum regalis manus Hugonem per artum tramitem persequeretur, et ipse fugiens munitionem ingredi niteretur, Ansello de Garlando principi militiæ Francorum fortè obviavit, quem lanceâ mox percutiens subito peremit.* Cette perte causa une si vive douleur à Louis le Gros, qu'il accorda à l'abbaye de Morigny la moitié de ses droits de péage sur le village de Bérouville, et l'amortissement d'une redevance annuelle de dix sous, pour le repos de l'âme de son sénéchal : *Pro animâ Anselli dapiferi sui condonavit.* (*Chron. Mauriniac.*, lib. II.)

Quant au départ d'Hugues pour la Terre-Sainte, il n'eut lieu que plusieurs années après. Suger raconte ailleurs (*De reb. in admin. suâ gestis*, ch. XI) qu'après la perte de son fief, ce seigneur vint lui proposer d'exploiter ensemble la terre de Rouvray, près de Janville, appartenant à l'abbaye de Saint-Denis, et d'en partager le revenu : mais le prévôt de Toury, qui avait éprouvé sa mauvaise foi, refusa d'admettre comme associé, pour défricher ce domaine, celui qui l'avait dévasté au point d'en faire un désert. Il ajoute ensuite (ch. XII) qu'étant déjà devenu abbé de Saint-Denis (c'est-à-dire au plus tôt l'an 1122), comme il marchait un jour avec un corps de troupes à la suite du roi, se dirigeant vers Orléans, il rencontra sur sa route le prévôt du Puiset, qu renouvelait les violences dont on avait tant souffert autre fois, s'empara de lui, le fit garrotter et l'envoya à Saint-

Denis. Il résulte de ce fait, que le trop fameux Hugues était venu à bout de rentrer en possession de la terre du Puiset, et qu'il était encore en France en l'année 1122.

Hugues du Puiset n'était pas frère d'Hugues de Crécy, comme le donne à entendre l'article qui lui est consacré dans l'*Art de vérifier les dates* (XI, 432). Le chapitre précédent du livre de Suger montre que ce dernier seigneur était frère de Guy II, comte de Rochefort.

PAGE 105. *Eorum compositam instantiam ferre non valentes, cesserunt.*

Il s'agit ici de l'action qui eut lieu le 20 août 1119, à trois lieues, dit Ordéric Vital, de Noyon-sur-Andelle, près de la montagne de Verclive, dans une plaine inexactement appelée *Brenneville*, et qui portait le nom de *Brenmule* (*Brenmula*), comme l'a fait le premier observer, d'après le manuscrit autographe de la bibliothèque du monastère de Saint-Évroul, M. Louis Dubois, traducteur de l'*Histoire ecclésiastique* d'Ordéric. Avant cette journée, Louis le Gros avait assiégé les châteaux de l'Aigle, de Dangu, de Château-neuf-sur-Epte, et s'était rendu maître des Andelys, défendus par Richard, fils du monarque anglais, qu'il fit prisonnier et renvoya généreusement à son père. Ses chevaliers entrèrent dans cette place en criant : *Mont-Joie!* mots traduits à tort par *Meum gaudium* dans la chronique d'Ordéric, où apparaît pour la première fois cet ancien cri d'armes des Français. Louis VI marchait sur Noyon, où Henri venait d'élever une forteresse, lorsqu'il apprit que celui-ci s'avançait à la tête de ses troupes. Bouchard de Montmorency, du côté de Louis le Gros, et Guillaume le Chambellan, du côté de Henri, avaient conseillé à ces deux princes de n'en point venir aux mains; mais les avis les plus violents prévalurent. Les deux armées se composaient d'environ neuf cents chevaliers, dont trois seulement furent tués. Les Français ne firent qu'un seul prisonnier, Robert de Courcy, et cent quarante des leurs restèrent au pouvoir du roi d'Angleterre. Celui-ci faillit être tué de la main d'un de ses barons, qui avait pris parti pour Louis le Gros. L'étendard du roi de France, et non l'oriflamme, comme l'ont écrit quelques-uns, fut enlevé par un soldat normand, duquel Henri l'acheta vingt marcs d'argent. L'ordre de retraite fut donné, selon Ordéric, par Louis le Gros lui-même, sur la représentation qu'on lui fit que les bataillons étaient rompus, et que quatre-vingts chevaliers, au nombre desquels étaient Bouchard et Osmond, ne reparaissaient pas. Louis, dans sa fuite, ne dut son salut qu'à l'erreur d'un paysan normand, qui, ne le connaissant pas, le conduisit aux Andelys. Les principaux seigneurs qui combattirent dans l'armée française furent : Guillaume Cliton, fils du duc Robert, dont il voulait conquérir l'héritage; Mathieu, comte de Beaumont; Guillaume de Garlande, sénéchal, chef des troupes royales; Godefroy de Serans, Pierre de Maule, Philippe de Monbray, Guy de Clermont, Osmond de Chaumont, Bouchard de Montmorency et Hervée de Gisors; ces deux derniers, faits prisonniers, furent mis en liberté. Le roi Henri avait avec lui deux de ses fils, Robert et Richard; trois comtes, qui étaient Henri d'Eu, Guillaume de Varenne, Gaultier Giffard; et encore Roger de Bienfaite, Gaultier d'Aufai, Guillaume de Tancarville, Guillaume de Roumare et Néel d'Aubigny (V. Ord. Vit., liv. XII).

Il faut observer, dans le récit de cette affaire, que le chroniqueur Ordéric était dévoué aux Anglais. Aussi les historiens de cette nation s'emparent-ils de son texte pour grossir l'importance du succès des leurs. Quelques-uns même vont jusqu'à accuser l'abbé Suger d'avoir voulu atténuer la honte de la défaite en imaginant cette opposition de *Franci incompositi* et de *compositæ acies [Anglorum]*. (V. Sharon Turner, *History of England during the middle age*, I, 185.) Mais l'abbé de Saint-Denis se montre lui-même, en plus d'un endroit, trop impartial et trop bienveillant à l'égard des princes d'Angleterre pour qu'il ait pu s'écarter à leur détriment de l'exacte vérité.

PAGE 115. *Beato Dionysio et restituit et confirmavit.*

La restitution du prieuré d'Argenteuil à l'abbaye de Saint-Denis est de l'année 1129. Ce monastère avait été fondé sous le règne de Clotaire III, et donné aux religieux de Saint-Denis. L'empereur Charlemagne, voulant seconder l'inclination de sa fille Théodrade pour la vie religieuse, l'y établit avec quelques jeunes filles, dont il la fit abbesse. Cette princesse, qui gouvernait le monastère en 824, voulant assurer le retour de la propriété à ses possesseurs primitifs après sa mort, obtint, l'an 828, un diplôme de l'empereur Louis le Débonnaire, son frère, arrêtant qu'aussitôt après son décès cet ancien prieuré serait rendu à l'abbaye de Saint-Denis, suivant l'intention d'Ermenric et de sa femme, qui l'avaient bâti sur leur propre terre. Théodrade étant morte, l'abbé Hilduin laissa, par tolérance, subsister le couvent de religieuses, à la condition qu'il relèverait de Saint-Denis, dont le droit était par là sauvegardé. Telle était la situation respective des deux maisons, lorsque Suger, profitant des désordres scandaleux de celle d'Argenteuil sous la mauvaise administration d'Héloïse, qui, après y avoir été élevée, y avait été ramenée par Abailard dix ans auparavant et en était devenue prieure, demanda, à la suite des plaintes adressées au pape contre les religieuses par Étienne, évêque de Paris, que sa communauté fût remise en possession de cet établissement. Un concile, présidé, à Saint-Germain-des-Prés, par le légat apostolique, et où se trouvèrent les évêques Geoffroi de Chartres, Étienne de Paris, Goslin de Soissons, Rainaud de Reims, examina les griefs articulés contre les religieuses et les réclamations de Suger : les uns et les autres ayant été reconnus fondés, le prieuré fut remis à l'abbé de Saint-Denis, avec recommandation de transférer les religieuses dans un autre monastère. Cette décision fut confirmée par une bulle pontificale, datée de Latran, le 9 des calendes de mai. Suger fit prendre possession du prieuré. Cependant, il s'éleva plus d'une fois encore des contestations à ce sujet entre l'abbaye de Saint-Denis et l'église de Paris ou le couvent de Malnoue, qui revendiquaient tous deux certains droits sur Argenteuil. Une transaction entre les différentes parties mit fin à tous les débats sous le pontificat d'Innocent III.

V. Félibien, *Hist. de l'abbaye de Saint-Denis*, p. 162 et suiv. — Lebeuf, *Hist. du diocèse de Paris*, IV, 4. — Cf. le livre de Suger sur son administration abbatiale, ch. III.

Page 116. *Vexillum ab altari suscipiens quod de comitatu Vilcassini, quo ad ecclesiam feodatus est, spectat.*

Le Vexin dont il s'agit ici est le Vexin français, pays compris, suivant Suger, entre l'Epte et l'Oise (*inter Isaram et Ettam*), formant un comté dont les principales places étaient Pontoise, Chaumont, Magny et Mantes. Le roi Dagobert Ier, ou l'un de ses successeurs, l'avait donné à l'église de Saint-Denis. Vers le milieu du neuvième siècle, au plus tard, l'abbaye l'inféoda à des comtes, qui, à titre de premiers vassaux, étaient obligés de la défendre, et portaient la bannière de Saint-Denis. On compte, dans le Vexin, neuf comtes ou avoués, jusqu'au moment de sa réunion à la couronne, qui eut lieu sous le règne de Philippe Ier, selon le continuateur d'Aimoin : *Rex Vilcassinum occupavit, suo illud adjungens dominio*. A partir de cette époque, les rois prirent le titre d'avoués de Saint-Denis, et en remplirent les obligations en fidèles vassaux, se dispensant seulement de l'hommage à raison de leur dignité. Lorsque Louis le Gros, avant de marcher contre l'empereur, alla prendre la bannière de Saint-Denis, il reconnut, en plein chapitre de la communauté, qu'il tenait ce fief de l'abbaye, et qu'en sa qualité de porte-étendard, il aurait dû l'hommage s'il n'eût été roi : *Si rex non esset, hominium ei debere.* (V. Félibien, *Hist. de l'abbaye de Saint-Denis*, p. 154 et suiv.; Suger, *De rebus in suâ admin. gestis*, ch. IV.)

Le roi confirma encore lui-même ce que dit ici l'abbé Suger, dans un diplôme remarquable qu'il rendit en faveur de Saint-Denis, l'an 1124, à son retour de l'expédition contre l'empereur d'Allemagne. Cet acte, dicté par la reconnaissance, contient plusieurs donations importantes, et dans son exposé (reproduit ci-dessus, p. 417), Louis s'exprime dans les mêmes termes que son historien :

Præsenti itaque venerabili abbate præfatæ ecclesiæ Sugerio, quem fidelem et familiarem in consiliis notris habebamus, in præsentiâ optimatum nostrorum, vexillum de altario beatorum Martyrum, ad quod comitatus Vilcassini, quem nos ab ipsis in feodum habemus, spectare dinoscitur, morem antiquum antecessorum nostrorum servantes et imitantes, signiferi jure, sicut comites Vilcassini soliti erant, suscepimus.

Cette bannière de Saint-Denis, qui a joué depuis un si grand rôle dans notre histoire, sous le nom d'oriflamme, est ainsi décrite par Guillaume le Breton, dans le poëme latin composé à la louange de Philippe Auguste :

> « Ast regi satis est tenues crispare per auras
> Vexillum simplex cendato simplice textum,
> Splendoris rubei, letania qualiter uti
> Ecclesiana solet, certis ex more diebus.
> Quod cum *flamma* habeat vulgariter *aurea* nomen,
> Omnibus in bellis habet omnia signa, præire,
> Quod regi præstare solet Dionysius abbas
> Ad bellum quotiens sumptis proficiscitur armis. »
>
> (Guill. Armor., Philipp., lib. II.)

On voit que déjà cet étendard portait le nom sous lequel il est devenu fameux, et qu'à la guerre il précédait tous les autres drapeaux. Voici ce qu'ajoute Félibien à ces renseignements :

« Cet étendart estoit fait en forme de bannière ancienne
« ou de gonfanon à trois pointes ou queues, avec des houpes
« vertes sans franges d'or. Quelques-uns croyent qu'on lui
« donna ce nom, parce qu'il estoit d'une étoffe de soye de
« couleur d'or et de feu, et d'autres parce qu'il estoit at-
« taché à une lance dorée. Quoy qu'il en soit, cet étendart
« estoit regardé avec un singulier respect, jusques-là que
« quelques auteurs l'ont voulu faire passer pour un présent
« du ciel. L'abbé le bénissoit par une oraison qui se lit
« encore dans un ancien manuscrit de Saint-Denis, conte-
« nant les cérémonies du sacre de nos rois. Celui qui por-
« toit l'oriflamme se tenoit fort honoré de cette fonction :
« c'estoit même un droit réservé au seul comte du Vexin,
« soit en qualité d'avoué de l'église de Saint-Denis, soit
« comme premier homme-lige et premier vassal de l'abbaye.
« Le comte recevoit l'oriflamme des mains de l'abbé, lors-
« qu'il estoit nécessaire de prendre les armes, tant pour la
« défense du royaume en général que pour la conservation
« des biens et des droits de l'abbaye en particulier.... Nos
« rois ne portèrent pas eux-mêmes l'oriflamme; mais après
« l'avoir prise dessus l'autel, ou l'avoir reçue de l'abbé,
« comme il est expressément marqué de Philippe le Hardy,
« ils la mettoient dans les mains d'un vaillant chevalier qui
« faisoit serment de la conserver et de la rapporter au même
« lieu. (Félib., *ibid.*) » Les rois la portaient quelquefois
autour de leur cou, sans la déployer. L'histoire n'en fait
plus mention depuis la bataille de Rosbec, gagnée sur les
Flamands par le roi Charles VI, en 1382. (V. Du Tillet,
Recueil des Roys de France, part. I, p. 330 et suiv.; Ducange, 18e *Dissertation sur saint Louis*; Duchesne, V, 228
et 533 ; etc.)

Page 120. *Coronam patris.... devotissime restituit.*

« Après le décès des rois de France, dit Félibien, les mar-
« ques de leur dignité royale, c'est-à-dire leur couronne,
« manteau, et autres ornements royaux appartiennent à
« l'église de Saint-Denis, où l'on avoit toujours accoutumé
« de les offrir en présent au saint patron de leur personne
« et de leur royaume. » La couronne de Philippe Ier fut
donnée par Louis VI à l'église de Saint-Denis en 1120, et
non au retour de l'expédition contre l'empereur d'Allemagne, laquelle eut lieu en 1124. Suger, voulant réunir sous un
même coup-d'œil divers priviléges et concessions obtenus du
roi, ne s'est pas laissé arrêter par un anachronisme ; mais,
pour rétablir l'ordre des faits, nous avons l'acte original
de la restitution de la couronne de Philippe Ier, acte ainsi
daté :

*Actum publicè, anno incarnati Verbi MCXX, regni
nostri XII, Adelaidis autem reginæ VI* (Arch. de l'Emp.,
K 21, n° 16. — Tardif, *Mon. hist.*, n° 379).

La cérémonie de cette restitution se fit avec une grande
solennité. Le roi et la reine, accompagnés des grands offi-
ciers de la cour, se rendirent à la basilique des saints Martyrs, et y déposèrent la couronne du monarque défunt, en
présence de Conon, cardinal-évêque de Palestrine, légat du
Saint-Siége, douze ans après la mort du roi Philippe. Louis
le Gros, pour réparer ce retard, donna à l'abbaye l'église
et les dîmes de Cergy (Seine-et-Oise) et quelques dépendances, avec la justice et la voirie de ce village. Dans cette
charte, le roi reconnaît formellement le droit de l'église de
Saint-Denis d'hériter des couronnes des rois de France après
leur mort : *Quoniam jure et consuetudine regum Francorum demigrantium insignia regni ipsi sancto Martyri, tanquam duci et protectori suo, referuntur.*

PAGE 183. *Hecelingas, Herbertingas et Salonam..... castrum Gomundas, Blistetot et Cochilingas perdidit.*

Plusieurs de ces domaines furent enlevés à l'abbaye de Saint-Denis par les comtes de Mosbach, ainsi que le prouve la charte, reproduite ci-dessus, par laquelle Suger absout un de ces seigneurs, Albert, de l'excommunication encourue par lui pour ce fait. Vers la même époque (1125), Mainard, successeur d'Albert, céda au célèbre monastère, en échange d'un domaine ravi injustement par ses ancêtres, un prieuré situé dans les mêmes parages, c'est-à-dire dans le pays Messin (Arch. de l'Emp., K 22, n° 4). La localité appelée ici *Blistetot* est nommée, dans les deux actes de Suger et de Mainard, *Blitestorp* et *Blitestorf* : c'est aujourd'hui Blitersdof ou Blisdestroff, dans la principauté de Nassau, près de la frontière de France et de la ville de Sarreguemines. Les autres villages en question ne figurent point dans ces chartes : il faut les chercher évidemment dans le voisinage du premier. *Ebersching*, dans la principauté des Deux-Ponts, *Cocheren*, près de Forbach (Moselle), et *Herlingen* ou Herny, près de Faulquemont (même département), sont les lieux qui représentent le mieux *Herbertingas, Cochilingas, Hecelingas* (écrit dans les éditions antérieures, et sans doute d'après d'autres manuscrits que le nôtre, *Herelingas*). Quant à *Gomundas* et à *Salonam*, il faut sans doute les traduire par *Gomont* (Ardennes) et *Salonne* (Meurthe) : ces deux localités sont plus éloignées, il est vrai ; mais la ressemblance des noms est plus grande. Telles sont les raisons qui nous font proposer, jusqu'à plus ample information, d'interpréter ainsi ces différents vocables géographiques, bien que la règle générale veuille que les formes allemandes en *ingas* ou *ingam* produisent en français la terminaison *ange*.

TABLE ALPHABÉTIQUE.

A

A. de *Vilerum*, chevalier, compagnon de Louis VII en Orient, 298.

ABAILARD ramène Héloïse à Argenteuil, 441.

Ablegiacum. V. Ableiges.

ABLEIGES (Seine-et-Oise). Dîmes d'Ableiges données par Suger aux religieux de Saint-Pierre, à Chaumont-en-Vexin, 184; — aux chanoines de Saint-Paul, à Saint-Denis, 346.

ABSIDE de l'église de Saint-Denis, 224, 225.

ADALBÉRON, archevêque de Trèves. Sa lettre à Suger, 290.

ADAM, abbé de Saint-Denis. Sa lutte contre Bouchard de Montmorency, 14, 15. — Il prend part à la conférence de Châlons, 33. — Il assiste aux funérailles de Philippe Ier, 47. — Sa mort, 110. — Lettre de Pascal II à Adam, 430. — V. encore 170, 172, 347, 365, 413.

ADAM de Pithiviers, 173.

ADAM, religieux de Saint-Denis, 341.

ADAM, tyran d'Amiens, dépossédé par le roi, 95.

ADÉLAÏDE, comtesse de la Ferté-Aleps, 50, 51.

ADÉLAÏDE, femme de Louis le Gros, nièce du pape Calixte II, 107. — Elle assiste à la dédicace de l'église de Saint-Denis, 232. — Elle prend part à l'affaire de l'église de Compiègne, 275.

ADÈLE, comtesse de Blois et de Chartres, implore le secours de Louis le Gros contre le sire du Puiset, 71, 436. — Elle donne un festin à Boémond, prince d'Antioche, 429.

Agedunum. V. Ahun.

AHUN (Creuse). L'église d'Estivareilles détenue injustement par les moines d'Ahun, 240.

AIGUEBELLE (Savoie). Pascal II y séjourne, 432.

AIMERIC, évêque de Clermont, implore le secours du roi contre le comte d'Auvergne, 122.

AIMON. V. Aymon.

AIS, dans le Hasbain ou pays de Liége. Église d'Ais concédée à Henri de Lez, chanoine de Saint-Lambert, 370.

ALAIN, évêque de Rennes. — Sa lettre à Suger, 312.

ALARD Guillebaud dénonce au roi Aymon de Bourbon, 96.

Albemarla. V. Aumale.

ALBÉRIC, archevêque de Bourges, 240.

ALBERT, ancien abbé, religieux de Saint-Denis, 341.

ALBERT, chancelier de l'empereur Henri V, 433.

ALBERT, comte de Mosbach, absous

TABLE ALPHABÉTIQUE.

de l'excommunication par Suger, 323, 446.

ALBERT *Dalvolt*, seigneur d'Andrezel, 298.

ALBERT, préchantre de l'église de Paris, 362.

ALENÇON. Siége d'Alençon (en 1118), 102.

ALEXANDRE II, pape, confondu avec Grégoire VII par Suger, 28, 29.

ALEXIS Comnène. Sa lutte contre Boémond, 429, 430.

ALFRED de Beverley, chroniqueur anglais, 435.

ALGARE, évêque de Coutances, prend part à la consécration de l'église de Saint-Denis, 233, 237.

ALIÉNOR. V. Éléonore.

ALIX, comtesse de Chartres. V. Adèle.

ALLIER, rivière, 123.

ALLONNES (Eure-et-Loir). — Thibaud, comte de Chartres, veut y élever une forteresse, 76.

Alona. V. Allonnes.

Alverni, Alvernenses. V. Auvergne.

ALVISE, évêque d'Arras, prend part à la consécration de l'église de Saint-Denis, 233, 237. — Il donne à Saint-Denis l'église d'Annequin, 373. — Il était probablement frère de Suger, 380.

AMAURY de Montfort, comte d'Evreux, frère de Bertrade et oncle du prince Philippe, 67. — Il marie sa fille à Hugues de Crécy, 68. — Il tient en échec, à lui seul, le roi d'Angleterre, 121. — Il prend part au siége de Clermont-Ferrand, 125. — Sa querelle avec le roi suivie de la prise du château de Livry, 133. — Il chasse dans la forêt d'Iveline pour le compte de l'abbé de Saint-Denis, 166. — Ses guerres contre Milon de Bray, 222.

AMBON (*pulpitum*) de l'église de Saint-Denis, 204.

AMIENS est délivré d'un oppresseur par Louis le Gros, 95. — Le pays d'Amiens est dévasté par Thomas de Marle, 93. — Il fournit des auxiliaires à l'armée royale, 118.

ANACLET (antipape). Son élection, 134. — Sa mort, 140. — V. Pierre de Léon.

Andeliacum. V. les Andelys.

ANDELLE, rivière, 102.

ANDELYS (les), Eure. Enguerrand de Chaumont s'en empare, 101, 102. — Louis le Gros, battu à Brémule, se replie sur les Andelys, 105. — V. aussi 439, 440.

ANDILLY (Seine-et-Oise). V. Ruric.

ANDRÉ (saint). Invocation à la croix qui lui est empruntée par Suger, 194.

ANDRÉ de Baudement, régisseur du comte Thibaud de Chartres, 76.

ANDRÉ, comte de Ramerupt, 23.

ANDREZEL (Seine-et-Marne), 298. V. Albert.

ANGLAIS. Ils ne doivent pas être soumis aux Français, et réciproquement, 12. — Prophétie de Merlin sur cette nation, 54, 434.

ANGLETERRE. Rois d'Angleterre, 10, 14. V. Guillaume, Henri, Étienne.

ANJOU. V. Bertrade, Foulques, Geoffroy.

ANNE de Russie, femme du roi Henri I, 143.

ANNEQUIN (Pas-de-Calais). L'église de ce lieu donnée à Saint-Denis, 373, 374.

ANSEL de Garlande, sénéchal de Louis le Gros, est emprisonné par Hugues de Crécy dans le château de la Ferté-Baudoin, 51. — Il est délivré par le roi, 52-54. — Il soutient les droits de Louis le Gros contre le comte Thibaud de Chartres, 76. — Il est tué par Hugues du Puiset, 91, 438.

ANSÉRIC de Royaumont, homme de l'abbaye de Saint-Denis, 302.

ANSOUD de Cornillon cède à Suger la voirie de Mareuil, 182, 371.

ANTIOCHE. Guy Trussel s'enfuit d'Antioche, 24. — Les croisés assiégés dans cette ville, 269, 399. — V. Boémond.

TABLE ALPHABÉTIQUE. 449

Aquitaine. Le duc Guillaume amène une armée d'Aquitains en Auvergne, 125. — Il lègue l'Aquitaine à Louis le Gros, 145. — Anciens domaines de l'abbaye de Saint-Denis dans cette province, 183. — L'Aquitaine perdue par Louis VII, 382. — V. Eléonore, Guillaume d'Aquitaine.

Araud, religieux de Saint-Denis, 341.

Archambaud, sire de Bourbon, 96.

Archambaud de Sully, 298.

Argenteuil (Seine-et-Oise). Restitution du couvent d'Argenteuil à l'abbaye de Saint-Denis, 114, 115, 160, 338, 368, 369, 441. — Revenus de ce couvent, 161. — Ses dépendances : V. Arrancourt, *Burdeniacus*, *Bunziacus*, *Cerisiacus*, Chavenay, *Mons Melianus*, *Mosteriolum*, Trappes.

Arnoul, religieux de Saint-Denis, 341.

Arnoul, évêque de Lisieux, négocie la paix entre le roi et le comte d'Anjou, 267, 268 ; — entre le roi et Henri, duc de Normandie, 315. — Le roi lui fait rembourser une avance de fonds et donner soixante muids de vin d'Orléans, 296, 297. — Sa lettre à Suger, 315.

Arnoul *de Hoxa*, 362.

Arnoul, prieur de Corbie, 290, 291.

Arpajon (Seine-et-Oise). Hugues de Crécy et Louis le Gros s'y rendent, 69.

Arrancourt (Seine-et-Oise), dépendance du monastère d'Argenteuil, 161.

Arvé ou Hervé, chèvecier de l'abbaye de Saint-Denis, 332.

Ascelin, abbé de Saint-Pierre des Fossés (Saint-Maur), 248.

Audomarensis. V. Saint-Omer.

Auffai (Seine-Inférieure). V. Gautier.

Aumale (Seine-Inférieure), 101.

Aubigny. V. Néel.

Aumônerie de l'abbaye de Saint-Denis, 332, 365.

Aunis, près de Liége. Biens situés dans cette localité, donnés à Saint-Denis, 374.

Aureliani, Aurelianenses. V. Orléans.

Autels de l'église de Saint-Denis, Leur construction et leur décoration, 196-203, 229. — Leur consécration solennelle, 236-238.

Autissiodorensis (pagus). V. Auxerre.

Autreppes (Aisne). Église de ce lieu donnée à Saint-Denis, 367.

Autun (Saône-et-Loire). Lettre du chapitre d'Autun à Suger, 288.

Auvergne. Expéditions de Louis le Gros dans cette province, 121-126. — V. Guillaume, comte d'Auvergne.

Auxerre. Séjour du pape Pascal II dans cette ville, 431. — Innocent II s'y rend à son tour, 139. — Bois de l'Auxerrois, 221.

Axona et *Axonis*. V. Essonne.

Aymon de Bourbon est cité au tribunal du roi et assiégé dans Germigny, 96. — Il se soumet, 97.

B

Baldamentum. V. Baudement.

Baldovic, abbé de Saint-Magloire, 248.

Balgenciacum. V. Beaugency.

Barcheniacus. V. Bercagny.

Barfleur (Manche), 436.

Bari, ville de Pouille. Église de Saint-Nicolas de Bari, 114.

Barthélemy, archidiacre de Bourges, 309, 316.

Barthélemy, doyen de Paris, puis évêque de Châlons, 242. — Sa lettre à Suger, 309.

Barthélemy, évêque de Laon, 367, 369.

Barthélemy (saint). Sa chapelle dans l'église de Saint-Denis, 223, 357.

Barville (Loiret), domaine de

29

l'abbaye de Saint-Denis; restauré par Suger, 176.
BASUIN (Porte), près de Saint-Denis, 348.
BAUDEMENT (Marne), 78.
BAUDOUIN, chancelier de Louis VII, 301.
BAUDOUIN, comte de Corbeil, 167.
BAUDOUIN VII, comte de Flandre, combat le roi d'Angleterre, 99, 100. — Il est tué sous les murs d'Eu, 103. — Charles le Bon lui succède, 127.
BAUDOUIN, évêque de Noyon. Son élection, 299. — Il est chargé d'établir la réforme monastique dans l'église de Compiègne; lettre que Suger lui adresse à cette occasion, 270. — Ses lettres à Suger, 272, 307, 312, 316. — Suger mourant le mande auprès de lui, 407.
BAUDOUIN III, roi de Jérusalem, assiégé dans Antioche, 268. — Il demande du secours à Suger, 399.
BAVIÈRE. V. Guelfe.
BEAUCE. Domaines de l'abbaye de Saint-Denis dans ce pays, 166-174. — Prébendes de la Beauce, 72. V. aussi 226, 227, 359.
BEAUGENCY (Loiret), 292. — V. Lancelin, Raoul de Beaugency.
BEAUMONT-SUR-OISE (Seine-et-Oise). V. Mathieu, comte de Beaumont.
BEAUNE (Côte-d'Or). Pascal II séjourne dans cette ville, 431.
BEAUNE-LA-ROLANDE (Loiret), domaine de Saint-Denis, restauré et repeuplé par Suger, 174-176.
BEAUVAIS. L'église de Beauvais est en butte aux vexations de Dragon de Mouchy, 15. — Lancelin, comte de Dammartin, perd les droits qu'il avait sur Beauvais, 92. Concile tenu dans cette ville en 1114, 93, 94. — Le pays de Beauvais fournit des auxiliaires à l'armée royale, 118. — Troubles de Beauvais en 1147, 292. — Rébellion du clergé et du peuple de cette ville; lettre de Suger à cette occasion, en 1150, 277-280. — Lettre de la commune à Suger, 299.
BELLÊME. V. Robert.
Bellus Mons. V. Beaumont-sur-Oise.
Belsa, Belsia. V. Beauce.
Belvacensis (ecclesia, urbs). V. Beauvais.
BÉNÉVENT (Italie). Église de Saint-Barthélemy, dans cette ville, 114.
BÉRARD d'Essenville, seigneur de Poinville, 173.
BERCAGNY, hameau de la commune de Chars (Seine-et-Oise). — Dîmes de cette localité données en partie par Suger aux chanoines de Saint-Paul, 346.
BERNARD de Pompone, 302.
BERNARD, préchantre de l'abbaye de Saint-Denis, 340, 343, 348.
BERNARD (saint), abbé de Clairvaux. Lettres qu'il reçoit de Suger, 274, 282. — Lettres qu'il adresse à Suger, 285, 286, 297, 300, 304, 308, 311, 316. — Ses relations avec le même; éloge qu'il fait de lui au pape, 392, 419.
BERNEVAL (Seine-Inférieure), terre de l'abbaye de Saint-Denis; ses accroissements, 184, 185. — Elle est épargnée durant la guerre par le roi d'Angleterre, 266. — Églises de la prévôté de Berneval données à la trésorerie de Saint-Denis, 185, 342.
BÉROUVILLE. V. Berneval.
BERNIER, religieux de Saint-Denis, 344, 349.
BÉROUD, boucher de Rouen, 436.
BÉROUVILLE. Péages de cette localité donnés en partie par le roi à l'abbaye de Morigny, 438.
BERTOUD, assassin du comte de Flandre. Son supplice, 130.
BERTRADE, comtesse d'Anjou, plie à ses volontés son premier mari, 67. — Ses fils, 12, 24, 67, 68. — Attitude du prince Louis (le Gros) vis-à-vis d'elle, 47.
BESUNZ. V. Bezons.

Bestisiacum. V. Béthisy.
BÉTHISY (Oise). Louis le Gros malade se rend dans ce lieu, 145.
BEVERLEY. V. Alfred de Beverley.
BÈZE (Côte-d'Or). Pascal II y séjourne, 431.
BEZONS (Seine-et-Oise). Terrain concédé par l'abbé de Saint-Denis aux habitants de ce village, 343.
BIENFAITE. V. Roger.
BITONTO (Calabre). Suger va trouver le pape Calixte II dans cette ville, 109.
Bituricenses. V. Bourges.
BLANCHE-NEF. Naufrage du vaisseau du roi d'Angleterre ainsi nommé, 55, 435.
Blesensis. V. Blois.
Blistetot. V. Blitersdof.
BLITERSDOF, *Bliterstorp, Blidestroff*, bourg de la principauté de Nassau, ancien domaine de Saint-Denis, 183, 323, 367, 446.
BLOIS. Le pays de Blois fournit des auxiliaires à Hugues du Puiset, 72. V. Adèle, Henri, Thibaud, Étienne, comtes de Blois et de Chartres.
BOCAGE (le), domaine de Saint-Denis en Normandie, 266.
BOÉMOND I, prince d'Antioche. Ses exploits, 28, 29. — Il épouse à Chartres la fille du roi Philippe I, 29, 30, 429. — Son séjour en France, 429. — Sa mort, 31, 430. — Ses fils Jean et Boémond, 31.
BOÉMOND II, prince d'Antioche, fils du précédent, 31.
Bona-Vallis. V. Bonneval.
BONNEVAL (Eure-et-Loir), incendié par Louis le Gros, 141.
BORDEAUX. Mariage de Louis le Jeune et d'Éléonore d'Aquitaine, célébré dans cette ville, 146, 147. — Prévôté de Bordeaux, 303, 304.
Boscagium. V. Bocage(le).
Botontum. V. Bitonto.
BOUCHARD, neveu du prévôt de Bruges, assassin de Charles le Bon, 127. — Son supplice, 129, 130.
BOUCHARD II, comte de Corbeil. Sa jactance, 80. — Il est tué par Étienne, comte de Blois, 81, 436.
BOUCHARD IV, seigneur de Montmorency, fait la guerre à l'abbé de Saint-Denis; il est condamné par le roi et vaincu par le prince Louis, 14, 15. — Il prend part au combat de Brémule, 104, 439, 440.
BOUCHARD le Roux, évêque de Munster, partisan de l'empereur, est déposé, 34, 40.
BOURBON. V. Archambaud, Aymon de Bourbon.
BOURDET (le), Deux-Sèvres, 288.
BOURDIN, archevêque de Braga, antipape, 106. — Il est déposé et incarcéré, 108.
BOURGES. Expédition de Louis le Gros en Berry, 96. — Louis le Gros passe à Bourges, 122. — Lettre de Suger aux prévôts de cette ville, 255. — Tour de Bourges, confiée à Guy de Rebrechien, 262. — V. encore 293, 395.
BOURGOGNE. Suger s'approvisionne dans cette province, 231. — V. Hugues, duc de Bourgogne.
BOURGUEIL (Indre-et-Loire). Lettre des religieux de Bourgueil à Suger, 290. — Suger approuve l'élection de leur abbé, 246.
Burguliensis (ecclesia). V. Bourgueil.
Bova. V. Boves.
BOVES (Somme), 21, 23, 240.
Braium. V. Bray.
BRAY (Seine-et-Oise). Convention entre les rois de France et d'Angleterre, relative à la possession du château de Bray, 58, 59. — V. Milon.
BRÉMULE (Eure). Combat livré en 1119 dans la plaine de ce nom, 104, 105, 439.
BRENNEVILLE. V. Brémule.
BRETEUIL (Eure). Louis le Gros y séjourne, 105. — V. Evrard, Galeran de Breteuil.

BRÉTIGNY. V. Hugues de Brétigny.
Bretoilum et Britoilum. V. Breteuil.
BRIE. Étienne, comte de Mortain, occupe ce pays, 98.
Brienses. V. Brie.
BRUGES. Assassinat de Charles le Bon dans cette ville, 127, 128. — Siége de l'église et de la tour de Bruges par Louis le Gros, 129.
Brunetum. V. Brunoy.
BRUNON, évêque de Segni, légat du Saint-Siége, prêche la croisade à Poitiers, 30.
BRUNOY (Seine-et-Oise). Domaine de l'abbaye de Saint-Denis près de cette localité, 181.
Bulensis. V. Bulles.
BULLES (Oise). V. Lancelin de Bulles.
Bunziacus, près Melun; dépendance de l'abbaye d'Argenteuil, 161.
Burbonensis. V. Bourbon.
Burdegalenses. V. Bordeaux.
Burdeniacus, dépendance de l'abbaye d'Argenteuil, 161.
Burgundia, Burgundiones. V. Bourgogne.

C

Cabrosa. V. Chevreuse.
CAHOUR (Cadurcus), chancelier du roi de France, refuse de livrer la tour de Bourges à Guy de Rebrechien, 262. — Sa lettre à Suger, 295.
CALIXTE II, pape. Son élection en France ; il tient un concile à Reims, 107, 108. — Sa visite à Saint-Denis, 196. — Sa réception à Gisors, 428. — Il rentre en possession de Rome, 108, 109. — Suger le consulte à l'occasion de son élection à la dignité d'abbé de Saint-Denis, 111. — Calixte II reçoit avec honneur l'abbé Suger dans ses différents voyages à Rome, 114. — Sa mort, 114.
Calvus Mons. V. Chaumont-en-Vexin.

Campania, Campanienses. V. Champagne, Thibaud le Grand.
Campiniacus. V. Champigny-sur-Marne.
Campis. V. Notre-Dame des Champs, près Corbeil.
Canliacum. V. Chambly.
Capiacum. V. Cappy.
CAPPY (Somme). V. Robert de Cappy.
Capreolensis. V. Chevreuse.
CARLOMAN, roi des Francs. Son tombeau à Saint-Denis, 148.
Carnotum, Carnotenses. V. Chartres.
CARRIÈRES-SAINT-DENIS (Seine-et-Oise). Suger donne ce village au trésor de Saint-Denis, 185, 342, 343.
CASQUE (crista) de l'église de Saint-Denis, 198.
Cassinus. V. Mont-Cassin.
Castellana. V. Citta di Castello.
Castellum Forte. V. Châteaufort.
Castellum Renardi. V. Châteaurenard.
Castræ, Châtres. V. Arpajon.
Castrum Landulfi. V. Château-Landon.
Castrum Novum. V. Neufchâtel.
Catalaunum, Catalaunenses. V. Châlons-sur-Marne.
CATON, cité par le frère Guillaume, 382.
Catulliacum, ancien nom de Saint-Denis, 215.
Cella. V. La Celle.
CELLE (la), prieuré dépendant de Saint-Denis, dans le diocèse de Metz, 183, 339, 446.
CÉNIER (cœnator), moine de l'abbaye de Saint-Denis, chargé du soin de la table, 329.
Centinodium. V. Sannois.
Cergiacum. V. Cergy.
CERGY (Seine-et-Oise), donné par Louis le Gros à Saint-Denis, 120, 445. — Revenus de cette terre, 164. — Suger donne au monastère de Chaumont-en-Vexin une partie des dîmes de Cergy, 184.

TABLE ALPHABÉTIQUE.

Cerisiacus, dépendance de l'abbaye d'Argenteuil, 161.

CHAISE de Dagobert conservée à Saint-Denis, 204.

CHALONS-SUR-MARNE. Conférence de Châlons en 1107, 33-36. — Le pays de Châlons fournit des troupes au roi, 117. — Pascal II à Châlons, 431.

CHALON-SUR-SAÔNE (Saône-et-Loire). Passage du pape Pascal II dans cette ville, 431.

CHAMBLY (Oise). Le prince Louis (le Gros) fait le siége de cette place, 17, 18.

CHAMPAGNE. V. Hugues, Thibaud, comtes de Champagne.

CHAMPCUEIL (Seine-et-Oise). Dîme de Champcueil cédée au prieuré de N.-D. des Champs, 373.

CHAMPIGNY-SUR-MARNE (Seine). Dîmes de Champigny appartenant à Saint-Denis, données en partie à l'église de St-Paul, 346.

CHAMPS (les), près Corbeil. V. Notre-Dame des Champs.

CHANDOS. V. Robert.

CHAPELAUDE (la), Allier, prieuré dépendant de Saint-Denis. L'église d'Estivareilles est enlevée aux religieux de La Chapelaude, 240. — Elle est maintenue en leur possession, 366. — Suger soumet les ermites de Parsac au prieuré de La Chapelaude, 325.

CHAPELLE-AUDE. V. Chapelaude.

CHAPELLES de l'église de Saint-Denis. Leur consécration, 187, 223.

Charitas. V. La Charité-sur-Loire.

CHARITÉ-SUR-LOIRE (la), Nièvre. Visite du pape Pascal II à La Charité, 32, 431. — Dédicace du monastère de cette ville, 32. — Lettre du prieur de La Charité à Suger, 302.

CHARLEMAGNE distrait le monastère d'Argenteuil de la dépendance de Saint-Denis, pour y établir comme abbesse sa fille Théodrade, 160, 441. — Construction ajoutée par Charlemagne à l'église de Saint-Denis, 187.

CHARLES LE BON, comte de Flandre, auxiliaire de Louis le Gros, 106. — Il prend les armes contre l'empereur, 118. — Il marche contre le comte d'Auvergne, 124. —Il est assassiné à Bruges par le prévôt de cette ville et ses conjurés, 126-128.

CHARLES LE CHAUVE donne Rueil à l'abbaye de Saint-Denis, 202, 203. — Son tombeau dans l'église de ce monastère, 148, 202. — Son anniversaire célébré solennellement, 353-356. — Son graduel conservé par les religieux de Saint-Denis, 181. — Table d'autel et candélabres offerts par ce prince à la même abbaye, 196, 197, 206.

CHARLEVAL (Eure). V. Noyon-sur-Andelle.

CHARTRES. Mariage de Boémond et de la princesse Constance dans cette ville, 30, 429. — Pascal II s'y arrête, 431. — Le comté de Chartres est dévasté par Hugues du Puiset, 70, 71. — Le pays de Chartres fournit des auxiliaires au même seigneur, 72. — La ville de Chartres est sur le point d'être incendiée par Louis le Gros, 106. — Le roi d'Angleterre y vient à la rencontre d'Innocent II, 136. — Assemblée convoquée à Chartres par Suger pour aviser à secourir les croisés, 268, 269, 311, 312. — Eglise Notre-Dame de Chartres, 105, 106. — Le chapitre de cette église implore le secours du roi contre Hugues du Puiset, 171. — Lettres de Suger au chapitre, 256, 257. — Lettres du chapitre à Suger, 291, 301. — V. Adèle, Saint-Père, Thibaud le Grand.

CHÂSSES de saint Denis et de ses compagnons, 228.

CHATEAUDUN (Eure-et-Loir). Le Dunois ou pays de Châteaudun fournit des auxiliaires à Hugues du Puiset, 72.

CHATEAUFORT (Seine-et-Oise), 25, 26.
CHATEAU-LANDON (Seine-et-Marne). Hugues du Puiset enfermé dans la tour de cette ville, 76.
CHATEAUNEUF-SUR-EPTE (Eure), ou *Mons Fusceoli*, domaine de l'abbaye de Saint-Denis, 185. — Louis le Gros assiége cette place, 439.
CHATEAU-RENARD (Loiret), détruit par l'armée de Louis le Gros, 141.
CHATRES. V. Arpajon.
CHAUMONT-EN-VEXIN (Oise). L'armée de Louis le Gros campée à Chaumont, 60, 61. — Suger fait donner à Saint-Denis le monastère de Saint-Pierre de Chaumont et l'enrichit, 183, 184.— L'archevêque de Rouen réclame l'église de Chaumont, 315. — V. Enguerrand de Chaumont.
CHAVENAY (Seine-et-Oise), dépendance de l'abbaye d'Argenteuil, 161.
Chaveniacus. V. Chavenay.
CHÈVECERIE de l'abbaye de Saint-Denis, dotée par Suger, 349.
CHEVREUSE (Seine-et-Oise). Exactions des seigneurs de Chevreuse, 165. — Droits accordés par Suger à ces seigneurs, 166. — Vallée de Chevreuse, 221. — V. Milon de Bray.
CHOEUR des religieux dans l'église de Saint-Denis, 203.
CHRÉTIEN, religieux de Saint-Denis, 341, 349.
CHRÉTIEN, trésorier de l'abbaye de Saint-Denis, 322.
Cistellensis (abbatia). V. Cîteaux.
CÎTEAUX (Côte-d'Or). L'abbaye de Cîteaux envoie des pierreries pour l'église de Saint-Denis, 195.
CITTA DI CASTELLO, ville d'Ombrie. L'empereur Henri V y traîne le pape et les cardinaux, 38, 39.
CLAIRFONTAINE (Aisne). Dimes de Sorbais cédées aux chanoines de ce lieu, 369.
CLAMECY (Nièvre). Pascal II y passe, 431.

CLAREMBAUD, évêque de Senlis, 348.
Clarus Mons, *Claromontensis*. V. Clermont-Ferrand et Clermont (Oise).
CLÉMENT, doyen de l'église de Paris. Son élection irrégulière et sa querelle avec le chantre, 242-244. — Il souscrit à une charte de Suger, 362.
CLERMONT (Oise), 16, 17, 18, 104. — V. Hugues.
CLERMONT-FERRAND, ou Clermont en Auvergne, assiégé et pris par Louis le Gros, 122-126. — Église Notre-Dame de Clermont, 122.
Cluniacum. V. Cluny.
CLUNY (Saône-et-Loire). Visite du pape Pascal II à l'abbaye de Cluny, 32, 431. — Suger est envoyé à Cluny, au-devant du pape Innocent II, 135. — L'église d'Essonnes, ou de Corbeil, est donnée à l'ordre de Cluny, 177. — V. Pierre le Vénérable.
COCHEREN (Moselle), ancien domaine de l'abbaye de Saint-Denis, 183, 446.
Cochilingas. V. Cocheren.
Cociacum. V. Coucy.
Compendium, *Compendienses*. V. Compiègne.
COMPIÈGNE (Oise). Séjour du pape Innocent II dans cette ville, 138. — Réforme monastique établie dans l'église de Compiègne, 270-274; 314. — Violations commises dans la même église par Philippe, frère du roi, et ses complices, 275.
CONAN II, comte de Bretagne, joint ses armes à celles de Louis le Gros contre l'empereur d'Allemagne, 118. — Il marche avec le roi contre le comte d'Auvergne, 122, 124.
CONCEVREUX (Aisne). Hugues de Roucy renonce à ses exactions sur ce village, 372, 373.
CONCILES. Concile de Poitiers (1106), 30; — de Troyes (1107), 36; — de Latran (1112), 39; de Vienne (1112), 40; — de

Beauvais (1114), 93-94; — de Reims (1119); 107, 115; — de Latran (1123), 114; — de Paris ou de Saint-Germain-des-Prés (1129), 441; — d'Étampes (1130), 135; — de Reims(1131), 139.
Conon, cardinal-évêque de Préneste ou Palestrine, légat du Saint-Siége, 94, 348, 445.
Consécration de l'église de Saint-Denis. V. Dédicace.
Constance, femme du roi Robert, construit le château du Puiset, 72.
Constance, sœur de Louis le Gros. Son mariage avec Boémond, prince d'Antioche, 30, 429.
Constantinople. Les richesses de Sainte-Sophie de Constantinople comparées à celles de l'église de Saint-Denis, 199.
Corbeia. V. Corbie.
Corbeil (Seine-et-Oise). Les habitants de cette ville implorent du roi la délivrance de leur comte, 50. — Ils l'obtiennent, 51-54. — Corbeil est cédé au roi par Hugues du Puiset, 81. — Les comtes de Corbeil ravissent la terre d'Essonnes à l'abbaye de Saint-Denis, et la pillent, 177. — Chapelle de Notre-Dame-des-Champs à Corbeil, 339. — V. encore 25, 83; Baudouin, Bouchard, Essonne, Eudes, Saint-Spire.
Corbie (Somme). Procès entre l'abbé et les bourgeois de Corbie, 315. V. Arnoul, Nicolas, Robert, abbés de Corbie.
Corboilum. V. Corbeil.
Corboran. V. Kerbogha.
Cormeille-en-Parisis (Seine-et-Oise), domaine de l'abbaye de Saint-Denis, 157, 162, 163, 224, 348.
Cormeliæ, Cormeilensis et Corneilensis. V. Cormeille.
Cornillon. V. Ansoud et Guillaume.
Coucy-le-Chateau (Aisne). Louis le Gros s'empare de cette place, 131, 132.

Courcy. V. Robert.
Couronne d'épines de N.-S., conservée à Saint-Denis, 143.
Courte-Heuse. V. Robert.
Courtenay. V. Renaud.
Couture du Lendit. V. Lendit.
Creciacum. V. Crécy.
Crécy-au-Mont (Aisne), fortifié par Thomas de Marle, 93. — Louis le Gros s'en empare, 94. V. Hugues, Renaud de Crécy.
Crescentienne (tour). V. Saint-Ange (château).
Croix précieuses de l'église de Saint-Denis, 194, 198, 203.
Crucifix d'or de l'église de Saint-Denis, 194.
Crypte de l'église de Saint-Denis, 190, 225, 237.
Curboilum. V. Corbeil.

D

Dagobert I, roi des Francs. Construction de la première église de Saint-Denis par ce prince, 215, 216. — Il donne le Vexin à Saint-Denis, 442. — Reliquaires fabriqués sur son ordre, 235. — Son anniversaire célébré dans l'église de Saint-Denis, 185, 230. — Sa chaise conservée dans cette église, 204.
Daimbert, archevêque de Sens, couronne Louis le Gros à Orléans, 48.
Dammartin (Seine-et-Marne). Comtes de Dammartin, 79, 159.
Dampierre (Seine-et-Oise), domaine de l'abbaye de Saint-Denis, 165.
Dangu (Eure). Château de Dangu assiégé par Louis le Gros, 439.
David, roi d'Écosse. Son amitié pour Suger, 384.
Dédicace de l'ancienne basilique de Saint-Denis, sous Dagobert, 191. — Dédicace des chapelles de la nouvlle église de Saint-Denis, rebâtie par Suger, 187, 222-224.

— Dédicace solennelle de cette église elle-même, 232-238, 357-359, 413, 414.

DENIS (saint), martyr. Son tombeau et celui de ses compagnons dans l'église de Saint-Denis, 192-194, 228-230. — Ses reliques, 203, 295, 296. — Translation solennelle de saint Denis et de ses compagnons, par le roi et les prélats, 234-236, 358. —Office de saint Denis institué par Suger, 327.

DEUIL (Seine-et-Oise). Biens de l'abbaye de Saint-Denis dans cette localité, 346, 348. V. Eudes de Deuil.

DIJON. Séjour de Pascal II dans cette ville, 431.

DIOCLÉTIEN. Son palais à Rome, visité par Suger, 219.

Diogilum. V. Deuil.

Domna Petra. V. Dampierre.

Domnus Martinus. V. Dammartin.

DONZY (Nièvre). V. Geoffroy.

DREUX (Eure-et-Loir), 68.

DREUX ou DROGON de Mouchy se ligue avec Bouchard de Montmorency, 15. — Il est défait par le prince Louis (le Gros), 15.— Il prend part au second siége du Puiset, 90. — Il meurt dans la croisade, 296.

Drocæ. V. Dreux.

Dunensis (pagus). V. Châteaudun.

Duolium. V. Deuil.

Durachium. V. Durazzo.

DURAZZO, ville de l'Albanie, assiégée par Robert Guiscard et Boémond, 28, 29.

E

Ebbalus. V. Ebble.

EBBLE II, comte de Roucy, dévaste les terres de l'église de Reims ; le prince Louis le réduit par les armes, 19, 20. — Il assiége Thomas de Marle de concert avec Enguerrand de Boves, 21-23.

EBBLE de Mauléon, 288.

EBERSCHING, bourg de la principauté des Deux-Ponts, ancien domaine de Saint-Denis, 183, 446.

EBRARD, vicomte, 291.

ÉCOSSE. V. David.

ÉDESSE, ville de Syrie, prise par les Sarrazins, 414.

ÉLÉONORE d'Aquitaine est léguée par le duc Guillaume, son père, à Louis le Gros, et mariée par celui-ci à son fils, 145, 146. — Vase précieux de l'église de Saint-Denis donné à Louis VII par Éléonore, 207. — Elle assiste à la dédicace de l'église de Saint-Denis, 232. — Suger engage Louis VII à user de patience envers la reine, 260. — Divorce de Louis VII et d'Éléonore, 382.

ÉLEUTHÈRE (saint), compagnon de saint Denis. V. Denis (saint).

ÉLIE, évêque d'Orléans, prend part à la consécration de l'église de Saint-Denis, 233, 237.

ÉLOI (saint). Croix de l'église de Saint-Denis faite par lui, 198. — Vase précieux travaillé de ses mains, 207.— V. aussi 235.

ENGUERRAND de Boves assiége son fils Thomas de Marle dans le château de Montaigu, que délivre le prince Louis (le Gros), 21, 23.

ENGUERRAND de Chaumont s'empare des Andelys, 101, 102. — Sa mort, 103.

EPTE (rivière), limite de France et de Normandie, bornant également le comté de Vexin, 57, 102, 161, 442.

ERMENRIC. V. Hermenric.

ESSENVILLE. V. Bérard.

ESSONNE, rivière, 177.

ESSONNE (Seine-et-Oise), est ravi à Saint-Denis par les comtes de Corbeil, 177. — L'église d'Essonne est donnée à l'ordre de Cluny par les évêques de Paris, 177. — V. Corbeil, N.-D. des Champs.

ESTIVAREILLES (Allier). Suger demande la restitution de l'église

TABLE ALPHABÉTIQUE.

d'Estivareilles au prieuré de La Chapelaude, dépendant de Saint-Denis, 239. — Elle est maintenue en la possession de l'abbaye par l'archevêque de Bourges, 366.

ESTRÉE (l'), ou Saint-Denis de l'Estrée, prieuré près de l'abbaye de Saint-Denis. Suger y établit des religieux, en mémoire des dix années qu'il y a passées dans sa jeunesse, 339. — Péage de l'Estrée, 328. — Clos de l'Estrée, 348.

ÉTAMPES (Seine-et-Oise). Le comte Thibaud de Chartres essaie de ravager le pays d'Étampes, 79. — Le pays d'Étampes fournit des troupes au roi, 117. — Concile d'Étampes en 1130, 135. — Vicomtes d'Étampes, 170. — Assemblée d'Étampes, où Suger est élu régent, en 1147, 414. — V. encore 83, 87, 373; Jean, Payen d'Étampes.

ÉTIENNE (saint). Ses reliques dans l'église de Saint-Denis, 201.

ÉTIENNE, comte d'Aumale, se montre hostile au roi d'Angleterre, 101.

ÉTIENNE VI, comte de Blois, 436.

ÉTIENNE, comte de Mortain, puis roi d'Angleterre, se ligue avec le roi Henri I, 98. — Pierreries données par lui au comte de Blois, 195. — Sa lettre à Suger, 310.

ÉTIENNE, évêque de Paris. Ses règlements de discipline, 367, 368. — Il restitue à l'abbaye de Saint-Denis le couvent d'Argenteuil, 368, 441. — Il est appelé par Louis le Gros au moment de sa mort, 147.

ÉTIENNE de Garlande suscite une querelle entre le roi et Amaury de Montfort, 133. — V. Garlande.

ÉTIENNE, trésorier de Saint-Denis, 340, 343, 348.

Etta. V. Epte.

Eu (Seine-Inférieure) est assiégé par le comte de Flandre, 103. V. Henri, comte d'Eu.

EUDES, comte de Corbeil, est emprisonné par Hugues de Crécy dans le château de la Ferté-Aleps, 50. — Il est délivré par le roi, 52-54. — Sa mort, 80, 81.

EUDES ou ODON de Deuil est élu abbé de Compiègne, 271, 312. — Il se rend à Rome, 272. — Il est vivement recommandé par Suger aux abbés de Cluny et de Clairvaux, 274.

EUDES, évêque de Beauvais. Consacre une des chapelles de l'église de Saint-Denis, 223. — Il prend part à la dédicace de cette église elle-même, 233, 237. — Ses lettres à Suger, 287, 292. V. aussi 341, 360.

EUDES, prieur de Saint-Martin-des-Champs, 300, 332.

EUDES, prieur de Saint-Victor, premier abbé régulier de Sainte-Geneviève, 249, 250, 300.

EUDES de Torcy, religieux de Saint-Denis, 178.

EUGÈNE III, pape, célèbre à Saint-Denis la fête de Pâques, et donne à l'abbaye un morceau de la vraie croix, 196. — Il confirme les privilèges du même monastère, 374. — Il force Suger à accepter la régence du royaume, 394, 414. — Lettres de Suger à Eugène III, 241, 247, 252, 263, 271. — Lettres d'Eugène III à Suger, 286, 289, 297, 299, 300, 305, 310, 313, 314, 316, 420. — Ses bonnes relations avec le même, et confiance qu'il lui témoigne, 396, 398, 399, 406, 416, 420. — Lettre de saint Bernard à Eugène III, contenant l'éloge de Suger, 419.

EUROHIC, archevêque, 348.

EUSTACHE (saint). Porte appelée de son nom, à l'église de Saint-Denis, 188.

EUSTACHE, religieux de Saint-Denis, 341, 344.

ÉVRARD des Barres, grand-maître de l'ordre du Temple, donne à Suger une terre située dans le pays de Liége, 374. — Il assiste aux funérailles de Suger, 409. — V. aussi 269.

ÉVRARD de Breteuil, 174.

ÉVRARD, doyen de Melun, 370.

ÉVRARD de Villepreux, 166.

F

FAINS-EN-DUNOIS (Eure-et-Loir), domaine de l'abbaye de Saint-Denis, recouvré par Suger, 174.

Fardulviler, ancien domaine de Saint-Denis, dans le diocèse de Metz, 323.

Fehingas, ancien domaine de Saint-Denis, dans le diocèse de Metz, 323.

FEINS. V. Fains.

FERRIÈRES (Loiret), abbaye, 248.

FERTÉ-ALEPS (la), Seine-et-Oise. Le comte de Corbeil et le sénéchal de Garlande sont emprisonnés dans le château de La Ferté, 50, 51. — Louis le Gros l'assiége et le prend, 52-54. — L'avouerie de Toury appartenait précédemment aux seigneurs de La Ferté, 172. V. Adélaïde.

Firmitas Balduini, La Ferté-Baudouin. V. La Ferté-Aleps.

FLANDRE. La Flandre fournit des auxiliaires à Louis le Gros, 61. — Louis le Gros projette un voyage dans cette province, 82. — La Flandre heureuse sous le gouvernement de Charles le Bon, 127. — Expédition de Louis le Gros en Flandre pour venger le meurtre de Charles le Bon, 129. — La Flandre soumise tout entière à Guillaume Cliton, 131. V. Baudouin, Robert, Charles le Bon, Guillaume Cliton, Thierry.

FLEURY-LA-FORÊT (Eure), domaine de l'abbaye de Saint-Denis, 185.

FLEURY en Bierre (Seine-et-Marne). L'église de Fleury est donnée à l'abbé de Saint-Victor, 371.

Floriacum. V. Fleury.

Fons Ebraldi. V. Fontevrault.

FONTAINES (Seine-et-Marne). L'archidiacre de Meaux demande à Suger des secours pour les religieuses pauvres de cette localité, 317.

FONTEVRAULT (Maine-et-Loire). L'abbesse de Fontevrault envoie des pierreries pour l'église de Saint-Denis, 195. — Suger prie le pape de protéger les religieuses de ce monastère, 263.

Fossés (abbaye des). V. Ascelin.

FOULQUES IV ou le Réchin, comte d'Anjou, se laisse entièrement dominer par sa femme Bertrade, 67.

FOULQUES V, comte d'Anjou, roi de Jérusalem, 67. — Il prend part au combat de Gany, 99. — Il guerroie sur les confins du Maine, 100. — Il repousse le roi d'Angleterre et le comte de Chartres, 102. — Il trahit Louis le Gros en mariant sa fille à Guillaume, fils du roi d'Angleterre, 103. — Il joint ses armes à celles de Louis le Gros contre l'empereur d'Allemagne, 118; — contre le comte d'Auvergne, 122, 124.

FOULQUES, fils d'Elinand, habitant de Saint-Marcel, 320.

FRANCONVILLE (Seine-et-Oise), domaine de Saint-Denis, 163, 337, 338. — Dîme de Franconville cédée à Saint-Denis par Payen de Gisors, 356.

Francorum Villa. V. Franconville.

FRÉDÉRIC, religieux de Saint-Denis, 322.

G

GABARDAN, ou pays de Gabarret (Landes). Le vicomte de Gabardan infeste le domaine royal, 304.

GALBERT, notaire de Bruges, auteur de la Vie de Charles le Bon, 127.

GALERAN de Breteuil, seigneur de Fains-en-Dunois, 174. — Il restitue une terre à l'abbaye de Saint-Denis, 366.

GALERAN, seigneur de Lèvemont, 299.

GALON, évêque de Paris. Sa contestation avec l'abbé de Saint-Denis, 32, 430, 431. — Il assiste aux funérailles de Philippe I, 47. — Il est présent au couronnement de Louis le Gros, 48.

GANY ou GASNY (Eure). Combat livré en ce lieu, 99.

GARGANO (Italie). Eglise des Saints-Anges de Gargano, 114.

GARLANDE (les frères), aident Milon de Troyes à s'emparer de Montlhéry, 26-28. — Ils brouillent Guy de Rochefort avec le roi, 41. — Ils sont chargés de la garde du château de Gournay, 44. — Ils implorent la délivrance d'Ansel, 52. V. Ansel, Étienne et Guillaume de Garlande.

GARNIER, religieux de Saint-Denis, 322, 343, 349.

GARONNE, fleuve, 146.

Garsonis Villa, domaine de l'abbaye de Saint-Denis, 353.

GASCOGNE. La noblesse de cette province assiste au mariage de Louis le Jeune et d'Éléonore, 147. — Les Gascons ont recours à l'appui de Suger, 395. — V. Aquitaine.

GATINAIS. Possessions de Saint-Denis dans ce pays, 174.

GAUDRY, évêque de Laon, est tué par Thomas de Marle et ses complices, 95.

GAUSBERT, prieur de Saint-Denis, 322, 332.

GAUTIER, archidiacre d'Oxford, 435.

GAUTIER *de Alne*, 362.

GAUTIER d'Auffai, 440.

GAUTIER, fils de Mainburge, 362.

GAUTIER Giffard, 440.

GAUTIER Tirel, accusé de la mort de Guillaume le Roux, 13.

GÉLASE II, pape, chassé de Rome, vient mourir en France, 106, 107.

GENEVIÈVE (sainte). Sa châsse et ses reliques, 253, 254.

GEOFFROY, archevêque de Bordeaux, prend part à la consécration de l'église de Saint-Denis, 237. — Ses lettres à Suger, 303, 304, 311, 312.

GEOFFROY de Berneval, 185.

GEOFFROY, chèvecier de l'abbaye de Saint-Denis, 340, 343, 348.

GEOFFROY V, comte d'Anjou, duc de Normandie. Sa querelle avec Louis le Jeune, 264, 265. — Suger et le comte de Flandre apaisent le roi prêt à marcher contre lui, 266, 267. — Lettres qu'il adresse à Suger, 291, 292, 310. — Lettres qu'il reçoit de lui, 264, 267. — Son amitié pour le même, 385. V. aussi 286, 314.

GEOFFROY de Donzy, 310.

GEOFFROY, évêque de Chartres, prend part à la consécration de de l'église de Saint-Denis, 233, 237. — Sa lettre à Suger, 291. V. encore 230, 256, 332, 341, 359, 371, 441.

GEOFFROY Gaimar, trouvère anglo-normand, 435.

GEOFFROY le Gras, d'Etampes, 290.

GEOFFROY de Monmouth, historien anglais, 434, 435.

GEOFFROY de Rançon. Sa lettre à Suger, 296.

GEOFFROY, religieux de Saint-Denis. Le frère Guillaume lui dédie sa Vie de Suger, 377.

GEOFFROY le Roux, seigneur de Poinville, 173.

GERMIGNY (Cher). Louis le Gros assiège cette place, 96, 97.

Germiniacum. V. Germigny.

GILBERT de Laigle, fait prisonnier par le prince Louis (le Gros), 11.

GILBERT, évêque de Poitiers. Sa contestation avec les religieuses de Fontevrault, 263.

GILBERT, religieux de Saint-Denis, 341.

GILDUIN, abbé de Saint-Victor, confesseur de Louis le Gros,

donne à ce prince le viatique, 147. — Il cède son prieur à l'abbaye de Sainte-Geneviève, 249. — Il reçoit l'investiture de l'église de Fleury, 371.

GIRARD l'Hospitalier, vend un terrain situé devant le monastère de Saint-Denis, 331.

GIRARD, neveu de Suger, 157.

GIRARD, religieux de Saint-Denis, 341, 344.

GIRAUD, religieux de Saint-Denis, 341.

GIRAUD du Port, chanoine de Compiègne, 273.

GIROINE *de Matheiaco*, 370.

Gisortium. V. Gisors.

GISORS (Eure). Le château de Gisors est fortifié, 11, 427. — Henri I, roi d'Angleterre, se rend maître de cette place, 56, 57. — Convention entre les rois de France et d'Angleterre, relative à la possession de Gisors, 58, 59. — Gisors est donné en augmentation de fief à Guillaume, fils du roi d'Angleterre, 61, 428. — Louis VII recommande à Suger et au comte de Vermandois la garde de son château de Gisors, 388. — Combat sous les murs de cette ville (en 1109), 61. — Église de Gisors, 315. — V. Hervé, Payen de Gisors.

GODARD de Saint-Brice, 362.

GODEFROY de Serans, 440. — V. Geoffroy.

GOMONT (Ardennes), ancien domaine de l'abbaye de Saint-Denis, 183, 446.

Gomundas. V. Gomont.

GONESSE (Seine-et-Oise). V. Jean de Gonesse.

Gornacum. V. Gournay.

GOSLIN, évêque de Chartres. Suger approuve son élection, 257, 301. — Sa lettre à Suger, 307.

GOSLIN, évêque de Soissons. Suger lui dédie la *Vie de Louis le Gros*, 5. — Il prend part à la consécration de l'église de Saint-Denis, 233, 237. — Ses lettres à Suger, 317. — Lettre de Suger mourant à son ami Goslin, 283, 407. — V. aussi 253, 341, 360, 363, 364, 374, 441.

GOURNAY-SUR-MARNE (Seine-et-Oise). Siége de cette place par le prince Louis (le Gros), 41-44, 437. — Église d'Essonnes donnée à celle de Gournay, 177. — V. Hugues de Pomponne.

GRECS. Leur astuce proverbiale, 199.

GRÉGOIRE, cardinal de Saint-Ange, légat du Saint-Siége, 331. — V. Innocent II.

GRÉGOIRE, chancelier de l'abbé Suger, 322.

GRÉGOIRE VII, pape, délivré par Robert Guiscard, 28, 29.

GRÉGOIRE, religieux de Saint-Denis, 322.

Guastinensis (*pagus*). V. Gâtinais.

GUELFE II, comte de Bavière, 34.

GUÉRIN, évêque d'Amiens, 341, 359.

GUÉRIN, fils du vicomte de Sens, 299.

GUICHARD, abbé de Pontigny. Sa lettre à Suger, 311.

GUICHARD, fils d'Ebble de Roucy, 19.

GUILLAUME le Bâtard, comte d'Ypres, est dépossédé par Louis le Gros, 130, 131.

GUILLAUME, beau-père de Guy, seigneur de la Roche-Guyon, assassine son gendre et s'empare de son château, 62-64. — Il subit un châtiment exemplaire, 65, 66.

GUILLAUME le Breton, poëte. Sa description de l'oriflamme, 443.

GUILLAUME, cartographe de l'abbaye de Saint-Denis, 340.

GUILLAUME le Chambellan, ou de Tancarville, conseiller d'Henri I, roi d'Angleterre, 439, 440.

GUILLAUME de la Chambre, 294.

GUILLAUME, chanoine de N.-D. de Paris, neveu de Suger, 415.

GUILLAUME, chapelain de Saint-Denis, 364.

TABLE ALPHABÉTIQUE. 461

GUILLAUME Cliton, établi comte de Flandre par Louis le Gros, 129, 131, 440.

GUILLAUME VI, comte d'Auvergne, attire deux fois contre lui les armes du roi, qui le soumet et lui prend Clermont, 121-126.

GUILLAUME I, comte de Nevers, est fait prisonnier par Hugues du Puiset, 71.

GUILLAUME II, comte de Nevers, marche avec le roi contre le roi d'Angleterre, 57; — contre l'empereur d'Allemagne, 118; — contre le comte d'Auvergne, 122. — Ses lettres à Suger, 287, 302, 310.

GUILLAUME de Cormeille, 157, 224.

GUILLAUME de Cornillon, 322, 357.

GUILLAUME VIII ou IX, duc d'Aquitaine, joint ses armes à celles du roi contre l'empereur d'Allemagne, 118. — Il rend l'hommage à Louis le Gros, en Auvergne, 125, 126.

GUILLAUME X, duc d'Aquitaine, meurt en léguant sa fille et sa province au roi, 145.

GUILLAUME, fils du roi Henri I d'Angleterre, reçoit Gisors en augmentation de fief, 61, 428. — Il épouse la fille du comte d'Anjou, 103. — Il périt dans le naufrage de la Blanche-Nef, 435.

GUILLAUME de Garlande, sénéchal du roi de France, marche contre Hugues du Puiset, 84. — Il prend part au siége de la Ferté-Aleps, 53; — au combat de Brémule, 440. — V. Garlande (les frères).

GUILLAUME de Malmesbury, chroniqueur anglais, 10, 435.

GUILLAUME de Mauzé, sénéchal de Poitou. Sa lettre à Suger, 288.

GUILLAUME de Nangis, chroniqueur, 42, 97, 113.

GUILLAUME, religieux de Saint-Denis, secrétaire de Suger, est admis dans son intimité, 386. — Sa *Vie de Suger*, xv, 375-404.

GUILLAUME. Religieux divers du même nom dans l'abbaye de Saint-Denis, 322, 340, 341, 343, 344, 364.

GUILLAUME de Roumare, 440.

GUILLAUME II, ou le Roux, roi d'Angleterre. Ses luttes contre le prince Louis (le Gros); parallèle de ces deux adversaires, 7, 10-12. — Il fait fortifier Gisors, 11, 427, 428. — Sa mort, 12-14.

GUILLAUME de Saint-Cloud, religieux de Saint-Denis, 322.

GUILLAUME de Tyr, chroniqueur, 269.

GUILLAUME de Varenne, 440.

GUILLEBAUD. V. Alard.

Guillelvalis. V. Guillerval.

GUILLERVAL (Seine-et-Oise), domaine de l'abbaye de Saint-Denis, 166, 167.

GUISCARD. V. Robert.

GUY, archevêque de Vienne. V. Calixte II.

GUY de Clermont au combat de Brémule, 104, 440.

GUY, évêque de Châlons, prend part à la consécration de l'église de Saint-Denis, 233, 237.

GUY *de Groela*, 362.

GUY de Rebrechien, chargé de garder la tour de Bourges, 262.

GUY le Rouge, comte de Rochefort, devient sénéchal du roi Philippe I, 25. — Sa fille est fiancée au prince Louis (le Gros), 26. — Il chasse de Montlhéry les ennemis du roi, 27, 28. — Il va au-devant du pape Pascal II, à La Charité, 32. — Il se ligue avec Hugues de Pomponne et Thibaud, comte de Blois, contre le roi, 41-44, 50, 79. — Son frère Amaury de Montfort, 68.

GUY de Rochefort, fils du précédent, prend part au siége du Puiset, 88. — Son frère Hugues de Crécy, 439.

GUY, seigneur du Puiset, oncle d'Hugues du Puiset, 70.

Guy, seigneur de La Roche-Guyon, est assassiné par son beau-père, 62-64.
Guy de Senlis est fait prisonnier, 18.
Guy Trussel, seigneur de Montlhéry, marie sa fille au prince Philippe, fils du roi Philippe I, 24.

H

Hablegias. V. Ableiges.
Hasbain, ou pays de Liége, 370.
Haymon. V. Aymon.
Hecelingas. V. Herlingen.
Hélie. V. Élie.
Hélinand, père de Suger, 380.
Héloïse, abbesse d'Argenteuil. Sa mauvaise administration, 441.
Henri, archevêque de Sens, 371.
Henri, cellérier de l'abbaye de Saint-Denis, 340.
Henri, comte d'Eu, hostile au roi d'Angleterre, 101. — Il combat avec ce prince à Brémule, 440.
Henri IV, empereur d'Allemagne, vaincu par Robert Guiscard, 29. — Il est persécuté par son propre fils, 31.
Henri V, empereur d'Allemagne, persécute son père et le pape Pascal II, 31. — Il envoie des députés à la conférence de Châlons-sur-Marne, 34. — Son expédition à Rome, et ses violences contre Pascal II, 36-39, 432-434. — Il force le pape Gélase II à quitter Rome, 106. — Entrevue de ses délégués et du pape Calixte II à Mouzon, 107, 108. — Il tente une expédition en France, et recule devant les imposants préparatifs de défense organisés par Louis le Gros, 115-120. — Sa mort, 40, 41, 121.
Henri, évêque d'Autun, frère du duc de Bourgogne, 288.
Henri, évêque de Beauvais, frère de Louis VII, supplie Suger de faire élire un autre évêque à sa place, 307. — Sa rébellion contre le roi; lettre que Suger lui écrit à ce propos, 277-280.
Henri, évêque de Winchester. Ses lettres à Suger, 292, 310.
Henri, familier du roi d'Angleterre, condamné pour trahison, 101.
Henri, fils de Thibaud, comte de Blois. Sa lettre à Suger, 302. — Son duel avec Robert, frère du roi, 306.
Henri de Hutington, chroniqueur anglais, 435.
Henri de Lez, chanoine de Saint-Lambert de Liége, 370.
Henri, prieur de Saint-Denis, 364.
Henri, religieux de Saint-Denis, 322, 343.
Henri I, roi d'Angleterre. Son avénement, 13. — Prophétie de Merlin à son sujet, 54. — Il vient en Normandie et s'empare de Gisors, 55, 57, 428. Son entrevue avec Louis le Gros, à Néaufles, 58, 59. — Il entre en guerre avec ce prince, 60, 61. — Il secourt contre lui le comte Thibaud de Chartres, 76, 80. — Il s'allie avec Hugues du Puiset, 82. — Il fait la paix avec Louis le Gros, en 1113, 92. — Il se ligue de nouveau avec plusieurs seigneurs contre le roi de France, et l'attaque sur les frontières de la Normandie, 97, 98. — Ses revers et ses frayeurs, 99, 102. Il reprend l'avantage et bat Louis le Gros à Brémule, 102-105, 439, 440. — Il marie sa fille à l'empereur d'Allemagne, et attaque avec lui le roi de France, 115. — Il est tenu en échec, durant l'absence du roi, par Amaury de Montfort, 121. — Il soutient Amaury de Montfort contre le roi, 133. — Il vient à Chartres se prosterner aux pieds du pape Innocent II, 136. — Son respect pour les possessions de Saint-Denis, 265. — Suger s'interpose en sa faveur

TABLE ALPHABÉTIQUE. 463

auprès du roi de France, 265. — Son amitié pour Suger, 384. — Ses enfants perdus dans le naufrage de la Blanche-Nef, 435. — V. encore 141, 195.

HERBERT, religieux de Saint-Denis, 322.

Herbertingas. V. Ebersching.

Herencurtis. V. Arrancourt.

HERLINGEN ou Herny (Moselle), ancien domaine de l'abbaye de Saint-Denis, 183, 446.

HERLEUVIN, changeur de Saint-Marcel, 320.

HERLUIN, chanoine, 362.

HERLUIN de Paris, fait prisonnier, 18.

HERMENRIC, fondateur du prieuré d'Argenteuil, 160, 441.

HERVÉ de Gisors, fils de Payen, combat à Brémule, 440. — Il est dépouillé de ses biens par le roi d'Angleterre, 428.

HERVÉ, prieur de Saint-Denis, nommé par Suger, 148, 178, 340, 343, 348, 386.

HILDUIN, abbé de Saint-Denis, 441.

Hileris, l'Allier, rivière, 123.

HIPPOLYTE (saint). Sa chapelle et son tombeau à Saint-Denis, 187, 188, 223, 357.

Hoenchirche, ancien domaine de l'abbaye de Saint-Denis, dans le diocèse de Metz, 323.

HONORIUS II, pape, ordonne et confirme la restitution du couvent d'Argenteuil à l'abbaye de Saint-Denis, 114, 115, 160, 161, 368. — Sa mort, 134.

HÔPITAL (Ordre de l'), 302.

HORACE, poëte latin. Ses œuvres sont familières à l'abbé Suger, 26, 381.

HUBERT, religieux de Saint-Denis, 341.

HUBERT de Saint-Valery donne à Saint-Denis la terre de Fains-en-Dunois, 174.

HUGUES, abbé de Saint-Germain-des-Prés, député auprès du pape avec Suger, 109. — Il prend part à la réforme de l'église de Sainte-Geneviève, 248.

HUGUES, abbé de Saint-Victor, 313.

HUGUES, archevêque de Rouen, donne à Saint-Denis le monastère de Chaumont-en-Vexin, 184. — Il consacre la chapelle de saint Romain, dans l'église de Saint-Denis, 187, 223. — Il prend part à la consécration de cette église elle-même, 233, 237. — Ses lettres à Suger, 300-315. — V. encore 201, 357, 413.

HUGUES, archevêque de Sens, prend part à la consécration de l'église de Saint-Denis, 233, 237. — Ses lettres à Suger, 286, 293, 308, 309. — Il cède la dîme de Champcueil au prieuré de N.-D. des Champs, 373.

HUGUES, archevêque de Tours, 341, 359.

HUGUES Balver, avoué de Laversine, 371.

HUGUES le Blanc, de La Ferté, 23.

HUGUES le Borgne, 304.

HUGUES de Brétigny, 291.

HUGUES Brostin, 300.

HUGUES, cardinal de Lucine. Sa lettre à Suger, 304.

HUGUES de Clermont recouvre Luzarches par le secours du prince Louis (le Gros), 16, 17. — Il est fait prisonnier, 18.

HUGUES, comte de Roucy, renonce à ses exactions sur Concevreux, 372, 373.

HUGUES I, comte de Troyes et de Champagne, séparé de sa femme Constance, 30. — Il est hostile au roi, 80. — Il prend les armes avec Louis le Gros contre l'empereur, 117-119.

HUGUES de Crécy, seigneur de Châteaufort, fils de Guy de Rochefort, défend le royaume, 26. — Il emprisonne le comte de Corbeil et Ansel de Garlande, 50, 51. — Il est assiégé par le roi, qui s'empare de son château de la Ferté-Aleps, 52-54. — Il épouse la fille d'Amaury de Montfort, et devient maître de Montlhéry, 68. — Le roi lui enlève cette place, 68-70. — Il s'allie au comte Thibaud de Chartres, 79. — Il prend part au second siége du Puiset, 88. — V. aussi 293, 439.

Hugues II, duc de Bourgogne, marche contre le roi d'Angleterre, 57. — Il prend les armes avec Louis le Gros contre l'empereur d'Allemagne, 118.

Hugues, évêque d'Auxerre, prend part à la consécration de l'église de Saint-Denis, 233, 237.—Ses lettres à Suger, 287, 304. — Il lui est adjoint pour régler l'affaire de Sainte-Geneviève, 313.

Hugues, évêque élu d'Arras, 299, 309, 312.

Hugues, évêque de Laon, 199.

Hugues, évêque de Nevers, assiste au couronnement de Louis le Gros, 48.

Hugues de Lésigny. Sa lettre à Suger, 287.

Hugues *de Marinis*, 304.

Hugues de Méréville ou Mérainville. Accord entre l'abbé de Saint-Denis et ce seigneur, au sujet de Monnerville, 168, 372, 373.

Hugues de Pomponne, seigneur de Gournay-sur-Marne, 41-44, 101.

Hugues des Préaux, 369.

Hugues du Puiset. Ses déprédations, 70. — Plaintes générales qu'elles excitent, 71, 72, 436.—Le roi assiége et détruit son château, et le retient lui-même prisonnier, 73-76. — Il achète sa délivrance en renonçant à ses droits sur Corbeil, 81. — Il attaque Toury, d'où il est repoussé, 82-84.— Il repousse à son tour Louis le Gros du Puiset, puis perd l'avantage et voit de nouveau son château détruit, 84-91. — Sa dernière révolte, 91. — Son départ pour la Terre-Sainte, 438.

Hugues, religieux, écrit à Suger en faveur de Pierre (de Meaux), 305.

Hugues, religieux de Saint-Denis, 341, 344, 349.

Hugues de Saint-Denis, 322.

Humbaud, évêque d'Auxerre, assiste au couronnement de Louis le Gros, 48.

Humbaud, seigneur de Sainte-Sévère, vaincu et dépossédé par le prince Louis, 45, 46.

Humbert, archevêque de Lyon, 269. — Sa lettre à Suger, 311.

I

Ida, comtesse de Nevers. Sa lettre à Suger, 290.

Indict. V. Lendit.

Infirmerie de l'abbaye de Saint-Denis, dotée par Suger, 352.

Innocent II, pape. Son élection, 134. — Il se réfugie en France, où il reçoit les plus grands honneurs, 135-138. — Il sacre Louis le Jeune à Reims, 139.— Sa visite à Saint-Denis, 196. — Il retourne à Rome et reprend possession du Saint-Siége, 139, 140. — L'empereur Lothaire lui soumet les provinces rebelles d'Italie, 40. — Il confirme les priviléges de Saint-Denis, 369. — Il adresse à Suger la bulle confirmant la restitution d'Argenteuil à son abbaye, 369. — Il confirme la condamnation de l'abbé de Saint-Mihiel, 369, 370.

Investitures (querelle des), 31, 40, 432-434.

Ipra, Iprensis. V. Ypres.

Isaac, assassin du comte de Flandre. Son supplice, 130.

Isara V. Oise.

Issona. V. Essonne, rivière.

Italie. Anciens domaines de l'abbaye de Saint-Denis dans cette contrée, 183.

Iveline (forêt d'), aujourd'hui forêt de Rambouillet. Droit de chasse dans cette forêt, 165. — Suger y trouve des poutres pour son église, 221, 222.

Ivriacum. V. Ivry.

Ivry (Eure). Le château d'Ivry est incendié par Louis le Gros, 105.

J

Janville (Eure-et-Loir). Louis le Gros s'empare de cette place, 89. — L'évêque de Chartres se plaint du prévôt de Janville, 291.

Jean, abbé de Ferrières, prend part à la réforme de l'église de Sainte-Geneviève, 248. — Sa lettre à Suger, 295.

Jean, cardinal de Sainte-Marie-la-Neuve. Sa lettre à Suger, 304.

Jean d'Étampes, chevalier, 167.

Jean, évêque de Séez, 369.

Jean, évêque d'Orléans, assiste au couronnement de Louis le Gros, 48.

Jean, fils de Boémond, prince d'Antioche, 31.

Jean Gaëtan. V. Gélase II.

Jean de Gonesse, 362.

Jean, infirmier de Saint-Denis, 340, 343.

Jean, neveu de Suger, 420.

Jean, religieux de Saint-Denis, 341, 344, 349.

Jean de Vincelle, 362.

Jérusalem. Louis VII part pour Jérusalem, 393. — Son frère Robert en revient, 396. — V. Baudouin.

Jeunet de Bourges, 293.

Josbert. V. Gausbert.

Joscelin, évêque de Salisbury. Ses lettres à Suger, 295, 421. — V. Goslin.

Juifs. Les Juifs de Paris offrent au pape Innocent II le texte de la Loi, 137.

Juvénal, poëte latin, cité par Suger, 100.

K

Kerbogha, prince de Mossoul, 24.

L

Lagny (Seine-et-Marne). Louis le Gros se porte avec son armée sur Lagny, 77. — Séjour de Pascal II dans cette localité, 431. — V. aussi 158.

Laigle (Orne). Château de Laigle pris par Louis le Gros, 439. — V. Gilbert de Laigle.

Lancelin de Beaugency, fait prisonnier par Hugues du Puiset, 71.

Lancelin de Bulles, comte de Dammartin, ligué contre le roi, 79, 92.

Lancendre, mère de Robert, abbé de Corbie, guérie miraculeusement à la chapelle de N.-D.-des-Champs, 178, 179.

Langres (Haute-Marne). Séjour de Pascal II dans cette ville, 431.

Laon. Monastère de Saint-Jean à Laon, 93. — Le pays de Laon est dévasté par Thomas de Marle, 93. — L'église de N.-D. est brûlée par le même, 95. — Le Laonnais fournit des troupes au roi, 117. — Louis le Gros vient à Laon, 131, 132. — Assemblée de Laon convoquée pour aviser aux moyens de secourir les croisés, 269. — Charte communale de Laon, xvii.

Laterani. V. Latran.

Latiniacum. V. Lagny.

Latran. Deuxième concile de Latran, en 1112, 39. — Concile œcuménique de Latran, en 1123, 114.

Laudunum, Laudunenses. V. Laon.

Laversine (Aisne). Louis VII règle les droits de l'avouerie de Laversine, 371.

Lébraha. V. Saint-Alexandre.

LEÇONS de l'anniversaire de Louis le Gros, 140, 142, 145.
Lemovici, *Lemovicenses*. V. Limousin.
LENDIT (*Indictum*), plaine et champ de foire à Saint-Denis. Louis le Gros en restitue une partie à l'abbaye de ce lieu, 120. — Revenus de la propriété du Lendit, 157. — Prodigieuse affluence à Saint-Denis le jour de la foire du Lendit, 186. — *Couture du Lendit*, donnée à Saint-Denis et affectée à l'office d'aumônier de l'abbaye, 332, 333. — V. aussi 226, 351, 359.
Leodium. V. Liége.
LÉONIUS, de Meung, assiégé par le prince Louis (le Gros) se précipite du haut de sa tour, 20, 21.
LÉSIGNY (Vienne). V. Hugues.
LETTRES de recommandation. V. Recommandation.
LÉVEMONT (Oise), 299.
LIÉGE (Belgique). Réception du pape Innocent II dans cette ville, 136. — Propriété de l'abbaye de Saint-Denis dans le pays de Liége, 374. — V. Hasbain, Saint-Lambert.
Liliacum. V. Lilly.
LILLY (Eure), domaine de l'abbaye de Saint-Denis, 185.
LIMOUSIN. Voyage du prince Louis (le Jeune) à travers cette province, 146. — Les Limousins ont recours à la protection de Suger, 395.
Livriacum. V. Livry.
LIVRY (Seine-et-Oise). Le château de Livry est perdu par Payen de Montgé, 92. — Il est pris et détruit par Louis le Gros, 133.
LONGPONT (Aisne). Terrain sis à Vauberon, cédé par Suger à l'abbaye de Longpont, 363.
Longus Pons. V. Longpont.
LORRAINE. Le pape Innocent II se rend dans cette province, 136. — Domaines de l'abbaye de Saint-Denis dans la Lorraine, 183, 446. — Orfévres lorrains, 196.

LOTHAIRE, duc de Saxe, élu empereur d'Allemagne, 40. — Il vient à Liége se prosterner aux pieds du pape Innocent II, 136. — Il reconduit ce pontife à Rome, 139.
Lotharingi, *Lotharingia*. V. Lorraine.
LOUIS le Débonnaire ordonne la restitution du couvent d'Argenteuil à l'abbaye de Saint-Denis après la mort de Théodrade, 441.
LOUIS VI, le Gros, roi de France.
Sa vie. — Il est élevé à Saint-Denis, 9, 200. — Sa jeunesse ; ses exploits avant son avénement au trône (1077-1108), 9-46. — Son couronnement, à Orléans (1108), 48, 49. — Ses premières guerres contre le roi d'Angleterre et les seigneurs révoltés (1109-1118), 49-97. — Nouvelle ligue formée contre lui. Battu à Brémule par le roi d'Angleterre, il tient cependant ce monarque en échec et arrête l'invasion tentée par l'empereur d'Allemagne, après avoir pris l'oriflamme à Saint-Denis (1118-1124), 97-121, 366, 417, 439, 440, 442, 443. — Ses expéditions en Auvergne, en Flandre, contre Thomas de Marle et Amaury de Montfort (1124-1130), 121-134. — Il reçoit avec honneur le pape Innocent II et perd en même temps son fils aîné (1130-1131), 134-140. — Ses dernières campagnes, sa maladie et sa mort (1132-1137), 140-149. — *Vie de Louis le Gros*, par Suger : critique, III-IX ; sommaire, 1-4 ; texte, 5-149.
Ses rapports avec l'abbaye de Saint-Denis. — Il lui donne la couronne de son père, 445. — Il exempte les habitants de Saint-Denis de certaines redevances, et confirme les priviléges de l'abbaye, 365, 366. — Il déclare tenir d'elle le comté de Vexin, 162.

— Il lui accorde de nouveaux privilèges, après avoir pris l'oriflamme des mains de Suger, 366, 417, 442, 443. — Il confirme la restitution d'Argenteuil à Saint-Denis, 161, 368. — Il donne à Saint-Denis la *Couture du Lendit*, 332 ; — le monastère de Chaumont-en-Vexin, 184 ; — les dîmes de Cergy, 120, 445. — Il arrache la prévôté de Toury à l'oppression des sires du Puiset, 170, 171. — Il renonce aux droits qu'il percevait sur le fief de Beaune-la-Rolande, appartenant à l'abbaye, 175. — Candélabres donnés par lui à l'église de Saint-Denis, 197. — Vase précieux provenant de sa maison, acheté par Suger, 207. — Sa vénération pour cet abbé, 379 ; 384. — Son anniversaire, fondé par le même, dans l'église de Saint-Denis, 330. — *Leçons* qui se disaient à son anniversaire, v, 140, 142, 145.

Louis le Gros renonce à ses droits sur une terre du prieuré de Saint-Martin-des-Champs, 370. — Il approuve la donation d'Évrard, doyen de Melun, à l'abbaye de Saint-Victor, 370. — Il concède à l'abbaye de Morigny la moitié du péage de Bérouville, 438. — Sa chapelle ; trésors qu'elle contenait, 143.

Louis VII, le Jeune, roi de France.
Sa vie. — Il est sacré à Reims du vivant de son père (1131), 139. — Il reçoit de son père malade l'anneau royal (vers 1136), 143. — Il épouse à Bordeaux Éléonore d'Aquitaine (1137), 146, 147. — Il part pour la croisade, et laisse la régence à Suger (1147), 393, 394, 406, 414, 416. — Son expédition en Orient, 288, 290, 294, 298, 301, 303, 304, 305, 308, 309. — Périls engendrés par son absence, 258, 259, 261. — Suger le recommande aux prières du pape pendant la croisade, 251, 252. — Son divorce (1152), 260, 382.

Ses rapports avec l'abbaye de Saint-Denis. — Il confirme les privilèges de l'abbaye, 371, 372. — Il règle entre Hugues Balver et Suger les droits de l'avouerie de Laversine, 371. — Il pose la première pierre de la nouvelle église de Saint-Denis, 225, 226, 358. — Il offre pour elle des joyaux à Suger, 229. — Il assiste à la consécration de cette église, porte de ses mains la châsse du bienheureux Denis, et fait à cette occasion plusieurs donations nouvelles à son monastère, 162, 232-236, 372, 418. — Son diplôme concernant le domaine de Saint-Denis situé à Fains-en-Dunois, 174. — Il confirme la donation faite à l'abbaye par Hugues de Mérainville, 372. — Il permet à Suger de reprendre un moulin engagé, situé à Étampes, 373. — Ses lettres à Suger, 288, 294, 296, 297, 298, 301, 303, 309, 312, 314. — Lettres de Suger à Louis VII, 258, 266, 280. — Reconnaissance et affection de ce prince pour Suger, 398. — Il assiste à ses funérailles et le pleure, 409, 416.

Louis VII règle la taille qui doit être levée sur les terres de l'évêché de Paris, 373. — Il est blâmé par saint Bernard, 285.

LOUVECIENNES (Seine-et-Oise), domaine de l'abbaye de Saint Denis, 164, 337.
Lovecenæ. V. Louveciennes.
Luca. V. Lucques.
LUCAIN, poëte latin, cité par Suger, 23, 36, 41, 51, 62, 64, 80, 87, 91, 97, 122, 134, 149, 231, 278.
LUCIENNE, fille de Guy de Rochefort, fiancée au prince Louis (le Gros), 26, 27.

Lucques, en Toscane, 114.
Lurcy-le-Bourg (Nièvre). Pascal II s'y arrête, 432.
Lusarchium. V. Luzarches.
Luzarches (Seine-et-Oise), pris par Mathieu de Beaumont, repris par le prince Louis (le Gros), et rendu à Hugues de Clermont, 16, 17.
Lyon. Séjour de Pascal II dans cette ville, 431.

M

Magny (Seine-et-Oise), 442.
Maguelonne, ancienne ville de Septimanie, près de Montpellier, 106.
Maguntia. V. Mayence.
Mainard, comte de Mosbach, donne à l'abbaye de Saint-Denis un prieuré dans le diocèse de Metz, 367, 446.
Mainardière (la), terre située dans le diocèse de Séez, amortie au profit de l'abbaye de Saint-Denis, 369.
Maison-Dieu (la), monastère du diocèse de Bourges, 306.
Malassis, hameau, commune de Saint-Aubin-sur-Gaillon (Eure). La forteresse de Malassis est enlevée par Louis le Gros, 100.
Malesessum. V. Malassis.
Malmesbury. V. Guillaume.
Malnoue (Seine-et-Marne), abbaye, 442.
Manassé, évêque de Meaux, assiste au couronnement de Louis le Gros, 48. — Il consacre une des chapelles de l'église de Saint-Denis, 187, 188. — Il prend part à la consécration de cette église elle-même, 233, 237. — Il bénit l'abbé de Sainte-Geneviève, 250. V. aussi 182, 201, 374.
Manassé, évêque d'Orléans. Ses lettres à Suger, 294.
Manche (*Anglicum mare*), 219.
Maine. Guerre des rois de France et d'Angleterre dans cette province, 100, 102.
Mantes (Seine-et-Oise). Le château de Mantes est donné au prince Philippe, fils du roi Philippe I et de Bertrade, 24, 67. — Il lui est enlevé, 67, 68.
Mareuil (Seine-et-Marne). L'abbaye de Saint-Denis recouvre la voirie et les dîmes de cette localité, 182, 371.
Marle (Aisne). V. Thomas de Marle.
Marmoutier (Indre-et-Loire). Pascal II visite l'abbaye de ce lieu, 431.
Marne, rivière, 41, 77, 78, 437.
Marna. V. Marle.
Massay (Cher). Suger investit de la régale l'abbé de Massay, 255.
Materna. V. Marne.
Mathieu, comte de Beaumont-sur-Oise, est fait prisonnier par le roi d'Angleterre, 11. — Il se ligue avec Bouchard de Montmorency, 15. — Il s'empare de Luzarches, qu'il est contraint de restituer, 16, 17. — Il est assiégé dans Chambly, et bientôt forcé de se soumettre au prince Louis (le Gros), 17-19. — Il combat à Brémule, 440.
Mathieu le Bel, possesseur d'une part des dîmes de Saint-Brice, 362. — Il rend à Suger le dénombrement des fiefs de Soisy, Villiers le Bel et autres, 367.
Mathieu, évêque d'Albano, légat du Saint-Siége, 115, 332, 368, 369, 370.
Mathieu, sire de Montmorency, 156, 362.
Mathilde, comtesse de Mortagne, fille du roi d'Angleterre, 435.
Mathilde, impératrice, puis comtesse d'Anjou. Lettre de Suger à cette princesse et au comte d'Anjou, 264.
Mathilde, sœur de Geoffroy, comte d'Anjou, abbesse de Fontevrault, 263.
Matrona. V. Marne.

TABLE ALPHABÉTIQUE. 469

Maudunum. V. Meung.
MAULE (Seine-et-Oise). V. Pierre.
MAULÉON (Basses-Pyrénées). V. Ebble.
MAUZÉ (Deux-Sèvres). V. Guillaume.
MAYENCE (Allemagne), 339.
MEAUX (Seine-et-Marne). Combat sous les murs de cette ville en 1111, 77. — Siége de Meaux par Louis VI, 437. — Possessions de l'abbaye de Saint-Denis dans le pays de Meaux, 182.
MÉDITERRANÉE (mer), 219.
Meduntense (castrum). V. Mantes.
Meldensis (pagus). V. Meaux.
MELUN. Philippe I meurt dans cette ville, en 1108, 47. — Assemblée de Melun, où le roi accueille les plaintes du clergé contre Hugues du Puiset, 72. — Louis le Gros malade est transporté à Melun, 145. — Possessions de l'abbaye de Saint-Denis dans les environs, 161.
MÉRÉVILLE (Seine-et-Oise). Le seigneur de Méréville renonce à ses exactions sur la terre de Monnerville, appartenant à Saint-Denis, 168, 372. — V. Hugues de Méréville ou Mérainville.
MERLIN. Ses prophéties sur les rois anglais, 54-56, 434.
MESNIL-SAINT-DENIS (le), Seine-et-Oise, domaine de l'abbaye de Saint-Denis, 165.
Metensis (pagus). V. Metz.
METZ. Biens de l'abbaye de Saint-Denis dans le diocèse ou dans le pays de Metz, 183, 367, 446.
MEULAN (Seine-et-Oise). V. Robert de Meulan.
MEUNG-SUR-LOIRE (Loire). La tour de Meung est assiégée et brûlée par le prince Louis (le Gros), 20, 21. V. Léonius.
Milidunum. V. Melun.
MILLY (Oise). V. Pierre.
MILON de Bray, vicomte de Troyes, fils de Milon de Montlhéry, s'empare de cette dernière place par trahison; il en est expulsé, 26-28. — Il obtient du roi d'être réintégré dans la possession de la seigneurie de Montlhéry, 69, 70. — Il s'allie au comte Thibaud de Chartres, 79. — Il prend part au deuxième siége du Puiset, 88. — Son divorce, 92. — Il relève de l'abbaye de Saint-Denis pour la seigneurie de Chevreuse, 222.
MILON, évêque de Thérouanne, prend part à la consécration de l'église de Saint-Denis, 233, 237. V. encore 341, 359.
MILON de Montlhéry, perturbateur du royaume, 24.
Mitadolus. Vase précieux provenant de ce personnage, 207.
MOISSY-CRAMAYEL ou Moissy-l'Évêque (Seine-et-Marne), domaine de l'évêque de Paris, 81.
Molignum. V. Montlignon.
Monarvilla. V. Monnerville.
Monasterium. V. Munster.
MONBRAY. V. Philippe.
Monciacum. V. Mouchy-le-Châtel.
MONNERVILLE (Seine-et-Oise), domaine de l'abbaye de Saint-Denis, 168, 169. — L'église de Monnerville est exemptée de l'entretien d'un vicaire, 371. — Monnerville est délivré des exactions d'Hugues de Méréville, 372.
Mons Acutus. V. Montaigu.
Mons Fortis. V. Montfort-l'Amaury.
Mons Fusceoli ou *Fuscelli.* V. Châteauneuf-sur-Epte (Eure).
Mons Gaii. V. Montgé.
Mons Gaudii, près de Rome, 37.
Mons Leherii. V. Montlhéry.
Mons Maurentiacus. V. Montmorency.
Mons Melianus, dépendance de l'abbaye d'Argenteuil, 161.
Mons Treherii. V. Montereau.
MONTAIGU (Aisne) est assiégé par Enguerrand de Boves, et délivré par le prince Louis (le Gros), 21-23. — Thomas de Marle perd cette place, 23, 24.
MONT-CASSIN, monastère d'Italie, visité par Suger, 114. — Chronique du Mont-Cassin, 37, 433.

470 TABLE ALPHABÉTIQUE.

ontereau (Seine-et-Marne). Louis le Gros tombe gravement malade dans cette ville, 141, 142.

Montfaucon. V. Renaud.

Mont-Ferrand (château de), près de Clermont en Auvergne, 124.

Montfort-l'Amaury (Seine-et-Oise). — V. Amaury, Simon de Montfort.

Montgé (Seine-et-Marne). V. Payen de Montgé.

Montigny-lès-Cormeil (Seine-et-Oise), domaine de l'abbaye de Saint-Denis, 163.

Montiniacum. V. Montigny.

Mont-Joie, cri d'armes des Français, 439.

Montlhéry (Seine-et-Oise), tombe dans le domaine royal, 24, 25. — Milon de Troyes s'empare du château de Montlhéry par trahison; le prince Louis en détruit les fortifications, 26-28. — Montlhéry est donné à Philippe, fils du roi Philippe I et de Bertrade, 67. — Cette seigneurie échoit à Hugues de Crécy, 68. — Elle est reprise par le roi, et donnée en fief à Milon de Bray, 68-70, 79. — V. Guy Trussel, Milon de Bray, Milon de Montlhéry.

Montlignon (Seine-et-Oise), terre de l'abbaye de Saint-Denis, 156, 338, 339.

Montmorency (Seine-et-Oise). Biens de Saint-Denis dans cette localité, 156, 348. — V. Bouchard, Mathieu de Montmorency.

Morgny (Eure), domaine de l'abbaye de Saint-Denis, 185.

Morigny (Seine-et-Oise), abbaye, 438.

Moriniacum. V. Morgny.

Morspecensis. V. Mosbach.

Mortagne (Orne). V. Mathilde et Rotrou.

Mortain (Manche). V. Étienne.

Mosbach, ville du Palatinat. Comtes de Mosbach, 323, 367, 446.

Mosomum. V. Mouzon.

Mosteriolum, près Melun, dépendance de l'abbaye d'Argenteuil 161.

Mouchy-le-Chatel (Oise). Incendie du château de Mouchy, 15, 16. — V. Dreux de Mouchy.

Moulignon. V. Montlignon.

Moussiacum. V. Moissy-Cramayel.

Mouzon (Ardennes). — Entrevue du pape et des députés de l'empereur d'Allemagne dans cette ville, 108.

Munster (Allemagne). V. Bouchard le Roux.

N

Nangis (Seine-et-Marne). V. Guillaume.

Nantilde, femme de Dagobert. Son collier déposé à Saint-Denis, 203.

Néauple-Saint-Martin (Eure). — Entrevue des rois de France et d'Angleterre dans cette localité, 58, 59.

Néauphle-le-Chateau (Seine-et-Oise). Exactions du seigneur de Néauphle sur les terres de l'abbaye de Saint-Denis, 165.

Néel d'Aubigny, 440.

Nef de l'église de Saint-Denis, 190, 191.

Neufchatel (Aisne), 20.

Nevers. V. Guillaume, comte de Nevers, et Ida.

Névelon, maître de Philippe, frère du roi, 362.

Nicolas, abbé de Corbie. Sa lettre à Suger, 315.

Nicolas, évêque de Cambrai, prend part à la consécration de l'église de Saint-Denis, 237. — Il cède à Saint-Denis l'église de Vertigneul, 372.

Nicolas (saint). Dédicace de sa chapelle dans l'église de Saint-Denis, 187, 188.

Nielpha. V. Néauphle-le-Château.

Nivernensis. V. Nevers.

Normandie. Cette province échoit

TABLE ALPHABÉTIQUE. 471

à Guillaume le Roux, 16. — Ses troubles incessants, 52. — Ses frontières, 57, 98. — La Normandie fief de la couronne de France, 58. — Louis le Gros ravage ce pays, 105. — L'hommage de la Normandie est une cause de querelle entre le roi et le comte d'Anjou, 266. — Possessions de l'abbaye de Saint-Denis en Normandie, 184. — V. Guillaume le Roux, Robert, Henri I.

NOTRE-DAME-DES-CHAMPS, ancienne chapelle près de Corbeil, et lieu de pèlerinage très-fréquenté, où Suger fonde un prieuré, appelé aussi prieuré d'Essonne, 177-182, 373. V. Saint-Spire.

NOTRE-DAME de Chartres. V. Chartres.

NOTRE-DAME de Laon. V. Laon.

NOTRE-DAME de Paris. Extrait de l'obituaire de cette église relatif à Suger, 415. — V. Paris.

NOTRE-DAME de Rouen. V. Rouen.

NOUVION-L'ABBESSE (Aisne). Thomas de Marle fortifie cette place, 93. — Louis le Gros s'en empare, 93. 94.

Novigentum. V. Nouvion.

NOYON (Oise). Lettre du chapitre de Noyon à Suger, 299.

NOYON-SUR-ANDELLE, aujourd'hui Charleval (Eure), 439.

NUMMA, fondatrice de l'abbaye d'Argenteuil, 160.

O

ODON. V. Eudes.

OEnitum. V. Osny.

Oense (castellum). V. Eu.

OISE, rivière, limite du comté de Vexin, 161, 442.

OLÉRON (Charente-Inférieure). Le prévôt d'Oléron demande à Suger s'il doit remettre sa tour à Geoffroy de Rançon, 296.

Oratores. Sens de cette dénomination, 14.

ORDÉRIC VITAL, historien. Passages des écrits de Suger rapprochés de son texte, 14, 28, 42, 54, 55, 61, 64, 99, 100, 101, 102, 104, 427, 428, 429, 435, 437, 438, 439, 440.

ORIFLAMME, étendard de Saint-Denis, pris dans cette abbaye par Louis le Gros, des mains de Suger, 116, 162, 366, 417, 442. — Sa description, 443, 444.

Orliacum. V. Orly.

ORLÉANS. Louis le Gros délivre cette ville des vexations de Léonius de Meung, 20. — Couronnement de Louis le Gros à Orléans, 48. — Cette place est resserrée par les ennemis du roi, 80. — L'armée royale, repoussée par Hugues du Puiset, se replie en partie sur Orléans, 87. — Louis le Gros y emprisonne des religieux et des chevaliers, 110. — Le pays d'Orléans fournit des troupes au roi, 117. — Rendez-vous assigné dans la même ville au comte d'Auvergne et à ses partisans, 126. — L'évêque d'Orléans implore le secours du roi contre Hugues du Puiset, 171. — Suger envoie chercher des vivres du côté d'Orléans pour les ouvriers qui travaillent à son église, 231. — Église Sainte-Croix d'Orléans, 294. — Possessions de l'abbaye de Saint-Denis dans l'Orléanais, 366. — Vin d'Orléans, 297.

ORLY (Seine), domaine de l'église de Notre-Dame de Paris, 415.

ORMESSON (Seine-et-Oise). Biens de l'abbaye de Saint-Denis dans cette localité, 346.

OSMOND de Chaumont au combat de Brémule, 440.

OSNY (Seine-et-Oise). Biens situés dans ce lieu donnés à Saint-Denis par Louis VII, 162.

OTHON de Frisingue, chroniqueur, 434.

OVIDE, poëte latin, cité par Suger, 54.

P

Parciacum. V. Parsac.
PARIS. Les Juifs de Paris offrent au pape Innocent II le texte de la Loi, 137. — Innocent II séjourne à Paris, 138. — Louis le Gros y tombe malade et y meurt, 147, 148. — Porte de Paris du côté de Saint-Merry, 158. — Les évêques de Paris ôtent l'église d'Essonne à l'abbaye de Saint-Denis, 177. — Des charpentiers de Paris travaillent à l'église de Saint-Denis, 221. — Troubles de l'église de Paris signalés au pape par Suger, 241-244. — Taille prélevée par le roi sur les terres de l'évêché de Paris, 373. — Vitraux de l'église Notre-Dame, 387.

Le Parisis (*pagus Parisiacus*) est resserré par les ennemis du roi, 25. — Le comte Thibaud de Chartres tente de le dévaster, 79. — Le roi en tire des troupes pour son expédition contre l'empereur d'Allemagne, 117. — V. aussi 18, 46, 68, 79, 133, 139, 418, 419; Herluin, Notre-Dame, Sainte-Geneviève, Saint-Victor, etc.

Parisius, Parisienses, etc. V. Paris.
PARSAC (Creuse). Ermites de ce lieu soumis au prieuré de La Chapelaude, 325.
PASCAL II pape, envoie en France le légat Brunon de Segni, pour prêcher la croisade, 30. — Il y vient lui-même demander le secours du roi contre l'empereur Henri V, 31. — Itinéraire de son voyage en France, 32-36, 431, 432. — Pacte juré entre lui et l'empereur, 432, 433. — Il est arrêté à Rome par les soldats de ce prince, 36-40, 433, 434.

— Il l'excommunie aux conciles de Latran et de Vienne, 39, 40. — Lettre de Pascal à Adam, abbé de Saint-Denis, au sujet des plaintes adressées contre lui par l'évêque de Paris, 430. — Mort de Pascal II, 106.
PAYEN d'Étampes, chevalier, 167.
PAYEN de Gisors, fait prisonnier par le prince Louis (le Gros), 11. — Il gouverne le château de Gisors pour le duc de Normandie, et se le laisse extorquer par le roi d'Angleterre, 56, 57, 427. — Il trahit ce prince, qui le punit en lui enlevant tous ses biens, 428. — Il cède à Saint-Denis la dîme de Franconville, 163, 356.
PAYEN, seigneur de Montgé, est fait prisonnier par le roi d'Angleterre, 12. — Il se ligue avec les ennemis du roi, 79. — Ses revers, 92.
PÉPIN LE BREF. Sa sépulture dans l'église de Saint-Denis, 187.
PÈRES. Lecture des livres des Pères, instituée par Suger dans le monastère de Saint-Denis, 389.
PÉRONNE (Somme). V. Raoul.
Petraficta. V. Pierrefitte.
PHILIPPE I, roi de France, est repoussé du château du Puiset (1078), 71. — Il réunit le Vexin à la couronne (1082), 442. — Il s'assure la possession de Montlhéry (vers 1104), 24-26. — Il va recevoir le pape Pascal II à Saint-Denis (1107), 33. — Sa mort et ses funérailles (1108), 46-48. — Sa couronne est donnée à Saint-Denis par Louis le Gros (1120), 445. — Ses fils, 12, 24.
PHILIPPE, fils du roi Philippe I et de Bertrade, est regardé comme inhabile à succéder à son père, 12. — Il épouse la fille de Guy Trussel, 24. — Il devient maître de Montlhéry et de Mantes, 24. — Sa révolte contre Louis le Gros, qui l'assiége dans Mantes et le force à se rendre, 66-68.

PHILIPPE, fils aîné de Louis le Gros, restitue, de concert avec son père, le prieuré d'Argenteuil à l'abbaye de Saint-Denis, 368. — Il est tué par accident à Paris, et enseveli à Saint-Denis, 138, 139.

PHILIPPE, fils de Louis le Gros, trésorier de l'église de Compiègne. — Violations commises par lui dans cette église, 275, 276. — Il souscrit une charte de Suger, 362.

PHILIPPE de Monbray au combat de Brémule, 440.

PHILIPPE, prévôt de Saint-Denis, 364.

PHILIPPE, religieux de Saint-Denis, 322, 341, 343, 344, 349.

Piceium. V. Poix.

Pictavi. V. Poitiers.

PIERRE, abbé de Bourgueil, 290.

PIERRE, abbé de Massay, investi de la régale, 255.

PIERRE, abbé de Saint-Riquier, 291.

PIERRE, archevêque de Bourges. — Lettre de Suger à Pierre, 239. — Lettres de Pierre à Suger, 293, 297, 308, 309, 316. — Suger ordonne que la tour de Saint-Palais lui soit restituée, 262.

PIERRE, cardinal, légat du Saint-Siége, 331.

PIERRE, chambrier de l'abbaye de Saint-Denis, 370.

PIERRE, évêque de Senlis, consacre une des chapelles de l'église de Saint-Denis, 187, 188, 223. — Il est mandé par Suger au moment de sa mort, 407. — Il assiste à la translation des reliques de Saint-Denis et à la dédicace de son église, 201, 233, 237.

PIERRE Fortin, religieux de Saint-Denis, 322.

PIERRE de Léon, commissaire pontifical, 433. — V. Anaclet.

PIERRE de Maule au combat de Brémule, 440.

PIERRE (de Meaux), recommandé à Suger par divers personnages, 304, 305.

PIERRE de Milly promet de prendre la croix s'il est absous de l'excommunication, 287.

PIERRE le Vénérable, abbé de Cluny. Lettres que Suger lui écrit, 268, 274. — Lettres qu'il adresse à Suger, 293, 300, 306, 311. — Ses relations avec le même et son admiration pour lui, 392.

PIERREFITTE (Seine). Biens de l'abbaye de Saint-Denis dans cette localité, 351, 352.

Pinciacum, Pissiacum. V. Poissy.

PITHIVIERS (Loiret), 87, 167. — V. Adam.

Piveris, Pigverensis. V. Pithiviers.

Placentia. V. Plaisance.

PLAISANCE (Italie). Discours prononcé par l'évêque de cette ville à Châlons, 35.

Plancæ Ninfeoli. V. Néaufle-Saint-Martin.

POINVILLE (Eure-et-Loir), acquis par Suger pour l'abbaye de Saint-Denis, 173. — V. Bérard d'Essenville, Geoffroy de Poinville.

Poionis Villa. V. Poinville.

POIS, près de Vauberon (Aisne), 364.

POISSY (Seine-et-Oise). Bouchard de Montmorency condamné à la cour du roi séant à Poissy, 14, 15.

POITIERS. Concile de Poitiers en 1106, 30. — Passage de Louis le Jeune et de sa suite dans cette ville, 147. — La noblesse du Poitou assiste au mariage de Louis le Jeune et d'Éléonore d'Aquitaine, 147. — V. encore 288, 292, 295, 296, 395.

POIX (Somme). Gautier Tirel, seigneur de Pontoise et de Poix, 13.

POMPONNE (Seine-et-Marne). Combat livré dans ce lieu en 1111, 77, 78. — V. Bernard, Hugues de Pomponne.

PONCE, abbé de Vézelay. Sa lettre à Suger, 287.

PONT-DU-CHATEAU (Puy-de-Dôme), est occupé par l'armée royale, 123.

PONTHIEU. Ce pays fournit des auxiliaires à l'armée de Louis le Gros, 61, 100, 118.

PONTIGNY (Yonne), abbaye. V. Guichard.

Pontisara. V. Pontoise.

Pontivi. V. Ponthieu.

PONT-MAUBERT, près de Saint-Denis, 348.

PONTOISE (Seine-et-Oise). Gautier Tirel, seigneur de Poix et de Pontoise, 13. — Découverte d'une carrière près de Pontoise, de laquelle Suger tire des matériaux pour l'église de Saint-Denis, 219. — Église de Pontoise, 315. — Terre du prieuré de Saint-Martin-des-Champs sise à Pontoise, 371.

PONT-SAINT-PIERRE (Eure), 102.

Pontum. V. Pont-du-Château.

Porta Basuini, près de Saint-Denis, 348.

PORTAIL de l'église de Saint-Denis, 187.

PORTES en fonte dorée de l'église de Saint-Denis, 188.

Pretene, ancien domaine de l'abbaye de Saint-Denis, dans le diocèse de Metz, 324.

PRIVAS. Passage de Pascal II dans cette ville, 432.

PROPHÉTIES de Merlin concernant les rois d'Angleterre, 54-56, 434.

PROVINS (Seine-et-Marne). Des changeurs se rendant aux foires de cette ville sont attaqués par le fils du vicomte de Sens, 299.

PUISEAUX. V. Thibaud de Puiseaux.

PUISET (le), Eure-et-Loir. La reine Constance y construit un château, 72. — Le château du Puiset est assiégé et détruit par Louis le Gros en 1111, 73-76. — Deuxième siége du Puiset en 1112-13, suivi de l'entière destruction de cette place, 84-91, 172. — Les terres de Rouvray et de Toury dévastées par les sires du Puiset, 169, 170, 171. — Le prévôt du Puiset emmené prisonnier à Saint-Denis, 172. — V. Guy, Hugues du Puiset.

Pulpitum. V. Ambon.

Puteoli. V. Puiseaux.

Puteolum. V. Puiset (le).

PUY (le). Pascal II s'arrête dans cette ville, 432.

Q

Quadraria. V. Carrières-Saint-Denis.

R

RAINAULD. V. Renaud.

RAINIER, religieux de Saint-Denis, 341.

RAMERUPT (Aube), 23.

RANÇON (Haute-Vienne). V. Geoffroy.

RAOUL, chanoine de Sainte-Geneviève, 251.

RAOUL, comte de Péronne, 294. — V. Raoul, comte de Vermandois.

RAOUL I ou IV, comte de Vermandois, attaque avec le roi le château du Puiset, 90. — Il joint ses armes à celles de Louis le Gros contre l'empereur d'Allemagne, 118. — Il attire sur Thomas de Marle la vengeance du roi, 131. — Il attaque Coucy avec Louis le Gros, 132. — Il est blessé au siége de Livry, 133. — Il accompagne Louis le Jeune en Aquitaine, 146. — Il prête des fonds à Louis VII, 259, 260. — Ses lettres à Suger, 289, 292, 295, 305, 307, 314. — Lettres de Suger à Raoul, 262, 275.

RAOUL Malvoisin. Réclamations des pauvres de Chartres contre lui, 312.

RAOUL, prieur de La Chapelaude, 325.

RAOUL, religieux de Saint-Denis, 322, 341, 344, 349.

RAOUL, seigneur de Beaugency, se ligue avec les ennemis du roi,

79, 80. — Il prend part au deuxième siége du Puiset, 85, 86.

RAOUL le Vert, archevêque de Reims, 49.

REBRECHIEN (Loiret). V. Guy de Rebrechien.

RECOMMANDATION (lettres de), 114.

RÉGALE de l'abbaye de Massay, 255; — de l'évêché de Chartres, 256, 257, 301.

REGNAULD. V. Renaud.

REIMS. L'église de Reims est pillée par Ebble de Roucy, 19. — Le clergé de Reims s'oppose à ce que Louis le Gros soit couronné à Orléans, 49. — Le pays de Reims est dévasté par Thomas de Marle, 93. — Concile de Reims en 1119, 107, 115. — Cette ville est menacée de la destruction par l'empereur d'Allemagne, 115. — Armée rassemblée à Reims par Louis le Gros, pour résister à l'empereur, 116-119. — Le pays fournit des troupes au roi, 117. — Sacre de Louis le Jeune à Reims, 139. — V. Saint-Remi.

RELIQUAIRES de l'église de Saint-Denis, 200-202.

Remi, Remenses. V. Reims.

RENAUD, archevêque de Reims, 115, 441.

RENAUD *de Bulis*, croisé, 296.

RENAUD de Courtenay dépouille des marchands du roi, 302, 303.

RENAUD de Crécy est député par Suger au comte de Vermandois, 262. — Il refuse de rendre la tour de Saint-Palais au prévôt du roi, 308.

RENAUD de Montfaucon est renvoyé au jugement des chevaliers du Berry, 298. — Sa lettre à Suger, 298.

RETABLE d'or de Saint-Denis, 192.

REUILLY (Indre), prieuré dépendant de Saint-Denis, 370.

RICHARD, fils d'Henri I, roi d'Angleterre, 435, 439, 440.

RICHARD, religieux de Saint-Denis, 341.

ROBERT, abbé de Bourgueil, 247, 290.

ROBERT, abbé de Corbie, auparavant religieux de Saint-Denis, 178, 179, 203, 241, 360.

ROBERT de Bellême fortifie Gisors, 427.

ROBERT de Boves, excommunié, reçu à tort dans la communion des fidèles par l'évêque d'Amiens, 240.

ROBERT de Chandos, gouverneur du donjon royal de Gisors, 428.

ROBERT II, comte de Flandre, combat Bouchard de Montmorency, 15. — Il marche contre le roi d'Angleterre, 57. — Louis le Gros le député au roi d'Angleterre, à Néaufle, 59. — Il fait la guerre au comte de Chartres, 77. — Sa mort, 437.

ROBERT III, comte de Meulan, partisan du roi d'Angleterre, 57, 58.

ROBERT de Courcy au combat de Brémule, 440.

ROBERT, doyen de l'église de Chartres, 257.

ROBERT II, dit Courte-Heuse, duc de Normandie, 10, 13, 428.

ROBERT, évêque d'Hertford. Sa lettre à Suger, 295, 420.

ROBERT, fils d'Henri I, roi d'Angleterre, 440.

ROBERT, frère du roi Louis VII, 303, 306, 314, 396.

ROBERT Guiscard assiége Durazzo, 28. — Il délivre le pape Grégoire VII, 28, 29.

ROBERT, médecin du comte de Nevers, 287.

ROBERT du Mont, chroniqueur, 219, 435.

ROBERT l'orfévre, acquéreur d'un terrain situé devant le monastère de Saint-Denis, 331.

ROBERT, religieux de Saint-Denis, 322, 341, 343.

ROBERT, roi de France. Le chapitre de Saint-Denis lui concède une prébende, 348.

ROBERT Saligier. Suger lui reprend un moulin engagé, 373.
ROBERT, seigneur de Cappy, 23.
ROCHEFORT (Seine-et-Oise), 25, 26. — V. Guy de Rochefort.
ROCHE-GUYON (la), Seine-et-Oise. Situation du château de La Roche-Guyon, 62. — Guy en est dépossédé par son beau-père, 62-65.
RODOLPHE. V. Raoul.
ROGER de Bienfaite au combat de Brémule, 440.
ROGER, prêtre de Berneval, 185.
ROGER, roi de Sicile. Lettre qu'il adresse à Suger, 292. — Réponse qu'il reçoit de lui, 245. — Amitié de ces deux personnages, 246, 384. — V. aussi 40, 208.
ROMAIN IV, empereur d'Orient, 429.
ROMAIN (saint). Sa chapelle et son tombeau dans l'église de Saint-Denis, 187, 223, 357.
ROME est délivrée de l'empereur d'Allemagne par Robert Guiscard, 29. — Voyages de Suger à Rome, 39, 109, 114, 219. — Suger projette de faire venir de cette ville des colonnes de marbre, 219.
ROSBOIS. V. Roubaix.
ROTROU, comte de Mortagne, 435.
ROTROU, évêque d'Évreux, prend part à la consécration de l'église de Saint-Denis, 233, 237.
ROUBAIX, commune de La Flamengrie (Aisne). La cure de ce lieu est restituée à l'abbaye de Saint-Denis, 366, 367.
ROUCY (Aisne). V. Ebble, Hugues de Roucy.
ROUEN. Église de Notre-Dame de Rouen, 103.
ROUMARE (Seine-Inférieure). V. Guillaume.
ROUVRAY-SAINT-DENIS (Eure-et-Loir). Domaine de l'abbaye de Saint-Denis, 169, 438. — L'église de Rouvray est exemptée de l'entretien d'un vicaire, 371.
ROYAUMONT. V. Anséric.

Rubridum. V. Rouvray.
Ruciacum. V. Roucy.
RUEIL (Seine-et-Oise) est donné à Saint-Denis par Charles le Chauve, 203, 353. Biens et revenus de l'abbaye de Saint-Denis dans cette localité, 337, 355.
Ruoilum. V. Rueil.
Rupes Fortis. V. Rochefort.
Rupes Guidonis. V. Roche-Guyon (la).
RURIC d'Andilly, 362.
RUSSES. V. Ruthènes.
RUSTIQUE (saint), compagnon de Saint-Denis. V. Denis (saint).
RUTHÈNES. Aëne, fille du roi des Ruthènes ou des Russes, aïeule de Louis le Gros, 143.

S

SACLAS (Seine-et-Oise), domaine de l'abbaye de Saint-Denis, 166.
SAINT-AGNAN (Aisne). Accord entre Suger et l'abbé de Valsery au sujet des dîmes de cette localité, 374.
SAINT-AGNAN d'Orléans (l'église de) implore le secours du roi contre Hugues du Puiset, 171.
SAINT-ALEXANDRE de Lébraha, prieuré de l'abbaye de Saint-Denis, au diocèse de Strasbourg, 340.
SAINT-ANGE (château), à Rome. Grégoire VII y est enfermé, 28, 29.
SAINT-BENOÎT en Campanie, 108. — V. Mont-Cassin.
SAINT-BENOÎT-SUR-LOIRE (Loiret), abbaye. Le roi Philippe I y est enseveli, 47, 48. — Louis le Gros y reçoit le pape Innocent II, 135, 136. — L'abbé de Saint-Benoît implore le secours de roi contre Hugues du Puiset, 171.
SAINT-BRICE (Seine-et-Oise). Dîmes de cette localité données par Suger au prieuré de Saint-Martin-des-Champs, 361, 362. — V. Godard.
SAINT-BRISSON (Loiret). Louis le

Gros détruit le château de Saint-Brisson, 141.
SAINT-CLOUD (Seine-et-Oise), 322.
SAINT-DENIS (Seine).

Monastère. — Ses anciens priviléges, confirmés par le pape Innocent II, 369 ; — par le pape Eugène III, 374; — par le roi Louis VI, 365, 366 ; — par le roi Louis VII, 371, 372. — Nouveaux priviléges accordés à Saint-Denis par Louis VI, 366, 417; — par Louis VII, 418. — Contestation entre l'évêque de Paris et l'abbé de Saint-Denis, 32, 430. — Différend et guerre entre Bouchard de Montmorency et l'abbé Adam, 14. — Suger est élevé à Saint-Denis, 196, 217, 339. — Il est élu abbé, 109-113, 378, 413. — Il réforme le monastère, 113, 285, 379. — Il restaure l'entrée de l'abbaye, 320. — Offices du monastère dotés par Suger, 185, 332, 342, 349-359. — Services et fondations institués par le même, 326-330. — Lectures ou récits d'histoire faits par lui aux religieux, 389. — Suger, près de mourir, recommande au roi l'abbaye, 281. — Lettre encyclique des religieux à l'occasion de la mort de cet abbé, 404-411. — Extraits des chroniques et obituaires de Saint-Denis, qui le concernent, 413-416. — Visite du pape Pascal II à Saint-Denis, 32, 33, 431. — Innocent II y célèbre la fête de Pâques et y est reçu en grande pompe, 136-138. — Louis le Gros est élevé au monastère de Saint-Denis, 9, 200. — Il vient y prendre l'oriflamme, 116. — Le monastère lui fournit des troupes, 117. — Louis le Gros donne à Saint-Denis les trésors de la chapelle royale, 143. — Il s'y fait transporter dans sa dernière maladie, 145. — Grandes Chroniques de Saint-Denis, XVII, 427, 428, 436. — V. Adam, Hilduin, Suger, Yves, etc.

Domaines. — Donations faites à Saint-Denis par Louis VI, après avoir pris l'oriflamme, 366, 443. — Le même prince restitue à l'abbaye la couronne de son père et une partie du Lendit, 120. — Donation de Louis VII, à l'occasion de la consécration de l'église, 372. — Amélioration des domaines de Saint-Denis par Suger, 155-185. — Anciens domaines enlevés à l'abbaye, 183, 323, 446. — V. aux mots suivants :

Ableiges
Annequin.
Argenteuil.
Arrancourt.
Aunis.
Autreppes.
Barville.
Beauce.
Beaune-la-Rolande.
Bercagny.
Berneval.
Blitersdof.
Bocage (le).
Brunoy.
Bunziacus.
Burdeniacus.
Carrières-Saint-Denis.
Celle (la).
Cergy.
Cerisiacus.
Champigny.
Chaumont-en-Vexin.
Châteauneuf-sur-Epte.
Chavenay.
Concevreux.
Cormeille.
Dampierre.
Deuil.
Essonne.
Estrée (l').
Fains.
Fardulviler.
Fehingas.
Fleury.
Franconville.
Guillerval.

478   TABLE ALPHABÉTIQUE.

Hoenchirche.
Lendit.
Lilly.
Louveciennes.
Mainardière (la).
Mareuil.
Mesnil-Saint-Denis (le).
Monnerville.
Mons Melianus.
Montigny.
Montlignon.
Moriniacum.
Mosteriolum.
Notre-Dame-des-Champs.
Orléanais.
Ormesson.
Pierrefitte.
Poinville.
Pretene.
Reuilly.
Rosbois.
Rouvray.
Rueil.
Saclas.
Saint-Brice.
Sainte-Gauburge.
Saint-Loup-des-Vignes.
Sannois.
Sartrouville.
Soisy.
Sorbais.
Sulces.
Tatingum.
Torneswile.
Toury.
Trappes.
Tremblay (le).
Vaucresson.
Vendrovillare.
Vernouillet.
Vertigneul.
Vexin.
Viler.
Villaine.
Villiers-le-Bel.
V. le sommaire du Mémoire de Suger sur son administration abbatiale, 151-153.

Église. — Ancienne église de Saint-Denis, bâtie par le roi Dagobert, 215, 216. — Sa dédicace, 191. — Nouvelle église rebâtie et restaurée par Suger, 185-192, 217-232, 357-359, 391. — Sa décoration et ses ornements, 192-209, 391, 392. — Dédicace des chapelles, 187, 188, 222, 225. — Dédicace solennelle de l'église elle-même, 232-238, 413, 414, 418. — Ouverture et vérification des châsses des saints Martyrs, 358. — Leur translation, 225, 201. — Affluence prodigieuse des fidèles dans l'église de Saint-Denis les jours de fête, 216, 217. — Sépulture des rois à Saint-Denis, 47 (V. Tombeaux). — V. le sommaire des livres de Suger *De rebus in administratione suâ gestis* et *De consecratione ecclesiæ*, 153, 154; 211, 212.

Ville. — Produit de la terre de Saint-Denis, 156, 157. — Les habitants de Saint-Denis sont affranchis par Suger de la servitude de la main-morte, 319-322. — Emplacement situé devant le monastère, vendu à Robert l'orfévre, 331. — V. l'Estrée, Lendit, Saint-Hilaire, Saint-Paul, Saint-Remi.

SAINT-DENIS de l'Estrée. V. Estrée.
SAINTES (Charente-Inférieure). La noblesse de la province de Saintes au mariage de Louis le Jeune, 147. — Passage de ce prince et de sa suite à Saintes, 147.
SAINT-EXUPÈRE. V. Saint-Spire.
SAINTE-GAUBURGE (Orne), prieuré dépendant de Saint-Denis, 369.
SAINTE-GENEVIÈVE de Paris, abbaye. Suger y introduit, sur l'ordre du pape, la réforme monastique, 247-252, 271, 287; 300. — Les chanoines séculiers de Sainte-Geneviève cherchent à circonvenir le Saint-Siége et troublent les religieux mis en possession de leur église; Suger demande au pape de les punir, 252-255. — Trésor de l'église de Sainte-Geneviève mis en gage, 331.
SAINT GERMAIN-DES-PRÉS, abbaye. Concile qui s'y tient en 1129,

441. — V. Hugues, abbé de Saint-Germain.

SAINT-HILAIRE, église, à Saint-Denis, 347.

SAINT-HIPPOLYTE, commune de Bonnay (Saône-et-Loire). Le pape Pascal II s'y arrête, 331.

SAINT-JEAN, église, à Saint-Denis. Suger la donne aux chanoines de Saint-Paul, 346.

SAINT-JEAN, monastère, à Laon, 93.

SAINT-JEAN-EN-VALLÉE, abbaye, près de Chartres. Les religieux de Saint-Jean implorent le secours du roi contre Hugues du Puiset, 171.

SAINT-LAMBERT, église, à Liége, 370.

SAINT-LÉONARD de Noaillé ou le Noblet (Haute-Vienne). Boémond s'y rend en pèlerinage, 429.

SAINT-LUCIEN, village, près de Saint-Denis. Vignes plantées dans cette localité par Suger, 158. — Dîmes de Saint-Lucien affectées aux repas du soir des religieux de Saint-Denis, 329, 351. — Moulin de Saint-Lucien, 348.

SAINT-LOUP-DES-VIGNES (Loiret). Biens de l'abbaye de Saint-Denis dans cette localité, 176.

SAINT-MAGLOIRE de Paris, abbaye, 248.

SAINT-MARCEL, village, près de Saint-Denis. Ses habitants sont affranchis de la servitude de la main-morte, 320. — Four de Saint-Marcel, 348.

SAINT-MARTIN-DES-CHAMPS, prieuré à Paris. L'église d'Essonne lui est donnée par les évêques de Paris, 177. — Les dîmes de Saint-Brice lui sont concédées par Suger, 361. — Terre du prieuré de Saint-Martin sise à Pontoise, 371. — V. aussi 297, 300; Eudes, Simon, prieurs.

SAINT-MARTIN de Tours. V. Tours.

SAINT-MAUR des Fossés. V. Ascelin, Saint-Pierre.

SAINT-MÉDARD, monastère, à Soissons, 286.

SAINT-MEMMIE, monastère, près de Châlons-sur-Marne, 34.

SAINT-MERRY, église, à Paris. Maison achetée par Suger dans son voisinage, 158.

SAINT-MICHEL, église, près de Saint-Denis, 224.

SAINT-MIHIEL, abbaye, à Salonne (Meurthe), 369, 370.

SAINT-OMER (Pas-de-Calais), patrie probable de Suger, 380.

SAINT-PALAIS (Cher). La tour de Saint-Palais est restituée à l'archevêque de Bourges, 262, 308.

SAINT-PANTALÉON, abbaye, à Cologne, 296.

SAINT-PAUL, église, à Saint-Denis. L'abbé Adam donne aux chanoines de Saint-Paul l'église de Saint-Pierre, 365. — Concessions et fondations de Suger en faveur des mêmes, 337, 344-348.

SAINT-PÈRE de Chartres, abbaye. L'abbé de Saint-Père implore le secours du roi contre Hugues du Puiset, 171.

SAINT-PIERRE, église, à Saint-Denis, donnée aux chanoines de Saint-Paul, 365.

SAINT-PIERRE de Ferrières, abbaye, 248.

SAINT-PIERRE des Fossés (ou Saint-Maur), abbaye, 248.

SAINT-PIERRE, monastère, à Chaumont-en-Vexin, 183, 184.

SAINT-QUENTIN (Aisne) fournit des auxiliaires à l'armée royale, 118.

SAINT-REMI, église, à Saint-Denis, 138.

SAINT-REMI, église, à Reims, 289.

SAINT-RIQUIER (Somme). Lettres des religieux de l'abbaye de Saint-Riquier à Suger, 290, 291. — Lettre de la commune de Saint-Riquier au même, 291.

SAINTE-SÉVÈRE (Indre). Le château de Sainte-Sévère est enlevé à Humbaud, seigneur du lieu, par le prince Louis (le Gros), 45, 46.

SAINT-SPIRE de Corbeil. Prébende de cette église appartenant au prieuré de N.-D. des Champs, 182.

480   TABLE ALPHABÉTIQUE.

Sainte-Sophie. V. Constantinople.
Saint-Valery. V. Hubert.
Saint - Vandrille (Seine - Inférieure). Dîme de Chaussy restituée au monastère de ce lieu, 300, 301.
Saint-Victor de Paris, abbaye. Suger en tire les nouveaux religieux de Sainte-Geneviève, 249, 254. — Saint Bernard recommande à Suger l'abbaye de Saint-Victor, 297. — Évrard, doyen de Melun, donne à la même abbaye sa personne et ses biens, 370. — Investiture de l'église de Fleury donnée à l'abbé de Saint-Victor, 371. — V. Eudes, Hugues, Gilduin.
Salmaise (Côte-d'Or), 293.
Salomon, religieux de Saint-Denis, 341, 344.
Salona. V. Salonne.
Salonne (Meurthe), ancien domaine de l'abbaye de Saint-Denis, 183, 446.—Abbaye de Saint-Mihiel de Salonne, 369, 370.
Samson, archevêque de Reims, prend part à la consécration de l'église de Saint-Denis, 233, 236. — Lettre que Suger lui adresse, 260. — Lettres de Samson à Suger, 289, 303. — V. encore 253, 294, 341, 360.
Sanctonia, Sanctonicus (pagus). V. Saintes.
Sanctuaire de l'église de Saint-Denis, 189-191.
Sanctus Anianus. V. Saint-Agnan.
Sanctus Benedictus. V. Saint-Benoît.
Sanctus Briccius. V. Saint-Brice.
Sanctus Brictio. V. Saint-Brisson.
Sanctus Clodoaldus. V. Saint-Cloud.
Sanctus Medericus. V. Saint-Merry.
Sanctus Palladius. V. Saint-Palais.
Sanctus Petrus. V. Saint-Père et Saint-Pierre.
Sanctus Quintinus. V. Saint-Quentin. V. les autres localités portant le nom d'un saint aux mots français correspondants.
Sannois (Seine-et-Oise), domaine de l'abbaye de Saint-Denis, 163.
Sarclidas. V. Saclas.
Sarrazins. Maguelone fortifiée pour leur résister, 106, 107. — Suger veut faire transporter par eux des matériaux pour la construction de son église, 219. — Ils s'emparent de la ville d'Édesse, 414.
Sartoris Villa. V. Sartrouville.
Sartrouville (Seine-et-Oise). Biens de l'abbaye de Saint-Denis dans ce lieu, 338.
Sauxillanges (Puy-de-Dôme). Le pape Pascal II s'y arrête, 432.
Saxe. V. Lothaire.
Seine, fleuve, 66, 219.
Sénèque le philosophe, cité par le frère Guillaume, 380, 388.
Senlis (Oise). V. Guy de Senlis.
Senoni. V. Sens.
Sens (Yonne). L'archevêque de Sens implore le secours du roi contre Hugues du Puiset, 171. — V. Guérin.
Serans (Oise). V. Godefroy.
Sicile. V. Roger.
Silvanectenses. V. Senlis.
Simon Chèvre-d'or, chanoine de Saint-Victor. Épitaphe de Suger, composée par lui, 422.
Simon, comte anglo-normand, fait prisonnier par le prince Louis (le Gros), 11.
Simon, évêque de Noyon, prend part à la consécration de l'église de Saint-Denis, 233, 237.
Simon de Montfort, fait prisonnier par le roi d'Angleterre, 12.
Simon, neveu de l'abbé Suger, 362.
Simon, prieur de Saint-Martin-des-Champs, 300.
Simon, seigneur de Néauphle. Ses exactions, 166.
Simon, seigneur de Viltain. Ses exactions, 165.
Soissons (Aisne). Le Soissonnais fournit des troupes au roi, 117. — Assemblée convoquée à Soissons par Suger, pour régler les intérêts de l'Église et du royaume, 261, 303, 306.

TABLE ALPHABÉTIQUE.

Soisy (Seine-et-Oise). Dénombrement de ce fief rendu à Suger par Mathieu le Bel, 367.

Sorbais (Aisne). Église de ce lieu donnée à Saint-Denis, 367. — Dîmes de Sorbais cédées aux chanoines de Clairfontaine, 369.

Southampton (parc de), 12.

Souvigny (Allier). Pascal II y séjourne, 432.

Stampæ, Stampensis (pagus). V. Étampes.

Stivaliculæ. V. Estivareilles.

Suessioni, Suessorum, Suessionenses. V. Soissons.

Suger, abbé de Saint-Denis.

Sa vie. — Sa patrie et sa naissance (1082), 380, 416. — Il est voué à l'état religieux au maître-autel de l'église de Saint-Denis 196. — Il étudie, enfant, dans les écoles de l'abbaye, 217. — Il passe dix ans de son adolescence au prieuré de Saint-Denis de l'Estrée, 339. — Il assiste au concile de Poitiers (1106), 30. — Le roi Philippe I exhorte devant lui son fils Louis à garder soigneusement la tour de Montlhéry, 25. — Suger défend, en présence du pape, à La Charité, l'abbaye de Saint-Denis contre les prétentions de l'évêque de Paris (1107), 32, 430, 431. — Il assiste à la conférence de Châlons (1107), 33. — Il administre, encore tout jeune, sous le roi Henri I d'Angleterre, la prévôté de Berneval, en Normandie (vers 1107), 184. — Il est envoyé à Toury en qualité de prévôt (1111, au plus tard), 170, 365. — Il assiste à l'assemblée de Melun, et implore le secours du roi contre Hugues du Puiset (1111), 72, 171. — Le roi le renvoie à Toury, pour organiser la défense de cette place (1111), 73. — Il est témoin de la convention conclue à Moissy entre le roi et Hugues du Puiset (1112), 81. — Il repousse l'attaque de Hugues du Puiset contre Toury (1112), 82-84. — Il se trouve à Rome au moment du deuxième concile de Latran (1112), 39. — Il souscrit, comme sous-diacre et religieux de Saint-Denis, à un acte de l'abbé Adam (1114), 365. — Il est député auprès du pape Calixte II, qu'il va trouver à Bitonto (1121), 109. — En revenant de cette mission, il est élu et consacré abbé de Saint-Denis (1122), 109-113, 378, 413. — Il se rend de nouveau en Italie, passe six mois à Rome, assiste au concile œcuménique de Latran, et visite les principaux sanctuaires de la contrée (1123), 114, 219. — Il fait fortifier Toury, en donne l'avouerie à un de ses familiers, et fait arrêter en se rendant à Orléans, le prévôt du Puiset (vers 1123), 172, 173. — Le pape Calixte II le rappelle encore auprès de lui, et meurt avant son arrivée (1124), 114. — Louis VI prend l'oriflamme des mains de Suger, à Saint-Denis (1124), 116, 162, 417. — Suger se rend à Reims avec l'armée rassemblée par ce monarque pour arrêter l'invasion allemande (1124), 116. — Il affranchit les habitants de Saint-Denis de certaines servitudes (1125), 319-322. — Il lève l'excommunication encourue par le comte de Mosbach, et obtient de lui, en échange des domaines ravis à Saint-Denis par ses prédécesseurs, le prieuré de La Celle (1125), 323, 324, 367. — Il réforme le monastère de Saint-Denis (1127), 113, 285, 379. — Il obtient la restitution du couvent d'Argenteuil à son abbaye (1129), 114, 160, 368, 441. — Le roi l'envoie à Cluny, au-devant du pape Innocent II (1130), 135. — Suger confirme la vente d'un terrain situé devant le monastère de Saint-Denis (vers 1130), 331. — Il affecte à l'office de l'aumônerie de l'abbaye la *Couture du Lendit* (vers 1130), 332. — Il soumet au prieuré de La Chapelaude les ermites de Parsac (vers 1130), 325. — Différentes fondations faites par lui à Saint-Denis (vers 1130), 326-330. — Il décide Louis le Gros à faire sacrer son fils Louis à Reims (1131), 139. —Il concède à Henry de Lez, chanoine de Liége, l'église d'Ais, dans le Hasbain (1136), 370. — Il accompagne le prince Louis (le Jeune) en Aquitaine, et assiste à son mariage (1136), 146, 147. — Il choisit le lieu de la sépulture de Louis le Gros à Saint-Denis (1137), 148. — Testament de Suger, et nouvelles fondations faites par lui (1137), 333-341. — Il donne à la trésorerie de Saint-Denis plusieurs cures et villages (1137), 342. — Ses donations à l'église de Saint-Paul, à Saint-Denis (1138), 344-348. — Autres fondations de Suger en faveur de ses religieux et pour l'anniversaire de Charles le Chauve (vers 1140), 349-359. — Il fait reconstruire et restaurer l'église de Saint-Denis (1140-1143), 185-209, 217-232, 391. — Il la fait consacrer solennellement (1143), 232-238. — Ses divers travaux pour l'amélioration des domaines de l'abbaye, 155-185. — Il fonde le village de Vaucresson (1145), 164, 360. — Il fonde le prieuré de Notre-Dame-des-Champs, près de Corbeil (vers 1145), 177-182, 373. — Il est élu régent du royaume au départ de Louis VII pour la croisade (1147), 256, 393, 406, 414, 416. — Régence de Suger; son administration; sa correspondance durant cette période (1147-1149), 240-264, 287-309, 394-398, 406. — Il réforme l'église de Sainte-Geneviève de Paris (1148), 247-255, 297. — I donne au prieuré de Saint-Martin-des-Champs une part des dîmes de Saint-Brice (1148), 361. — Louis VII, revenant de la croisade, lui mande de venir secrètement à sa rencontre (1149), 309. — Suger rétablit la paix entre le roi et le comte d'Anjou (1150), 266-268. — Suger, de concert avec le roi, convoque des assemblées à Laon et à Chartres, pour aviser à secourir les croisés cernés dans Antioche (1150), 269, 311, 399. — Il conçoit le projet de tenter lui-même une nouvelle croisade (1150), 313, 314, 388, 398-400. — Il cède à l'abbaye de Longpont un terrain sis à Vauberon (1150), 363. — Il réforme l'église de Compiègne (1150), 270-273, 314. — Son pèlerinage à Saint-Martin de Tours (1151), 401. — Suger, sur le point de mourir, adresse à Louis VII ses derniers conseils (1151), 280-282. — Sa dernière maladie et sa mort (1152), 316, 317, 400-402, 407, 408, 414, 416. — Ses funérailles, 408, 409, 416. — Ses neveux Guillaume, Jean et Simon, 310, 362, 415, 420. — Qualités et vertus de Suger; ses relations avec les grands personnages de l'époque, 377-385, 392, 393, 404-407. — V. le sommaire de la *Vie de Suger*, par le frère Guillaume, 375.

Ses écrits.—Sa Vie de Louis VI, III-IX, 5-149, 382, 413. — Son ébauche de la Vie de Louis VII, XVII, 382. — Son Mémoire sur son administration abbatiale, IX-XI, 155-209. — Son livre sur la consécration de l'église de Saint-Denis, XI, 213-238. — Ses lettres en général, XII-XIV. — Lettres adressées par lui aux personnages suivants : A Pierre, archevêque de Bourges, 239. A Thierry, évêque d'Amiens,

240. Au pape Eugène III, 241, 247, 252, 263, 271. A Roger, roi de Sicile, 245. A Ulger, évêque d'Angers, 246. Aux prévôts de Bourges, 255. Au chapitre de Chartres, 256, 257. Au roi Louis VII, 258, 267, 280. A Samson, archevêque de Reims, 260. A Raoul, comte de Vermandois, 262, 275. A Geoffroy, comte d'Anjou, 264, 267. A Pierre, abbé de Cluny, 268, 274. A Baudouin, évêque de Noyon, 270. A saint Bernard, 274, 282. A Henri, évêque de Beauvais, 277. A Goslin, évêque de Soissons, 283. — Indication des lettres adressées à Suger par différents personnages, 285-317, 392. — Chartes émanées de Suger, xiv, 319-364. — Indication des chartes ayant rapport à Suger, 365-374. — Autres écrits qui lui ont été attribués, xvii.

Témoignages contemporains relatifs à Suger. — Sa vie ou son panégyrique, par le frère Guillaume, son secrétaire, xv, 377-404. — Lettre encyclique des religieux de Saint-Denis, à l'occasion de sa mort, 404-411. — Extraits de chroniques et d'obituaires le concernant, 414-416. — Preuves d'amitié, d'estime ou d'admiration que lui donnent les princes et les prélats, 417-421. — Épitaphes et tombeau de Suger, 422. — Éloges en vers composés en son honneur, 410, 422-426.

Sulces, ancien domaine de l'abbaye de Saint-Denis, dans le diocèse de Metz, 323.

SULLY (Loiret). V. Archambaud.

Sutra. V. Sutri.

SUTRI (Italie), siége de l'antipape Bourdin, 108.

T

TALMONT (Vendée). Tour de Talmont menacée par Ebble de Mauléon, 288.

TANCARVILLE (Seine-Inférieure). V. Guillaume.

Tatingum, ancien domaine de l'abbaye de Saint-Denis, dans le diocèse de Metz, 323.

Tauriacum. V. Toury.

TEMPLE (Ordre militaire du), 259, 268, 294, 298, 301, 374, 400. V. Évrard des Barres.

TÉRENCE, cité par Suger, 69.

TERRE DES SAINTS, dénomination appliquée aux domaines de Saint-Denis, 72, 172.

TEWIN, sous-prieur de Saint-Denis, 340.

THÉODRADE, fille de Charlemagne, abbesse d'Argenteuil, 160, 441.

THIBAUD, archidiacre de Meaux. Sa lettre à Suger, au sujet des religieuses de Fontaines, 317.

THIBAUD, archevêque de Cantorbéry, prend part à la consécration de l'église de Saint-Denis, 233, 236, 237.

THIBAUD IV, ou le Grand, comte de Blois, de Chartres et de Champagne, se ligue avec Guy de Rochefort et Hugues de Pomponne; sa défaite, 43, 44. — Il marche contre le roi d'Angleterre, 57. — Il implore le secours du roi contre Hugues du Puiset, 70, 71, 435, 436. — Il assiége le château du Puiset avec Louis le Gros, 76. — Sa contestation avec ce prince au sujet des limites de son fief, 76. — Il combat le roi, et lui débauche plusieurs barons, 76-80. — Il cherche à s'emparer de Corbeil, 81. — Il attaque Toury avec le sire du Puiset, 82. — Il lutte contre Louis le Gros au deuxième siége du Puiset; il est forcé de se soumettre, 85-91. — Sa paix avec ce monarque, 92. — Thibaud se ligue avec le roi d'Angleterre, 98. — Il est repoussé par le comte d'Anjou, 102. — Il joint ses armes à celles de Louis le Gros contre l'empereur d'Allemagne, 117, 118. — Il soutient Amaury de Montfort contre le roi, 133. — Dernières expéditions de Louis le Gros contre Thibaud, 141. — Il accompagne Louis le Jeune en Aquitaine, 146. — Il confirme la restitution de la voirie et des dîmes de Mareuil à l'abbaye de Saint-Denis, 371. — Joyaux et vase précieux offerts par lui au même monastère, 195, 208, 229. — Sa vénération pour Suger, 385. — Lettres qu'il lui adresse, 289, 299, 301, 302, 303. — Il confirme un accord entre Suger et Ansoud de Cornillon, 182.— Saint Bernard écrit à Suger pour répondre aux plaintes du roi contre Thibaud, 285.

THIBAUD de Puiseaux, homme-lige de l'abbaye de Saint-Denis, 164.

THIBAUD, religieux de Saint-Denis, 341, 344, 349.

THIERRY, comte de Flandre, rétablit la paix entre le roi et le comte d'Anjou, 267, 268. — Ses lettres à Suger, 303, 309.

THIERRY, évêque d'Amiens. Sa correspondance avec Suger, 240, 291, 294.

THIERRY, homme noble de Montbéliard, 323.

THOMAS de Marle est assiégé dans le château de Montaigu par son père, et défendu par le prince Louis (le Gros), 21-23. — Thomas perd Montaigu, 23, 24. — Ses déprédations; il est excommunié au concile de Beauvais, et dépossédé par le roi, 92-96. — Nouvelle expédition de Louis le Gros contre lui; sa mort, 131-133.

THOMAS, pilote de la Blanche-Nef, 435.

TOMBEAUX de l'église de Saint-Denis. Tombeaux des saints Martyrs, 192-194, 228-230. — Tombeau de Carloman, 148. — Tombeau de Charles le Chauve. 202. — Tombeau de Pépin le Bref, 187. — Tombeau de Louis le Gros, 148. — Tombeau de Suger, 422.

TORCY. V. Eudes de Torcy.

Torneswile, ancien domaine de l'abbaye de Saint-Denis, dans le diocèse de Metz, 324.

TOURS. Séjour du pape Pascal II dans cette ville, 32, 431. — Voyage de Suger à Tours, 401. — Lettre du clergé de Saint-Martin de Tours à Suger, 286.

TOURS de l'église de Saint-Denis, 187, 191, 217, 218, 224.

TOURY (Eure-et-Loir). Suger y est envoyé en qualité de prévôt, 170, 365. — Il fortifie la place, 73. — Il la défend victorieusement contre Hugues du Puiset, 82-84. — Le roi, repoussé par Hugues du Puiset, se retire à Toury, 87. — Cette place est menacée d'un siége, 88. — Elle est délivrée par Louis le Gros de l'oppression des sires du Puiset, 170, 171.

TRANSLATION de saint Denis et de ses compagnons par le roi et les prélats, 234-236.

Trappæ. V. Trappes.

TRAPPES (Seine-et-Oise), dépendance de l'abbaye d'Argenteuil, 161. — Biens situés dans cette localité, donnés à Saint-Denis par Louis VII, 162.

Trecæ, Trecenses. V. Troyes.

TREMBLAY (le), Seine-et-Oise, domaine de l'abbaye de Saint-Denis, 159, 337.

Trembliacum. V. Tremblay (le).

TRÉSORERIE de l'abbaye de Saint-Denis, dotée par Suger, 185, 342.

Treverensis. V. Trèves.

TRÈVES (Allemagne). Harangue prononcée dans la conférence de Châlons par l'archevêque de cette ville, 34, 35.

TROYES. Séjour du pape Pascal II dans cette ville, 36, 431. — Concile de Troyes, en 1107, 36.— V. Hugues, Milon de Troyes.

TABLE ALPHABÉTIQUE.   485

TRUSSEL. V. Guy Trussel.
Turoni. V. Tours.

U

ULGER, évêque d'Angers. Lettre de ce prélat à Suger, 246. — Réponse de celui-ci, 290.
Ulmechon. V. Ormesson.
URSEL, juif de Montmorency, 156, 157, 338, 339.

V

Vadum Nigasii. V. Gany.
VALENCE. Séjour de Pascal II dans cette ville, 432.
VALÉRIEN de Breteuil. V. Galeran.
Valleberon. V. Vauberon.
Vallis Crisonis. V. Vaucresson.
VALSERY (Aisne), abbaye, 374.
VASES précieux de l'église de Saint-Denis, 206, 208.
VAUBERON (Aisne). Suger donne à l'abbaye de Longpont un terrain situé dans cette localité, 363, 364.
VAUCRESSON (Seine-et-Oise). Fondation de ce village par Suger, 164, 360.
Vendrovillare, domaine de l'abbaye de Saint-Denis, situé en Beauce, 174.
VERBERIE (Oise). Réunion fixée dans cette ville pour apaiser les troubles de Beauvais, 292.
VERMANDOIS. Les gens de ce pays se battent contre ceux de la Brie, 90. — V. Raoul, comte de Vermandois.
VERNOUILLET (Seine-et-Oise), domaine de l'abbaye de Saint-Denis, 164.
Vernullellum. V. Vernouillet.
VERTIGNEUL (Nord). L'église de cette localité est cédée à Saint-Denis, 372.
VEXIN. Le comté de Vexin, fief de l'abbaye de Saint-Denis, 161-163. — Le roi se reconnaît vassal de l'abbé de Saint-Denis pour ce comté, 116, 442-444. — Le Vexin fournit des auxiliaires à l'armée de Louis le Gros, 61. — Bravoure des chevaliers du Vexin, 64, 121. — Ils châtient Guillaume, assassin du seigneur de La Roche-Guyon, 65, 66. — Les dîmes du Vexin sont affectées par Suger à certaines fondations pieuses, 328, 330. — Prévôté du Vexin ; ses revenus, 350. — V. aussi 184, 417.
VÉZELAY (Yonne). Conférence indiquée par le pape Gélase II dans cette ville, 107. — Des changeurs de Vézelay sont attaqués par le fils du vicomte de Sens, 299.
VIENNE (Isère). Concile de Vienne, en 1112, 40.
Vilcassinum, *Vilcassinenses.* V. Vexin.
Viler. Ancien domaine de l'abbaye de Saint-Denis, dans le diocèse de Metz, 323.
Villa Aten. V. Viltain.
VILLAINE, domaine de l'abbaye de Saint-Denis, situé en Beauce, 169, 226, 227, 359.
Villana. V. Villaine.
Villa Perosa. V. Villepreux.
VILLEPREUX (Seine-et-Oise), 166.
VILLIERS-LE-BEL (Seine-et-Oise). Dénombrement de cette terre rendu à Suger par Mathieu le Bel, 367.
VILTAIN (Seine-et-Oise). Exactions du seigneur de Viltain, 165.
VINCELLE (Seine-et-Marne), 362.
Vinecel. V. Vincelle.
VINCENT, ancien abbé, religieux de Saint-Denis, 341.
VINCENT (saint). Ses reliques dans l'église de Saint-Denis, 201.
Viromandenses. V. Vermandois.
VITRAUX de l'église de Saint-Denis, 204-206, 225.
VIVIEN, chantre de l'abbaye de Saint-Denis, 322.

Viziliacum. V. Vézelay.

VULGRIN, archevêque de Bourges, consacre Suger abbé de Saint-Denis, 111, 112. — Il maintient la même abbaye en possession de l'église d'Estivareilles, 366. — V. aussi 240, 325.

W

WACE, trouvère anglo-normand, 435.
Walo. V. Galon.
Welfo. V. Guelfe.
WERMOND, archidiacre, 362.
WILDRIC, religieux de Saint-Denis, 341.

WINEBERT, religieux de Saint-Denis, 341.
WOLBÉRON, abbé de Saint-Pantaléon. Sa lettre à Suger, 296.

Y

Yonis Villa. V. Janville.
YPRES (Belgique). Prise de cette ville par Louis le Gros, 130, 131.
YVES, abbé de Saint-Denis, 14, 320.
YVES, évêques de Chartres, fait couronner Louis le Gros à Orléans, 48. — Il est emprisonné par Hugues du Puiset, 73. — Il implore le secours du roi contre ce seigneur, 171.

ERRATA.

Pages.

67, note 1. *Arpagon*, lisez *Arpajon*.
131, dernière ligne. *Scelerat*, lisez *scelerati*.
152, ligne 29. *Une jeune fille muette*, lisez *une veuve muette*.
280, note 3. *An.* 1151, lisez *an.* 1152.
291. Après la ligne 9, ajoutez : *Duchesne*, IV, 503.— *D. Brial*, xv, 492.
296, ligne 21. *Dreux de Monchy*, lisez *Dreux de Mouchy*.
312. Reportez la lettre de Baudouin, évêque de Noyon, après la lettre de Louis VII, page 314.
352, dernière ligne. *Non laquo*, lisez *non aliquo*.
374, ligne 1. *Annechin*, lisez *Annequin*.
414, note 5. *E breve S. Dionysii chronico*, lisez *e brevi*, etc.
432, ligne 8. *Parme, 3 novembre*, lisez *Rome, 4 décembre*.

TABLE DES MATIÈRES.

Notice sur les écrits de Suger et sur la présente édition........		I
Bibliographie...		XXI
I.	Vie de Louis le Gros, par Suger...................	1
II.	Mémoire de Suger sur son administration abbatiale.....	151
III.	De la consécration de l'église de Saint-Denis, par Suger.	211
IV.	Lettres de Suger...............................	239
	Appendice. Indication des lettres adressées à Suger par différents personnages........................	285
V.	Chartes de Suger..............................	319
	Appendice. Indication des chartes imprimées ou inédites ayant rapport à Suger........................	365
VI.	Vie de Suger, par le frère Guillaume...............	375
VII.	Témoignages contemporains relatifs à Suger..........	413
VIII.	Éclaircissements et observations....................	427
Table alphabétique...............................		447

9569. — IMPRIMERIE GÉNÉRALE DE CH. LAHURE
Rue de Fleurus, 9, à Paris.

Ouvrages publiés par la SOCIÉTÉ DE L'HISTOIRE DE FRANCE
depuis sa fondation en 1834.

BULLETIN DE LA SOCIÉTÉ, 1834 et 1835. 4 vol. in-8............	18 fr.
BULLETIN DE LA SOCIÉTÉ, de 1837 à 1862 (*Épuisé,* sauf les années 1857 à 1862); chaque volume............................	3 fr.
TABLE GÉNÉRALE DU BULLETIN, 1834 — 1856.................	3 fr.
L'YSTOIRE DE LI NORMANT. 1 vol. in-8....................	*Épuisé*
HISTOIRE ECCLÉSIASTIQUE DES FRANCS, par Grégoire de Tours, *texte et traduction.* 4 vol. in-8.	*Épuisés.*
— Le même ouvrage, *texte latin.* 2 vol. in-8...............	18 fr.
— Le même ouvrage, *traduction française.* 2 vol. in-8.......	*Épuisés.*
LETTRES DU CARDINAL MAZARIN A LA REINE, etc. 1 vol. in-8....	9 fr.
MÉMOIRES DE PIERRE DE FENIN. 1 vol. in-8.................	9 fr.
DE LA CONQUESTE DE CONSTANTINOPLE, par Villehardouin. 1 v. in-8.	9 fr.
ORDERICI VITALIS HISTORIA ECCLESIASTICA. 5 vol. in-8........	45 fr.
CORRESPONDANCE DE L'EMPEREUR MAXIMILIEN ET DE MARGUERITE, SA FILLE. 2 vol. in-8.	18 fr.
HISTOIRE DES DUCS DE NORMANDIE, etc. 1 vol. in-8..........	9 fr.
OEUVRES COMPLÈTES D'ÉGINHARD. 2 vol. in-8...............	18 fr.
MÉMOIRES DE PHILIPPE DE COMMYNES. 3 vol. in-8............	27 fr.
LETTRES DE MARGUERITE D'ANGOULÊME, sœur de François Ier. 2 v. in-8.	18 fr.
PROCÈS DE CONDAMNATION ET DE RÉHABILITATION DE JEANNE D'ARC. 5 vol. in-8.	45 fr.
COUTUMES DU BEAUVOISIS. 2 vol. in-8....................	18 fr.
MÉMOIRES ET LETTRES DE MARGUERITE DE VALOIS. 1 vol. in-8...	9 fr.
CHRONIQUE LATINE DE GUILLAUME DE NANGIS. 2 vol. in-8......	18 fr.
MÉMOIRES DU COMTE DE COLIGNY-SALIGNY, etc. 1 vol. in-8....	9 fr.
HISTOIRE DES FRANCS, par Richer. 2 vol. in-8.............	18 fr.
REGISTRES DE L'HÔTEL DE VILLE DE PARIS. 3 vol. in-8.......	27 fr.
VIE DE SAINT LOUIS, par Le Nain de Tillemont. 6 vol. in-8..	54 fr.
JOURNAL DU RÈGNE DE LOUIS XV, par E. J. F. Barbier. 4 vol. in-8. *Les tomes I et II sont épuisés.* Tomes III et IV.	18 fr.
BIBLIOGRAPHIE DES MAZARINADES, par M. Moreau. 3 vol. in-8..	27 fr.
COMPTES DE L'ARGENTERIE DES ROIS DE FRANCE, AU XIVe SIÈCLE. 1 v. in-8.	*Épuisé.*
MÉMOIRES DE DANIEL DE COSNAC, évêque de Valence. 2 vol. in-8.	18 fr.
CHOIX DE MAZARINADES, par M. Moreau. 2 vol. in-8.........	*Épuisé*
JOURNAL D'UN BOURGEOIS DE PARIS SOUS FRANÇOIS Ier. 1 vol. in-8.	36 fr.
MÉMOIRES DE MATHIEU MOLÉ. 4 vol. in-8...................	36 fr.
HISTOIRE DES RÈGNES DE CHARLES VII ET DE LOUIS XI, par Thomas Basin, évêque de Lisieux. 4 vol. in-8.	36 fr.
CHRONIQUES DES COMTES D'ANJOU, tome I.................	9 fr.
OEUVRES DIVERSES DE GRÉGOIRE DE TOURS. 4 vol. in-8........	36 fr.
CHRONIQUES DE MONSTRELET. 6 vol. in-8..................	54 fr.
ANCHIENNES CRONICQUES D'ENGLETERRE, par Jehan de Wavrin, seigneur du Forestel. 3 vol. in-8.	27 fr.
LES MIRACLES DE SAINT BENOIT. 1 vol. in-8...............	9 fr.
JOURNAL ET MÉMOIRES DU MARQUIS D'ARGENSON, tomes I à IX...	81 fr.
ANNUAIRES DE LA SOCIÉTÉ DE L'HISTOIRE DE FRANCE, in-18, 1837 à 1863 (les années 1845, 1846, 1847, 1853, 1861 et 1862 épuisées) : chaque vol., de 1837 à 1844, 2 fr.; de 1848 à 1863.	3 fr.
ANNUAIRE-BULLETIN. 1re 2e 3e et 4e années. 1863 à 1866...	36 fr.
MÉMOIRES DE BEAUVAIS-NANGIS. 1 vol. in-8................	9 fr.
CHRONIQUE DE MATHIEU D'ESCOUCHY. 3 vol. in-8.............	27 fr.
COMMENTAIRES ET LETTRES DE BLAISE DE MONLUC, tomes I et II.	18 fr.
OEUVRES DE BRANTÔME. Tomes I, II et III................	27 fr.
COMPTES DE L'HÔTEL DES ROIS DE FRANCE aux XIVe et XVe siècles...	9 fr.
ROULEAUX DES MORTS, 1 vol. in-8.......................	9 fr.

SOUS PRESSE :

COMMENTAIRES, etc., DE MONLUC, tome III.
ANNUAIRE-BULLETIN, 5e année.